改变,从阅读开始

成长◎著

列族的纷争

三国豪门世家的政治博弈

山西出版传媒集团
山西人民出版社

图书在版编目（CIP）数据

列族的纷争：三国豪门世家的政治博弈 / 成长著． -- 太原：山西人民出版社，2018.3
ISBN 978-7-203-10306-6

Ⅰ．①列… Ⅱ．①成… Ⅲ．①中国历史－三国时代－通俗读物 Ⅳ．①K236.09

中国版本图书馆CIP数据核字(2018)第014419号

列族的纷争：三国豪门世家的政治博弈

著　　者：	成　长
责任编辑：	郭向南
选题策划：	北京汉唐阳光
出 版 者：	山西出版传媒集团·山西人民出版社
地　　址：	太原市建设南路 21 号
邮　　编：	030012
发行营销：	010-62142290
	0351-4922220　4955996　4956039
	0351-4922127（传真）　4956038（邮购）
E－mail：	sxskcb@163.com（发行部）
	sxskcb@163.com（总编室）
网　　址：	www.sxskcb.com
经 销 者：	山西出版传媒集团·山西新华书店集团有限公司
承 印 者：	北京玺诚印务有限公司
开　　本：	655mm×965mm　1/16
印　　张：	27
字　　数：	400 千字
印　　数：	1-8000 册
版　　次：	2018 年 3 月　第 1 版
印　　次：	2018 年 3 月　第 1 次印刷
书　　号：	ISBN 978-7-203-10306-6
定　　价：	68.00 元

如有印装质量问题请与本社联系调换

前　言

上下五千年中国史，人们最熟悉的恐怕就是三国了。凭借戏曲与小说等艺术形式的强大传播力，三国故事在中国可谓妇孺皆知。其影响力甚至早已跨越国界，在东亚诸国亦备受喜爱。

然而，这么多年来，我们一直把三国读错了、读偏了、读浅了，我们读到的"三国"，其实不过是另一部"水浒"。

有人一定会说："你不就是想说《三国演义》误导了大众，《三国志》才是正史嘛，这也是老生常谈了。"

是，但也不完全是。《三国演义》出于尊刘抑曹的价值观需要，采用了大量虚构的情节拔高诸葛亮、刘备、关羽、赵云，贬抑曹操、司马懿、周瑜，虽与史实相悖，亦是艺术规律使然，无可厚非。但是，当一段历史完全被一部小说所代言，我们读到的便不再是作品叙述的时代——三国，而是叙述作品的时代——元末明初。《三国演义》的作者罗贯中，曾担任元末农民军领袖张士诚的幕僚，本身就是江湖人士，因此他与施耐庵合著《水浒传》便得心应手，书中人物无不有着元末明初江湖豪侠的影子。而《三国演义》中的人物也免不了有《水浒传》中江湖人士的行事作风。比如《三国演义》开篇的"桃园三结义"，也是最为世人所津津乐道的三国故事，在史书中并不存在，反而像"梁山结义"的翻版。而《三国演义》里动辄出现的"单挑""大战三百回合"，也并不符合正规军作战的行事逻辑，而更像草莽匹夫比试拳脚的"升级版"。

因此，被"江湖化""草莽化""水浒化"的《三国演义》，虽然仍旧写的是三国人物、三国故事，实际上已经与真实的三国历史有着很大不同。作为历史的三国，出场者皆为政治人物，为人处事须符合政治逻辑，与江湖好汉可谓大相径庭。实际上，在东汉末年，政治人士对江湖豪气、江湖人士颇多鄙夷。例如，《三国志》记载许汜批评广陵太守陈登是"湖海之士，豪气不除"；扬州刺史刘繇则直白地说，他如果重用太史慈那样的江湖侠客，许劭（品评天下人才"月旦评"的创始者）都要笑话他。

"水浒化"的三国带来的另一个误区，就是过度强调了个别人物对历史的影响。无论是诸葛亮的智、刘备的仁、关羽的义，还是曹操的奸、司马懿的诈、周瑜的狭，都在叙事中被无限放大，仿佛成了历史走向的决定因素，以至于像鲁迅先生说的"欲显刘备之长厚而似伪，状诸葛之多智而近妖"。

那么，什么是属于三国人物的行事逻辑？怎样才是三国历史正确的解读方式？

我们必须引入一个被长期忽视的概念：家族。

汉末三国乱世，前后近百年，分分合合，风起云涌，每一起历史事件的背后都有着复杂的背景与联结，每一个人物也绝非单打独斗的草莽英雄，而是以家族为依托，形成一个个利益共同体。那些闪耀着光芒、极具传奇色彩的三国英雄，并非孤立的存在，他们的背后有着家乡、祖先、家世、家教、宗族、联姻、亲族、子孙……他们得益于家族，也受制于家族；他们的作为影响着家族的兴衰，而家族也在潜移默化地塑造他们。

个人、家族、国家，这三者的命运，在一个风云激荡的大时代中，曾经是如此地紧密相连。于是，将我们熟悉的三国人物归入家族的体系，许多之前让人困惑的谜题就能迎刃而解了。

诸葛亮为什么一出山就是战略大师？为什么以村夫身份而被刘备相中？《三国演义》根本没有交代诸葛亮的身世，因此让我们觉得他玄而又玄。但翻开史书，看到琅琊诸葛氏在士族中的地位，看到诸葛氏姐弟在襄阳上流名士圈的联姻网络，才发现诸葛亮在出茅庐之前早已握有强大的政治资源。诸葛亮的经历根本不是一个草根逆袭的故事。

曹操为什么能够赢袁绍？以往论者，多从曹操和袁绍两个人的性格、韬略、用人等方面着眼。当引入家族的角度，曹袁之争则可视为一场士族新贵与公卿世家的较量。曹操出身阉竖之门，为公卿所不齿，因此在乱世到来之际更具有提升家族地位的斗志，谯沛宗亲的沙场襄助和颍川世家的智谋支持，则让曹氏政权迅速在群雄混战中脱颖而出。而袁绍身为"四世三公"豪门之后，家世资本反而成为他的累赘，兄弟争权、谋臣争利、诸子争位……一手好牌打得稀烂。

家族的兴衰，改变了历史的颜色。可以说，真正的三国史，不仅是一部英雄史，更是一部家族史。当中国的家族体系和家族文化在两汉刚刚形成之际，一场席卷天下的大分裂、大乱世带来了家族大洗牌，一些世代公卿的世家豪门在政治、军事斗争中落败，陷入沉寂，一些出身寒微的家族则在关键人物的带领下崛起，走向繁荣。从大历史的角度来看，许多连绵数百年的门阀士族，兴起之源都可追溯至汉末三国。乃至于当今的人们，凭借姓氏与籍贯这两个与生俱来的符号印记，追本溯源，兴许也能找到自己在三国时代的祖先。

在《列族的纷争：三国豪门世家的政治博弈》一书中，笔者梳理了从汉末到晋初的八十八个家族。它们不是三国家族的全部，但每一个都极具代表性。你会看到三国的缔造者谯县曹氏、涿郡刘氏、富春孙氏，一门三方为冠盖的琅琊诸葛氏，三代谋国终成一统的河内司马氏，搅动汉魏晋政治风云的颍川六大家族，为江南开风气之先的吴中四大家族，塞北辽东、滨海徐州、岭南交趾、巴山蜀水等不同地域孕育的家族豪强……每一场惊心动魄的历史事件，背后都有家族势力的搏杀；每一个兴衰更替的家族历史，最终都成为一个生动的历史截面。

是时候告别那个"英雄的三国"，重新认识这个"家族的三国"了。

目录

壹 后汉篇

一　巫术与大起义 ·· 002
　　巨鹿张氏家族、沛国张氏家族

二　"四世三公"——汉末最强世家 ······················ 013
　　汝南袁氏家族

三　从"关西孔子"到鸡肋之才 ···························· 032
　　弘农杨氏家族

四　襄阳豪门风云录 ··· 045
　　山阳刘氏家族、山阳王氏家族、襄阳蔡氏家族、
　　南郡蒯氏家族、襄阳庞氏家族、襄阳黄氏家族、
　　江夏黄氏家族、襄阳习氏家族

五　东北角的骚动 ·· 069
　　辽西公孙氏家族、辽东公孙氏家族

六　徐州真正的主人 ··· 085
　　下邳陈氏家族、泰山臧氏家族

七　乱世的配角 ·· 092
　　武威张氏家族、东平张氏家族

八　罕见的姓氏 ·· 098
　　安定皇甫氏家族、东莱太史氏家族、河东令狐氏家族、
　　河东毌丘氏家族

贰 魏晋篇

九　帝国的诞生与陨灭 · 116
谯县曹氏家族、谯县夏侯氏家族、琅琊卞氏家族、
中山甄氏家族

十　汝颍多奇士——三国谋士的摇篮 · · · · · · · · · · · · · 142
颖川荀氏家族、颖川陈氏家族、颖川钟氏家族、
颖川韩氏家族、颖川辛氏家族、颖川郭氏家族

十一　一个家族的谋国之路 · 179
河内司马家族

附：司马家族的朋友圈

陈留高氏家族、泰山羊氏家族、东海王氏家族、
太原郭氏家族、河东贾氏家族、河东卫氏家族、
渤海石氏家族

十二　望族的先声 · 215
琅琊王氏家族、清河崔氏家族、博陵崔氏家族、
范阳卢氏家族、荥阳郑氏家族、太原祁县王氏家族、
太原晋阳王氏家族、京兆韦氏家族、京兆杜氏家族、
河东裴氏家族

叁 蜀汉篇

十三　巴蜀的开拓者 ……………………………………… 232
江夏刘氏家族

十四　流浪的帝胄 ………………………………………… 239
涿郡刘氏家族

十五　一门三方为冠盖 …………………………………… 253
琅琊诸葛氏家族

十六　名将之家 …………………………………………… 271
河东关氏家族、涿郡张氏家族、常山赵氏家族、
扶风马氏家族

十七　土著与异乡人——蜀汉四大派系的角力 ………… 277
东海糜氏家族、陈留吴氏家族、襄阳马氏家族、
扶风法氏家族、扶风孟氏家族、南阳李氏家族、
襄阳杨氏家族、零陵蒋氏家族、江夏费氏家族、
南郡董氏家族、天水姜氏家族、巴西黄氏家族、
犍为张氏家族

肆 东吴篇

十八　坐断东南战未休 ················· 318
　　富春孙氏家族、吴郡吴氏家族、会稽周氏家族、
　　东莱刘氏家族、钱唐全氏家族

十九　张文、朱武、顾厚、陆忠——吴中四姓 ······· 365
　　吴郡陆氏家族、吴郡顾氏家族、吴郡张氏家族、
　　吴郡朱氏家族、丹阳朱氏家族
　　　附：东吴世家
　　彭城张氏家族、会稽虞氏家族、临淮步氏家族、
　　辽西韩氏家族、庐江周氏家族

二十　江东之豪，莫强周沈 ··············· 405
　　义兴周氏家族、吴兴沈氏家族

二十一　岭南的土霸王 ················ 412
　　苍梧士氏家族

参考文献 ······················ 417
后　记 ······················ 419

壹 后汉篇

一

巫术与大起义

张氏家族

籍贯：巨鹿郡（治所在今河北宁晋）
代表人物：张角、张宝、张梁

张氏家族

籍贯：沛国丰县（今江苏丰县）
代表人物：张陵、张衡、张鲁

三国乱世的大幕，是由席卷全国的大起义揭开的，领头的人是一个巫医，叫作张角。

东汉的国运，到了汉桓帝、汉灵帝时已经江河日下、气息奄奄了。诸葛亮在《出师表》中说："先帝在时，每与臣论此事，未尝不叹息痛恨于桓、灵也。"帝国沦落到这种地步，是因为两大政治症结，即宦官干政、外戚专权，而核心原因在于皇帝年幼、皇权失威。

东汉近两百年的时间，共计十三位皇帝，其中九人未满十六岁即位，除光武帝、明帝及末代皇帝献帝外，其余均没有活过三十六岁。夸张的，殇帝出生百天即位，一岁夭折；冲帝不到两岁即位，半年就病死；质帝八岁登基，一年多后被毒死。桓帝、灵帝登基时，也分别只有十五岁和十二岁。可是，小朋友能治国吗？

中国古代帝国的权力谱系，无非这五种：皇权、后权、宗权、相权、将权。五种权力若能相互平衡、和谐共处，则国家可以保持长治久安；五种权力如果失衡，任其中一种坐大，则朝纲紊乱、内斗加剧，一旦处理不好，国家势必走向衰落乃至灭亡。

皇权过盛，容易滋生独裁暴君，如秦始皇、隋炀帝；后权过盛，则将导致外戚专权，如西汉王莽、东汉梁冀；宗权过盛，则将引发诸王夺位，如西汉七国之乱、西晋八王之乱；相权和将权过盛，则君弱臣强，往往是改朝换代的先兆，这在历史上例子就很多了。

拿这一标尺来审视东汉一朝：皇帝幼冲登基，往往需依赖亲近宦官以左右朝政，从而导致皇权由宦官所代理；太后正值盛年，且有临朝监国之责，从而使得外戚势力膨胀。皇帝欲除跋扈的外戚将军，则必放权给亲信宦官；太后欲进一步加强对皇帝的掌控，则必求助于娘家兄弟子侄。两派势力如翻鏊子一般来回折腾。同时，两次"党锢之祸"让清流朝臣死的死、流放的流放，宦官之盛让许多世家大族都不得不对其俯首，相权与将权一并而衰。再加上东汉沿袭西汉对诸侯王的抑制与削弱，宗室有爵无权，也就无法羽翼皇室了。

正是在这种政治生态下，朝政昏暗，腐败盛行，再加上天灾频发，民生多艰，帝国的底层出现了骚动。民众的不满情绪不断积压，一场大起义正在酝酿。

在此之前，中华大地上已经爆发过两场足以改朝换代的大起义：秦末陈胜吴广、新莽末年绿林赤眉。此两场起义之所以发于草莽而能致大帝国解体，主要的原因在于，秦与新莽皆是肇建，立国未稳而行苦民之政，前朝旧势力犹存，故一夫作难而七庙隳。而东汉传至灵帝，已经历百余年，拥有极大的政治惯性，尽管小规模的叛乱此起彼伏，但对这个庞大帝国而言不过是癣芥之疾。想要掀起一场声势浩大的全国性起义，就需要优异的领袖、严密的组织、缜密的计划和具有指导性的纲领，而宗教正具有这些特征。

让"驭民之术"成为"起义教科书"

张角家世不明,仅能知道他是巨鹿郡人。在熹平年间(172—178),也就是黄巾起义的十多年前,张角就已经在冀州进行传教活动,他起先拉拢信众的手段是医术。

当时医疗条件落后,灾荒与疾病频发,张角就像一个赤脚医生,走村串乡推销他的"符水咒说"。这是个什么玩意呢?大概就是由张角手持九节杖先进行一番祷祝仪式,念上一堆古怪的咒语,让病人叩头诚恳悔过,然后端出一碗水,称之为"符水",让病人喝下。显而易见,张角的手段与同时代的华佗、张仲景"望闻问切"的手法不同。他假托一个具有宗教仪式感的形式,让病人相信是一种莫名的神力救了自己,从而对张角产生虔诚的信奉。

张角当然不是万能神医,不可能每次"符水咒说"都能治愈病人。对此,张角也及时制订了另一套计划:如果符水没有效果,就说是因为病人心不诚、不信道。通过这种手段,张角很快发展了大批的信众。

实际上,在汉末,假借巫术鼓动民众从事反抗活动的现象已有不少。熹平元年(172),东南沿海会稽郡一带便爆发了许昌、许韶父子发动的叛乱,史书称之为"妖贼",可见其亦是利用巫术起事,但很快就被臧旻、孙坚剿灭。同样在熹平年间,三辅地区还出现过一个叫骆曜的巫师,通过传授一种叫"缅匿法"的隐形术来煽动叛乱,也被迅速扑灭。可见,单凭巫术惑人,不足以建立起可跟强大政府军对抗的势力。张角需要有自己的政治主张。

张角的政治主张简明扼要:"苍天已死,黄天当立,岁在甲子,天下大吉。"它很明确地表达了张角的政治目的,即暴力推翻汉朝,建立一个全新的朝代。可是,张角如何才能煽动那些安分守己的小农把脑袋别到裤腰带上,跟着他做颠覆政权的大事呢?

盛行于两汉时期的谶纬术帮了他。

"谶"是方术假托天象编造的隐语，"纬"是儒生假托先贤撰写的书籍。谶纬相合，就是一种将自然变化与政治生态相结合的预言。谶纬术原本只是旁门左道，但在汉武帝一朝，董仲舒将儒家学说与阴阳五行相杂糅，提出了"天人感应"学说，被汉武帝所接纳，使其一跃而成为显学。所谓"天人感应"，就是在自然灾害与政治之间建构起因果联系：天有灾异，则源于天子失政。这看上去是在用天象来约束帝王，但其暗含的话语是君权神授，将天子的权威与大自然神秘莫测的变化牢牢捆绑在一起，这就将集权制大帝国下的帝王统治建构合法化了。汉武帝"罢黜百家，独尊儒术"，认可的就是这种神化的君主权威。他"独尊"的实际上已经不是孔孟儒学，而是带着神学色彩的驭民之术。

董仲舒万万不会想到，他当年为了巩固皇权、统驭百姓而发明的"天人感应"学说，会在汉代气数将尽之时被一个巫医采用，以其人之道还治其人之身。张角的这十六字口号，正是政治权力呼应天象之说的承袭。"苍天"代指刘汉统治者，"黄天"则代指张角自己。

张角的思想，主要来自一本叫作《太平经》的书籍，书中鼓吹"君权神授""天人感应"那一套。相传此书为琅琊方士于吉所著，共一百七十卷。汉顺帝时，于吉弟子宫崇曾向皇帝上此书，但有司认为其书"妖妄不经"，只是存入图书馆束之高阁。汉桓帝时，方士襄楷复上此书，亦没有受到皇帝的重视。后来这本书流入张角之手，成为其组织起义的"教科书"。张角所传播的宗教，也就被称为太平道。

乱世启幕者

太平道拥有严密的组织。张角自称"大贤良师"，既是宗教领袖，又是政治领袖。他培养了八名弟子，派遣到四方传教，经过十余年经营，拥有信徒数十万人。全国十三州，受太平道影响的就有青、徐、幽、冀、荆、扬、兖、豫八州。张角将这八州信徒进行军事整编，编为三十六个方，每个方相当于一个军事区。大方万余人，小方六七千人，每方设立渠帅以进行统领。

做军事准备的同时，张角还积极进行舆论准备。他让信徒在京城和州郡官衙大门上写上"甲子"二字，既是为了传播起事的时间，即甲子年甲子日（中平元年三月五日，公元184年），也是为了给官府制造恐慌。

太平道的触角也早就伸向了京城，伸向了皇宫。张角在整个大起义筹备阶段最有威慑的一步，也是最凶险的一步，就是在皇宫的宦官集团中发展了内应。之前讲宦官专政，总说宦官集团，或许并不准确。因为东汉的宦官并非铁板一块，他们之中，有的心向外戚，有的与清流大臣来往，还有不少宦官自相残杀。张角正是看准了这一点，派大方马元义潜入京师洛阳[1]，与中常侍封谞、徐奉约定在三月五日"内外俱起"。

然而，整个计划百密一疏。就在甲子起事之前，张角的弟子济南人唐周做了叛徒，向官府告密，计划全部泄露。马元义被捕并遭车裂酷刑，宫中及京师内太平道党羽和信徒被一网打尽，遭诛杀者千余人。官府下令通缉张角。

张角不得不星夜通知各方，提前举事。于是，潜伏在各地的太平道信徒一夜之间化身为起义军，攻掠州府，诛杀长吏，一时天下震动。因为起义者都头裹黄巾作为标识，以应"黄天"之命，因此被称为黄巾军——头裹黄巾，还有另一个作用，即避免误伤同伙。起事之初的黄巾军作战勇猛，绝非乌合之众。

张角发动起义既依托宗教，也依靠着其家族。张角自称"天公将军"，他的两个弟弟张宝、张梁分别称"地公将军""人公将军"；寓意是天、地、人"三才"，主掌世间万物的变化。太平道亦是个家族集团，由张氏三兄弟作为宗教和军事首领。三兄弟和太平道的主力在政府军相对

---

[1] "洛阳"名称受五行学说影响而多次更变。战国时即有雒阳之名，秦始皇以周为火德、秦为水德，改雒阳为洛阳。汉光武帝以汉为火德，改洛阳为雒阳。曹丕代汉，以魏为土行，"水得土而乃流，土得水而柔"，复改雒阳为洛阳。本书为求行文一致，统以洛阳相称。

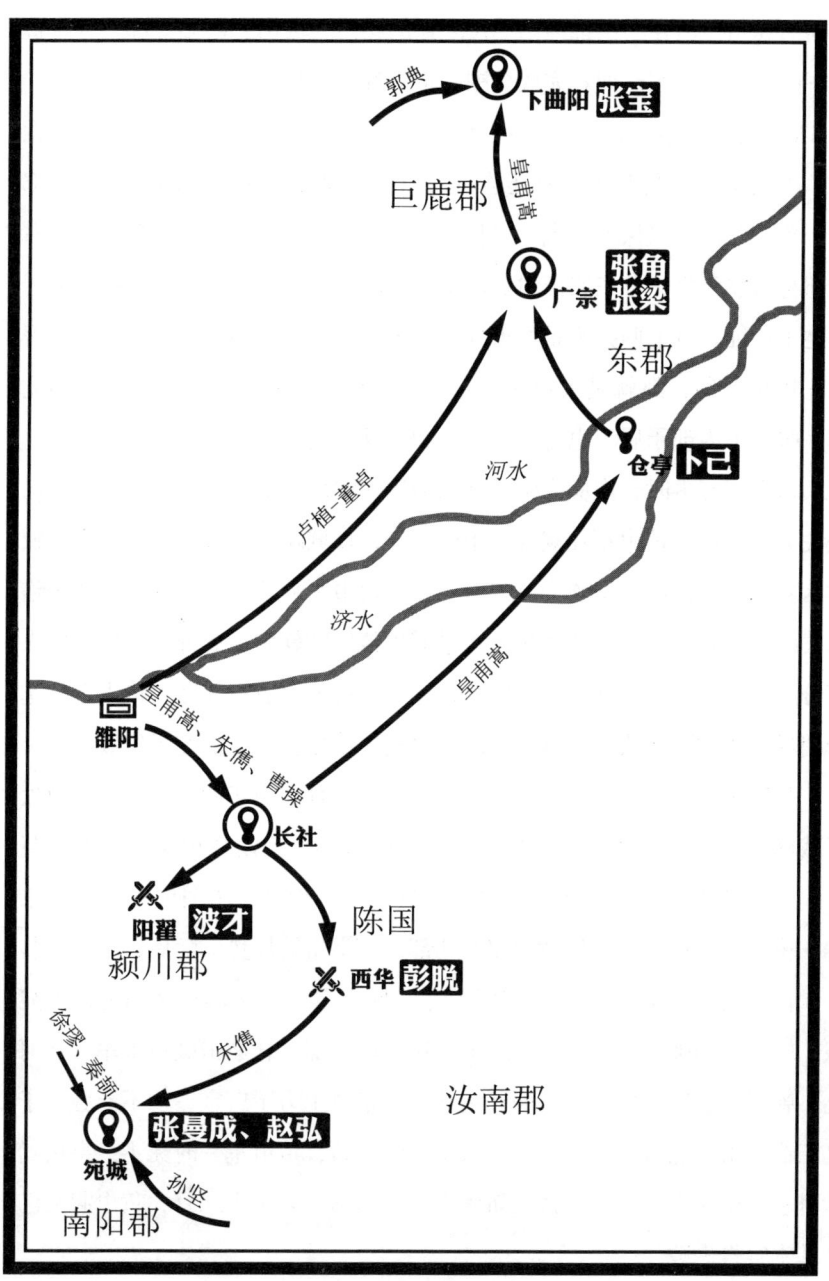

黄巾起义形势图

薄弱的冀州，但在与国都洛阳咫尺之遥的颍川、汝南、南阳等郡，皆有黄巾军的强大生力军。如若完成合围，帝都难避一劫。

黄巾起义虽然事发突然，但汉室朝廷反应还算果断，除了清查黄巾党羽，汉灵帝于张角起事当月还连发三诏。一是以何进为大将军，兵屯都亭，置八关都尉以保卫京畿。二是以北中郎将卢植、左中郎将皇甫嵩、右中郎将朱儁为将，分三路征讨黄巾军，并从公卿子弟及吏民中选拔能征善战之士从征。以上两条都是军事部署，第三条实则最为重要，是政治部署也是舆论反制，那就是大赦天下党人，解除对清流名士长达十六年的党锢，缓和了内部矛盾，也避免了士族倒向反叛者一方。

黄巾军起事时，内应失陷，又未能迅速实现对洛阳的合围，实际上已经失去了先机。黄巾军在规模上十分庞大，攻城略地，声势震天，宛若蚁群席卷而来，因此也被称为"蚁贼"。但黄巾军缺乏统一指挥，在袭击洛阳失败后，各自为战，四面出击，暴露出他们的软肋。此外，黄巾军中大部分不是职业军人，缺乏战阵经验，面对精锐的政府军往往自恃人众，选择消耗极大的阵地战、攻城战，以己之短攻彼之长，更加速了失败。

政府军平定黄巾军主力实际上只用了九个月。当年四月，黄巾军尚处于战略主动，捷报频传：颍川黄巾军击败朱儁，汝南黄巾军击败太守赵谦，广阳黄巾军杀幽州刺史郭勋及太守刘卫。但到了五月，皇甫嵩、朱儁、曹操在长社大破颍川黄巾军波才部，一举扭转局势。随后，皇甫嵩与朱儁南北分道：朱儁南下与南阳太守秦颉合军，后又得孙坚相助，破宛城，斩黄巾别帅孙夏；皇甫嵩北上，接连在东郡、仓亭击破黄巾军。在河北，朝廷先后以卢植、董卓两任主帅对阵张角主力于广宗，均不能胜，于是诏命皇甫嵩北讨。当年十月，张角临阵病逝，黄巾军一时无主，皇甫嵩趁机破张梁于广宗，十一月又斩张宝于下曲阳。到了十二月，黄巾起义已经基本宣告失败。

然而乱世既已揭开序幕，天下便再难有安宁之日。张角兄弟死后，黄巾军依然有大量余部分散在帝国各地，以流动形式继续与官府抗衡。与此同时，各地叛乱与骚动也接踵而起。朝廷不得不扩大原本只负责纪检监察的州刺史的权力，使之逐渐成为一州军政主管。将权日盛，军阀割据随之而起。大将军何进凭借平定黄巾军恩威大增，外戚与宦官权力之争再起，为此后洛阳之乱埋下祸端。

接下来，曹操、孙坚、刘备、王允等人物脱颖而出，开始逐渐走上三国大戏的舞台。随着群雄逐鹿的开始，那些散落四方的黄巾军余部反倒成了军阀们扩张势力的兵源：

中平年间（184—189），益州马相、赵祗于绵竹县自号黄巾军，攻掠三郡，为益州从事贾龙所破，余部皆被益州牧刘焉收为部曲。

初平二年（191），青徐黄巾军三十万众入渤海界，公孙瓒大破之于东光，收其众七万余人，使公孙瓒有了与袁绍争夺河北的资本。

初平三年（192），曹操与鲍信合军大破青州黄巾军，获降卒三十余万，其中精锐者被编为青州军，成为曹操纵横天下的主力军队。

初平四年（193），袁绍大举进剿黑山军（黄巾军的分支），接连击灭于毒、刘石、青牛角、黄龙、左校、郭大贤、李大目、于氐根等多支部曲，屠其屯壁，斩首数万级，奠定了袁绍统一黄河以北的基础。

建安十年（205），黑山军统帅张燕接受曹操招安，率众十万人归降，被封安国亭侯、平北将军，此后黄巾军不复现于战场。

太平道湮没于历史中，而在帝国的西方，同样以巫道起家的五斗米道，却在群雄的夹缝之中顽强地生存了下来，并建立起了中国最早的政教合一政权，他们的首领叫张鲁。

政教合一试验田

宗教的产生，多依赖于家族网络。张角是兄弟传教，张鲁则是祖孙三代接力创教。

张鲁的祖父张陵，相传为汉初名臣张良九世孙，游历天下，修仙学道，最终客居蜀地，于鹄鸣山自成一派宗师，撰写符书，吸纳信众。因为入教者须献米五斗，故而称五斗米道。张陵自称天师，因此亦称天师道。

五斗米道与太平道为汉末同时在两地发展起来的宗教派系，相互之间似无明显联系。由于张角兴造反大旗并被诛灭，而天师道最终归化了曹魏政权，因此它在后世被视为道教的正统渊源，张陵亦被尊为道教的创教之宗。

关于张陵的生平记载，不免加入了很多神话色彩，杂驳不一。宋濂《汉天师世家叙》记载，张陵生于汉光武帝建武十年（34），曾经担任江州令，后弃官入北邙山修仙得道；汉和帝召为太傅，不就，云游江西龙虎山、嵩山石室，获前辈经文密藏；最后入蜀，寿达一百二十三岁。李膺《益州记》记载，张陵早年因为瘟疫，避难于一个叫"丘社"的地方，意外获得了"咒鬼术书"，习得了魔法，后入鹄鸣山并自称天师。熹平年间，张陵被一只巨蟒叼走，活不见人死不见尸，其子张衡便宣称天师已升天，他自己继任为"嗣师"；后来其孙张鲁接班，被称为"系师"。

巴蜀文化原本就有很浓重的巫鬼元素，而地理上与中原山水隔绝，又造就了巴蜀相对独立的政治文化环境，因此从张陵到张鲁，五斗米道三代于蜀中传教，不仅未受到来自政府层面的打压和破坏，反而与当地州府有着极其亲密的关系。张鲁的母亲就是一名女巫师，长得十分美丽，而且精通各路鬼道，与时任益州牧的宗室成员刘焉有着暧昧的关系，经常往来于其家中。刘焉因此厚待张鲁，擢升他为督义司马，并派他与别部司马张修一起进攻汉中，拓张领土。

从张鲁在刘焉手下任职开始，五斗米道就由民间修仙炼道的宗教团体，转为深度参与汉末诸侯争雄的政治团体。身为"系师"的张鲁，是个有政治雄心的人，眼见天下纷争，不甘心只做一个教宗。在消灭了汉中太守苏固后，张鲁便袭杀了同行的张修，夺其部众。不久刘焉去世，其子刘璋继位为益州牧。刘璋认为张鲁不服他的统治，一不做二不休，尽杀张鲁家眷。自此张鲁与刘璋决裂，在汉中自立门户，开始了政教合一试验田的耕耘之路。

汉中是汉高祖刘邦当年咸鱼翻身之地，无论对于汉室，还是对于信奉谶纬学说的张鲁，都是一片有着大吉之兆的沃土。汉中被秦岭、巴山等山地环绕，形成一片与外界隔绝的盆地，可谓易守难攻。张鲁并不如张角那般兵多人众，却能够在乱世中延续三十年之久，全赖特殊的地形为他做屏障。

张鲁在汉中完全推翻了汉朝的官僚体系。他不设置郡守县令，而是以五斗米道中的神职人员来兼任政府各级管理者。比如初入五斗米道的信徒被称为"鬼卒"，学道进入一个阶段后，可以升格为"祭酒"，就进入了管理阶层，可以统领一些部众。级别最高的叫作"治头大祭酒"，统领的人数最多。张鲁则自号"师君"。

政教合一的汉中百姓，摒弃了儒家的纲常与法家的刑名，将老庄哲学应用到政治中，在一个战火纷飞、饿殍遍地的乱世里，居然过起了清静无为、小国寡民的生活。

当时曹操控制下的朝廷尚无力征讨张鲁，于是不仅不惩罚他杀官夺地之罪，还授他为镇民中郎将，领汉宁太守，认可了他对汉中的统治。关中韩遂、马超之乱后，有数万户关中难民从子午谷南下投奔汉中，随后起兵反曹的马超、庞德、程银、侯选、刘雄鸣等关西将帅也纷纷引余部投奔张鲁，让张鲁势力大增。甚至一度有人欲尊张鲁为汉宁王。谋士阎圃认为这是取祸之道，一番苦劝，才让张鲁放弃了这个念头。

然而汉中的张鲁毕竟不同于辽东的公孙家族——辽东地处偏远，而汉中是中原通向巴蜀的咽喉要道。当曹操平定了关中与陇西，想要进一步兼并巴蜀时，张鲁就成了必须要清除的障碍。

建安二十年（215），曹操大起十万之众进军阳平关，张鲁自知不敌，本欲归降，但其弟张卫却坚持要与之作战，结果大败，丢失阳平关。张鲁在阎圃建议下，南下入巴中山，依附板楯蛮渠帅杜濩、朴胡。张鲁在撤离汉中之前，以宝货仓库为国家所有，并未焚毁，而是封存起来。这一举动让曹操对张鲁充满敬意，于是在进入南郑城后停止追击，派人招抚。当时，新据蜀地的刘备也派人招降张鲁。不过大概因刘备曾协助刘璋抗击张鲁，因而张鲁对刘备非常不屑，留下一句"宁为曹公作奴，不为刘备上客"，出降曹操。

曹操厚待张鲁及其部众，拜张鲁为镇南将军、阆中侯，食邑万户，封张鲁的五个儿子和阎圃等人为列侯。同时，曹操主动与张鲁家族联姻，令儿子曹宇娶张鲁之女。张鲁死后，其子张富嗣其爵位，辟丞相掾给事、黄门侍郎，历汉中太守，封昌亭侯。另一子张盛则放弃了魏国给他的勋爵和官位，身携印绶、佩剑游历天下，最终回到当年曾祖父张陵修道成仙的龙虎山，创建坛宇，招徒传教。此后子孙相替，五斗米道就这样继续在南方传承了下来。

东晋时，五斗米道在江南十分盛行，王羲之之子王凝之便是其狂热信徒。而世奉五斗米道的孙恩家族，则继张角之后，又一次利用宗教掀起了一场轰动全国的大起义。当然，这些是后话了。

二

"四世三公"——汉末最强世家

袁氏家族

籍贯：汝南汝阳（今河南商水县东南）

代表人物：袁安、袁绍、袁术

出身于汝南袁氏的袁绍、袁术兄弟，曾经是汉末绝对的主角。他们主导了诛杀宦官、讨伐董卓两场乱世开幕大戏，一个鹰扬河朔，一个雄踞淮南。连后来魏蜀吴三国的奠基者曹操、刘备和孙坚、孙策，都曾是他们的附庸。当汉室日薄西山之时，山河表里，九五之尊，袁氏兄弟似乎已经唾手可得。

可为什么，最后的天下不姓袁，而姓了曹、刘、孙？在汝南袁氏这个家族巨轮沉没的背后，究竟发生了什么？

超一流家族

如果给东汉末年的家族评个级别，可能会是这样的：一流家族，如颍川荀氏，乃官宦世家，家学渊源，海内知名；二流家族，如吴郡陆氏，宗族繁盛，为一方豪强；三流家族，如沛国曹氏，声望较低，只能依靠攀附权贵跻身仕途。至于孙坚、刘备，出身于寒门，根本不入流。

然而有两个家族不在此列，即汝南袁氏、弘农杨氏，因为它们是处在巅峰地位的超一流家族。

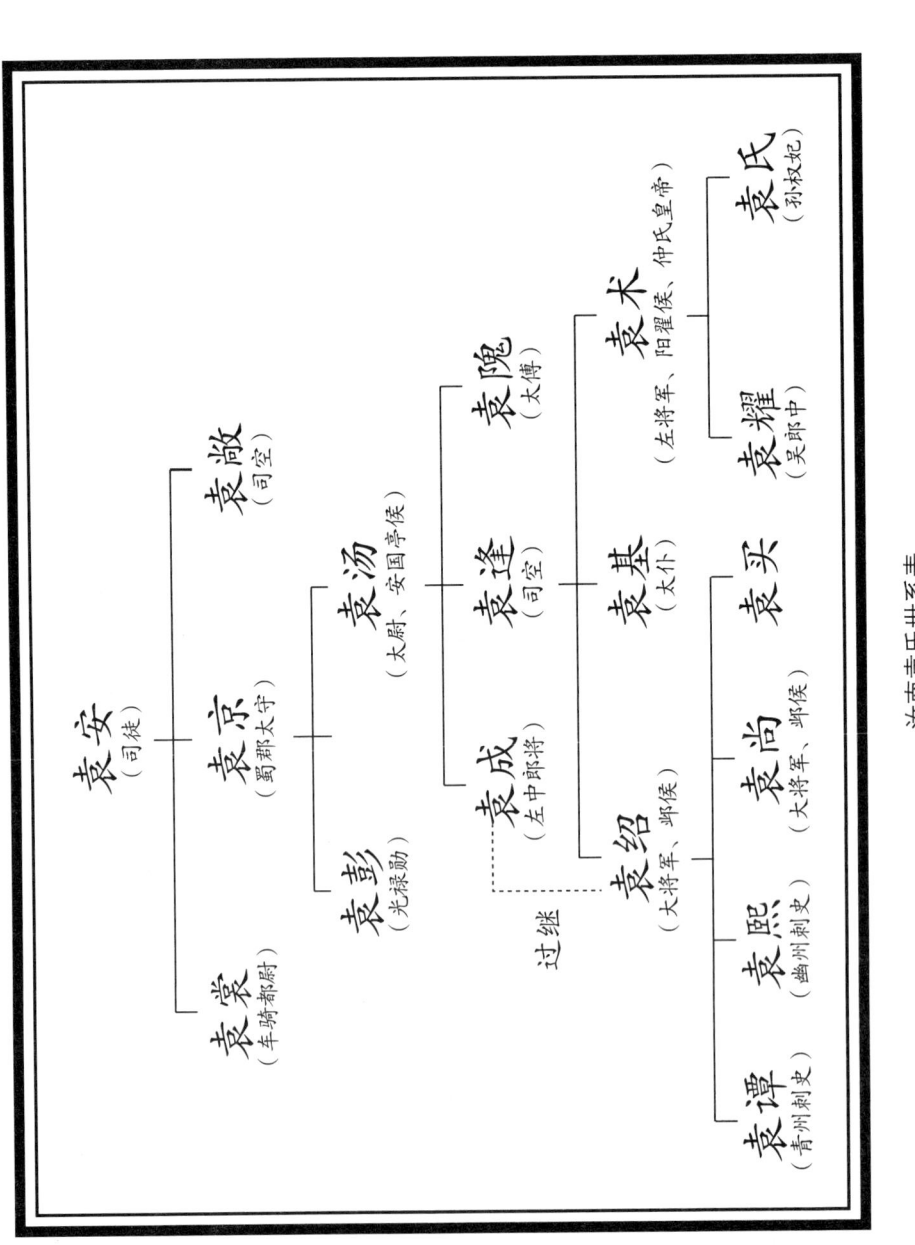

汝南袁氏世系表

什么是超一流家族？有两个标准：四世三公、门生故吏遍天下。放眼汉末，也只有这两个家族够格。

四世三公，就是连续四代人都坐到"三公"之位。"三公"是两汉公卿之首，自东汉光武帝建武二十七年形成司徒、司空、太尉的固定配置。能够位列"三公"，可谓人臣之极。汝南袁氏从袁安开始，连续四代有五人跻身"三公"之列。两汉选官实行察举制与征辟制并行。"三公"拥有征辟权，可以绕过州郡官员的察举考核，直接将优秀人才纳入公务员队伍中，这让"三公"成为不少帝国高级官僚的提拔者和引路人，形成师生之谊。因此"四世三公"自然形成了"门生故吏遍天下"的景象。强大的家族，催生了庞大的人脉网络。

汝南袁氏初祖为汉平帝时袁良。袁良师从大儒孟喜，以孟氏《易经》为其传家之学，举明经为太子舍人。其孙袁安，承继家学，安贫乐道。有一日，洛阳遭受暴雪袭击，洛阳令巡查灾情，看到许多人家自发扫雪清路，出门乞食，而袁安家几乎被大雪掩埋。洛阳令以为袁安已死，让人扒开雪打开门，发现他躺在屋里冻僵了，但还有气息。洛阳令问他为什么不出门求助，袁安回答："大雪天大家都遭灾受饿，我不能再去麻烦别人。"洛阳令被他的气节所感动，于是举他为孝廉，这就是袁安困雪的故事。[1]

袁安步入官场，于汉明帝时任楚郡太守。当地刚经历楚王刘英的谋逆案，办案人员为了邀功，将案件扩大化，牵连了数千人。袁安到郡后连办公室都没进，直接去大牢里调查案子，清理出一大批冤假错案，上奏朝廷后，救出无罪者四百余家。一年后他调任京畿担任河南尹，政令严明，但从没有因贿赂罪抓捕过人。他常说："出来当官的，哪个不是想当宰相、牧守，我不忍心在盛世禁锢人才。"[2] 许多人听了后非常感动。袁安在

---

[1] 时大雪积地丈余，洛阳令身出案行，见人家皆除雪出，有乞食者。至袁安门，无有行路。谓安已死，令人除雪入户，见安僵卧。问何以不出。安曰："大雪人皆饿，不宜干人。"令以为贤，举为孝廉。——《汝南先贤传》

[2] 凡学仕者，高则望宰相，下则希牧守。锢人于圣世，尹所不忍为也。——《后汉书·袁安传》

职十年,"京师肃然,名重朝廷"。

章帝年间,袁安相继担任太仆、司空、司徒。和帝年间,袁安不畏权贵,弹劾当权外戚窦宪兄弟,为时人称颂。袁安历事三朝,到了晚年,他已经从天子幼弱、外戚擅权之间察觉到汉室走向衰微的迹象,因此他每次与大臣讨论朝政,"未尝不噫鸣流涕"。

袁安去世后不久,窦宪即倒台,汉和帝亲政。为了追念袁安当年反抗窦氏的功勋,汉和帝对其诸子大加册封,袁氏一门荣达。长子袁裳官至车骑都尉,次子袁京官至蜀郡太守,三子袁敞官至司空。袁京之子袁汤,桓帝时任太尉,封安国亭侯。袁汤有三子:袁成、袁逢、袁隗。袁成官至左中郎将,袁逢与袁隗在灵帝一朝皆身居"三公",袁隗还娶了经学大师马融之女,汝南袁氏可谓通吃政界与学术圈。但在外戚、宦官互相倾轧的灵帝年间,袁氏兄弟不仅没有像他们祖先袁安那样尽忠职守、激浊扬清,反而为了保全家族的荣华富贵,屈身依附外戚和宦官。

袁成与外戚梁冀私交甚厚,梁冀对他言听计从。京师洛阳甚至流传着一句民谚:"事不谐,问文开。"文开是袁成的字,这话意思是有什么事情摆不平了,就去找袁成。梁冀是有名的"跋扈将军",鸩杀汉质帝,迫害名臣李固、杜乔,臭名昭著,袁成作为他的密友,可见也没少干坏事。

梁冀倒台后,袁氏兄弟又转而投向宦官一方。中常侍袁赦是汝南袁氏的宗族成员,深得皇帝宠信,于是他与袁逢、袁隗结交,将其作为他在宫外的宗亲势力。因此,两次"党锢之祸"让众多世家大族、清流名士家破人亡,汝南袁氏反而"贵宠于世,富奢甚,不与它公族同",成为政坛"不倒翁"。

取祸之策

袁绍,字本初,为袁逢庶子。因袁成早卒,故而袁逢将袁绍过继其兄为嗣。袁术,字公路,为袁逢嫡子。因此,在血缘关系上,袁绍与袁术为同父异母兄弟；在宗法关系上，袁绍与袁术为堂兄弟。

据公孙瓒讨袁绍檄文说："春秋之义，子以母贵。绍母亲为婢使，绍实微贱，不可以为人后。"袁绍虽然生母微贱，却天赋异禀，从小就仪表堂堂，英俊潇洒，爱广交朋友，早早就成为青年领袖般的人物。由于家庭背景显赫，想要投其门下做宾客的人络绎不绝，甚至来他家的车辆排起了长龙，造成帝都洛阳城严重交通拥堵。而袁绍交友有门槛，"非海内知名不得相见"，他的友人都是张邈、何颙、伍孚、许攸这样的社会名流。

天子脚下，如此高调地行事，不免引起当权宦官集团的反感。宦官头子赵忠就曾放话："袁本初制造声望，养了一大批死士在家里，这小子到底想要干什么？"[1]他叔父袁隗时任太傅，听了赵忠这话，十分担心袁绍给家族惹祸，便对袁绍一通指责。但袁绍根本不听。

黄巾起义爆发，灵帝解除党禁，授予大将军何进征讨之权，宦官的权力受到一定程度的限制，这也为袁绍带来了良机。袁绍进入何进幕府担任掾属。何进出身屠户之家，也需要袁绍这样的名门子弟以提升他的威望，于是擢升袁绍为虎贲中郎将。

各地叛乱层出不穷，灵帝极其缺乏安全感，遂于中平五年（188）八月设立西园八校尉，负责保卫皇宫。八校尉的安排是这样的：小黄门蹇硕为上军校尉，虎贲中郎将袁绍为中军校尉，屯骑校尉鲍鸿为下军校尉，议郎曹操为典军校尉，赵融为助军左校尉，冯芳为助军右校尉，谏议大夫夏牟为左校尉，淳于琼为右校尉。八校尉所统领的西园军俱受蹇硕节制。

这个人事安排很有问题：统领西园军的蹇硕是宦官，但其余校尉大多为世家公卿子弟；袁绍对宦官恨之入骨，曹操则在担任洛阳北部尉时棒杀过蹇硕的叔父，况且他俩都是何进的人。表面上看来，这是平衡两大派系，实际上却酝酿着不稳定的因素。

果然，新一轮外戚与宦官之争爆发了，其导火索就是汉灵帝的立嗣问

---

[1] 袁本初坐作声价，好养死士，不知此儿终欲何作。——《后汉书·袁绍传》

题。汉灵帝长子刘辩，为何进之妹何皇后所生，是外戚势力力保的太子。汉灵帝次子刘协，为王美人所生，王美人被何皇后妒忌害死，刘协由董太后抚养。这婆媳俩本来就势如水火，董太后于是与宦官集团联盟，意欲废长立幼。

汉灵帝在生前没有处理好立嗣问题，年仅三十三岁便去世了。两大集团立即爆发第一次交火，蹇硕谋除何进，扶刘协即位，但事机泄露，反被何进先下手。何进率领禁军杀蹇硕、董太后及其侄骠骑将军董重，扶刘辩即位。这一局，外戚赢。

此时袁绍已担任司隶校尉，为何进的心腹，他认为，当年汉灵帝刚即位时外戚窦武谋诛宦官，就因为事泄被宦官所害。而现在何进以国舅之身掌握大权，部曲将吏都是人中俊杰，不如趁此时机，永除后患。

何进也同意袁绍的意见，开始着手策划。但没想到的是，已身为太后的何进之妹却站在了宦官的一边。她认为宦官统领禁省是汉代多年来的规矩，现在新皇刚即位，杀个蹇硕就够了，没必要斩尽杀绝。何进后母舞阳君与何进之弟何苗，因为收受了宦官的贿赂，也为宦官求情。何进一时无法违抗太后旨意，局势陷入了僵持。

就在此时，袁绍给何进出了个昏招，建议他征召领兵的地方将领们提兵向京城，制造压力，胁迫何太后同意诛杀宦官。何进觉得袁绍的计策有理，便部署力量对何太后形成逼宫态势。

从婆媳之争，到兄妹之争，皇家的内斗大戏越玩越过火。就在何进调兵之际，宦官抢占先机。以张让、段珪为首的宦官伪造太后诏书，将何进骗进宫门，乱刀砍死于嘉德殿前。袁绍得报大惊，立即统帅何进旧部围攻皇宫，展开报复。其弟袁术当时担任河南尹、虎贲中郎将，亦率众火烧南宫九龙门及东西宫。一场混战之后，宦官尽被诛灭，死者两千余人，许多没长胡须的人都被误认为宦官而遭杀害。

这一局，外戚和宦官两败俱伤，前将军董卓进京窃取了权力。袁绍必须为自己愚蠢的计策付出代价。

讨董联军

帝都洛阳，朝堂之上，董卓召集群臣，商议废少帝，立陈留王刘协。

袁绍第一个表示反对，他当面叫板董卓："当今圣上年纪正好，又没有做什么错事，公然违背礼法废嫡立庶，恐怕难以服众吧！"

董卓手握宝剑呵斥他："你这小子，天下大事还不是我说了算，我想干的事谁敢不从命！"

袁绍回应了一句掷地有声的话："天下健者，岂唯董公！"意思是这天下有能耐的人，难道就你董卓一个吗？说完横刀作了个揖，离京城而去。[1]

这一场硝烟味浓郁的较量中，董卓与袁绍都在互相试探，结果是双方都做出了克制。董卓知道袁绍背后有"四世三公"的庞大家族，不敢轻易加害。而袁绍知道董卓手上有凶狠剽悍的西凉军，也只限于当庭辩驳，不敢有所行动。

事实上，袁绍对董卓的畏惧更多。早在董卓进京之初，骑都尉鲍信就劝袁绍趁董卓军马劳顿，一网打尽。当时何进兄弟皆死于洛阳之乱，禁军统领权在袁绍手中，他完全有能力将董卓乱政扼杀在摇篮里。结果袁绍犹豫不决，错失大好时机。

袁绍这个人，性格上最大的缺陷是好谋无断，因此他的人生注定是一路给自己挖坑，一路被动地填坑。诛灭宦官，他挖了个大坑，把董卓招进来了；董卓进京，他又挖了个坑，让董卓坐大。看到已经难以在京城内斗过董卓，袁绍选择离开京城，到地方上寻求力量。

袁绍的离京，看似意气用事，实则是有计划地出走。有两人在京城里

---

[1] 顷之，卓议欲废立，谓绍曰："天下之主，宜得贤明，每念灵帝，令人愤毒。董侯似可，今当立之。"绍曰："今上富于春秋，未有不善宣于天下。若公违礼任情，废嫡立庶，恐众议未安。"卓案剑叱绍曰："竖子敢然！天下之事，岂不在我？我欲为之，谁敢不从！"绍诡对曰："此国之大事，请出与太傅议之。"卓复言："刘氏种不足复遗。"绍勃然曰："天下健者，岂唯董公！"横刀长揖径出。——《后汉书·袁绍传》

配合他唱双簧,那就是侍中周珌、城门校尉伍琼。此二人对董卓说,袁氏家族树恩四世,门生故吏遍天下,如果广招豪杰起兵讨伐,崤山以东的地盘就不是董卓能掌握的了。他们建议,不如卖袁绍个人情,封他个郡守,如此,他便会感恩戴德,外患自解。董卓被这么一忽悠,还真的派人封袁绍为渤海太守。此后,董卓又在周珌、伍琼的建议下,将韩馥、刘岱、孔伷、张咨、张邈等人一一授官,赴地方担任州牧或郡守。这些人一到任,基本上都拉起了反董卓的大旗。董卓察觉被欺骗,遂将周珌和伍琼杀害。

付出了牺牲两个朋友的代价,袁绍和他的盟友们获得了州郡掌兵之权,一场声势浩大的讨伐董卓之战便徐徐揭开帷幕。

如果说黄巾起义只是揭开了乱世的冰山一角,那么讨董之战才是汉末乱世真正的开篇。自此以后,朝廷对地方彻底失去控制,各州牧、郡守都能够自己募兵领兵、任命官吏、征收税赋。军阀割据,天下大乱。

根据各镇诸侯所在方位,讨董联军基本形成了四个集团军:袁绍、王匡进驻河内,负责洛阳北面的战线,韩馥屯驻邺城提供后勤保障,张杨屯驻漳水以作策应;刘岱、张邈、张超、桥瑁、袁遗、鲍信、曹操等部集合于兖州与司隶交界的酸枣,负责正东方向的战线,并在这里举行了会盟仪式;孔伷驻军颍川,在洛阳东南方向形成威胁;袁术驻屯洛阳正南方向的鲁阳,以孙坚为主力从南翼发起进攻。

这四个集团军,基本形成了对洛阳的半包围,其中成员,多数与袁绍有密切的私人关系。如韩馥是袁氏提拔的故吏,张邈是袁绍的奔走之友,王匡和鲍信与袁绍同为何进属下,山阳太守袁遗则是袁绍的堂兄。讨董联军将领中,汝南袁氏成员就占了三人。袁绍作为盟主,又一次站在了历史的激流浪头。

不过,关东联军战绩如何呢?

很可惜,败多胜少。董卓进军河阳津,首先击败了王匡部队。紧接着在南线,董卓部将徐荣于梁县击败了孙坚。后来曹操主动出击,在荥阳又

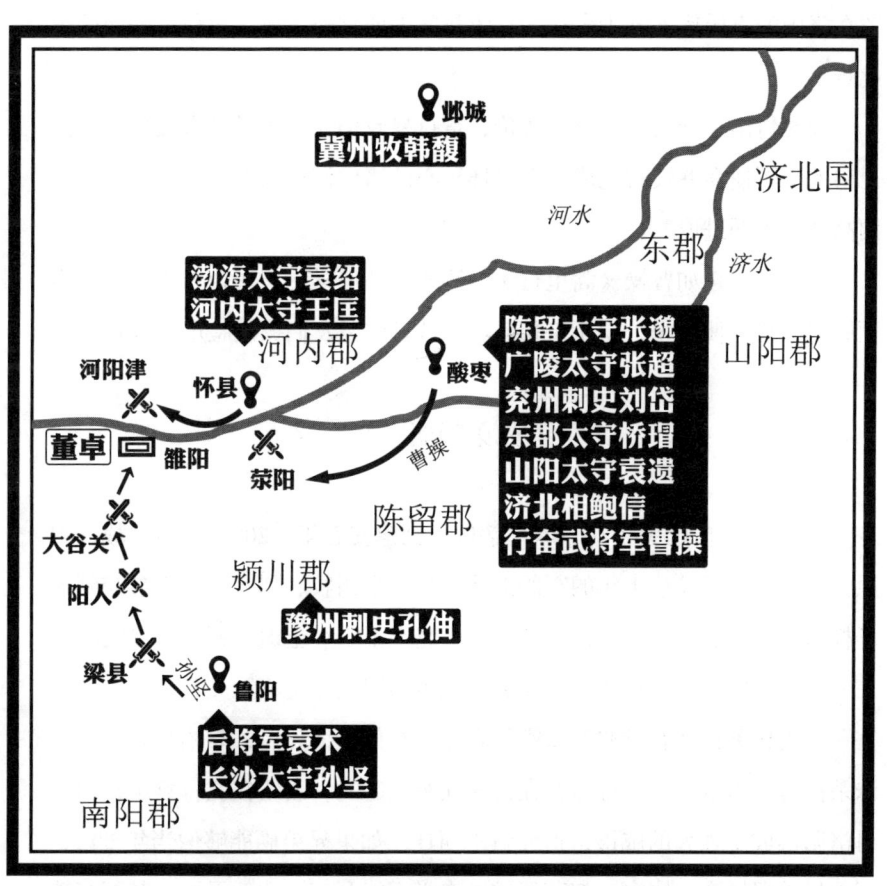

讨董联军形势图

被徐荣击败,损兵折将,他自己也险些丧命。而袁绍、袁术作为盟军的核心人物,却始终作壁上观,踌躇不前,没有参与任何一场正面作战。最终唯有重整旗鼓的孙坚获胜,一路打入洛阳,而董卓早已移驾西迁,百年帝都化为一片废墟。董卓临走前,为了对袁氏兄弟的反叛进行报复,屠杀了留在洛阳的袁氏族人五十余口,袁绍叔父太傅袁隗、兄弟太仆袁基皆死于此难。

即便付出了族人被屠杀的代价,董卓暴政仍在,天子尚未救出,袁氏兄弟的义军使命并没有完成。但各怀异心的诸侯们早已没了斗志,"日置酒高会,不图进取"。

接下来,正如曹操《蒿里行》一诗所写的那样:"军合力不齐,踌躇而雁行。势利使人争,嗣还自相戕。"昔日的盟友们撕破脸皮,开打了。

兄弟阋墙

从初平二年(191)讨董联军解散,到建安五年(200)官渡之战,中原大地上延续了长达十年的军阀混战。数十个州牧、郡守、将军参与到这场权力的争夺游戏里,杀得人仰马翻、鸡犬不宁、土地荒芜、人口锐减。

联军的破裂和互相攻伐,与袁氏兄弟的同室操戈不无关联。

袁氏兄弟曾经有过非常亲密的合作:在何进横死后,袁绍与袁术并力诛杀宦官,为帝国除一毒瘤;在讨董联军兴起时,袁绍在北,袁术在南,对洛阳形成了强大的威慑,迫使董卓西迁。如果兄弟俩能够像当年刘缜、刘秀兄弟那样齐心协力,扫荡群雄,未必不能开创一片新天地,甚至缔造一个属于袁氏的新帝国。

可是这兄弟二人,在联军讨董之时关系就已经崩掉了。

当时,董卓劫持汉献帝西走,关东联军又无力追击,所以袁绍提出了一个方案——由于汉献帝是董卓另立的,干脆不承认他,在刘姓宗室里选德高望重者——幽州牧刘虞,另立为帝。此举得到了冀州牧韩馥的支持。

袁绍满以为袁术肯定与他同心，于是写信给袁术，信中说汉献帝"为贼臣所立，又不识母氏所出"，袁氏一族被屠戮后，已经无法"北面事君"，号召袁术一起"东立圣君，太平可冀"。

袁绍对汉献帝的厌恶，很大程度上源于他与何进过从甚密，是少帝刘辩坚定的拥护者。在董卓议废立大会上，他又于众目睽睽之下激烈争辩，因此对这位董卓另立的皇帝，心理上也很难有好感。为此，袁绍甚至在信中颠倒黑白，说汉献帝"无血脉之属"，为自己的另立提供合理性。但另立刘虞，显然于礼不合。刘虞当时年龄在五十岁左右，属汉室远支，于汉少帝刘辩而言是从父或从祖父辈的人，以长者继幼主嗣，这不是乱套了吗？何况，这事纯属袁绍和韩馥一厢情愿，刘虞自己不仅不愿意，还对此议"厉声叱之"。

袁绍谋立刘虞，自然是因为刘虞身居河北，方便他今后控制。袁术早就看穿了袁绍这点小算盘，在回信中把袁绍批判了一番，大意是说："现在皇上英明睿智，咱们家的灾祸是董卓干的，关皇上什么事儿啊？老弟我忠君爱国，只知道打董卓，不知道其他的。"其实袁术早有称帝的异心，但这时还不能露出狐狸尾巴，所以就将自己伪装成忠诚于汉献帝的臣子。甚至连曹操也不赞同袁绍另立之举，他在回信中直言，一旦擅行更易皇帝，天下就更难安定了。曹操与袁绍对待献帝的迥异态度，为他们今后的命运埋下了伏笔。

虽然另立皇帝的事黄了，但袁绍毫无疑问是群雄乱战之中最显赫、最引人瞩目的。袁氏家族被董卓屠戮，也为袁绍赚足了同情分，一时间天下众多豪杰纷纷归附袁绍，愿意为他报仇雪恨。借着这股众望所归的舆论优势，初平二年，袁绍通过游说，兵不血刃地从韩馥手中拿下了冀州，势力逐渐向青州、并州、幽州等河北州郡扩张。这让袁术大为光火，怒道："这帮竖子不跟老子一伙，竟然去帮我们袁家的家奴！"[1]他对袁绍极

---

[1] 群竖不吾从，而从吾家奴乎！——《后汉书·袁术传》

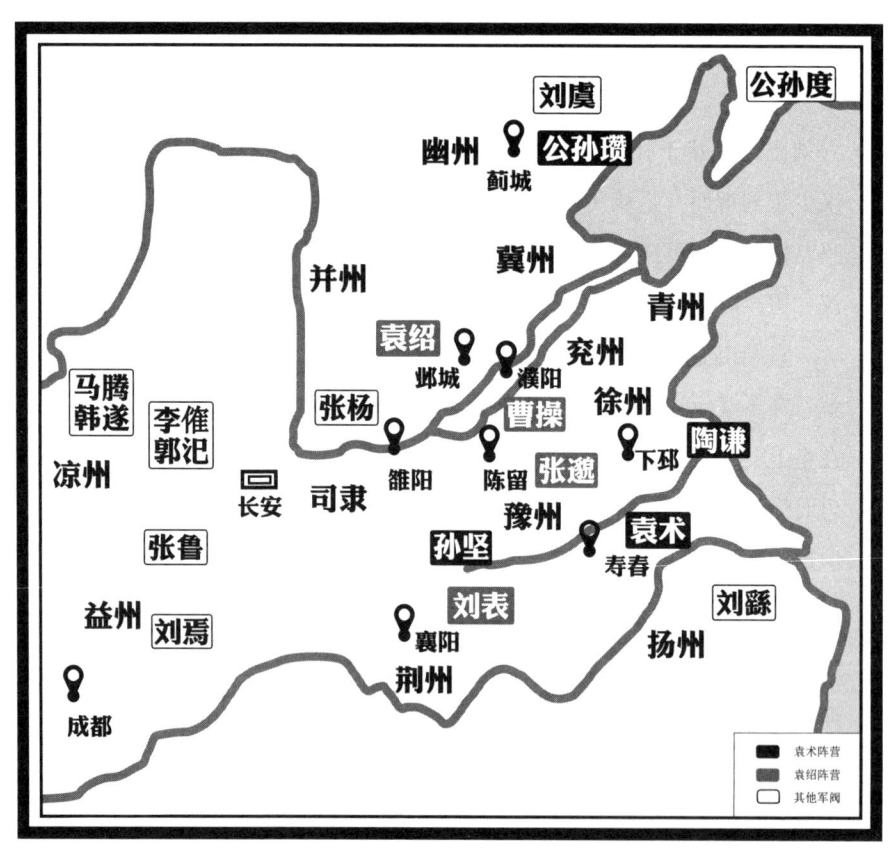

军阀混战形势图

为蔑视,甚至在给公孙瓒的信中,直接说袁绍不是袁家的儿子。兄弟俩终于反目成仇,各镇军阀很快形成分别以袁绍和袁术为主导的两大阵营。

袁绍与荆州之主刘表联合,阵营成员还包括占据兖州的曹操、张邈。袁术则与崛起于北方的公孙瓒联合,阵营成员还包括徐州刺史陶谦,以及被袁术当枪使的长沙太守孙坚。两大阵营有三个战场:河北战场主要是袁绍与公孙瓒的拉锯战,中原战场由曹操、陶谦、袁术以及后来加入的吕布等势力互相缠斗,荆州战场则是孙坚与刘表相攻。

最先开打的是中原战场。讨董联军解散后,各路诸侯都应归还本郡,但长沙太守孙坚在袁术撑腰下,不仅不还本郡,还进入袁绍、曹操的势力范围豫州,双方于是在阳城爆发激战。当时公孙瓒派其从弟公孙越率军一千为袁术助阵,却中流矢而死。公孙瓒由此迁怒于袁绍,河北战场随即开打。不久,袁术又指使孙坚进攻袁绍的盟友刘表,意图向南拓张领土,荆州战场也战火纷飞。

起初,战争的天平是倒向袁术这一阵营的:袁术在豫州击走袁绍将领周昕;公孙瓒铁骑南下,河北郡县多呼应之;孙坚在荆州也是节节胜利,于樊、邓之间击败黄祖,兵临襄阳城下。然而几乎就在同时,南北方战场都出现逆转,袁绍部将麹义以八百先登死士大破公孙瓒骑兵于界桥,而孙坚则在襄阳城外岘山被伏击身亡。南北两线受挫让袁术极为慌张,当时他在南阳横征暴敛,尽失民心,又被刘表截断粮道,不能做长久之计。于是袁术发兵入陈留,屯封丘,并招黑山贼及匈奴单于于夫罗为援兵,图谋兖州。但曹操与袁绍早有准备,在匡亭将袁术军击溃。袁术退往封丘,又遭曹操合围,于是沿襄邑、宁陵向南逃,直至进入九江郡界才摆脱曹操的追击。

比起袁绍来,袁术在各个方面都要逊色很多,有如云泥之别。袁术不具备袁绍那种雄主气质,更没有继承汝南袁氏优渥的门风,他不仅虚伪至极,还性情残暴、嗜杀成性。袁绍好歹还是以"文明"的方式袭取冀州的,袁术夺地则一路杀戮:先是指使孙坚杀了南阳太守张咨;他被曹操赶到淮南后,又杀了扬州刺史陈温,领其地;汉室宗亲陈王刘宠及陈相骆俊,只因不给袁术借粮,就遭到袁术所遣刺客暗害。

而且,袁术最大的缺陷在于过度膨胀、盲目自信。移驻淮南后的袁术,其境遇已经与之前不可同日而语,不仅他主导的阵营被袁绍、曹操瓦解,他在淮南也面临着军粮不济、强敌环伺的不利局面,本寄希望于孙策为其开拓江东,却肉包子打狗——有去无回。

恰在此时,中原传来了献帝东归,被李傕、郭汜击败于曹阳的消息。这给袁术带来一个错觉——汉室已经完蛋了。袁术对群下说:"我们家四世三公,百姓所归,现在刘氏衰弱,不如就让我当皇帝吧!"[1]除了一位耿直的主簿阎象委婉劝诫外,一时"众莫敢对"。

可袁术不管,他一头扎进了皇帝梦中。建安二年(197),袁术在寿春建号仲家,上演了一出称帝丑剧。此举导致他一夜成为人民公敌,曹操、吕布、刘备等合兵来攻打,他连吃败仗,四处流窜,如丧家之犬。而江淮之间早就被他糟蹋得山河残破、颗粒无收,甚至到了人吃人的地步。穷途末路之下,袁术只能向自己的老对手袁绍求援,愿意北上归附并将皇帝尊号送给袁绍。行至江亭,兵士已绝粮,袁术竟然吩咐左右搞点蜜浆解暑——吃的都没有了,哪来的蜜浆?这份舌尖上的失落,成为压垮袁术的最后一根稻草。他长叹一声:"我袁术怎么落得这个地步啊!"呕血斗余而死。[2]

袁术死后,其家眷由堂弟袁胤所携投奔庐江太守刘勋,后又陷于孙策之手,于是这一支汝南袁氏便流入东吴。袁术之子袁耀仕吴为郎中,袁术之女被孙权纳为妃,袁耀之女又嫁给孙权第五子孙奋。这支汝南袁氏不仅存活了下来,还成为东吴的皇亲国戚,也算是弥补了袁术未尽的帝王之

---

[1] 术大会群下,因谓曰:"今海内鼎沸,刘氏微弱。吾家四世公辅,百姓所归,欲应天顺民,于诸君何如?"众莫敢对。——《后汉书·袁术传》
[2] 时盛暑,欲得蜜浆,又无蜜。坐棂床上,叹息良久,乃大咤曰:"袁术至于此乎!"因顿伏床下,呕血斗余而死。——《三国志·袁术传》裴注《魏书》

梦吧。

一千七百多年后，历史的轮回落在另一个姓袁的人身上。袁世凯家乡为河南项城，与汝南袁氏家族故地商水县袁老乡不过咫尺之遥。袁世凯也曾攀附袁安为先祖，而他在1916年的复辟称帝，则像极了当年的袁术，一样自命不凡，一样众叛亲离，一样黯然退场，死在皇帝梦中。

致命的内斗

就在袁术死去的同年，袁绍攻破易京，彻底击败北方劲敌公孙瓒。在此之前，他一一平定了黑山贼诸首领，令外甥高干向西进取上党，令长子袁谭向东逐走孔融、侵入青州。于是其势力地跨青、幽、冀、并四州，领兵数十万，鹰扬河朔，袁绍迎来了自己的极盛时刻。他与昔日的发小、盟友曹操，终将迎来一战。

曹操家世远逊于袁绍，在乱世争雄的起点也低于袁绍。当袁绍以讨董联军盟主身份一呼百应之际，曹操还是个没有地盘的骁骑校尉，在袁绍的保举下担任"行奋武将军"，在张邈的庇护下于陈留屯驻，才有了军阀混战的入场券。

十年混战，袁绍的注意力基本都在河北，大河以南的战事，他交付给曹操，并为其充当后盾。尽管袁绍与曹操维持了数年的"蜜月期"，但曹操早就对袁绍有所警惕。从最初袁绍谋立刘虞为帝时，曹操就知道他们未来必定不是同路之人。此后，袁绍曾得到一方玉印，当着曹操的面"举向其肘"。这个意味深长的动作透露出袁绍想当皇帝的野心。曹操的反应则是"笑而恶焉"，表面的憨笑下，隐藏着图谋袁绍的心思。

袁绍骄矜自大，他一直以来也着实轻视了曹操。他鲜少插手中原战事，可能是因为他根本不相信曹操能在短短十年内扫荡群雄，形成能够与他相抗衡的雄厚力量。而在此期间，袁绍对曹操甚至缺乏基本的尊重，简单粗暴地将曹操当作铲除异己的工具——袁绍曾经先后授意曹操除掉张邈、杨彪和孔融。张邈是袁绍当年的奔走之友,杨彪与袁绍有姻亲关系,孔融则是当世名儒,袁绍想要这三人的命,却又不想手上沾血,足见其心狠狡黠。曹操当然不会上他的套。

建安元年(196),曹操迎献帝于许都。原本在袁曹联盟中,袁绍为大,曹操为小,而曹操奉迎天子之后,一跃而成大将军。袁绍被封为太尉,班次在曹操之下。这让袁绍非常恼怒,拒而不受。当时吕布、袁术、张绣等势力还未消灭,曹操尚不敢与袁绍公开决裂,不得不做出妥协,让大将军之位于袁绍,自己退居司空之位。

那么袁绍为什么不迎汉献帝?汉献帝东归时,路线曲折艰辛,一度曾渡河北上,进入河东郡安邑。安邑一路向东即可进入袁绍的领地,坐拥天时地利,袁绍原本很有机会将汉献帝握在手中。袁绍的确也开会讨论过这事,但臣僚分歧很大。沮授、田丰主张即刻迎天子都邺城,挟天子以令诸侯。郭图、淳于琼则认为,汉室已衰,不可复兴,把天子接来还得早请示晚汇报,非常麻烦,没这个必要。袁绍好谋无断,往往在朝臣意见相左的情况下就没了主意,犹豫之间,天子却被曹操接走了。这时袁绍有些后悔,提出让曹操将天子迁到距离自己较近的鄄城,方便他控制,但被曹操拒绝。这时候田丰认为曹操已经不那么听话了,建议一举出兵袭取许都抢回天子,但袁绍又没有听从他的意见。等到几年后曹操羽翼已丰,想要夺回天子已非易事。

其实,是否迎天子,对袁绍与曹操的对决影响并不大。更何况袁绍对汉献帝素无好感,他自己也和袁术一样,一直心怀自立为帝的念头。迎天子事件背后显露出来的真正致命问题,是袁绍阵营的派系内斗,这种撕裂直接影响袁绍未来的命运,乃至于整个汝南袁氏未来的命运。

袁绍老家在汝南,起兵于冀州,因而他的手下包括了冀州人和来自汝颍之地的南阳、颍川人。全盛时期的袁绍,手下谋士主要有八位,按其籍贯,可分为冀州派与汝颍派:冀州派为田丰(巨鹿人,一说为渤海人)、沮授(广平人)、审配(魏郡阴安人),汝颍派为许攸(南阳人)、逢纪

(南阳人)、郭图(颍川人)、荀谌(颍川颍阴人)、辛评(颍川阳翟人)。

袁绍本着兼收并蓄的态度,对这两派人士均委以重用,但两派为了维护自身利益,抢夺权力,矛盾愈来愈深。袁绍做每一个重大决策的关头,都能引发两大派系的针锋相对。迎天子之议就是一例。冀州派代表田丰、沮授支持迎天子,因为能将帝都建在冀州,无疑能够提升冀州本地世族的地位和话语权。而反对者郭图和淳于琼都是颍川人,他们当然不能容忍冀州本土人士坐大。

田丰和沮授是袁绍谋士中的佼佼者,他们先后向袁绍提过不少中肯的建议,比如迎立天子、袭取许都。但田丰与逢纪不和,沮授与郭图不睦,他们的谋划总受到政敌的掣肘,再加上袁绍疑心重、不果断,他们的好建议基本都没有被采纳,袁绍也因此错过了不少制胜之机。

建安五年(200),袁绍与曹操的决战终于开打。这场战争一开始袁绍的优势很明显:袁绍拥兵十万之众,而曹操因为处于四战之地,不得不分散兵力四处设防,位于官渡主战场的兵力不过一万。同时,袁绍还挑动兖州、豫州诸郡反曹,又派刘备联合汝南黄巾军余部在南线搞小动作,使得曹操后方四面起火。再加上曹军粮草不济,这场战争双方在基本盘上悬殊。

然而,一遇大事,袁绍阵营的冀州、汝颍两派就又互相撕扯起来。沮授不仅是谋士,还是袁绍的监军兼奋威将军,军权在握,但郭图趁机进言诬陷沮授,使得袁绍将沮授所部一分为三,由沮授、郭图、淳于琼各典一军。这使得袁绍主力未临战场即已分散,减轻了曹军的压力。

在官渡之战僵持阶段,曹操已经逐渐支撑不住,袁营两大派系的冲突却导致战场局面的逆转。许攸献计分兵奇袭许都,不为袁绍所纳,而与其为仇的审配却在邺城以违法之名关押了许攸的家人。许攸一怒之下临阵投曹,献乌巢劫粮之策,让曹操一下子翻身获得战场的主动权。

乌巢遭攻，袁绍尚有回旋余地，但一开军事会议，两派的意见再次相左。冀州派将领张郃、高览主张援救乌巢，汝颍派谋士郭图却建议偷袭曹营，袁绍难以决断，只好兵分两路。也不知道袁绍是怎么想的，偏偏让张郃与高览去执行郭图的计策，结果是两路都没讨到好处，丢了乌巢，张郃、高览也顺势降了曹操。至此，官渡之战大局已定，袁绍与长子袁谭仅以八百骑渡河逃至黎阳。

后世论者，常以袁绍才略输于曹操来解释官渡之战的结果。然而从内部团结程度来看，曹操虽处于劣势，但其阵营上下齐心；袁绍虽占尽优势，但冀州、汝颍两派的内斗消耗了袁军大量的实力与战机。偏偏袁绍又是一个患有"选择恐惧症"的人，在针锋相对的意见之间难以做出正确而果断的抉择，纵有十倍兵力，也是枉然。

官渡之战，袁绍虽惨败，却不致命，他依然拥有河北四州的广袤土地，尚可抗衡曹操。但糟糕的是，袁氏内部的派系斗争仍在继续。袁绍败归，对此前劝谏自己的田丰颇有悔意。但田丰的政敌逢纪却进谗言，说田丰闻袁绍败而欣喜。袁绍怒而杀田丰。

官渡之战后的第二年，袁绍病死于邺城，袁氏内部的派系斗争演变为世子之争。冀州派代表人物审配将逢纪拉入自己阵营，拥立袁绍幼子袁尚为主，汝颍派代表人物郭图、辛评则辅佐袁绍长子袁谭于南皮。袁谭、袁尚之争，延续了袁绍、袁术之争的悲剧，萧墙之祸，将这个曾经站在塔尖上的超一流家族一步一步拖向了深渊。

利用二袁相争，曹操各个击破，于建安九年（204）攻陷邺城、斩审配，于建安十年（205）破南皮、斩袁谭及郭图，于建安十二年（207）取得柳城大捷，逐走袁熙、袁尚兄弟。二人投奔辽东公孙康，被其斩首送往曹营。至此，曹操一统河北，袁绍一门族灭，自袁绍渤海起兵始，计十八年。

据《吴书》记载，袁绍除三子袁谭、袁熙、袁尚外，尚有一子，名袁买。王粲在代刘表写给袁尚的书信中，有"又得贤兄贵弟显雍及审别驾书"一句，提到袁尚有一表字为显雍的弟弟，这很可能与袁买为同一人。袁买与袁熙、袁尚奔辽东后，未见被诛杀的记录，下落不明，或为袁绍存续一脉。

汝南袁氏虽然淡出了历史舞台，但在其祖籍，即今河南省商水县东南，袁姓依旧兴盛。据媒体报道，现在的袁绍故里共有袁姓村十三个，袁姓后人三万余人。

三

从"关西孔子"到鸡肋之才

杨氏家族

籍贯：弘农华阴（今陕西华阴）

代表人物：杨震、杨彪、杨修

乌江岸边，寒风萧瑟，乌骓嘶鸣，英雄末路。西楚霸王项羽在汉军重重包围下，自刎而死。楚汉相争，在这里迎来一个悲怆的结局。

这是人人都熟悉的一幕，可是有多少人知道项羽自刎之后发生了什么？

刘邦曾经悬赏，能得项羽之首级者，赏千金，封万户侯。于是当项羽倒下的那一刻，他的尸首就成了香饽饽。汉军如饿狼一般扑向项羽的尸体，在争抢中，竟有数十人被踩死或砍翻。最终，郎中骑王翳获得了项羽的头颅，项羽的尸身则被撕为四块，分别为郎中骑杨喜、骑司马吕马童、郎中吕胜、郎中杨武所得。现场血腥至极，惨不忍睹。

刘邦遵照承诺，将五人皆封侯，五分封地。其中，杨喜为赤泉侯，即为弘农杨氏之祖。弘农杨氏在两汉的兴盛，就从这血淋淋的五分之一块尸体中开启了。

华夏第一文字狱

如果说弘农华阴杨氏家族的奠基始于杨喜，那么让其真正扬名的则是

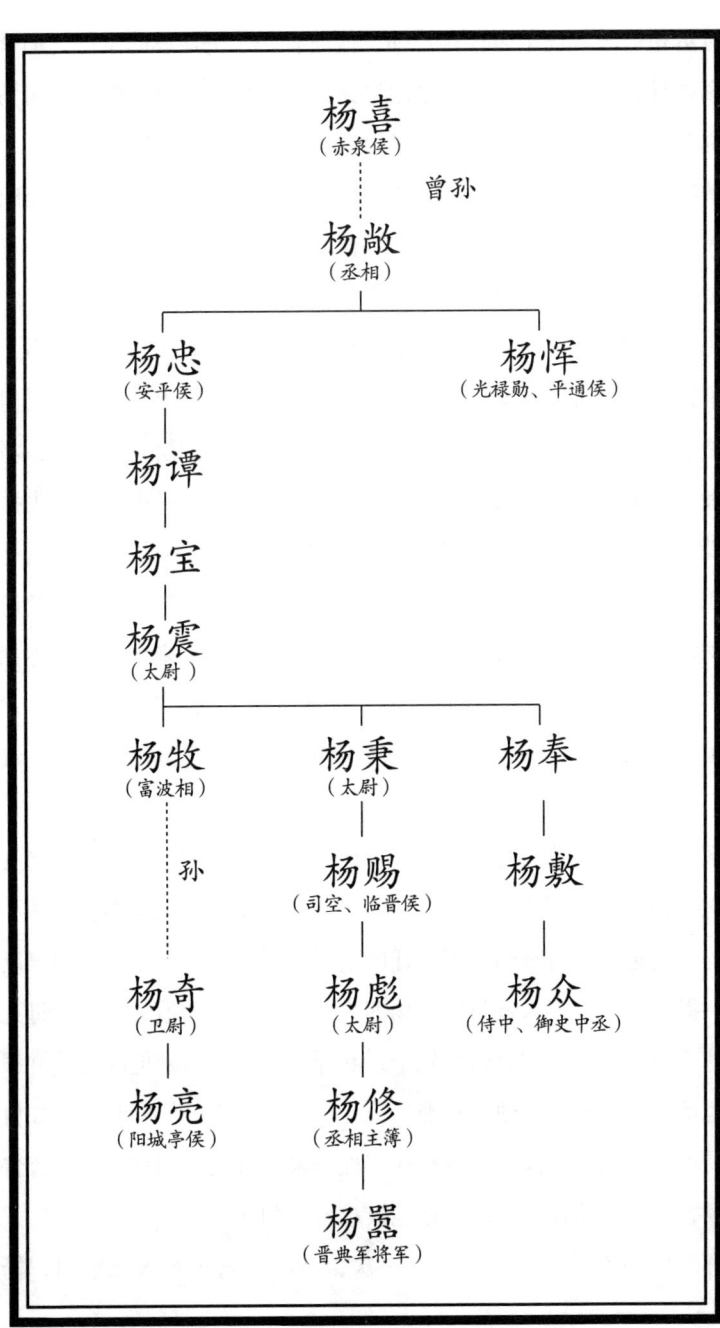

弘农杨氏世系表

汉昭帝时丞相杨敞。杨敞为杨喜曾孙，他还有一个更显赫的身份，那就是史学大家司马迁的女婿。司马迁家族世为太史，诗书传家，能够与司马家结亲，说明弘农杨氏此时已经实现了由武人向簪缨世家的转变。

杨敞出仕于汉武帝晚年，托身于大将军霍光门下，深得青睐，至昭帝时擢升大司农，后更升任丞相，封安平侯。不过这时由于霍光当政，丞相的权力被大大削减，远没有当年一人之下、万人之上的威风。

相比霍光的专权跋扈，杨敞是个谨小慎微、经不起大事的人。霍光与上官桀争权之时，有人知道杨敞是霍光的人，向他举报上官桀叛逆，但杨敞胆小怕事，不敢告发，索性装病不出。到了昌邑王刘贺在位时期，霍光与张安世谋划废帝另立，又派田延年来找杨敞谋划。杨敞更是惊慌失措，汗流浃背，说不出一句话来。在这紧要关头，还是他的夫人司马氏有见识。趁田延年上厕所的时候，他的夫人连忙从东厢房走出来对杨敞说："这是国家大事，而且大将军已经决定了，才派田延年来告诉你。你如果不快点答应，表示与大将军同心，恐怕有被诛灭之祸。"[1]杨敞方才醒悟，等田延年回来后立即表态"奉大将军教令"，于是昌邑王被废，汉宣帝立。

杨敞在汉宣帝继位后月余即去世，他的长子杨忠嗣位，但更有名气的是他的次子杨恽。杨恽这个人，跟他性格怯懦的父亲完全不同，他从小读外祖父的《史记》，行事颇有司马迁的遗风。霍光死后，霍氏子弟谋反，杨恽及时揭发，兄弟五人皆封侯。杨恽为人轻财好义，他父亲与后母死后留给他遗产数百万，他都分给宗族子弟和异母昆弟。后来他因功受赏钱财千万，也都分散给众人。他为官廉洁公允，公平正直，但同时疾恶如仇，也很容易得罪同僚。《汉书》载杨恽"性刻害，好发人阴伏，同位有忤己者，必欲害之"。这样的性情，让他极难容于朝廷。

杨恽最终折在口无遮拦上。有一次，高昌侯驾车奔入北掖门，杨恽

---

[1] 此国大事，今大将军议已定，使九卿来报君侯。君侯不疾应，与大将军同心，犹与无决，先事诛矣。——《汉书·杨敞传》

说,以前有马车撞上殿门,然后昭帝就驾崩了。这话显然有诅咒当今皇上之嫌。又有一次,杨恽观看西阁画像,不看尧舜,反而指着桀纣的像说:"天子路过,多学习一下他们的过失,可以吸取不少教训。"[1]这话当然更令皇上不爽。因为言语悖逆,杨恽被革职为庶人。

杨恽虽然丢了官,但因家族产业富足,回老家仍悠然过着富翁的日子。他的友人安定太守孙会宗写信劝他,既然得罪皇上被免官了,就应该闭门思过,低调一些,别在家里又盖豪宅,又宴请宾客,搞得这么招摇。杨恽原本心里就窝着火,这封信一下把他点燃了,于是援笔而就,写下了回信《报孙会宗书》。

他在信中这样描写杨氏家族繁盛时的景象:"家方隆盛时,乘朱轮者十,位在列卿,爵为通侯,总领从官,与闻政事。"然后辩解,他自己现在已经被解职,回到乡下做一个农民,纵情享乐居然还要被指责,真是岂有此理。他嘲讽那些诽谤自己的政敌,又鲜明地表示与他们"道不同,不相为谋"。语言桀骜不驯,和他外祖父的那篇著名的《报任少卿书》可谓如出一辙。

结果,这封信给他带来了更大的灾难。汉宣帝看到这封信后大怒,以大逆不道之罪,判杨恽腰斩极刑,妻儿流放酒泉郡。杨恽因书信被处死,被后世有些人视为中国最早的文字狱。

弘农杨氏经此一难,暂时沉寂。但杨恽耿直不阿、清正廉洁的作风和口无遮拦的性格,深刻影响着他的后人。

"四知"与"三不惑"

过了约一百年,东汉年间,弘农杨氏在杨震手上复兴。

杨震,字伯起,是杨喜的八世孙。他父亲杨宝没有做官,一辈子做学

---

[1] 天子过此,一二问其过,可以得师矣。——《汉书·杨敞传》

问,以欧阳生所述《尚书》为传世家学。杨震少年好学,博览群书,潜心就学,成为远近闻名的大学者。当时的儒生把他当作偶像,送他一个响亮的称号——关西孔子。

孔子周游列国,一生未能西行入关中,致使关中儒生总觉得逊齐鲁儒生一等。如今杨震被奉为"关西孔子",成为绝对的学术权威、文坛领袖,可谓给关中学界大大长脸。

杨震起初对做官毫无兴趣,几十年间州府多次征辟,他毫不理会,隐居湖县(今河南灵宝西)读书,直到五十岁才在州郡任职。这么一位宿儒终于答应做官了,让当时执掌朝政的大将军邓骘欣喜不已,遂举之为茂才,连续四次升迁,直至东莱太守。

在就任太守的路上,杨震留下了一个名垂青史的故事。当时他路过昌邑县,昌邑县县令王密是他在荆州刺史任上察举的茂才。王密有心报恩,于是深夜登门,拿出黄金十斤赠给杨震。杨震非常生气,说:"我这个故人了解你,但你怎么不了解我呢?"王密还想坚持,说:"这深更半夜,哪有人知晓。"杨震正色道:"天知,神知,我知,子知。何谓无知!"王密羞愧而去。[1]"四知"被传为美谈,几乎成为廉洁自律的代名词。

杨震在郡守任上,同样严格要求自己,清正廉洁,不受贿赂。他的子孙蔬食步行,一家人生活非常简朴。有人劝他借着当官之机为子孙置办一些家产,杨震驳斥道:"让我的后代成为清白吏的子孙,难道还有比这更好的遗产吗?"[2]

汉安帝永宁元年(120),杨震由地方调入中央担任司徒,三年后又任太尉,弘农杨氏"四世三公"的簪缨冠盖之旅自此开启。

然而汉安帝年间,东汉王朝已经深陷外戚、宦官轮流秉政的政治顽疾

---

[1] 故所举荆州茂才王密为昌邑令,谒见,至夜怀金十斤以遗震。震曰:"故人知君,君不知故人,何也?"密曰:"暮夜无知者。"震曰:"天知,神知,我知,子知。何谓无知!"密愧而出。——《后汉书·杨震传》

[2] 使后世称为清白吏子孙,以此遗之,不亦厚乎!——《后汉书·杨震传》

之中，朝政风气不振，像杨震这样忠贞正直的政坛清流就必然开罪于人。当时朝廷刚经历了邓太后执政，"内宠始横"，杨震看到很多违法乱纪、伤风败俗之事，总是向皇上直言，因此得罪了汉安帝乳母王圣、舅父耿宝，以及宦官樊丰和周广等一大批当权者。

延光三年（124），樊丰伪造诏书私自调用国库营造豪宅的事情败露，证据落在杨震手上。樊丰大为惊恐，先告杨震一状，派使节收缴杨震印绶，将其革职回籍。杨震对黑暗腐败的朝廷大为绝望，行至城西几阳亭，慷慨悲愤地对弟子说："死是为士者寻常本分之事，我蒙受恩典做了高官，看到奸臣当道却不能诛杀，看到恶妇乱政却不能禁止，我还有什么面目见日月呢？我死之后，你们就用杂木做棺材，粗布做寿衣，不要归祖坟，也不要设祭祀。"[1]于是饮鸩而亡，时年七十余岁。

正所谓善恶终有报，一年以后，汉顺帝即位，樊丰、周广等人都被处死，杨震的门生虞放、陈翼等人上书为杨震鸣冤。顺帝就下诏给杨震平反，拜杨震的两个儿子为郎官，赠钱百万，以礼厚葬杨震于华阴潼亭。下葬当天，远近百姓都来吊唁，有一丈多高的大鸟飞到墓前俯仰悲鸣，泪流湿地。直到下葬后，大鸟才飞走。当时国家屡现灾异，在信奉谶纬学的汉代，人们认为灾异往往与朝廷的失政相关，于是汉顺帝专门下了罪己诏，表示杨震冤死，上天降罪，这是由于"朕之不德，用彰厥咎"，令弘农太守以中牢之礼为杨震建祠，时人又于杨震墓前立石鸟像作为纪念。

杨震之后，其子杨秉于汉桓帝时任太尉，继其父"四知"之后，又留下了一句名言："我有三不惑：酒，色，财也。"杨秉之子杨赐，汉灵帝时任司空、司徒、太尉，将"三公"之位坐了个遍。杨赐之子杨彪，汉献帝时任太尉。

从表面上看，弘农杨氏"四世三公"，门庭显赫，举世只有汝南袁氏

---

[1] 死者士之常分。吾蒙恩居上司，疾奸臣狡猾而不能诛，恶嬖女倾乱而不能禁，何面目复见日月！身死之日，以杂木为棺，布单被裁足盖形，勿归冢次，勿设祭祠。——《后汉书·杨震传》

能与其相匹。实际上，自杨震起，四代杨氏侍奉的是一个朝政昏暗、奸臣当道、山雨欲来的末日王朝。而杨震所开创的高洁正直的家风，又使得杨氏族人既要忠诚于昏庸无能的汉朝皇帝，履行其劝谏之职，又要出淤泥而不染，与权臣宦官做坚决斗争。当汉室已经走向悬崖边，弘农杨氏，何去何从？

忠臣艰难

弘农杨氏一直都没有放弃汉室江山，哪怕它再昏聩、再腐朽，对杨氏再绝情，弘农杨氏族人都忠贞不贰。杨秉在桓帝一朝，数次规劝皇帝，弹劾宦官单超、侯览等辈，其间竟一度被罚做苦役。杨赐在灵帝一朝，更是四起四落，每一次被罢免又被重新启用。因为连皇帝都知道，像弘农杨氏这样忠诚于朝廷的臣子委实不多了。

中平二年（185）十月，杨赐去世。汉灵帝亲自为其服丧，三日不上朝，赠东园棺椁、衣物，赐钱三百万、布五百匹，并下诏哀悼，称赞杨赐为"华岳所挺，九德纯备，三叶宰相，辅国以忠"。其子杨彪袭爵。

杨彪继承了父祖之风，继续与宦官集团对抗。他在灵帝年间担任京兆尹时，就揭发了当权宦官王甫敲诈敛财的奸邪之事，与司隶校尉阳球联手诛灭王甫一党，令天下为之欢欣。但以杨彪一身之力，根本无法挽救病入膏肓的帝国。董卓乱政，不仅擅行废立，还要迁都长安，杨彪坚决反对，当庭与之争辩，据理力争，气得董卓差点要杀掉杨彪。好在荀爽出面斡旋，才让董卓消气。荀爽比杨彪更能看清形势：董卓手握生杀予夺大权，这时候与他作对，只是白搭上性命，于事无补。杨彪不得不忍辱负重，与汉献帝一同西迁。

董卓被诛后，李傕、郭汜乱长安，进而互相攻伐。杨彪作为公卿大臣中的一员，先是与汉献帝一道被李傕劫持，后又因前往郭汜营中劝和被郭汜扣留。等到李傕、郭汜短暂休兵，献帝又开始了艰难的东归之路。这期间护驾的有三股势力：心向汉献帝的董卓旧部董承、杨奉、段煨；白波军韩暹、李乐、胡才；河内太守张杨。但这三股势力互相不服，在天子面前公开厮打，而李傕、郭汜的追兵又尾随于后。在这糟心的日子里，汉献帝能够依靠的只有一路以来陪伴他的公卿。朱儁死后，杨彪实际上成了公卿中的领袖。

而在当时，弘农杨氏并不止杨彪一人追随献帝。杨彪的堂兄杨奇，献帝时为卫尉，在李傕劫持天子时，杨奇与钟繇设计策反李傕部将宋晔、杨昂，让献帝得以逃出。杨彪的堂弟杨众，献帝时为御史中丞，追随献帝一路步行渡河北上河东郡。杨彪更是竭尽全力保卫献帝，一路上遭遇追兵、渡河、内乱、饥饿，不少大臣死在了东归途中，杨彪也几次险遭不测。献帝能够逃出虎口、顺利东归，杨彪兄弟功劳最大。

曹操迎献帝于许都，当时杨彪威仪犹在，连手握重兵的曹操也要畏惧三分。迁都后首次大会群臣时，曹操看到杨彪脸上露出不悦的神情，生怕他设下圈套等谋害自己，还没等宴会开始，就借口上厕所逃回了自己的营地。这是曹操多疑性情的反映，也源于曹操新奉天子，还没有摸清天子与朝臣的底细。很快曹操了解到这批朝臣不过是故作威严，其实跟逃难的难民没什么区别，便开始一一收拾这帮东归随臣。不久，杨奉、韩暹被击杀，张杨为部将所杀，董承等人因"衣带诏事件"泄露被曹操灭族……汉献帝左右，除了杨彪，居然没几个旧臣了。

对于弘农杨氏这样四世三公、名满天下的世家大族，曹操既不能擅自诛杀，以给敌人口实，也不能放任其在眼皮子底下发展壮大，威胁他自己。起初袁绍与杨彪有宿怨，来信让曹操杀杨彪，就被曹操拒绝了。曹操说："现在是个互相怀疑的时代，诚心待人尚且不能得到人的信赖，如果再滥杀，岂不是要人人自危了？"[1]这可能是曹操最虚伪的一封信，因为他拒绝袁绍，只是不想为袁绍所利用，但他内心里跟袁绍一样，早就想

---

[1] 当今天下土崩瓦解，雄豪并起，辅相君长，人怀怏怏，各有自为之心，此上下相疑之秋也，虽以无嫌待之，犹惧未信；如有所除，则谁不自危？——《三国志·曹操传》裴注《魏书》

收拾杨彪了。

没过多久，机会就来了。袁术在淮南僭号称帝，成为天下公敌，而汝南袁氏与弘农杨氏这两大超一流家族此前曾有过联姻，杨彪娶袁术之姐（或妹）为妻。曹操立即以此为由，使人诬陷杨彪与袁术内外串通，以大逆之罪将其打入死牢。

如果说在董卓、郭汜面前，杨彪尚能凭借自己的身世与威望据理力争、免于刀俎，那么此番他面对的对手曹操，则要精明百倍。曹操将杨彪交付以刑罚严酷而著称的许都令满宠处置。荀彧和孔融向满宠求情，请他对杨彪只审讯就好，不要进行刑讯逼供。满宠根本不听，仍旧对杨彪严刑拷打。曹操与杨彪并没有宿怨，也知道袁术篡逆和杨彪没有关系，他对杨彪动刑的目的很明确，就是杀鸡儆猴，让汉献帝身边的这些旧臣们，甚至包括汉献帝本人对自己产生畏惧，从而俯首听命。孔融在求情时，也直言："杨彪获罪，惧者甚众。"孔融还劝说曹操，杨彪不能杀，因为"杨公四世清德，海内所瞻"。可他哪里知道，正是因为杨彪海内知名，曹操才要借处置他来震慑世人。

在震慑发挥了效果之后，曹操没有杀杨彪，而将他放了出来，并于建安四年（199）重新让他做太常。通过这样打一巴掌再喂口糖的方式，曹操将弘农杨氏这个卧榻之侧的高门望族彻底降服了。杨彪看到汉室注定已经走到尽头，于是称病在家，十年不出门。弘农杨氏的唯一希望，寄托在杨彪的儿子、大才子杨修身上。

食之无味，弃之可惜

杨修，字德祖，年少时即好学敏思，展现出绝伦才华，年仅二十五岁便被曹操所器重，被任命为丞相主簿，即曹操的私人秘书。

《后汉书》在提到杨修时，用到了"用事曹氏"四字，很微妙地表现出杨修对于家族的悖逆。弘农杨氏自先祖杨喜起，世代皆忠于汉室，杨彪更因曹操受皮肉之苦。杨修不仅不以为仇,反而侍奉曹操,这说明在曹氏代汉的大趋势已明的环境下,杨修想要施展个人才华,抑或保全家族,向曹操效力已经是没有选择的选择。

从曹操的角度来说,他当然也希望吸纳弘农杨氏这样一个簪缨世家为己所用,同时,他也颇为喜爱杨修的才华。杨修在担任丞相主簿期间,经常参与内外军国大事,而且许多建议都很得曹操的心意。这也给他带来极高的声誉,"自魏太子以下,并争与交好"。

关于杨修之才,有不少解字谜的趣事记于《世说新语》之中:

智解曹娥碑。曹操路过东汉孝妇曹娥之碑,见其上有蔡邕所书字谜:"黄绢幼妇,外孙齑臼。"曹操想了三十里才得出答案,杨修则立时而得:黄绢即色丝,为"绝"字;幼妇即少女,为"妙"字;外孙即女儿之子,为"好"字;齑臼(就是厨房里常用的蒜臼子)是受辛之物,为"辝"字,通"辞"。连起来答案就是"绝妙好辞"。这让曹操叹曰:"我才不及卿,乃觉三十里。"

门中有活。曹操修建丞相府大门,竣工后让人在门上题了个"活"字便走了。众人都不解其意,杨修则猜出,门中有活,是一个"阔"字,这是曹操嫌门修得太大了,于是让人拆毁重建。

一人一口酥。有人送给曹操一盒酥饼点心,曹操吃了少许就在盒盖上提了个"合"字。众人不解其意,杨修却把酥饼分给众人吃,说"合"字拆开就是"人一口",这是曹操让每人都尝一口的意思。

这些事迹,为小说家们所演绎,被归结为杨修终被曹操所杀的原因,给人们留下了杨修恃才放旷、曹操嫉贤妒能的印象。这显然不符合事实,以曹操之雄才大略,怎么会因为这些奇技淫巧嫉妒一个晚辈而起杀心呢?

曹操一生杀名士无数,无不出于政治原因,凡是对他构成政治威胁和隐患的,必除之而后快。但像弘农杨氏这样空有海内名望却无反抗能力的名士大族,只需稍加打压,便可为其所用,当然不必杀掉。原本曹操对杨修也是这个态度。曹操之所以动了杀心,是因为杨修触碰了红线,那就是干涉曹操的家事，参与世子之争。

随着曹操对河北的平定，邺城成为曹操的大本营，大批文人名士聚拢于此，形成邺下文人集团。曹丕、曹植作为邺下文人的领袖，经常带领文人们游宴、饮酒、赋诗，杨修也是其中一员。不久，曹丕与曹植的世子之争逐渐浮上水面，杨修、丁仪、丁廙作为曹植的羽翼，极力推动曹植被立嗣。

杨修决定站在曹植这边，不只因为他与曹植私交甚厚。实际上，杨修与曹丕的关系也十分友善，他们互相来往、通信。杨修还曾赠予曹丕一把王髦剑，以至于曹丕称帝后，还抚剑追思杨修，并召来铸剑者王髦，对其进行赏赐。杨修选择曹植，缘于他长期在曹操身边从事，探悉到曹操对曹植的偏爱。曹操行事，向来不遵从礼法，因此可能在杨修看来，曹操在立嗣这件事上，也许不会受"立长不立贤"的循例制约，而会更认定自己的偏好。这里面就有了可以操纵的空间。

因此，杨修利用职务之便，为曹植赢得曹操的宠爱做了很多事情。比如曹操经常当面考核诸公子，杨修根据自己多年在曹操身边做秘书而获得的对曹操的了解，暗自写下了十余条曹操可能会问到的问题和答案，让人偷偷送给曹植，让他在曹操面前对答如流。可是，因为曹植的对答太过机敏，被曹操看出了破绽，曹植在被逼问下只得供出了杨修。从这时开始，曹操就已经对杨修动了杀心。

曹魏的世子之争，自始至终没有台上搏杀，而是暗流奔涌。对此，不少大臣奉行明哲保身之道，对此话题谨言慎行。如贾诩一般的智谋之士，也是在曹操的主动询问下，才拐弯抹角地吐露自己的倾向，盖因此事敏感至极，稍不注意就可能惹祸上身。可杨修却不同，他对世子之争的深度参与，实际上是一场政治豪赌。从家族的角度来看，汉室已衰，曹氏代汉不过是时间问题，而曹操年事已高，弘农杨氏如果想要在未来的曹魏政权中获得之前在汉朝时一样显赫的位置，则必须从参与世子之争入手，助曹植登位，以全从龙之功。在这场赌局中，杨修押上的是整个家族。

关于杨修的最后一则字谜游戏，是鸡肋的故事。曹操在汉中之战时，被刘备所困，进退踟蹰。护军向曹操请教军令，得了"鸡肋"两个字。杨修对此的解读是"夫鸡肋，食之则无所得，弃之则如可惜，公归计决矣"。后来果然如杨修所言，曹操退兵。

实际上，杨修的才华，对曹操来说何尝不是一块鸡肋呢？想要用他，他却帮自己的儿子夺位；想要除掉他，可毕竟人才难得。对于如何处置杨修，曹操显然也经过了长期的犹豫。

曹操杀杨修，据《魏略》所言，是在曹操死前的建安二十四年（219）秋天，罪名是"前后漏泄言教，交关诸侯"，这就点明了是因为他佐曹植争位，犯了大忌。同时《三国志》和《后汉书》都提到，曹操杀杨修还有个罪名，是"袁氏之甥"。此时袁氏一族被消灭已经十三年之久，曹操缘何对这层关系仍然耿耿于怀？会不会是杨修在参与世子之争时，表现出了对袁氏覆亡的同情乃至于对曹氏掌权的质疑？如果是这样，那就是曹操断难容忍的了。

杨修临死时，对故人说："我现在死已经算晚的了。"他深知自己绑在了曹植这条船上，随着曹植争位失败，他的下场就已经注定。杨修死后，曹操有一次见到杨彪，问他："杨公为何这么瘦？"杨彪回答："我惭愧没有金日䃅的先见之明，但还怀着老牛舐犊般之爱。"[1] 金日䃅是汉武帝时名臣，因儿子淫乱而杀子。杨彪此时已是垂暮之年，不复当年与董卓庭争时那般刚直。但这番话，亦可视为一种委婉的反讽与反抗。

杨修死后百余天，曹操即去世，曹丕登位。后来，杨修之子杨嚣，入晋为典军将军，早卒。杨嚣之子杨准，晋惠帝末年任冀州刺史，看到朝纲不振，于是饮酒行乐、不理政事、逍遥度日，其子杨峤、杨髦，并为后出之俊。

---

[1] 后子修为曹操所杀，操见彪问曰："公何瘦之甚？"对曰："愧无日䃅先见之明，犹怀老牛舐犊之爱。"——《后汉书·杨彪传》

自西晋始，弘农杨氏再度崛起成冠盖豪族。晋武帝司马炎娶弘农杨氏族人、通事郎杨炳之女杨艳为皇后，生晋惠帝司马衷。杨艳死前为保儿子的太子地位，荐堂妹杨芷入宫。杨芷成为司马炎第二任皇后。杨芷之父杨骏由此成为外戚，与弟杨珧、杨济势倾天下，时称"三杨"。晋惠帝时，杨骏与皇后贾南风不和，争权失败，三族被诛。这成为"八王之乱"的开端。

四

襄阳豪门风云录

刘氏家族

籍贯：山阳高平（今山东微山）
代表人物：刘表、刘琦、刘琮

王氏家族

籍贯：山阳高平（今山东微山）
代表人物：王粲、王弼

蔡氏家族

籍贯：南郡襄阳（今湖北襄阳）
代表人物：蔡瑁

蒯氏家族

籍贯：南郡中庐（今湖北襄阳西南）
代表人物：蒯越、蒯良

庞氏家族

籍贯：南郡襄阳（今湖北襄阳）
代表人物：庞统、庞德公

黄氏家族

籍贯：南郡襄阳（今湖北襄阳）
代表人物：黄承彦

籍贯：江夏安陆（今湖北云梦）
代表人物：黄琬、黄祖

习氏家族

籍贯：南郡襄阳（今湖北襄阳）
代表人物：习祯、习珍、习温、习凿齿

襄阳，位于汉水中游，上通关陇，下连吴越，北控宛洛，南达滇黔，水陆交通发达，自古就是战略要地。在中国的历史长河中，襄阳一直是连通南北的中枢纽带、必经之地，直到十九世纪长江航运和京汉铁路的开通，才让位给武汉。

不过，东汉末年的襄阳只是南郡治下十七所县城中的一个，政治地位并不高。初平元年（190）的一天，襄阳城下来了一批衣冠齐整、剑佩锵锵的人，为首的那人身长八尺，虽然已是近五旬的中年人，但依旧英俊倜傥、风度翩翩。此人正是刘表，被一众荆州名士簇拥着，他们中间有蔡瑁、蒯越、蒯良、庞季、张允……刘表绕着襄阳城转了大半圈，望了望城头的旗帜和湛蓝的天空，回头说："我们就在这里驻兵吧，未来的荆州，就有劳诸君了。"众人也忙搭手致谢。

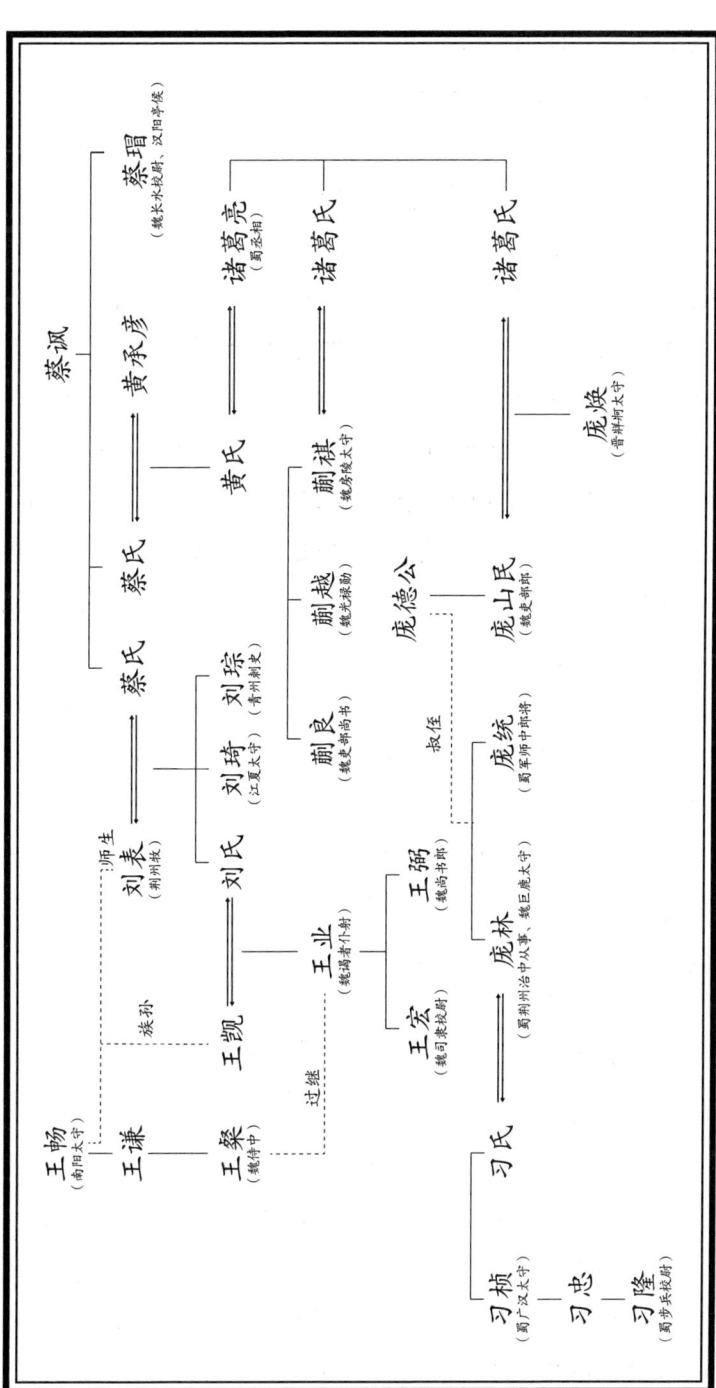

襄阳八大家族关系图

在荆襄世家大族的协助下，襄阳迎来了新的主人。但谁都没有想到，无尽的战乱、杀戮与分裂，正在悄然逼近这片乱世中的净土。

单马入宜城

在刘表到来之前，荆州这块土地并不平静，甚至可以说是乱象丛生。中平元年（184）的黄巾起义让毗邻京畿的荆州北部陷入战火，荆北重镇宛城成为官军与黄巾军攻防拉锯的主战场之一。黄巾起义被平定没多久，荆州南部又起烽烟。中平四年（187），长沙人区星自称将军，率万余人作乱，零陵、桂阳两郡亦有周朝、郭石等起兵响应。趁此乱象，荆州境内不少地方豪强以宗族为依托，募集私兵，割据坞堡，甚至打家劫舍、抄略百姓、为害乡里。他们大多据守一城一县，虽然势力不及那些诸侯军阀，却散布极广，史书上把他们叫作"宗帅"或"宗贼"。

当时的荆州刺史叫王叡，出身琅琊王氏，治理荆州这么大一片土地，他显然力不从心。更糟糕的是，王叡作为刺史，总是和郡太守处不好关系，先是和中央空降来平叛的长沙太守孙坚闹别扭，后来又跟武陵太守曹寅闹翻了，总是扬言要杀了他。曹寅害怕了，假传圣旨说王叡罪行累累，唆使孙坚除掉王叡。当时正逢关东诸侯讨伐董卓，孙坚提兵北上加入联军，路过荆州州治江陵，就以索要军需为由，冲进去把王叡抓了起来，逼得王叡吞金自杀。

孙坚以莫须有罪名袭杀王叡，按理应该全国声讨之。但孙坚打着讨董的正义旗帜，天下又乱哄哄的，这事儿居然没有人追究了。然而孙坚并没有收手，到了荆州北部的南阳，他又诛杀了南阳太守张咨。原来，给他撑腰的是屯兵鲁阳的袁术。袁术从京城逃出后，虽然身衔后将军之职，但和那些讨董盟友中的州刺史、郡太守相比，他没有法定地盘，因此一直觊觎荆州之地。他借孙坚这把快刀除掉王叡和张咨，接着许了个豫州刺史的空头支票，就把孙坚推上打董卓的前线了。显然，袁术志不在讨董，抢钱抢粮抢地盘对他来说才是要紧事。他支开孙坚，下一步动作就是要吞并荆州。

面对荆州出现的权力真空、强敌环伺的状况，刘表临危受命，担任荆州刺史，这差事可绝不好干。

按《后汉书》记载，刘表出身汉室宗亲，是汉鲁恭王之后，但史书上并未列举其父祖，也未记录他承袭何等爵位。他的籍贯位于山阳郡高平县，也非刘姓王侯的封地。可见，刘表是汉室宗亲里的小宗末支。

刘表比曹操、袁绍等人年龄要大些，在政坛出道也比他们早。在宦官当政之时，刘表就是备受世人推崇的清流人士。当时追求高风亮节的士人喜欢互相标榜，将名士们编入各种组合，刘表便与陈翔、翟超、孔昱、苑康、檀敷、张俭、岑晊同列"八及"。另一种说法称刘表与同郡七人并为"八交"，或称为"八顾"，还说他们号"八俊"。总之无论哪种组合，都是品行高洁、令人敬仰的贤人。

党锢解除后，刘表被何进征辟，进入京城做官，担任北军中候。这个官职品秩不高，但权力很大，掌管着屯骑、越骑、步兵、长水、射声五校尉所统宿卫兵，负责都城的安全。董卓进京后，擅行废立，专权跋扈，凉州武人攫取军政大权，刘表实际上已担任虚职。特别是关东诸侯已经结成了讨董联军，刘表更感到自己身处危险之中。恰巧出现荆州刺史王叡被杀事件，于是刘表就忽悠了董卓，领了荆州刺史的官职，逃脱京城。

《后汉书》将刘表这次的上任表述为"单马入宜城"——单马，就是一人一骑，未带任何随从僚属。从洛阳南下荆州，必须经过袁术的防区南阳郡，同时，南距洛阳不远的鲁阳、阳人两地正是孙坚与董卓大将胡轸激烈交锋的战场，如果刘表带着随从卫士，一行车马浩浩荡荡地去就任，下场不是被袁术所擒，就是死于乱军之中。笔者猜测，在"单马入宜城"的背后，真实的情况很可能是刘表更名易姓，假扮成客商或书生之类的人，混杂在老百姓之中才艰难来到荆州。

荆州的治所原本位于武陵郡的汉寿县（今湖南常德），位置比较偏南,且汉末荆州南部草寇蜂起,很不好治理,王叡上任后便将治所北迁到长江沿岸的江陵(今湖北荆州)。王叡死后,荆州大乱,宗贼盛行,孙坚离开后又有吴人苏代领长沙太守,贝羽为华容长,各自领兵作乱,江陵根本去不成,刘表便来到汉水之滨宜城。

在宜城,早有三个人在等着他,那就是荆襄本土的豪门代表蒯越、蒯良兄弟和蔡瑁。蒯家与蔡家是荆州望族,再加上蒯越与刘表曾有过同事之谊,他们便成为刘表治理荆州必须仰仗的力量,也成为刘表最早的幕僚班底。

当时荆州外有袁术窥视,内有宗贼作乱,刘表连忙问计,蒯良和蒯越各给出了一个方案。

看来蒯良是一个道德先生,他的方案是,荆州各地不服从治理,是因为刘表施行的仁义不够,如果实施仁政,百姓肯定会像水往低处流一样归心于刘表,到那时还需要用什么策略吗?

蒯越的方案则和老哥截然不同,他说:"治世用仁义,乱世就得靠权谋手腕了。现在荆州虽然乱,但袁术勇而无断,苏代、贝羽都是一介武夫,各地的割据宗贼在当地横行暴虐,根本不得人心。我蒯越平日里养了一些人手,只要给点利益,诱骗那些割据宗贼来,把其中残暴无道的杀掉,再收编安抚他们的部属,如此一来,一州之内的军民都会感恩您的圣德,扶老携幼地来投奔。这时候再出兵南据江陵,北守襄阳,整个荆州六郡就可以传檄而定,任凭袁术来也没有任何便宜可占了。"

刘表对两个人的计策都表示了赞许,称蒯良之言是"雍季之论",蒯越之谋是"臼犯之谋"。[1]这是出自春秋时期的典故。晋文公于城濮与楚

---

[1] 表曰:"宗贼甚盛,而众不附,袁术因之,祸今至矣!吾欲征兵,恐不集,其策安出?"良曰:"众不附者,仁不足也,附而不治者,义不足也;苟仁义之道行,百姓归之如水之趣下,何患所至之不从而问兴兵与策乎?"表顾问越,越曰:"治平者先仁义,治乱者先权谋。兵不在多,在得人也。袁术勇而无断,苏代、贝羽皆武人,不足虑。宗贼帅多贪暴,为下所患。越有所素养者,使示之以利,必以众来。君诛其无道,抚而用之。一州之人,有乐存之心,闻君盛德,必襁负而至矣。兵集众附,南据江陵,北守襄阳,荆州八郡可传檄而定。术等虽至,无能为也。"表曰:"子柔之言,雍季之论也。异度之计,臼犯之谋也。"——《三国志·刘表传》裴注《战略》。《后汉书·刘表传》仅录蒯越之言,未录蒯良之言。

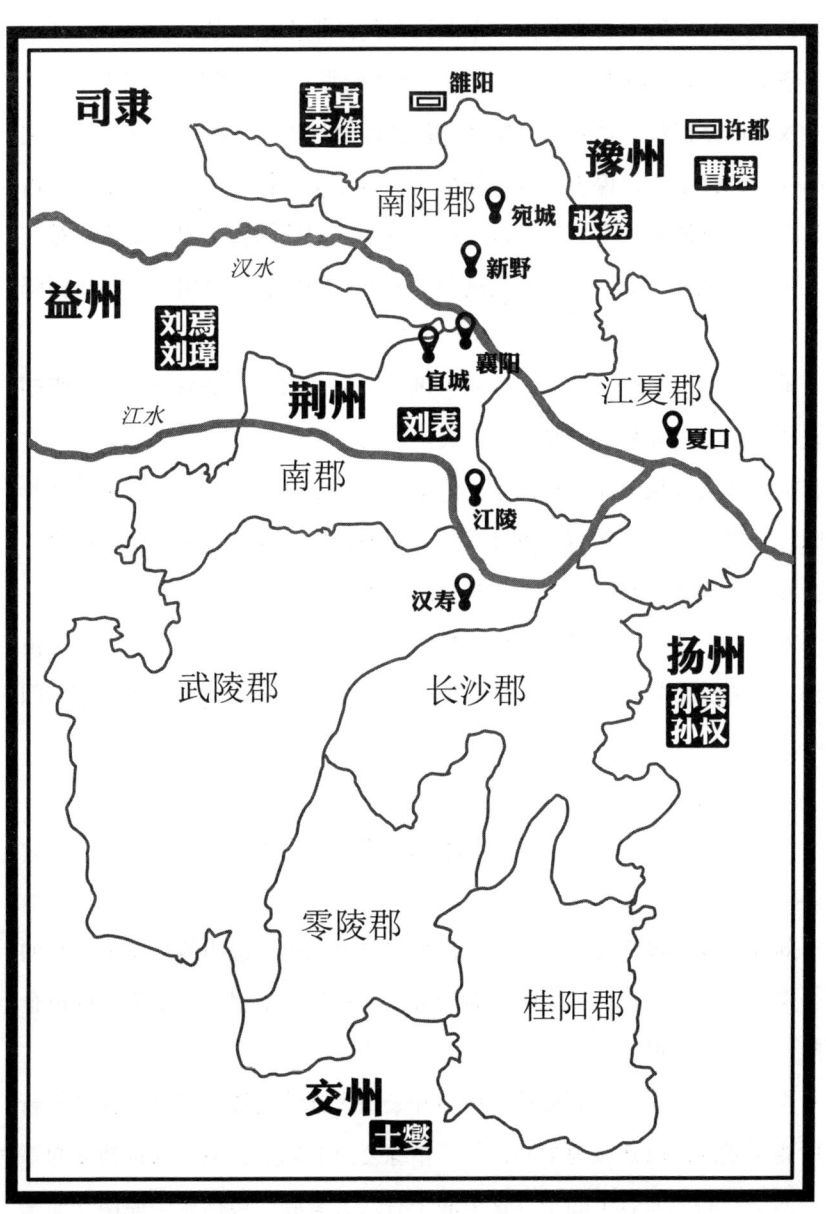

刘表主政荆州后形势图

争霸,向大臣求计,狐偃(臼犯)提出用诈,雍季则称用诈是竭泽而渔,不是长久之计。后来晋文公虽然采取狐偃的计策击败了敌军,回师后却重赏了雍季,认为权谋不过图一时之利,雍季的眼光才是"百世之则"。

权谋还是仁政,这是一个摆在统治者面前的千古命题。刘表也像晋文公那样,选择了先权谋再仁政,他采纳蒯越之谋,将荆州各地五十五个占山为王的宗贼诱骗到宜城,全数杀掉,吞并他们的部属。襄阳城当时被江夏人张虎、陈生占据,刘表派蒯越和襄阳庞家的代表庞季出马,很快招降了二人。

果然如蒯越所料,荆州各郡匪患迅速平定,那些不听号令的郡守听到刘表的威名,大多解去印绶逃之夭夭。武力平定后,刘表又在荆州大兴文治,资助和安置从中原避难而来的饱学之士,建立学校,大兴儒术,让綦毋闿、宋忠等经学家撰写《五经章句》。荆州一时政治通和、文化兴隆、社会安定,成为汉末乱世中一片难得的乐土。

刘表将治所定在了名门望族云集的襄阳,也就是从这时开始,襄阳由南郡下辖的一个县升格为整个江汉地区的政治中心,一个襄阳上流家族圈子呼之欲出。

襄阳上流名士圈子

刘表能够单枪匹马在一年之内便平定整个荆州,说明他具备相当高的社会声望和政治手腕。考虑到当时刘表已经将近五十岁,过了创业的黄金年龄,就更为难得了。

当然,刘表在荆州的成功,离不开豪门大族的支持和拥戴。在荆州新治所襄阳城内,以刘表为中心,依靠错综复杂的姻亲关系,很快建立起一个蛛网交错的上流名士圈子。这个圈子有八大家族,包括从中原南迁而来的山阳刘氏、山阳王氏、琅琊诸葛氏,以及荆州本土大族蔡氏、蒯氏、黄氏、庞氏、习氏。

"汉末,诸蔡最盛",蔡家是襄阳的头号大地主、大富豪,在城外有一片巨大而奢华的庄园,别墅就达五十多座。房子盖得相当精美奢华,连四面的墙壁都用青石砌成,整个家族供使唤的婢女、奴仆就有上百人。

蔡家与当时许多豪族一样,热衷于与其他大族搞政治联姻。蔡家的族长叫蔡讽,蔡讽的姐姐嫁给了当朝太尉张温(被董卓害死的那位)。蔡讽的大女儿嫁给了"沔南名士"黄承彦,二女儿——就是《三国演义》里那个毒辣的蔡夫人——嫁给了刘表,儿子蔡瑁继承家族产业,成为刘表入主荆州的支持者。

刘表本有原配夫人陈氏,出身颍川豪门陈氏家族,到荆州不久即去世,蔡家二女儿是刘表的后妻。后来,刘表又为前妻所生的幼子刘琮娶了蔡氏的侄女为妻,刘家和蔡家可谓是亲上加亲,两家绑得更密切了。

刘表又将女儿嫁给了同乡望族王氏的成员王凯。刘王两家亦是渊源颇深,刘表年少时曾经求学于名儒南阳太守王畅,王凯即王畅的族孙。长安兵乱,王家为避难南迁荆州投靠刘表。

其实,在南下王家众人中,王凯才略平平,更为出众的是王畅的孙子王粲,他自小便有过目不忘的奇才,大名士蔡邕都对他赞赏有加,甚至留下遗愿,把家里收藏的所有典籍都送给他。王粲来到荆州后,成为刘表的文胆,为刘表草拟了《三辅论》《为刘荆州谏袁谭书》《为刘荆州与袁尚书》等书信檄文,展现了纵横飞扬的文采。原本刘表是想把女儿嫁给他的,可惜王粲身材短小,容貌丑陋,才让王凯捡了个便宜。

再来说刘表的连襟黄承彦。他是著名隐士,性格豪爽开朗,一辈子没出来做官。可能由于过于低调,黄承彦的家世史料匮乏,"承彦"看起来像是其表字,我们连其名都不得而知。有分析认为,黄承彦与刘表麾下大将黄祖可能有某种同宗关系,因为"承彦"含义与"祖"相近。而黄祖是刘表主政荆州后在军事上最为倚重的人物。黄祖战功卓著,曾在岘山射杀孙坚,又多次在江夏抵御孙策、孙权,并击杀孙氏部将凌操、徐琨,为刘表守卫江夏十八年,直到建安十三年(208)才被孙权攻灭。

黄承彦在历史上最大的"贡献"是生了个丑女，招来了女婿诸葛亮。而诸葛亮将联姻蛛网继续扩大，其大姐嫁给了蒯良、蒯越的兄弟蒯祺，二姐嫁给了庞家的庞山民。

庞家居住在襄阳岘山之南，庞山民的父亲庞德公和黄承彦一样，也是不愿做官的隐士，在家乡耕作、弹琴、读书，过着清贫的生活。刘表曾经多次派人请他出山，他都没有答应。庞德公明哲保身，代表汉末乱世相当一部分名士。庞德公也很潇洒，最后带着妻儿去襄阳东南郊的鹿门山采药，就再也没人知道他的下落了。

庞家更为出名的人物是庞德公的侄子庞统。诸葛亮的"卧龙"、庞统的"凤雏"、司马徽的"水镜"，这些赫赫有名的雅号都是庞德公给起的。与逍遥出世的庞德公不同，庞统和诸葛亮都胸怀安邦济世的志向，后来他二人都为刘备所用，成就了刘备的西蜀霸业。庞统的弟弟庞林，则娶了襄阳习氏族人习桢的妹妹。

一个用姻亲联结，囊括刘、蔡、王、诸葛、蒯、黄、庞、习八大家族的襄阳上流圈子便形成了。依托世家大族的扶持，昔日"单马入宜城"的刘表羽翼丰满，遂成为跨有江汉、带甲十余万的一方诸侯，在群雄割据的乱世中，统治荆州长达十八年之久。

代理人出局，拱手让荆襄

刘表当然怀有私心，他的荆州刺史是董卓控制下的朝廷封的，但他一到任就不再听从董卓的号令，反而跟讨董联军的袁绍眉来眼去，气得董卓把他列入必杀的黑名单。而刘表虽然与袁绍结交，却并未加入讨董联军，而是志在保全荆州。

刘表统治荆州的十八年，是荆州最为安定和平的时期。同时期的中原、青徐、河北打得焦头烂额，城池反复易手，百姓流离失所，人口锐减，昔日繁华不再，因此有不少中原士族及百姓为避战乱南下荆襄，这更推动了荆襄的繁荣。

但是荆州处于四战之地,想染指此处的人很多,比如袁术,见刘表占据了荆州,哪会甘心,于是再次祭出了自己的打手孙坚。初平二年(191)四月,孙坚率兵进犯荆州,击破黄祖于樊、邓之间,并进围襄阳。然而这时孙坚却骄傲轻敌,中了黄祖诱敌之计,在岘山遭遇埋伏,中箭身亡。刘表成功化解这次威胁,却也埋下孙家与刘家的仇恨。

紧接着图谋荆州的是董卓旧部张济,他因为缺粮而进入荆州掠夺,在攻打穰城时中流矢而死。对于张济的死,刘表也玩了一套收买人心的策略。当时荆州官属都来庆贺,刘表却说:"张济因为穷途末路而来,主人却没有好好招待,反而导致兵戎相见,这不是我的意图,我只接受吊唁,不接受庆贺。"于是不少张济的属下都心悦诚服地归顺刘表。[1] 其中包括张济的侄子张绣。他驻扎在宛城,与刘表不仅没有结仇,反而成为盟友,更曾一起联手击败过曹操。

由于刘表与袁术结怨,刘表的对外策略是与远在河北的袁绍结为联盟,互相声援,但是这个联盟始终没有发挥实质性的作用。在袁绍与曹操两强决胜河北的几年间,刘表充当了骑墙的看客,既不帮袁绍,也不帮曹操,坐观成败,实际上促成曹操在北方一步步坐大。

刘表的难处在于,他的唯一盟友袁绍远在千里之外,而环绕荆州这一圈的都是敌人。在这种情况下,保境安民已是不易,想要拓展疆土更是难上加难。比如,在南方,刘表曾有意将势力扩展到交州。当时中央任命的交州刺史张津被部下所杀,刘表便隔断了中央与交州的通信,任命赖恭为交州刺史、吴巨为苍梧太守,意图把交州控制起来。但曹操控制下的朝廷出手更快,赶在刘表行动之前便授交州本土豪族、交趾太守士燮为绥南中郎将,总督交州七郡,加上吴巨与赖恭失和,互相攻击,刘表染指交州的计划破产,交州最终落到孙权的手里。

---

[1] 表曰:"济以穷来,主人无礼,至于交锋,此非牧意,牧受吊,不受贺也。"使人纳其众;众闻之喜,遂服从。——《三国志·刘表传》

荆州西边的益州牧刘焉亦是宗室成员，按理说和刘表是本家兄弟，关系应当不错，但这俩倔老头却合不来。刘表曾经向朝廷参了一本，告发刘焉在车马服饰等礼节上有僭越的举动，违背朝廷规定。刘焉之子刘璋即位后，又有益州人沈弥、娄发、甘宁发动叛乱，此次叛乱背后的策反人为荆州别驾刘阖。叛军败亡后亦顺江而下投奔刘表，气得刘璋派赵韪驻军荆益边界的朐忍，谋图荆州，差点制造了边境冲突。

东边，仇家孙策、孙权兄弟坐领江东后，便多次入侵江夏，与黄祖争战。在荆州东线的另一个战场长沙郡，活跃着刘表骁勇的侄子刘磐，他甚至主动出击，多次袭扰孙权控下豫章郡的艾县、西安县，迫使孙权调太史慈到前线才得以抵御。

至于北边，张绣采纳贾诩之计降曹，刘表夺回南阳郡的希望化为泡影，因此刘表终其一生未能统御荆州全部七郡。北方门户洞开，刘表不得已让投靠自己的刘备驻守新野。刘备曾在刘表的支持下，于建安七年（202）北上进军至荆州与豫州交界的叶县，并在博望坡设伏击败夏侯惇，但最终因兵少退回——在《三国演义》中，这一仗被移花接木到诸葛亮的头上。

曹操远征柳城的时候，刘备曾建议刘表乘虚而入袭击许都。刘表没有听从，后来深深后悔错失良机，可见刘表并非没有进取中原的志向。但与曹操、刘备不同的是，此时的刘表已是个六十多岁的老人了，无论是视野、精力、能力，都限制了他只能精耕一州，无法争衡中原。此外，刘表在统治上过度依赖荆襄豪族，但荆襄豪族以自保门户为首要目的，如果刘表要北伐曹操、进取许都，这些豪族绝对不会支持。因此刘表对于蔡瑁、蒯越等人而言，与其说是主公，不如说是代理人，就像被股东大会选举出来的董事长，一旦觉得你或你的儿子管不好这家公司，股东们可以随时换人。

建安十三年（208），更换代理人的戏码就悄悄上演了。七月，曹操大军南下；八月，刘表病逝，幼子刘琮即位荆州牧；九月，刘琮在众臣劝说下,未进行任何抵抗,拱手将荆州献给曹操。刘表精耕十八年打造的荆州基业几乎在一瞬间崩盘了,那个以婚姻为纽带建立的襄阳上流圈子也几乎一瞬间就将刘家抛弃了,打开四门欢迎曹操进城。

奇怪吗?其实并不奇怪,一切都有预兆。刘表帐下的臣僚们,或自中原迁徙而来,或曾在洛阳游学游宦,原本就与中原政权有着千丝万缕的联系。而在更早之前,曹操就开始了对荆州的渗透。曹袁官渡对峙时,为了解决后顾之忧,曹操与原孙坚属吏桓阶通信,利用他煽动了长沙太守张羡叛乱,一时长沙、零陵、桂阳三郡皆反。眼看后院起火,刘表只能南下平叛,失去了支援袁绍的最佳良机。张羡叛乱持续数年,直到张羡病死,长沙复立其子张怿,刘表才艰难收服了南三郡。

与此同时,荆州内部也出现了拥曹的声音,两名荆州本土士人的代表,从事中郎韩嵩(义阳人)、别驾刘先(零陵人)对刘表说:"现在天下两雄相争,将军的立场便很重要了,您现在坐拥十万之众却隔岸观火,等于同时与曹袁两家结怨,保持中立要不得啊!"紧接着他们便抛出了真正的想法:"以曹公的英明神武,一定会击败袁绍,到时候兵压江汉,将军您可抵抗不过。为今之计,不如举荆州归附曹公,这才能长治久安、富贵永存啊!"[1]

这不是投降论调吗?关键是,当初把刘表扶到荆州之主位子上的蒯越,居然也随声附和。刘表对他们的论调有些疑惑:难道曹操真的那么厉害?于是他派韩嵩出使曹操以观虚实。这韩嵩早就心向曹操,出使回来更是把曹操猛夸了一番,甚至劝刘表像马腾、韩遂那样,送儿子去许都做人质。刘表毕竟是名士出身,大约也是有些爱惜脸面的,怎么会做这种俯首帖耳的事情,于是勃然大怒,把韩嵩投入大牢。

---

[1] 从事中郎韩嵩、别驾刘先说表曰:"豪杰并争,两雄相持,天下之重在于将军。将军若欲有为,起乘其弊可也;若不然,固将择所从。将军拥十万之众,安坐而观望。夫见贤而不能助,请和而不得,此两怨必集于将军,将军不得中立矣。夫以曹公之明哲,天下贤俊皆归之,其势必举袁绍,然后称兵以向江汉,恐将军不能御也。故为将军计者,不若举州以附曹公,曹公必重德将军;长享福祚,垂之后嗣,此万全之策也。"——《三国志·刘表传》

尽管刘表严惩韩嵩，有点杀鸡儆猴的意思，但这已经止不住荆州大族们倒向曹操的大趋势了。尤其是曹操平定北方之后，修筑玄武湖训练水军做出南下的姿态，对荆州的震慑非常大。袁绍父子拥四州之地都不免被吞并的噩运，荆州真能抵挡南下的曹操吗？更何况，六十三岁高龄的刘表此时已日薄西山，气息奄奄，两个儿子刘琦和刘琮又都是软蛋，荆襄大族的心里噼里啪啦地打起了自己的小算盘。

如果说刘表在世还具有凝聚荆州军民抵抗曹操的力量，那么历史的吊诡之处就在于，几乎在曹操大军南下的同时，刘表一命呜呼，幼子刘琮即位。刘琮只当了一天领导，只开了一场会，只讨论了一件事，那就是投不投降。

蒯越、韩嵩、傅巽、王粲等人一致主张降曹。刘琮还算有些气节，还想争辩一下："难道我像我爹一样，和诸君一起据守荆州以观天下，都不可以吗？"傅巽对这小主就更没有对刘表那般客气了，他说："人臣能打得过人主吗？荆州能打得过整个国家吗？刘备能打得过曹操吗？这三点都是短板，咱还要去抗拒王师，不是自找死路吗？"当时刘备在新野给刘琮当挡箭牌，傅巽又打消了刘琮的念头："您觉得您比得上刘备吗？要是连刘备都打不过曹公，您这荆州之主也当到头了；要是刘备能打得过曹公，他又怎么会继续当您的手下呢？您别纠结了，赶紧投降吧。"[1]

刘琮放弃了，他意识到，在荆州豪门大族的眼中，刘家已经出局了，他们早就把曹操当作主公了。

刘表十八年的荆襄奇迹，其兴也勃焉，其亡也忽焉。

---

[1] 越、嵩及东曹掾傅巽等说琮归太祖，琮曰："今与诸君据全楚之地，守先君之业，以观天下，何为不可乎？"巽对曰："逆顺有大体，强弱有定势。以人臣而拒人主，逆也；以新造之楚而御国家，其势弗当也；以刘备而敌曹公，又弗当也。三者皆短，欲以抗王兵之锋，必亡之道也。将军自料何与刘备？"琮曰："吾不若也。"巽曰："诚以刘备不足御曹公乎，则虽保楚之地，不足以自存也；诚以刘备足御曹公乎，则备不为将军下也。愿将军勿疑。"——《三国志·刘表传》

被肢解的荆州，撕裂的家族

建安十三年（208），成为荆州撕裂的开始。

荆州本有七郡，最北是南阳郡，中部是南郡和江夏郡，南部是零陵郡、武陵郡、桂阳郡、长沙郡。刘表统治荆州十八年，除南阳郡外，控有其余六郡。曹操接管荆州后，从南郡析出襄阳郡，从南阳郡析出南乡郡，才有了《三国演义》中经常提到的"荆襄九郡"。曹操在赤壁战败北还后，周瑜袭取了南郡，刘备平定了零陵、武陵、桂阳、长沙四郡，后来又从孙权手上借得南郡，而曹操仍控制着荆州北部。荆州版图由此一分为三，成为曹刘孙三家纷争的前线要冲。

正是因为在荆州利益分配上矛盾激化，孙刘联盟在建安二十年（215）出现了一次严重的危机，孙权怒于刘备取益州之后不还南郡，派吕蒙袭取长沙、零陵、桂阳三郡，刘备也引兵五万南下。眼见战事一触即发，却传来了曹操取汉中的消息，刘备怕益州有失，便与孙权和谈，划湘江中分荆州，江夏、长沙、桂阳归孙权，南郡、武陵、零陵归刘备，荆州由此被曹刘孙三家均分，各占三郡。建安二十四年（219），关羽败亡，刘备失去了所有荆州土地，荆州又一分为二，大致以编县（今湖北荆门）为界分属魏和吴。直至六十年后西晋灭吴，荆州诸郡才重归一统。

随着荆州版图的多次分裂，那些被姻亲联络在一起的荆州世家大族也随之被拆散，他们有的随曹操北上，有的随孙权东下，有的随刘备西进，背井离乡，亲人离散，命运也各有不同。

首先分道扬镳的是刘表的两个儿子，刘琦和刘琮。二人都是刘表前妻所生，但因蔡氏把侄女嫁给了刘琮，所以刘琮被绑在了他后妈蔡家的战车上，刘琦则被冷落，外放江夏任太守，甚至刘表临终都不得见一面。刘表二子的内讧和无能，也成为荆襄大族们放弃支持刘氏的重要原因。

刘琮投降后，被曹操封为青州刺史、列侯，得善终。至于《三国演

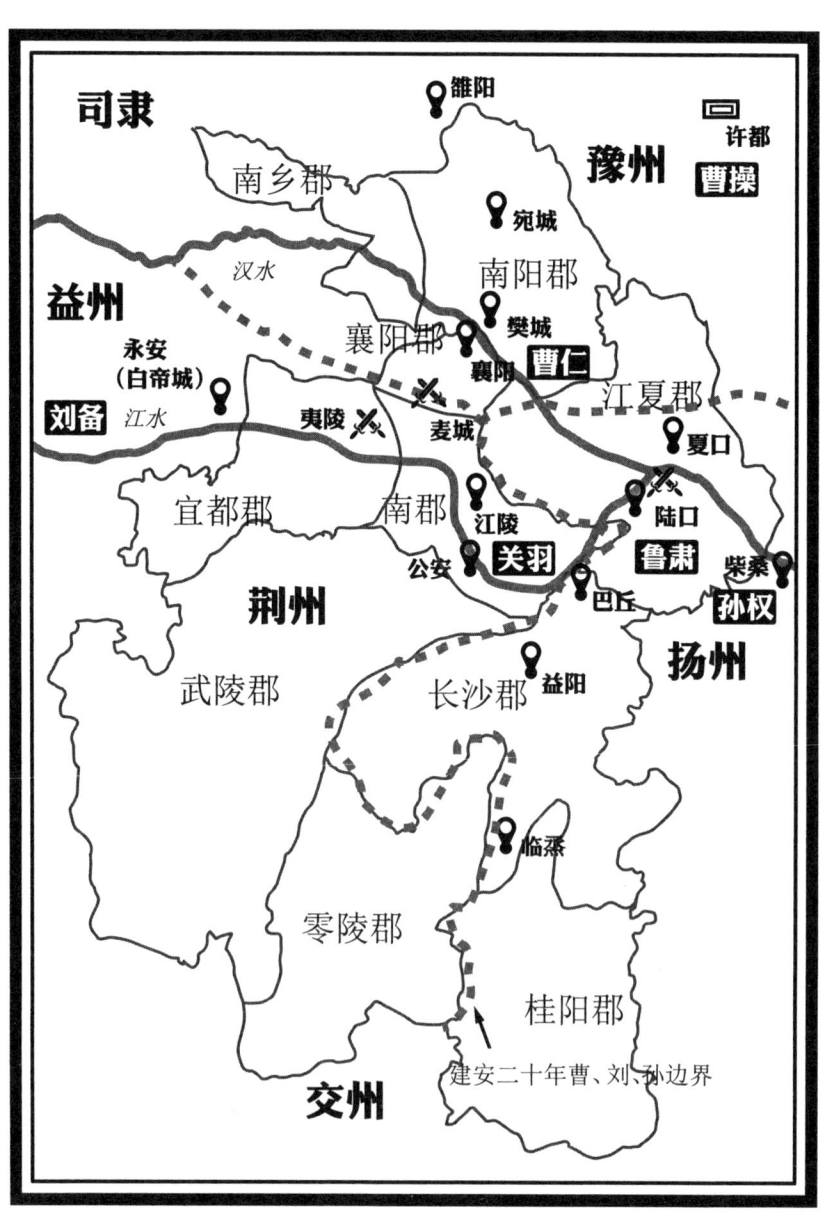

三分荆州形势图

义》中曹操派人暗杀刘琮,则是为了黑化曹操的虚构。从历史上来看,刘家在荆州已完全失势,曹操完全没有灭口的必要。刘琦在史书中,除了用了一招登楼抽梯向诸葛亮求计外,看不出有什么本事,后来他与刘备合流,虽然被刘备表奏为荆州刺史,实际上部曲逐渐被刘备吞并,成为刘备手中招徕刘表旧部的傀儡。第二年,失去利用价值的刘琦就"恰如其时"地病逝了。

刘表一世英名,死后家底却被两个儿子败光,虽说不全是他们的责任,但也难逃世人的讥讽。想那袁绍俩儿子虽然也窝里斗,但好歹还跟曹操打了几场硬仗,最终死于战事,也不枉名门之后。而刘琦和刘琮把老爹经营的江山白送给别人,如弃敝屣,实在说不过去。大家都听过曹操盛赞孙权的那句名言"生子当如孙仲谋",但其实还有恶狠狠的下半句:"若刘景升儿,豚犬尔!"

蒯家和蔡家是荆州最积极的降曹派。曹操对蒯越十分器重,表他为光禄勋,还兴奋地给荀彧写信道:"得到荆州倒是没什么可喜的,但得到蒯越太让我欣喜了!"但蒯越降曹后,并没有什么作为,史书仅记录了他死前将家小托付给曹操照看这一件琐事。蒯良则仅出场一次就从史书上消失了,以其举足轻重的地位,在荆州易主这么大的事情中不可能不露面,故而有人推测他早已亡故。

在《世说新语》中,记载了一位和老公闹别扭的悍妇蒯夫人,她嫁给了从东吴投诚过来的宗室孙秀。蒯夫人一开始瞧不上孙秀,骂他是"貉子"(对江南人的蔑称),两人便分居了,后来晋武帝司马炎亲自出面调解才让两人重归于好。这蒯夫人面子多大,能请动皇上来管自己的家庭纠纷?原来,她是司马炎的"姨妹"(姨妈的女儿,即王元姬姐妹之女)。孙盛《晋阳秋》进一步点明,这蒯夫人是襄阳人,祖父蒯良官至吏部尚书,父亲蒯钧官至南阳太守。

蒯家在晋朝还有一位蒯越的孙辈,叫蒯钦,担任弘训宫少府(司马师遗孀所居弘训宫的属官），他同时是晋武帝司马炎的老丈人杨骏的堂兄弟，小时候和杨骏关系很亲密，为人正直守信。他曾预见了杨家将要发生的灾祸，多次向杨骏劝诫，却不为所纳，哀叹"倾家灭族就要不远了"。后来杨家果然在八王之乱中覆灭。

综上可得，蒯氏入魏后，子孙与东海王氏、河内司马氏、吴郡孙氏、弘农杨氏这些世家望族都搭上了亲戚关系，在魏晋交替的大潮中又一次站对了队伍，平稳过关。

再说蔡家。《三国演义》为了黑化曹操，虚构了曹操任用蔡瑁、张允（史书上为刘表外甥）为水军都督，中了周瑜反间计而杀死二人的情节。但史书上并没有蔡瑁、张允统领水军的记载，亦未见二人参与赤壁之战。其实，如果看看曹操与蔡瑁的私人关系，就知道曹操根本不会因为一封信而杀掉他。他们其实少年时就相识。笔者推测可能是由于蔡瑁的姑父是太尉张温，而张温又是曹操的祖父曹腾所举荐的，因此曹操与蔡瑁可能在洛阳时就已有交集。

他俩铁到什么程度？曹操到襄阳后，径直进了蔡瑁家，并跟他的妻儿打招呼，然后对蔡瑁说："你还记得当年咱俩一起去拜见梁孟皇吗，当时他看不起我们小字辈，把我们拒之门外，现在听说他也在襄阳，哪里有脸见咱俩呀？"[1] 梁孟皇即汉末著名书法家梁鹄，曾担任朝廷的选部尚书（组织部部长），曹操仕官第一个职位洛阳北部尉就是经梁鹄之手。看来曹操求官时曾受过冷遇，吃过闭门羹，那时蔡瑁就与他同行，这关系自然非同寻常。

蔡瑁归曹后受封从事中郎、司马、长水校尉，封汉阳亭侯，但因为在刘表死后扶持刘琮、陷害刘琦的行为，受到世人的不齿和蔑视。但蔡家保住了富贵和地位，得以继续在襄阳做大地主。直到晋朝永嘉年间，蔡家还

---

[1] 刘琮之败，武帝造其家，入瑁私室，呼见其妻、子，谓瑁曰："德珪，故忆往昔共见梁孟星，孟星不见人时否？闻今在此，那得面目见卿耶？"——《襄阳耆旧记》。孟星为孟皇之误。

在当地保持着富庶的家产和强势的宗族。然而树大便招风，蔡家没能逃过又一个乱世。西晋末年，他们被土匪王如盯上，昔日襄阳最具盛名的蔡氏家族被屠尽，以至于襄阳一度再也没有姓蔡的人了。

再说南迁而来的山阳王氏。王粲也是鼓动刘琮降曹的积极分子，被曹操任命为丞相掾，继续做他擅长的文秘工作，赐爵关内侯。北上来到邺城的王粲，与曹丕、曹植兄弟关系密切，经常有诗文的往来，王粲也由此成为邺下文人集团的骨干成员，名列"建安七子"之一。《文心雕龙》作者刘勰称赞他是"七子之冠冕"。

王粲在建安二十二年（217）的大瘟疫中病逝，年仅四十一岁。王粲的葬礼上出现了十分有趣的一幕。曹丕对众位文友说："王仲宣平日里最爱听驴叫，让我们用驴叫为他送行吧。"于是曹丕与众人纷纷在王粲墓前学起驴叫来。

然而悲剧的是，王粲死后两年，魏讽谋反案在邺城爆发，不少荆州人士的后代被牵连，其中包括王粲的两个儿子，他俩均在曹丕的"严打"之下被处决。曹操当时在前线，听闻此消息，哀叹道："如果我在的话，绝不会让仲宣绝后啊。"人死不能复生，曹丕弥补的办法，是把王凯的儿子王业过继给王粲，使其香火不断。

这王业，也就是刘表的外孙，他在魏国位至谒者仆射（与背叛曹髦向司马昭告密的散骑常侍王业不是同一人），有两个儿子。大儿子王宏官至司隶校尉，二儿子王弼完美地继承了王粲的文学才华、刘表的名士气质以及蔡邕的万卷藏书，从小就聪明过人，十几岁就熟读《老子》，跟名士辩论，谈笑风生。吏部尚书何晏赞叹道："孔子曾经说后生可畏，我看王弼这个人，都可以跟他讨论'天人之际'这种话题了！"。[1] 王弼和钟会，是当时魏国两大神童。可谁料，噩运再次降临王家头上，天妒英才，

---

[1] 仲尼称后生可畏，若斯人者，可与言天人之际乎？——《三国志·钟会传》裴注引何劭《王弼传》

王弼年仅二十岁就英年早逝。

在这场荆州大变迁中分裂得最严重的是庞家。

庞山民仕魏，官至黄门、吏部郎。其子庞焕，西晋太康年间担任牂柯太守，这恰是他舅舅诸葛亮曾经治理的地方，不知道是不是一种命运的轮回？

庞统则跟了刘备。一开始刘备让庞统当耒阳县县令，鲁肃连忙给刘备写信说："庞士元可不仅有治理一县的才能，应该让他担任治中、别驾这样的官职，才能发挥他的所长。"[1]于是刘备开始重用庞统，提拔他做军师，对他的信任仅次于诸葛亮。在庞统的策划下，刘备率军入蜀，为后来占据益州、三分天下有其一的蜀汉基业打下了基础。很可惜，庞统在进围雒城时，十分意外地被城上流矢射中身亡，让刘备过早失去了一名良辅之才。庞统之子庞宏，性情率直，因为得罪了尚书令陈祗，被贬为涪陵太守。

庞统的弟弟庞林也随刘备入蜀，而他的妻子习氏带着弱女被迫留在了魏境，这一分隔，就是整整十四年。

襄阳习氏：流落三国，忠义传家

在今湖北襄阳城南约五公里的凤凰山南麓，有一座私家园林，背靠岘山，面临汉水，苍松翠柏，风景优美，自古以来游人接踵而至。它的主人习郁，正是襄阳习氏的开拓者。

习郁的父亲习融，有很高洁的品行，但一生未仕官。习郁凭借跟随光武帝刘秀征战有功，衣锦还乡，被封为襄阳侯。习氏遂成为襄阳本地的豪族。既为豪族，必有庄园，但跟蔡家有五十多座别墅的土豪行为相比，习

---

[1] 庞士元非百里才也，使处治中、别驾之任，始当展其骥足耳。——《三国志·庞统传》

家则要文艺得多。

习郁十分仰慕春秋名士范蠡。说到范蠡，现在人们想到的估计都是他功成身退，抱得美人归，还成了富甲天下的陶朱公。然而罕有人知的是，范蠡还是我国古代的养鱼专家，他写了一本《养鱼经》，被视为我国最早的养鱼专业书籍。现存的版本虽然仅有五百字，却记述着一整套养殖鲤鱼的经验，包括鱼池构造、放养规格、雌雄比例等。习郁正是读了这本《养鱼经》，才对范蠡优哉优哉的生活十分欣羡，便仿效书中的记录，在岘山之南引沔水建了一座人工池，这便是"习家池"。园林盖好以后，习郁十分满意，临死特意嘱咐儿子，把他葬在"习家池"的旁边。

但伴随着建安十三年开始的荆州分裂，习郁的后人也不得不离乡飘零，骨肉分离，散落于魏、蜀、吴三国。

习桢，字文休，随庞氏兄弟事刘备，并随刘备入蜀，先后担任雒县、郫县县令和广汉郡太守，史载他"有风流，善谈论"。习桢之子习忠也有名望，孙子习隆官至步兵校尉、掌校秘书，曾经与向充一起上奏后主刘禅为诸葛亮兴建庙宇。

但习桢之妹却与丈夫和兄长分离，留在了曹魏境内。三分天下，魏、蜀又是敌对国，双方自然是音信全无。换作旁人，早就改嫁，不抱希望了，可这位习夫人却坚信终有团聚之日，以一己之力抚养弱女，守节情不移。命运总是这般神奇，十四年后，刘备伐吴大败，驻军江北的镇北将军黄权被切断归路，不得已率部降魏，而庞林当时作为参军正在黄权军中，也随之入魏，就这样，庞林与习夫人奇迹般地重逢了！魏文帝曹丕听到这个故事也很感动，赐给习氏一套床上用品和衣服，以表彰她的节义，并提拔庞林为巨鹿太守。由于黄权降魏是出于不得已，蜀国自然也没有追究庞家与习家。这看来是一个完满的结局。

但另一个习家族人的故事就有些悲壮了。

关羽在临沮败亡后，原属关羽治下的零陵郡也成为东吴的囊中之物。当时零陵诸县纷纷响应吴军，开关献城，唯有时任零陵北部尉、裨将军的习珍据守城池，誓死不降。但援军远在巴蜀，敌我悬殊太大，一直守下去显然是死路一条，习珍的弟弟习宏就劝他，不如先暂时屈身于敌人，再找机会报效汉室。习珍听从了他的意见。

等到赢得了宝贵的时间缓过劲来，习珍马上联络武陵郡从事樊胄再度举兵，在长沙、武陵两郡之间占领了七个县，自领昭陵太守，重新打出蜀汉的旗号继续对抗吴国。但习珍的这次起事显然太过仓促，诸县被孙权大将潘濬逐一击破，樊胄也被斩杀，习珍则与数百人被困在一座山上，但仍继续斗争。

这潘濬本来也是刘备提拔的治中从事，后来投降了孙权，被孙权重用。潘濬有心要劝降习珍，带着随从到山下想与他谈话。没想到习珍义正词严地呵斥他："我宁可当大汉的鬼，也不做你吴国的臣子，休想逼我投降！"然后拉起弓把潘濬一行射跑了。潘濬无奈，只能继续强攻。习珍守了一个多月，箭尽粮绝，对属下留下决绝之言："我深受大汉恩惠，不得不以死报之，何必连累你们呢？"于是仗剑自裁，留下了一缕忠魂。[1]后来刘备知道他的事迹后，也很悲痛，遂追授他为昭陵太守。

习珍死后，习宏留在了吴国，但他自此成了一个"聋哑人"，做到了"不出一计，不献一谋""身在吴营心在汉"。是不是听起来像《三国演义》中的徐庶？关于徐庶在史书中并没有类似的记载，笔者猜测，罗贯中很可能是把习宏的故事嫁接到了徐庶身上。习珍、习宏两兄弟，去留肝胆两昆仑，却因没能载入《三国演义》而未被广为知晓，惜哉！

而那位逼死习珍的潘濬，大约也是内心有愧，于是将习珍的儿子习温留在吴国，多有照料。习温十来岁就已经展露出过人才华，潘濬赞赏地说："这孩子将来一定会成为一名名士，成为我们荆州人物评议的主持者。"并叫自家子弟跟他一起玩耍。

---

[1] 孙权遣潘濬讨珍，所至皆下，唯珍所帅数百人登山。珍遂谓曰："我必为汉鬼，不为吴臣，不可逼也。"因引射濬。濬还共攻，珍固守月余，粮、箭皆尽。珍谓群下曰："受汉厚恩，不得不报之以死。诸君何为者？"即仗剑自裁。——《襄阳耆旧记》

当时吴国仿效魏国的九品中正制，也在地方上设立一些有名望、有德行的人来为朝廷选拔人才。这种人在魏国叫大中正，在吴国叫大公平。习温后来果然担任了大公平，也的确配得上"公平"二字。当时潘濬的儿子潘秘去看他，说："父亲当年的断言，现在果真应验了，不知道荆州的人士中，谁将来会接替您？"潘家和习家有杀父之仇，但习温秉公而论，对潘秘说："没有比您更合适的了！"后来潘秘果然接替了习温做荆州大公平，得到了本州人民的称赞。

习温历仕吴、晋两朝，历任长沙、武昌太守，选曹尚书，广州刺史。他在朝中三十年，不图虚名，不结交豪门权贵。习温承袭了习家的严谨家风，对子女管教十分严格。他的长子习宇是执法郎，有一次回家，随从呼前喝后，排场很大，习温十分愤怒，抄起棍棒就把儿子教训了一顿："我听说生于乱世，生在富贵之家却能保持清贫的生活，才能避免惹祸上身，你怎么能跟别人攀比奢靡呢？"[1]

习家的事迹，在《三国志》《后汉书》《晋书》等正史中记载不多，好在东晋年间，习家出了一位习凿齿，这位有着浓厚家乡情结的史学家撰写了一本地方志《襄阳耆旧记》，为襄阳上至楚国宋玉下到晋的名人一一作传，其中就包括上述诸位习氏人物。此外，书中还涵盖了襄阳的山川、城邑、牧守，成为研究襄阳人文历史、补正史不足的珍贵资料。

习凿齿在史学上的另一个贡献是撰写了史书《汉晋春秋》五十四卷。汉晋春秋，顾名思义，就是将后汉、季汉（蜀汉）和晋连在一起为史，一反《三国志》等史书以魏为正统，而认为曹魏虽然受汉禅，但是篡逆，蜀汉才是正统，到了司马昭平蜀才算汉亡，晋则是直接承袭汉而来。因此书中补充了大量蜀国的史料，后为裴松之大量引用以补《三国志》之不足。比如我们熟知的七擒孟获、死诸葛走生仲达、乐不思蜀等故事都是出自习凿齿的记录。《汉晋春秋》是最早奉蜀汉为正统的史书，《三国演义》正

---

[1] 吾闻生于乱世，贵而能贫，始可以亡患，况复以侈靡竟乎！——《襄阳耆旧记》

是深受这种史观影响,才表现出极其明显的"尊刘抑曹"倾向。习凿齿在书中对诸葛亮的功绩大加赞颂,被后人誉为诸葛亮的隔代知音,现在成都武侯祠还有一副楹联:"异代相知习凿齿,千秋同祀武乡侯。"

五

东北角的骚动

公孙氏家族

籍贯：辽西令支（今河北迁安）
代表人物：公孙瓒

公孙氏家族

籍贯：辽东襄平（今辽宁辽阳）
代表人物：公孙度、公孙康、公孙渊

童谣是中国古代最神秘的舆论暗器。市井之间黄口小儿看似无心的几句歌谣，却蕴藏着可怕的预言。大争之世，一则童谣往往能让英雄霸主们闻之凛然，甚至不经意间影响历史的走向。

汉末乱世，公孙瓒在河北争霸受阻，正当此时，一则童谣传入了他的耳中："燕南垂，赵北际，中央不合大如砺，唯有此中可避世。"[1]

这位当时汉帝国最强的骑兵司令，展开地图，按照童谣的指引，沿着幽州的南界、冀州的北界仔细寻找，终于找到如童谣中说的那样，一片像磨刀石一样平整连接的地域。这个地方叫作易县（今河北雄县），位于易水中游，土地平旷，视野广阔。公孙瓒将要在这里建设天下最雄伟的城

---

[1] 参见《后汉书·公孙瓒传》。

堡，驻扎天下最伟大的骑兵。他坚信，童谣谶语指引着他来到这里，也将会指引着他成为未来中国真正的霸主。

白马骑士团

公孙，被视为中国最古老的姓氏之一。《史记》开篇即称："黄帝者，少典之子，姓公孙，名轩辕。"这与《国语》中记载的黄帝姓姬大相径庭。一般认为，黄帝姓公孙应为后代附会，公孙姓显然诞生于周朝公爵创制之后。

周朝分封，设公、侯、伯、子、男五等爵位，公为最高。公爵之子则为公子，公爵之孙则为公孙。春秋战国，诸侯征伐，故而公子、公孙满地跑。久而久之，公子的词义发生了变化，成为对青年男性的尊称，而公孙则逐渐演变为姓氏。

公孙瓒家族世代为俸禄两千石的官员，但公孙瓒的母亲地位低贱，于是在这个庞大的家族里，他一点光都沾不上，只能去给人做个跑腿的差事。想要在今后的人生中翻身，他可能需要这三个条件：找个好老师，找个好岳父，找个好领导。

幸运的是，公孙瓒竟然将这三点攒齐了。

当时幽州大儒卢植在缑氏山（位于今河南偃师）中开学习班讲学，公孙瓒听闻招生消息便跑去拜师，大为受益。他的同学中，有一位耳垂硕大、不长胡须、常以汉室宗亲自夸的穷小子，叫作刘备。但刘备见了公孙瓒也要自惭形秽，因为公孙瓒长得一表人才、英俊帅气，说话声音洪亮，再加上聪明机敏、能言善辩，在同一拨年轻人中很出挑。当时的侯太守看中了他，就把女儿嫁给了他。

不仅如此，公孙瓒还有情有义。侯太守调走以后，刘基接任太守。当时公孙瓒在府里做小吏，刘基对他也很好，后来刘基因为犯事而落马，被朝廷流放到帝国最南边的日南郡。当时对于北方人来说，那里气候炎热，瘴气密布,流放到那里基本上有去无回。可是公孙瓒感念太守对自己的提携之恩,不离不弃,自愿随着刘基同去。临行之前,公孙瓒备好酒肉祭奠祖先,声泪俱下,看到此情此景的人都十分感动。

好在南下的途中遇到了朝廷大赦,刘基被免罪,公孙瓒也回到了故乡。这番义举,使公孙瓒一下子声名远播,被举为孝廉,进而被授予辽东属国长史之职。

公孙瓒生长于帝国北境的辽西郡,那里与长城边塞咫尺之遥,商周时期曾是孤竹国,其后一直是胡汉杂居之处。因此汉朝在辽西郡与辽东郡之间置辽东属国,专门管辖内附的乌丸人,其长官为都尉,为军事化管理。公孙瓒所任的长史即都尉的副手。

特殊的胡汉杂居环境使得在这里当官的风险大增:胡人常叛变,稍不注意就会遭到袭击。但同时,这种环境也让人在胆识和骑射方面得到历练。有一次,公孙瓒带着十几个骑兵出关巡逻,被数百个鲜卑骑兵包围。十倍之敌,又是骁勇善骑射的鲜卑人,基本上没有胜算。但公孙瓒鼓舞身边的骑士:"今天如果我们不冲出一条血路,就都要死在这里了!"[1]于是公孙瓒挥舞起自己的两刃长矛,率先冲向敌阵,一番混战之后,公孙瓒杀伤了数十名敌人,虽然自己的随从骑兵也有半数阵亡,但他们成功地突出包围获得生机。也正是因为这次死里逃生的经历,让朝廷看到了公孙瓒率领骑兵作战的潜能。

骑兵,是冷兵器时代的大杀器,机动性强,冲杀效果显著,对当时构成军队主体的步兵有着绝对的优势。为了抵御匈奴的进犯,汉朝从武帝时起便花大力气打造精锐骑兵。但是骑兵的培养需要两个先决条件:一是战马,当时能够满足战斗需求的马匹基本只产于帝国北境;二是骑士,要求体格健壮,膂力过人,能熟练驾驭马匹,能在马上开弓射箭,这样的人才也基本出自帝国北境。因此在汉末三国的乱世之中,两个区域的骑兵最为

---

[1] 今不奔之,则死尽矣。——《后汉书·公孙瓒传》

有名。一是来自西北的西凉骑兵，他们杂糅了羌胡精骑，十分威猛，先有董卓，后有马超，中原的军队常常不是其对手。一是来自东北的辽东骑兵，他们吸纳了鲜卑、乌丸等游牧民族，尤善骑射。董卓手下的大将徐荣就是辽东人（玄菟郡人），在关东联军讨董之战中，孙坚、曹操两大英雄都被他打得丢盔弃甲。

灵帝年间，辽东骚乱不断，渔阳人张举、张纯联合乌丸大王丘力居发动叛乱，自称天子，劫掠渔阳、河间、渤海、平原等河北郡县，残害许多百姓。朝廷认为，建设一支能征善战的骑兵队很有必要，具有丰富战斗经验的公孙瓒可堪此大任。

在防御北境的过程中，公孙瓒选拔了数十名善于骑射的勇士，组建了忠诚于自己的骑士团。公孙瓒与骑士们骑的都是白马，每次出行他一骑当先，骑士团则分为左右两翼跟随在后，因此骑士团有了响亮的名字——"白马义从"。公孙瓒时任辽东属国长史，因此也被称为"白马长史"。公孙瓒驻守辽东，鲜卑、乌丸等游牧民族不敢进犯，远遁塞外。

但公孙瓒显然不甘心只做一个守卫"绝壁长城"的"守夜人司令"。时值中原大乱，他手握帝国最强骑兵军团，怎会没有与群雄逐鹿中原的野心呢？

城堡里的"宅男"

初平二年（191），公孙瓒获得一个南下的绝佳良机。当时，青徐黄巾军三十万渡黄河北上，进入渤海界内，欲与黑山军会合。公孙瓒率军大举破敌，斩杀敌人数万，连河水都被染红。公孙瓒此战收编了七万多黄巾军，战车、铠甲、财物更是不可胜数，一时威名大震。

此时，公孙瓒的儿子公孙续，堂弟公孙越、公孙范都位列骑兵统领，公孙家族俨然成为中国第一骑兵家族，其势力开始全面向冀州、青州扩张，这就与刚刚从韩馥那里窃得冀州牧的袁绍产生了矛盾。

公孙越之死成为这场冲突的导火索。当时公孙瓒知道袁绍、袁术兄弟不和，便暗地里与袁术结盟。公孙越率领千余名骑兵去袁术那里驻扎，却在阳城之战中中流矢阵亡。公孙瓒大怒，认为堂弟之死全是袁绍的错，于是大起步骑精兵，进军磐河，一场公孙瓒与袁绍之间的大战揭开帷幕。

战争之初，公孙瓒占据着绝对优势，势如破竹的白马义从让袁绍甚为恐惧。慌乱之间，袁绍竟然走了一步错棋，把渤海太守的印绶送给了公孙瓒的堂弟公孙范，想拉拢他以削弱公孙瓒的力量。可公孙范到了渤海就立马起兵帮助公孙瓒，掉转矛头打袁绍。有了公孙范声援，公孙瓒的势力得以向南大幅扩张。他的目的很明显，就是要完全吞并袁绍、曹操的地盘，自己做北方的老大。慑于公孙瓒的军威，当时河北许多城池都背弃袁绍倒向了公孙瓒。

随后，志得意满的公孙瓒与袁绍主力大战于界桥，但他没有想到的是，在这里遇到了他的克星——大将麹义及其先登死士。

麹义是西平大姓麹氏之人，自小在西凉长大，熟悉羌人的战法，也熟知骑兵的软肋。决战当天，公孙瓒以步兵两万余人列成方阵，左右两翼各有一支五千余人的骑兵部队，精锐部队白马义从作为中坚，分为左右两队，一时间"旌旗铠甲，光照天地"，好不气派。骑兵的优势在于速度快、冲击力强，一般的步兵遇到骑兵，前部被马蹄所践踏，后队就会四散而逃，全军便立即土崩瓦解。但是骑兵的弱点在于不善于灵活回旋，一旦发起冲锋，就很难再根据形势的变化灵活更换战法。麹义显然早有准备，他带领八百先登死士以大盾牌为遮挡，猫着身子，等到公孙瓒骑兵逼近时，他们突然跃起，扬起尘土，大声叫喊。这时候公孙瓒的骑兵冲速很快，根本无法停下，战马被沙尘迷了眼睛，又受到喊杀声的惊吓，顿时完全失控。与此同时，麹义此前埋伏的强弩手弩箭齐发，骑兵人高马大，在混战中格外显眼，因此几乎个个成了活靶子，被射落下马。麹义趁机带队反冲，斩杀了大将严纲，公孙瓒军大败而逃。

次年，袁、公孙双方又接连展开了龙凑之战、巨马水之战，互有胜败,但公孙瓒长驱南下的计划已经落空。后来朝廷派来使者调解争端,双方息兵,公孙瓒只得悻悻返回幽州。

回到幽州后,公孙瓒又不得不面对另一个对手,那就是汉室宗亲、大司马、幽州牧刘虞。

刘虞的驻所在蓟城,核心区在今北京市广安门一带,后来公孙瓒被朝廷封为奋武将军、蓟侯,驻所也在蓟城——将相同城,显然是董卓的离间之计。

刘虞名义上是公孙瓒的上级,但公孙瓒拥兵自重,刘虞根本管不住他。他们两人原本就在处理与乌丸关系的问题上分歧严重——刘虞主张招抚纳降,公孙瓒却主张武力讨伐——可谓矛盾重重。南下受阻的公孙瓒回来后,也不进蓟城住了,在蓟城东南另筑一小城,跟刘虞相看两厌。随后这俩人就开始争着给朝廷打小报告揭发对方,刘虞今天告公孙瓒放纵士兵劫掠百姓,公孙瓒明天就告刘虞不及时上贡粮食,就这么隔空打口水战。初平四年(193)十月,刘虞终于忍不下这口气,聚兵十万谋攻公孙瓒。但事情提前泄露,公孙瓒集合人马,顺着风向采用火攻,刘虞立即溃败,带着随从跑到居庸县(今北京延庆)。公孙瓒追上,将刘虞及其家小都抓回了蓟城,并当众问斩。

公孙瓒杀刘虞无疑是不明智的。刘虞虽然打仗不行,但他在幽州人缘很好。听闻他的死讯,许多老百姓痛哭流涕。刘虞之死很快产生了连锁效应,其旧部鲜于辅、齐周等起兵为刘虞报仇,并推举与胡人关系密切的阎柔为乌丸司马。阎柔从乌丸、鲜卑那里招募来数万士兵,和公孙瓒所置的渔阳太守邹丹大战于潞县(今北京通州),斩杀了邹丹。袁绍也不放过这个好机会,派麴义与刘虞的儿子刘和带兵合击公孙瓒。在两面围攻之下,公孙瓒连吃败仗,不得不放弃蓟城,躲进了易京城堡内。

公孙瓒修筑的易京城堡极其壮观,有十层壕沟,壕沟之间由将领们各自修筑了数以千计的塔楼,每座都高达五六丈。最中心的是公孙瓒的主楼易京楼,也是整座城堡的制高点,有十丈之高。楼内存有三百万斛粮食,以及众多美丽姬妾。公孙瓒将铁门一锁，屏退左右，要求七岁以上的男子都不得进入。凡是有公文要奏报，就用绳子吊上楼来；凡是有指令要宣布，就让嗓门大的婢女站在楼顶传话。公孙瓒对这样的生活显然很满意，他说："以前我觉得天下可以一举平定，现在看来，也不是我一人所能决定的，不如暂且休兵，储备粮草。兵法说，百楼不攻，我现在有塔楼上千重，等到储备的粮食都吃完那天，就知道天下归谁了！"[1]一个统帅天下最强骑兵的大将，居然龟缩在城堡里，此时他的想法的确让人有些费解。

公孙瓒与袁绍、刘虞之争，实际上也是汉末寒门子弟与世家贵族相争的一个缩影。袁绍家族"四世三公"，刘虞是汉室帝胄，坐拥大把资源，起点就领先于常人。而公孙瓒出身贫贱，靠自己不断累积的军功才在诸侯征战中占得一席之地，他对于贵族子弟有一种骨子里的仇视，所以抓到刘虞必杀之而后快。在用人方面，公孙瓒也毫不掩饰地对贵族子弟进行打压，他统治的区域之内，凡是"衣冠子弟"，都被发配到穷苦之地工作。而他自己最宠信的，一个是算卦的刘纬台，一个是走私的李移子，一个是做生意的乐何当，在当时都是社会下层人士，公孙瓒则与他们"定兄弟之誓，自号为伯，谓三人者为仲叔季"——这恐怕才是真正的"桃园结义"。但在公孙瓒危难之时，却没见这三个人有什么作为，反倒是公孙瓒对士族冷漠仇视的态度，令他虽兵多粮广，却成为孤家寡人。

建安四年（199），袁绍大举围攻易京城堡，公孙瓒没能等来童谣带给自己的好运。袁绍大军长驱直入，攻到了易京楼的铁门之外。公孙瓒将最后的希望寄托在张燕黑山军的援助上，他修书寄给去求援的儿子公孙续，行文中充满了对袁绍来攻的末日恐慌："袁氏之攻，似若神鬼，鼓角鸣于地中，梯冲舞吾楼上。"这封信被袁绍截获，于是袁绍假扮救兵引公孙瓒出战，设下埋伏，击败了公孙瓒军队最后的有生力量。

公孙瓒还想负隅顽抗，但袁绍的工兵已经将易京楼下挖空，随着一声

---

[1] 瓒曰："昔谓天下事可指麾而定，今日视之，非我所决，不如休兵，力田畜谷。兵法，百楼不攻。今吾楼橹千重，食尽此谷，足知天下之事矣。"——《三国志·公孙瓒传》

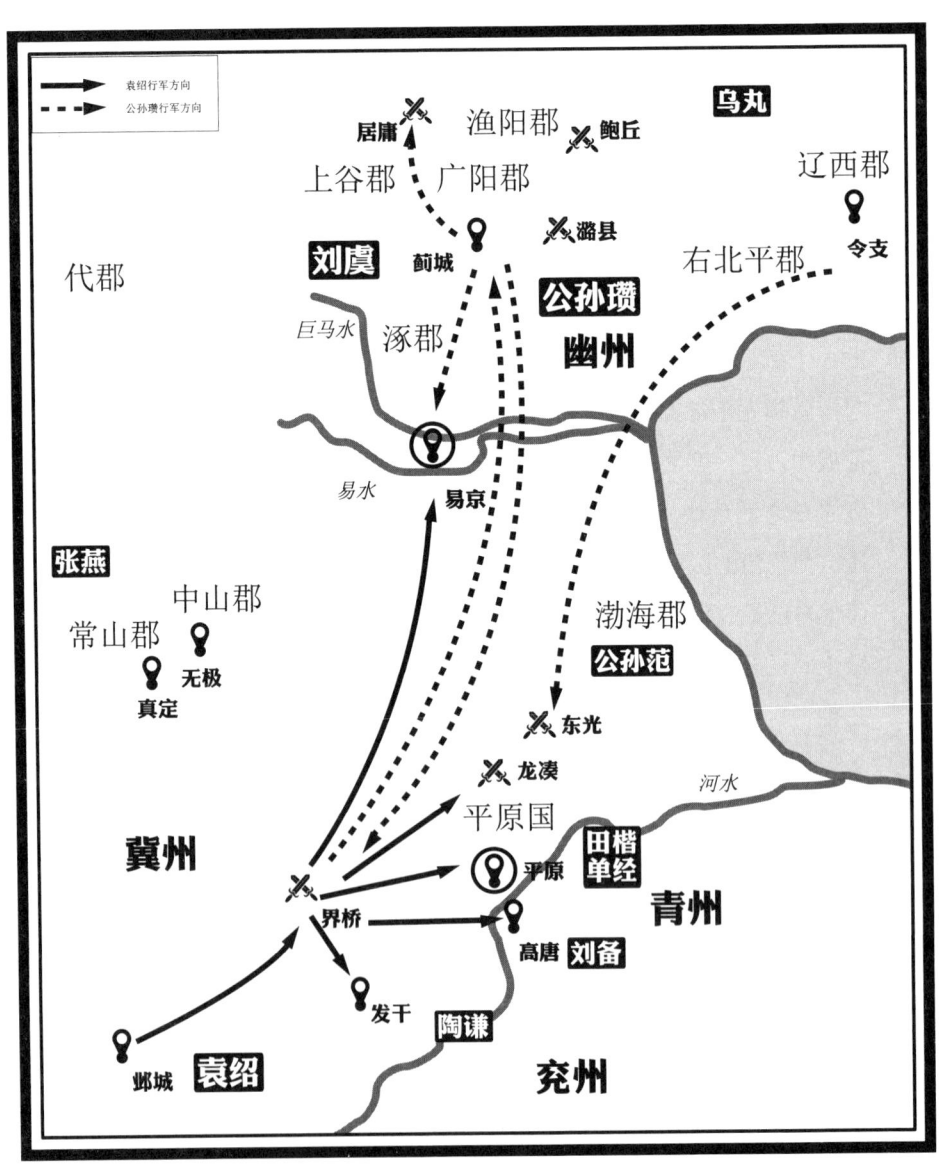

公孙瓒、袁绍、刘虞对峙形势图

巨大的轰鸣，这座十丈之高的易京楼终于坍塌。公孙瓒缢死了自己的妻子姐妹，然后自焚而死。其子公孙续逃至匈奴屠各部，为其所杀。帝国最强的骑士团、河北最壮丽的军事城堡，以及昔日威震幽燕的公孙家族，都在这一年彻底化为灰烬。

与此同时，在东北偏北的辽东襄平，另一个公孙家族正摩拳擦掌，走上历史舞台。

乱世东北王

说到三国，人人都知道是魏蜀吴，可三国之外还有第四大势力，就是世居辽东的公孙家族。这一家族传了三代四人，在辽东保持长达五十年的割据，若不是后来公孙渊作死，这个政权还能活得更久些。

公孙家族的创业之祖是公孙度，他和公孙瓒虽然同姓，但没什么族缘关系。现在的东北三省在当时绝大部分都属于未开发或游牧民族占据的地方，公孙度的老家襄平，即今天的辽宁辽阳，是汉帝国东北地区的最大城市。而公孙度小时候还随父亲公孙延搬到更北边的玄菟郡（现在辽宁沈阳附近），这已经完全到了国境边缘。

公孙度遇到的第一个贵人，是当时的玄菟太守公孙琙。这太守跟他同姓，这已经很巧了，更巧的是，太守有个儿子公孙豹，跟公孙度同名还同年——公孙度就是为了避免重名才改名。公孙琙觉得很有缘分，于是对公孙度很好，送他上学，为他娶妻，扶他走上仕途。

董卓手下的大将徐荣是公孙度的同乡，成为他官场上的第二个贵人。当时公孙度一步步升官，已经坐到了冀州刺史的位置，但树大招风，小人嫉妒，散布谣言，使他被免职了。徐荣帮了他一把，在董卓面前举荐公孙度回到原籍，出任辽东太守。

当时的辽东郡，辖域约是今辽宁省中南部一带，三面是高句丽、乌丸、鲜卑等游牧民族的领地，只有西边狭长的辽西走廊与中原相通。独特的地理区位让辽东成了一个远离中原纷争、相对封闭的地域，这让回乡就任的公孙度动了割据的念头。

公孙度是小吏出身，以前总被辽东豪族所轻视。他一上任，就决定杀一杀这些地头蛇的威风。他先把襄平令公孙昭抓起来，随便安了个罪名，押到闹市上乱棍打死了，然后派人挨门挨户去打土豪，那些曾经怠慢过他的豪族大户都被揪出来杀头，就这样抄了一百多家，全郡上下对公孙度又敬又畏。接着他又东伐高句丽，西击乌丸，把周边的游牧民族也收拾了一顿，终于在辽东打稳了基业。

这时候已经是初平元年（190），关东诸侯讨伐董卓，中原已经乱成一锅粥了。公孙度看辽东山高皇帝远，便招来亲信说："我看这大汉国要亡，我带着你们一起称王称霸吧！"老大这么一讲，阿谀奉承的小人就立马钻出来了。有人连忙报告异象，说襄平城有个叫延里的地方，祀社里生出来一块一丈多长的大石头，石头下还有三个小石头撑着。又说这石头是汉宣帝时候的祥瑞，延里的名字和公孙度父亲的名字暗合，祀社是主管土地的，寓意着公孙度将拥有这片土地；三块石头就是三公辅佐，表明公孙度要当皇上了。这让公孙度开心到不行。

公孙度当然是想当皇帝的，但当时他不过是个郡太守，一下子称帝，步子迈得太大。于是公孙度先拓展疆域，重新制定行政区划。趁着公孙瓒南下与袁绍、刘虞相争，他将势力西扩至辽西走廊，废辽东属国，分置其地入辽西、辽东二郡，又于辽东郡分立中辽郡。这些地方被他圈起来，新设立了一个州级单位——平州。随后公孙度又从辽东半岛出海路南袭，在山东半岛登陆，占据了东莱郡的几个县，在那里又新设立了营州，他一时成为地跨两个半岛、占据两个州的一镇军阀。接着，公孙度自立为辽东侯、平州牧，在襄平城南设坛祭祀天地。这个举动已经完全是僭越了。曹操迎了圣驾后，为了拉拢公孙度从而在北方牵制袁绍，不仅不治他的罪，还派使臣来封他为武威将军、永宁乡侯。公孙度表面上接了，背地里却笑着说："老子都是辽东王了，还要你的乡侯做什么？"

公孙度独占辽东，虽然对豪强大户残暴打压，但对当地的建设和发展还是很有贡献的。当时中原战乱，有不少难民和士人"闯关东"，都得到了公孙度的礼遇，其中包括管宁、邴原、王烈、国渊等。名人对公众很有带动作用。当时"闯关东"的难民基本都住在辽东偏南的地方，没打算在这儿长住，时刻准备返回家乡，但管宁把自己的家迁到了偏北的地带，表达留下来的意愿，不少人就随着他在辽东久居了下来。王烈在辽东耕地务农，布衣素食，被当地人奉为君子。后来王烈出任公孙度的长史，在他治理之下的辽东"强不凌弱，众不暴寡，商贾之人，市不二价"，秩序井然，俨然一片乐土。

与公孙瓒立足未稳即欲南下争霸不同，公孙度对参与中原争端并不感兴趣，他乐做"东北王"。但随着曹操与袁绍争霸结果的逐渐明晰，公孙度家族即便地处偏远，也不得不面对与北方强者的对话。

建安九年（204），曹操攻陷邺城，袁尚败逃，曹袁之争胜负已现。就在同一年，公孙度去世，辽东进行了第一次权力交替，公孙度之子公孙康嗣位。公孙康刚上位就做了一个举动，即把当年他爹的永宁乡侯印绶取出来，封给自己的弟弟公孙恭，这一信号很明显——既要保持自己的独立性，又要向曹操方面示好。可曹操方面并不领情。次年，曹操击败袁谭、平定青州之后，就派大将张辽去清理滨海一带，击破辽东将领柳毅，将公孙康的势力赶出了山东半岛。

到了建安十二年（207），战火终于烧到了辽东边上。袁尚、袁熙兄弟与三郡乌丸联合，向曹操发起最后抵抗。然而经白狼山一战，袁氏兄弟被打得落花流水，穷途末路之际，只有去投奔公孙康。有谋士建议曹操乘胜征讨辽东，捕捉袁氏兄弟，但曹操笑道："我已经让公孙康把袁尚、袁熙的首级送过来了，不需要劳烦动兵了。"这是一出心理战，曹操不继续打辽东自然是有他自己的战略衡量。北方气候寒冷干旱，曹操带兵打到辽西走廊时，已经缺粮少水、人困马乏，短时间内不可能继续远征作战。但

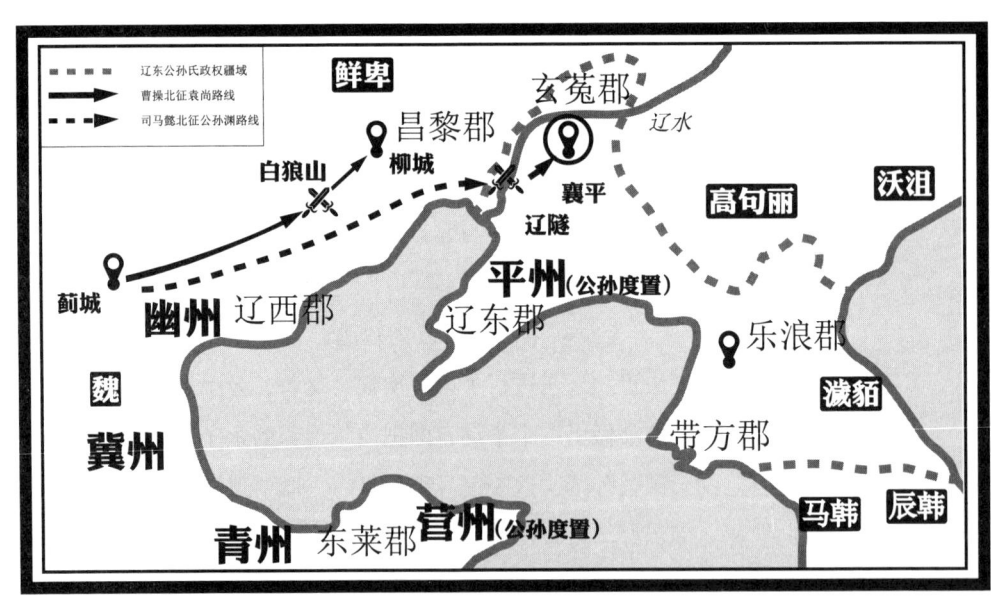

辽东公孙氏政权地图

白狼山一战足以震慑公孙康，让他必须做出抉择。善于在军事上豪赌的曹操，这次将赌注压在公孙康身上。

曹操赌赢了。袁氏兄弟和公孙康根本不是一路人，袁尚到了辽东就想密谋杀了公孙康，夺其部众。但公孙康动作快一步，招其上殿便就地擒拿，斩下二袁首级快递给曹操以邀功。可怜袁氏豪门一族，最终绝于公孙康手中，而这两颗头颅也为公孙康换来了此后数十年的安稳日子。曹操加封他为襄平侯、左将军，认可了公孙家族的辽东独立小王国。

公孙康时期，辽东政权虽然失去山东半岛，但在辽东半岛的势力则进一步扩张。公孙康曾出兵攻破常年侵扰边境的高句丽，焚烧其城邑，此后三十余年，高句丽不敢进犯。

如此相安无事许多年，公孙康病逝，辽东进行第二次权力交替。因为公孙康之子公孙晃、公孙渊年龄还小，于是众人推举其弟公孙恭为辽东太守。曹丕称帝后，继续对公孙家族进行抚慰，拜公孙恭为车骑将军、假节，封平郭侯，追授公孙康为大司马。蜀、吴相继建国后，公孙恭的势力成为唯一独立于三国之外的汉人政权。

但辽东第三次权力交替就不再那么和平，公孙恭后来得了病，身体虚弱到不能理政，而公孙渊此时已长大成人，成功趁机于魏太和二年（228）从叔父手上夺位。此时魏国正忙着对付北伐的诸葛亮，于是拜公孙渊为扬烈将军，承认了他对辽东太守的承袭。可是这位公孙渊，却并不如他的父祖那般安于现状。三国争衡的局面让他难以做一个旁观者，他也想跳进来玩玩。

这一玩，就玩完了。

"第四国"的破灭

公孙渊上台后首鼠两端，一面接受魏国的封赏，一面跟吴国眉来眼去。辽东与东吴，陆路相隔千里，但当时沿海的航路已经开通，借助季风的力量,每年二月、三月,东吴的海船可以远航至辽东,九月、十月辽东的海船可以远航至东吴,公孙渊与孙权的海上之盟由是建立。

东吴孙氏建政后,于荆州、合肥的几次北伐均徒劳无功。吴国的优势是水军,吴国处于大江大河的下游,而北上必须弃舟登陆,这便是以短击长。再加上魏国严密的防线和坚壁清野的政策,孙权只能另想办法,开始将目光瞄准辽东。吴嘉禾元年(232)三月,孙权派将军周贺、校尉裴潜乘船到辽东,与公孙渊缔结盟约。公孙渊当即表示愿意向东吴称藩,并派遣校尉宿舒、郎中令孙综跟随吴使返吴,献上东北特产貂皮和骏马。孙权认为自己的计策很奏效,欣然为公孙渊晋爵燕王,第二年便派出了更加豪华的出使船队,由太常张弥、执金吾许晏、将军贺达等人带队,船只满载金宝珍货和九锡,还有上万人的海军护送,可谓声势浩大。然而,这场海上之盟在东吴朝堂上争议很大,顾雍、张昭等重臣们几乎全部反对。但孙权一意孤行,坚持认为这是东吴北上的一条大道。

孙权果然被骗了,公孙渊既想从孙权那里捞好处,又怕得罪相邻的魏国,于是这次孙权的豪华使团到来后,迎接他们的不是笑脸,而是屠刀。公孙渊分兵几路,将东吴使者全部杀害,将财宝据为己有,随从则编入户籍,发往边塞。其中几十人后来还是通过绕道高句丽,才艰难返回吴国。孙权被如此戏弄一番,气得暴跳如雷,大骂公孙渊:"不自载鼠子头以掷于海,无颜复临万国。"甚至还要亲征辽东,在薛综等人苦劝下才作罢。

公孙渊将斩杀的吴使首级送往魏国邀功。魏明帝曹叡嘉奖他,加封他为大司马、乐浪公。但实际上,对东北这个不安分的邻居,魏国早就有所提防。孙权第一次与公孙渊勾搭时,情报就被魏国截获。当时魏国以多次平定北境乌丸叛乱的名将田豫为青州刺史,在山东半岛筹备渡海讨伐公孙渊。但后来考虑到渡海作战难度太大,于是放弃了这一计划。尽管如此,田豫还是在山东半岛的成山头伏击了返航的吴国使臣,击杀吴使周贺,算是对公孙渊与孙权的一个警告。

但公孙渊显然没有吸取教训,他对待从魏国来册封他的使者非常不友好，先派出军队把他们围起来，对他们吓唬一番，然后自己才出来接见。对待从魏国前来的宾客，公孙渊也经常骂骂咧咧，恶语相加。公孙渊的这些异常举动都被反馈给魏国朝廷，双方的裂痕可谓愈来愈大。

魏景初元年（237），魏廷让幽州刺史毌丘俭征召公孙渊来魏都。公孙渊察觉魏国要对自己动手了，于是自立为燕王，置百官，终于扯起了公开反魏的大旗。魏、蜀、吴三国，正式变成了魏、蜀、吴、燕四国。

公孙渊起兵之初，凭借公孙家族在辽东多年的经营，组建了数万之众的步骑大军，并联合了鲜卑等周边游牧民族，向魏国发动猛烈攻击，于辽隧（今辽宁辽阳西南）击败毌丘俭。公孙渊兵多，魏明帝曹叡决定派出中央军征讨，领兵的正是太尉司马懿。司马懿是打败过诸葛亮、孙权的顶级军事统帅，对付公孙渊原本不成问题，但辽东地处偏远，连曹操都未曾征伐过，而且当时魏国连年用兵、大修宫室，国力消耗很大，对于此次征伐能否成功，曹叡还是有些担心的。司马懿做出了判断，认为对于公孙渊来说，弃城向东逃跑是上策，在辽水陈兵据守是中策，坐守襄平就是束手就擒的下策。而以公孙渊的智商，肯定以为魏国大军远征不能持久，会先拒辽水而后守城，取中下策，因此不足为虑。以此为据，司马懿给出了时间表：大军开赴辽东要一百天，攻城打仗要一百天，大军班师要一百天，再加上中间休整六十天，一年之内必灭公孙渊。

果如司马懿所料，公孙渊派将军卑衍、杨祚于辽隧深挖二十多里的壕沟，坚壁备战。司马懿用疑兵之计，分兵备舟船，暗渡辽水，绕过燕军防线，做出袭击襄平主营的姿态。卑衍等人怕主城有失，回军去救，正中司马懿之计。司马懿趁机起大军直扑敌军阵线，燕军全线崩盘，司马懿三战三捷，将襄平城团团围困。

司马懿深知辽东地处偏远，劳师征伐不易，如果给其留下喘息机会，过几年便又成北境大患，因此他此战的目的很明确，就是要彻底消灭公孙渊家族。当时辽东暴雨连绵，辽水暴涨，对屯兵低洼地带的司马懿极其不利。而燕军自恃地势高，出城采樵、放牧如故。司马懿既不移营，也不袭击，做好了跟燕军打持久战的准备。果然，燕军人多粮少，经不起这么拖延，城内甚至上演了人吃人的惨剧。公孙渊这时候才知道自己不是对手，想要脱城而逃，但为时已晚。他和儿子公孙修带数百骑兵从城东南突围，行至梁水之畔被追兵斩杀，公孙家族彻底覆灭。

公孙家族统治辽东长达五十年，可谓树大根深，为了彻底清除隐患，司马懿对襄平城进行了血腥的屠杀，将城内十五岁以上的男子七千余人尽数斩杀，将他们的尸骨堆成"京观"，以为震慑。公孙渊封立的公卿、将军等两千余人也全部被杀掉。为了防止辽东再出现公孙家族这样的反叛者，魏国还分批次将辽东人口内迁。司马懿灭亡公孙渊时，辽东有人口四万户，而到了晋太康元年（280），原公孙家族管辖的四郡，人口锐减达六成之多，辽东繁荣不再。

公孙家族的覆亡，对当时魏国政坛也产生着蝴蝶效应。就在司马懿远征辽东得胜之际，曹叡病笃，奄奄一息。所幸中书令刘放、中书监孙资及时劝曹叡召回司马懿，才使司马懿与曹叡见了最后一面，与曹爽同列为托孤重臣。如果辽东战事拖延，司马懿晚归，他很可能被曹氏宗亲排挤出权力中心，后来司马家族能否谋国篡位就很难讲了。

公孙家族覆亡的另一个长远结果是，辽东地区再也没有能够震慑周边其他势力的统治者。随着后来中原大乱，高句丽、鲜卑等蚕食辽东土地，乐浪、带方两郡相继落入高句丽之手，公孙家族在朝鲜半岛的功业由此也烟消云散了。

六

徐州真正的主人

陈氏家族

籍贯：下邳淮浦（今江苏涟水西）

代表人物：陈球、陈珪、陈登

臧氏家族

籍贯：泰山华县（今山东费县方城镇）

代表人物：臧霸

徐州，为汉武帝所设十三刺史部之一，其范围囊括今山东省东南部、江苏省长江以北地区以及安徽省东北的一部分。徐州自古以来就是兵家必争之地，楚汉相争之时，西楚霸王项羽即以彭城为都，纵横天下。东汉末年，徐州再度沦为战场，曹操两伐徐州，陶谦"三让徐州"，吕布命丧"白门楼"，关羽"土坡约三事"，在史书及小说、话本、戏曲中，无数三国英雄围绕徐州，你方唱罢我登场。

那么，徐州真正的主人是谁，又是谁在徐州的反复易手中始终屹立不倒？这就要提到被许多人忽略的两个家族——陈登家族和臧霸家族。

"湖海之士，豪气不除"

陈氏家族是徐州的本土豪族，自陈屯开始就已有令名。从陈屯之孙陈球开始，陈氏家族步入政界高层。陈球入朝后担任廷尉，正是桓、灵之际宦官当道之时，他耿直不阿，敢于当面与赵忠、王甫等宦官首领抗衡。光和二年（179），他与司徒刘郃、司隶校尉阳球谋诛宦官，事泄，被宦官曹节下狱处死，时年六十二岁。陈球虽然于庙堂遭难，但陈氏家族退而独善其身，在地方上依旧有很大的影响力。在徐州，陈氏家族的主掌者是陈球之侄陈珪及其子陈登。陶谦就任徐州刺史后，对本土豪族大力结交，他提拔陈珪为沛相，任命陈登为典农校尉，令其负责农田水利，以赈饥荒。

陈珪、陈登父子属于汉末乱世典型的地域自保型家族首领，陈球惨死的教训，使得他们并不渴望官居公卿、名声显赫，也并不愿意参与刀光剑影的权力争衡。他们力求保守家业，维持与每一任徐州统治者的良好关系，并尽力维护徐州本土豪族的利益。尤其陈登，行事颇有江湖侠义之风，甚至许汜曾公开评价他"湖海之士，豪气不除"，批评他身上江湖气太重。因此我们在《三国志》或《三国演义》中，都会看到这样的画面：无论徐州的统治者是陶谦、刘备、吕布还是曹操，陈珪、陈登父子永远是座上宾，而且统治者总对他们言听计从。

很多人批评陈珪父子卖主求荣、首鼠两端，这委实有些冤枉。因为在城头变幻大王旗的乱世，他们无法选择徐州的统治者，但是可以选择对待这些统治者的态度：对待他们中意的主公，会尽心辅佐；对待他们厌恶的军阀，则会想尽办法拆台。

陈珪对袁术的态度就是一例。袁术雄踞淮南时，多次想要染指徐州，而袁术与陈珪俱为公族子弟，少年时曾一起交游，私交颇厚。袁术就想借着这层关系拉拢陈氏家族，以作为他入主徐州的带路人，甚至扣留了陈珪的一子逼其就范。陈珪却并不从命，反而回信驳斥袁术，规劝他迷途知返。袁术一计不成，又打起了跟吕布联姻的主意，让自己的儿子娶吕布的女儿，以谋图徐州。吕布也不是陈珪父子认可的主子，陈珪父子只是迫于其武力，虚与委蛇。陈珪深恐袁术、吕布联姻会给徐州带来更大的灾难，于是在吕布面前挑拨离间，说袁术因僭号称帝已经臭名远扬，跟他联姻会让吕布"受天下不义之名，必有累卵之危"。吕布是个没主见的人，被陈珪一顿忽悠，就派人把已经送到半路的出嫁队伍追了回来，还斩杀了袁术使者。在陈氏父子看来，只有曹操才能给徐州带来希望。在搅和了吕布和袁术的姻亲关系后，陈珪又忽悠吕布派出陈登去与曹操结好。在曹操的授命下，陈登担任广陵太守，召集部众在徐州南部组成一支军队，协助曹操消灭吕布。

平定吕布后，陈登继续主政广陵，深得江淮之地的民心。广陵向南即长江，渡过长江即孙策的势力范围。陈登与孙策曾有家仇。早前，陈登叔父、陈球之子陈瑀被任命为吴郡太守，但吴郡已为孙策所夺，陈瑀便驻军海西，策反江东祖郎、严白虎等宗帅为内应，但事机败露，孙策派吕范、徐逸攻破陈瑀，获其吏士妻子四千人。而陈登驻守广陵，阻挡了孙策北上之路。新仇加旧怨，最终引发战事。

孙策先后两次发兵围攻陈登于匡琦城（今江苏宝应一带）。陈登守城，一如当年陈球守城一样，面对十倍于己的兵力，毫不畏惧，从容应对。他采取了类似空城计的策略，先让士兵闭门自守，示弱，不与战，然后登城瞭望，看到敌军没有警惕，便亲自擂鼓，突然将步骑兵放出，将敌军击溃。两次守城，均斩首万级，让孙策不敢再打从广陵北上的主意。

陈登于匡琦两破孙策，更大的意义在于打破了孙策不可战胜的神话。此前孙策平定江东，中原人多畏惧他，陈登只用一郡之兵就试探出了孙策真正的底细，这让陈登顿时有了"吞灭江南之志"，他在广陵兴修水利，重新打通了沟通长江与淮河的中渎水（邗沟），为渡江进攻江东做积极准备，只可惜当时曹操忙于与袁绍争夺北方，无暇顾及此事。

陈登在广陵，"甚得江淮间欢心"。他于广陵城西十五里开陂灌溉，百姓大受其益，爱而敬之，将其命名为"爱敬陂"，又号"陈登塘"。后

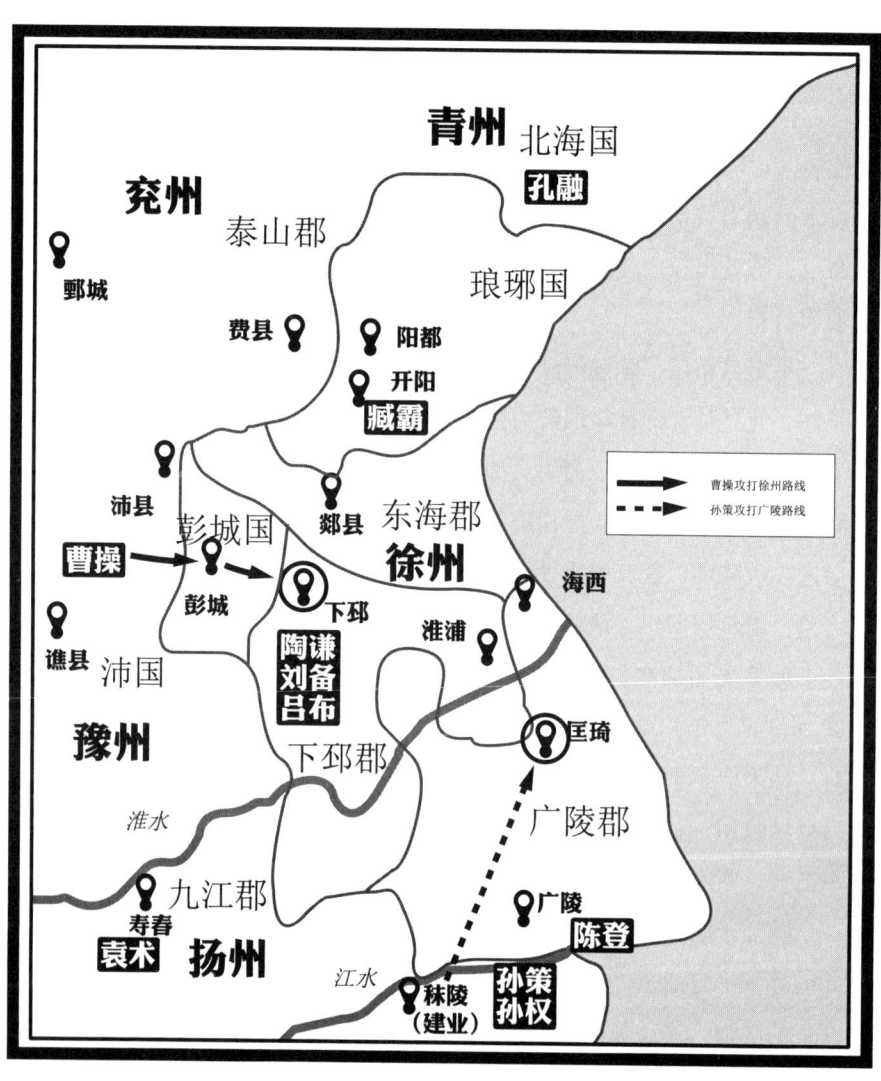

徐州形势图

陈登迁东城太守（一说应为东郡太守），当地吏民感念其恩德，甚至扶老携幼都要跟着他一起迁居。

可能因为家乡临海的缘故，陈登酷爱吃海鲜，没想到这却夺走了他的命。他长期生吃海产品，导致寄生虫在肚子里形成内疽，终于不治身亡，年仅三十九岁。

陈登死后，广陵防线一时空虚，孙权趁机在江北登岸建立据点，曹操每次征伐孙权，临江而望，都懊悔没有早用陈登之计谋图江东，而让孙氏坐大。建安十八年（213），曹操深恐沿江郡县被孙权占领，决定实行坚壁清野之策，将江淮之间大批城池废弃，居民内迁，包括广陵在内的沿江十余万户居民渡江投奔东吴。陈登对广陵的辛苦经营一朝付诸东流。

纵横青徐，草寇为卿

如果说陈登是豪门中的江湖之士，那么臧霸就是江湖中的豪门大户。

臧霸字宣高，出身寒微。他的父亲臧戒只是县里的一个牢头。虽是小吏，臧戒却秉性正直，因为拒绝执行私杀犯人的命令而得罪太守，被关入囚车，押往郡城。臧霸那年才十八岁，初生牛犊不怕虎，带了几十个江湖兄弟在半道上劫了囚车，于是他落草为寇，走上了亡命之路。如果是太平盛世，像臧霸这样的草寇早就被政府军消灭了，可偏偏他赶上了乱世，各地叛乱四起，朝廷忙着救火，臧霸势力反而存活了下来。

臧霸的老家华县，位于青州、徐州、兖州三州交界地带，他带领自己的小股势力流动作战的地域，大致也在这三州交界之处，即现在的山东东南部一带。在这个三不管地带，臧霸的势力迅速壮大。臧霸不仅是一个勇武的豪杰，还是一个有头脑的首领，他知道背靠大树好乘凉的道理，因此借着黄巾之乱，协助徐州刺史陶谦平定徐州黄巾军，被拜为骑都尉。这一时期，青徐之间的豪强势力已经蓬勃发展，有孙观、孙康、吴敦、尹礼等好几支部队，而臧霸将他们逐渐收拢到自己旗下，驻军琅琊开阳（今山东临沂），已经由流动的草寇升格为一镇军阀。

当时的青徐两州，袁绍与公孙瓒相争于大河之北，陶谦、曹操、吕布、刘备等人对徐州的争夺则聚焦在南部的彭城、下邳一带，因此臧霸势力不仅拥有一个相对独立的发展空间，还成为军阀们争相拉拢的对象。吕布占据徐州后，臧霸曾与其相攻，后又助其与曹操对抗，等到曹操消灭吕布，臧霸又及时改换门庭，向曹操靠拢。臧霸降曹后，得到了款待。曹操使臧霸为琅琊相，同时还"割青、徐二州，委之于霸"，这就等于认可了臧霸在青徐的军事独立地位，这让臧霸更加服膺于曹操。

但臧霸毕竟不是曹操的嫡系，他在青徐掌兵日久，也有些不安。曹操征服袁谭时，臧霸前往庆贺，就主动提出派自己的子弟和诸将父兄到邺城居住——其实就是做人质。此举得到了曹操的赞誉："诸君忠孝，岂复在是！"并将臧霸比作两汉忠臣萧何、耿纯。

然而，当建安二十五年（220）曹操去世后，臧霸所部立即就捅出事来，酿成一场士兵哗变事件。

对于这场事件，《魏略》是这样记载的："会太祖崩，霸所部及青州兵，以为天下将乱，皆鸣鼓擅去。"其中闹事的军队有两部分，一部分是青州兵，这是曹操在初平三年（192）收降三十万青徐黄巾后整编而成的军队，一直是曹操平定天下的主力；一部分是臧霸所部。因为此前关羽北出，中原震慑，臧霸所部被调往洛阳近郊守卫。而臧霸所部的兵源，也有很大一部分是他当年收编的徐州黄巾军，因此这两部军队有着共同的渊源。长期以来，曹操都是依靠自己的权威来维系他们的忠诚，因而在曹操去世时，两军士兵自然会产生恐慌和骚乱。

如何妥善处理这场事变，考验着曹丕的能力。当时朝臣中有人提议秘不发丧，讨伐闹事的臧霸所部，并且以曹氏宗亲、谯沛将领来更替青徐城池的守将。这一提议被曾为陈登下属的徐宣驳斥，他认为，贸然更替将领可能会制造青徐与中央的矛盾，反而会导致更大的乱子。主持曹操丧事的贾逵也认为，曹操在殡，曹丕还未即位，应当行安抚之策。曹丕采纳了他们的意见，抚而不讨，控制了局面。

"鸣鼓擅去"事件虽然并非臧霸所指使，但他显然脱不开干系。曹丕也意识到，像臧霸这样的地方豪强，执掌青徐长达二十多年，始终是一个隐患，到了必须解决的时候了。他采取的方法，正是当初自己未采纳的意见——提拔曹氏宗亲以代之。

曹丕即位后，曹休的升迁速度非常快，先是担任镇南将军，代替去世的夏侯惇都督荆州军事，不久迁征东将军，领扬州刺史，进封安阳乡侯，调往东线作战。曹丕南征孙权时，以曹休为征东大将军，假黄钺，督张辽等及诸州郡二十余军。经过这几步，曹休逐渐将青徐的军权抓了过来。臧霸虽然仍活跃在伐吴一线，实质上已经受曹休的节制，权力大为削弱。

对此臧霸大约是不服气的，他曾当着曹休的面说："国家未肯听霸耳！若假霸步骑万人，必能横行江表。"前一句凸显了自己不满的情绪，后一句则以征讨江东为名，公然伸手要兵权。这让曹丕对他更加生疑。此前的"鸣鼓擅去"事件不过是兵士作乱，好解决，可如果臧霸这样一位享有威望的宿将在前线也搞一场"擅去"事变，投向东吴，那麻烦可就大了。

查看《三国志·文帝纪》中曹丕即位后的行踪，可以发现他几乎每年都要离开洛阳进行一次东巡，时而乘坐舟船沿江而下，炫耀武力，时而在广陵临江观兵，举行大规模军事演习。这是曹丕在宣示自己的权威，加强对扬州、徐州的控制。就在东巡期间，曹丕调臧霸入朝担任"九卿"之一的执金吾，收缴了臧霸的军权，解决了徐州长达二十余年豪强掌权的历史遗留问题。这次的权力交接看起来很平稳，臧霸入朝后成为曹丕的军事顾问，曹丕常向他咨询军事问题。魏明帝曹叡即位后，对臧霸继续进行封赏抚恤，增其封邑五百户。加上此前的封赏，臧霸总共享有封邑三千五百户，高于绝大多数魏国将领。

臧霸去世后，其家族继续荣显，朝廷录臧霸前后功绩，封其三子皆为列侯，一子为关内侯。汉末三国，有不少寒门庶族一跃而成为冠盖世家，但像臧氏这样出身江湖草莽，却成为世代公卿的家族，确实不多见。

七

乱世的配角

张氏家族

籍贯：武威祖厉（今甘肃靖远）
代表人物：张济、张绣

张氏家族

籍贯：东平寿张（今山东东平县）
代表人物：张邈、张超

董卓篡政后，朝廷失威，天下纷乱，州牧郡守各自拥兵自立。此后凡二十年，全国出现了三十多个大大小小的割据势力。直至魏蜀吴三国鼎立，他们之中的大多数都成为乱世的配角。这其中，有曾短暂形成家族势力的两支群雄——张济、张绣叔侄，张邈、张超兄弟。

血仇与陷阱

张济出生于武威郡祖厉县，在汉帝国已经是西北偏僻之地。张济本非世家子弟，也不是什么将门之后，如果不是董卓带领凉州军进入帝都洛阳，张济可能一辈子都只是一个戍守边关的校尉。

凉州军长期与羌胡杂居，弓马娴熟，战斗力极强，再加上西北经常发生叛乱，给了凉州军上阵的机会。董卓进京摄政，所带凉州军人数并不多，却因为骁勇，迅速震慑朝臣，控制朝廷。当时张济与北地人李傕、张掖人郭汜、凉州人樊稠俱为董卓女婿、中郎将牛辅手下校尉。牛辅这支部队是董卓的王牌军，凶狠而残暴。关东联军讨董时，董卓以牛辅屯安邑、董越屯华阴、段煨屯渑池，组成一道严密的防线，让关东联军望长安而兴叹。董卓迁都后，河南尹朱儁在中牟组织起一支义军，外与陶谦联合准备继续讨伐董卓。朱儁是平定交州叛乱和黄巾之乱的元老级统帅，战功卓著，但一遇牛辅的西凉军就被打得大败。牛辅率领李傕、郭汜、张济等趁势劫掠了陈留、颍川诸县，残忍杀害百姓，所过之处都变为一片焦土。

次年，董卓被王允诛杀，当时凉州军将领皆驻扎在长安周边，王允于是一一笼络。董卓的五大主力军团中，徐荣、段煨、胡轸都接受招降，董越被牛辅杀害并其众，因此驻屯陕县的牛辅成为凉州军的军事领袖。不过没多久，牛辅就被贪财的部下所杀，凉州军一时群龙无首，李傕、张济等人甚至打算解散部队逃归老家，但"毒士"贾诩及时出现，建议直接将兵西进长安。于是李傕、郭汜、张济等收拢队伍，向长安攻去，最终攻克长安城，让刚摆脱董卓控制的朝廷再度陷入凉州武人的手中。

乱世之中，人的命运就是如此吊诡。这四个凉州军的武官，竟然凭着兵强马壮，掳到了皇帝，一夜之间封侯拜将。四人坐地分赃，张济遭到了排挤，被外放弘农。

实际上，离开长安反而救了张济。那三人很快就撕破了脸，先是李傕、郭汜合谋把樊稠搞死，然后李、郭反目，劫持天子与公卿大臣互相攻打，长安一片乱象。张济自弘农到长安调解，李傕、郭汜才消停了一会儿。汉献帝表张济之功，拜其为骠骑将军，并以关中残破为由，起驾东归洛阳。手上没有皇帝，凉州军就成了孤魂野鬼，再也成不了气候。李傕、郭汜相继败亡，张济则因为关中闹饥荒，士兵吃不饱肚子，率军侵入荆州，在围攻穰城时中流矢而死。他的部队由其侄子张绣接管。

张济之死一度让张绣部陷入绝境。但幸运的是，张绣接到了一块天上掉下来的馅饼，那就是献策乱长安的贾诩前来投奔。张绣对贾诩十分厚待，"执子孙之礼"。贾诩则通过外交手段让张绣与刘表化敌为友，屯驻于宛城，在乱世的夹缝中存活了下来。

作为董卓凉州军的最后一支精锐，张绣所部战斗力依然强悍。建安二年（197）、三年（198），张绣两次击败来犯的曹操。曹操的爱将典韦、长子曹昂、侄子曹安民均阵亡于这两战，给曹操带来无尽伤痛，也为张绣家族的未来埋下了伏笔。

建安四年（199），袁绍来招降张绣。当时袁绍刚消灭公孙瓒，正是如日中天之际，张绣也有心归附。但贾诩为张绣分析局势，认为投袁绍不如投曹操。张绣听从了贾诩的建议，曹操执其手相迎。于是，张绣这个曾与曹操有杀子之仇的敌将，竟然神奇地与曹操成了一家人。曹操不仅封张绣为扬武将军，还令儿子曹均娶张绣之女，两人结为亲家。这正印证了那句俗话：没有永远的朋友，也没有永远的敌人，只有永远的利益。

张绣后来从征袁绍，于官渡之战中有功，迁破羌将军，又于南皮击败袁谭，增加食邑二千户。是因为张绣战功最高吗？显然不是。当时曹操一面打仗，一面大搞统战工作，招徕袁绍旧部为己所用。张绣毫无疑问是一个绝好的样板：一个曾经杀了他的儿子的人，他都能厚待之，其他人还等什么呢？果然，在曹操平定河北的过程中，不少袁氏旧将纷纷归降，曹操大获其利。

《三国志》记载，张绣于建安十二年（207）从征乌丸的路上去世，死因不详。但《魏略》给出了一种说法，说曹丕对张绣当年杀其兄长之事始终耿耿于怀。这也难怪，当时年仅十岁的曹丕也在军中，所幸夺得马匹才逃脱，那场败仗之惨烈对他而言一定是刻骨铭心的。于是曹丕多次在宴会上斥责羞辱张绣："你杀了我哥，怎么还有脸来见我？"张绣内心不安,最终自杀而死。[1]

无论张绣是自杀还是病逝,在他作为曹操的招降幡杆价值被利用完后,其家族的好运也就到头了。建安二十四年(219)邺城爆发魏讽谋反案,张绣嗣子张泉被认定为同谋,遭到诛杀,其封地也全部被褫夺。主理此案的,正是已成为魏王世子的曹丕。可见,张绣家族最终免不了被秋后算账的噩运。

背叛与代价

《三国演义》中刘备、关羽、张飞"桃园三结义",可谓家喻户晓。然而在史书中,只讲到他们"恩若兄弟",所谓"结义"当是后世杜撰出来的。如果当时真有三结义这种模式,也许有三个人比刘关张还早一些,那就是袁绍、曹操、张邈。

张邈,字孟卓,东平寿张人,少年时就以侠义而闻名于世,成名比曹操和袁绍都要早。灵帝年间爆发第二次党锢之祸,白色恐怖笼罩国家,一大批清流士人遭到缉捕,四处逃亡,有一批仗义疏财的人愿意毁家纾难,接济和援救他们,其中的八人被并称为"八厨"——"厨"是指能以财救人。这其中就有张邈。因此张邈获得了"海内严恪张孟卓"的风评,不少士人都归附他。

黄巾之后,党锢解禁,朝廷正值用人之际,士族子弟被大量提拔入朝,张邈也是其中之一。他因为名望甚高,被三公征辟,拜为骑都尉。在洛阳期间,他与袁绍为奔走之友,与曹操关系密切。

《三国演义》中刘关张结义有共同的目的,就是平定黄巾、匡扶汉室。袁曹张"结义"也有共同的目的,就是剿灭宦官、匡扶汉室。中平六年(189)灵帝驾崩,外戚与宦官两大集团火并,两败俱伤,董卓进京摘

---

[1] 五官将数因请会,发怒曰:"君杀吾兄,何忍持面视人邪!"绣心不自安,乃自杀。——《三国志·张绣传》裴注《魏略》

了最大的桃子。袁绍不满于董卓篡政，出走冀州，曹操亡归乡里组织义兵，张邈也被外放陈留太守——三人都成为讨董联军的成员。

关东讨董联军，以《后汉书》所记为十一路，张邈所管辖的陈留距离洛阳最近，可谓首当其冲。其中有六路联军都屯驻在陈留境内的酸枣。由于盟主袁绍自始至终都屯驻河内，未至酸枣与诸侯合兵，因此"地主"张邈实质上成为东线战场的总负责人。这时的曹操只是一个校尉，在联军中连一镇诸侯都算不上。他在势力上依附袁绍，在地盘上则依附张邈。曹操追击董卓时，张邈还派出部将卫兹引兵随其作战。

袁绍当盟主的时候，有骄矜之色，张邈直言不讳地责备袁绍，引得他对张邈甚为恼怒，以至于传书给曹操，要曹操杀了张邈。曹操不仅拒绝，反而劝袁绍："张孟卓是我们的朋友啊，为什么要自相残杀呢？"张邈知道了很感动，更为敬重曹操。

可从初平二年（191）到兴平元年（194），张邈与曹操的关系经历了微妙的变化。起初，张邈为陈留太守，曹操寄居其地。但很快，曹操东征黑山贼，被袁绍表为东郡太守，接着大破青徐黄巾，被鲍信拥立为兖州刺史。陈留属兖州管辖，曹操凭借战功，悄然跃居张邈之上。这时两人关系还颇为和睦。曹操第一次东征徐州时，对自己的妻室说："我如果这一仗回不来，你们就去依附张孟卓。"将家室相托，是兄弟情谊的最高表现。曹操得胜归来，与张邈垂泣相对，恩重如此。后来成为曹操护卫长的猛将典韦，也是先在张邈军中效力，后入夏侯惇帐下，说明当时曹操与张邈部曲也有相通之义。

事情在兴平元年曹操第二次东征徐州时起了变化。这一次由于曹操有父仇在身，纵兵掳掠，一路屠城，引起人神共愤。与此同时，曹操杀害了已经卸任归家的前九江太守边让，铸成大错。边让天下知名，在士人心中威望很重，且边让又是陈留郡人，这就让陈留士人萌生了反曹之心。

挑头的人是陈宫。《三国演义》对陈宫的事迹进行了许多改造，让他参与"捉放曹""杀吕伯奢"等情节，以验证曹操的奸雄品性。实际上，历史上的陈宫并未担任中牟县令，也未"捉放曹"，而是在曹操领东郡太守时就以谋士身份登场，并协助他全取兖州之地，是曹操早期最依傍的谋士。但曹操的暴行使得身为东郡人的陈宫无法再奉其为主。于是陈宫与张邈实现了合流，为了增强实力，还迎流亡的吕布入兖州，终于导致了兴平元年兖州大反叛事件。

张邈为何背叛兄弟曹操？上述屠徐州、杀边让等事件只是外因，最根本的原因，可能是张邈作为一个出仕和出名都要早于曹操的名士，如今看到曹操在自己眼皮底下一步步做大做强，内心之中产生了畏惧与不安。且曹操这些年来实际保持着与袁绍的军事同盟关系，这也是张邈所不能容忍的。

张邈、陈宫叛迎吕布事件，是曹操一生中遭遇的最致命的打击。当时曹操正集中力量东征徐州，后方完全空虚。兖州全境一夜之间几乎全部竖起反曹大旗，这也说明此次事件不只是张邈和陈宫两个人对曹操的背叛，而是整个兖州郡守、县令、豪门、世家对曹操统治的反抗。比如曹操十分信任的兖州别驾毕谌，母亲和弟弟为张邈所执。毕谌在曹操面前表态愿意以死效力，绝不背弃，两人相对流涕。但毕谌一转脸就背弃誓言，投奔了张邈。另一位叫魏种的，曹操举之为孝廉，授河内太守。张邈叛变时，曹操信誓旦旦地说："只有魏种不会抛弃我！"结果话音未落，魏种就跑了，气得曹操大怒道："魏种这厮就算南走越地，北走胡地，我都要抓住他！"

好在在荀彧、程昱等人的坚守下，曹操得以保鄄、范、东阿三城不失，不至于像刘备那样成为流浪军头。总结教训、重整旗鼓之后的曹军可谓战斗力惊人，仅仅一年时间，就逐一收复了兖州诸城。吕布败走，投奔刘备，张邈真可谓竹篮打水一场空。

当时张邈家族由张超带领，屯驻在雍丘。曹操于兴平二年（195）八月将雍丘团团围住，猛烈攻打四个月，终至城破，张超自杀。曹操对张邈进行了血腥的报复，夷其三族，张邈也在投奔袁术的路上为其部众所杀。昔日星光熠熠的张邈、张超兄弟，在汉末乱世第一个回合中便被淘汰出局。

八

罕见的姓氏

皇甫氏家族

籍贯：安定朝那（今宁夏彭阳）
代表人物：皇甫嵩、皇甫谧

太史氏家族

籍贯：东莱黄县（今山东龙口）
代表人物：太史慈

令狐氏家族

籍贯：太原郡（治所在今山西太原）
代表人物：令狐邵、令狐愚

毌丘氏家族

籍贯：河东闻喜（今山西闻喜）
代表人物：毌丘俭

三国是复姓大繁荣的时代，诸葛、司马、夏侯、公孙这四大复姓名噪一时，自不必说，像邯郸、濮阳、鲜于、高堂、钟离、淳于、仲长、成公、士孙、胡母等如今已经十分罕见的复姓，在汉末三国时期也出现过留名青史的代表人物。

姓氏是家族的徽章，皇甫、太史、令狐、毌丘这四个姓，如今亦不多见，而在汉末三国，则对应着四个颇有故事的家族。

皇甫家族：戎马与针灸

东汉末年，位于帝国西北的凉州因为地接羌胡，经常发生叛乱，用凉州人来治理凉州，是最有效的方式，因此在汉桓帝之时，就涌现出三名凉州出身的杰出将领：安定朝那人皇甫规、敦煌渊泉人张奂、武威姑臧人段颎。因为他们的表字中都有一个"明"字，故史称"凉州三明"。

安定朝那，据学者分析，朝那这个地名古怪且无含义，可能是少数民族方言的音译，读音为 zhū nuó。可见此地长期都是汉胡杂居之地。羌人剽悍善战、弓马娴熟，在这里生长的汉人也受其风气熏陶，埋下了大将之才的种子。世居朝那的皇甫家族，就是地地道道的将门之家。

皇甫姓，出自春秋战国时期宋国子姓。宋戴公之子充石，字皇父，后代遂以"皇父"为姓，到了汉朝，又将"父"改为"甫"。汉武帝初年，雍州牧皇甫鸾自鲁地向西迁至茂陵，到了东汉明帝永平初年（58），皇甫棱又将全家迁至西北边疆的安定郡朝那县，安定皇甫家族成为关西名门望族。

皇甫棱之子皇甫旗曾任扶风都尉。皇甫旗之子即皇甫规。皇甫规年轻时就展现出军事才华。汉顺帝永和六年（141），西羌大举入侵三辅地区，当时负责征讨的征西将军马贤是个庸才，率领十万大军，打了四年，耗费大量军费都没能平息叛乱。郡将知道皇甫规懂军事，拨给他八百甲士，结果他杀得羌人大败而归。

后来皇甫规曾多次上表自荐征讨羌胡叛乱，但因为他在对策中批评当朝外戚梁冀，所以遭到打击报复，一直不能为朝廷所用。皇甫规只好远离政坛，回到老家做乡村教师，一当就是十四年。等到梁冀被诛，边关战事告急，朝廷才重新启用皇甫规。此时皇甫规已经五十九岁，但他义不容辞地担起守卫西北的重任。皇甫规用兵如神，对羌人剿抚并重，但以抚为主。他到任凉州后，对官僚队伍大力整顿，惩治了许多贪污受贿、滥杀俘虏、不遵法度的官员，将他们撤职处刑，以此对羌人表达善意。羌人自此不再入寇，羌中豪族也纷纷率众归附，西境安定。

皇甫规是幸运的，能够在自己熟悉的家乡为国戍边；皇甫规又是不幸的，早年遭遇外戚专权，晚年遭遇宦官专权，东汉的两大顽疾都被他赶上了。因为拒绝中常侍徐璜、左悺的索贿，皇甫规遭到宦官的诬陷，被下狱。公卿大臣与太学生三百多人一起上书，才救出皇甫规，使其免官归家。经此遭遇，皇甫规对黑暗的朝廷完全丧失了信心，也对做官失去了兴趣。熹平三年（174），皇甫规以七十一岁高龄去世。他一生镇抚边关，忠贞正直，无论在当时还是后世都评价很高。

皇甫规之后，其家族的大将之风传到了其兄雁门太守皇甫节之子皇甫嵩身上。皇甫嵩赶上了汉末乱世的序章，那就是黄巾大起义。当时形势紧迫，尤其是兖州黄巾军已经与帝都洛阳近在咫尺，汉灵帝拜皇甫嵩为左中郎将，令其与右中郎将朱儁联手讨伐颍川黄巾军。

皇甫嵩、朱儁与黄巾军将领波才战于颍川长社，政府军兵力远逊于黄巾军，但皇甫嵩观察到黄巾军以草结营，决定仿效田单之计采取火攻。当晚借着风势，皇甫嵩派兵突出城外，放火大喊，趁势攻入敌营，黄巾军四散而溃。正值骑都尉曹操赶到，三面合围，取得大胜，斩首数万级。皇甫嵩因功获封都乡侯。

此后，皇甫嵩征讨黄巾军节节胜利，成为黄巾军人人闻之丧胆的战神。黄巾军的主营及张氏兄弟均在河北，而北中郎将卢植、东中郎将董卓皆不能克，朝廷改派皇甫嵩渡河北上。当时，张角已死，皇甫嵩先后斩杀张梁和张宝。

黄巾起义仅在十个月内就被平息，皇甫嵩无疑是最大功臣，因此拜左车骑将军，领冀州牧，封槐里侯，食邑共八千户。皇甫嵩虽然对待黄巾军残酷无情，但经历此战，他也感受到了百姓的生存多艰，因此为民请命，向朝廷要来了为冀州免田租一年的政策，以赈济饥民。百姓编出歌谣赞颂皇甫嵩："天下大乱兮市为墟，母不保子兮妻失夫，赖得皇甫兮复安居。"皇甫嵩还非常体恤士卒，每次行军驻扎一地，他都要等待所有帐篷搭建好后才回营休息，等到所有士兵都吃上热饭才动碗筷，因此他在政界军界都威望极高。

然而就像其叔父皇甫规晚年的遭遇一样，功高正直的皇甫嵩也没能逃脱宦官的迫害。他在邺城向朝廷举报赵忠的豪宅逾制，拒绝了张让的索贿，同时得罪了汉灵帝最亲信的两大宦官，因此被谗言所伤，被收回左车骑将军印绶，削食邑六千户。

然而，当朝廷用兵之时，依然离不开皇甫嵩。中平五年（188），凉州人王国、韩遂、马腾等大起叛乱，进犯三辅，围攻陈仓。朝廷再度起用皇甫嵩，而此时与他合作的正是前将军董卓。皇甫嵩与董卓的合作可以说是很不默契。敌军围困陈仓时，董卓提出引兵救援，皇甫嵩则认为陈仓坚固，应当据守以待敌疲。等到敌军退却时，董卓表示穷寇勿追，皇甫嵩却认为敌人斗志已丧，正是追击之时。两次意见相左，最终都证明皇甫嵩是正确的，董卓由此记恨皇甫嵩。

陈仓战事结束后，朝廷改封董卓为并州牧，令他把西凉军交给皇甫嵩统领。董卓拒不从命，獠牙已露。皇甫嵩的侄子皇甫郦发现了董卓的野心，劝说皇甫嵩借此机会除掉董卓，为国家去一大患。然而素来行事谨慎的皇甫嵩认为，无诏而杀同僚不妥，便选择按照程序向朝廷报告，白白浪费了处置董卓的机会。结果后来董卓进京独揽朝纲，却对皇甫家族进行了残忍报复。

此时袁绍已经在关东组建了讨董联军。皇甫嵩驻军关中，本应发挥积极的作用以对付董卓，就连他的手下长史梁衍都劝他起兵迎天子，与袁绍东西两面夹击，则董卓必败。可皇甫嵩的愚忠思想再次害了他：因为皇帝在董卓手上，所以他终究不敢引兵向洛阳，甚至在接到诏令后放弃兵权，回京担任城门校尉。这当然是董卓的圈套，皇甫嵩一进洛阳就被逮捕下狱，准备处死。多亏他的儿子皇甫坚寿从长安及时赶到，在宴会上向董卓流泪叩头，与会者也一并相劝，董卓才把皇甫嵩释放了。

董卓被王允诛杀后，皇甫嵩复出，但不久董卓旧部李傕、郭汜等人攻长安、杀王允、劫天子。面对这一番乱象，昔日的常胜将军皇甫嵩却因病去世。这一生中，皇甫嵩曾有过许多次可以改变历史的机会，可是这位帝国最有军事才华的功勋战将却没能担起这个重任，真可谓时也命也。

此后，皇甫家族进入了一段衰落期，皇甫嵩的子孙中没有显贵者。《魏略》中记载了安定人皇甫隆曾出任魏国西陲敦煌郡太守，他将先进的农耕灌溉技术教给当地农民，又改进了当地的服饰，让百姓大受其利。在《曹操集》《博物志》中也有一位皇甫隆，是个养生达人，年过百岁而体力不衰、耳聪目明，曹操为此特意向其写信请教养生之道。但是，《魏略》中皇甫隆担任敦煌太守时已是魏帝曹芳嘉平年间，如果曹操时代他就已经过百岁，此时至少一百三十岁，还能执掌一郡教化，可能性不大，故而应该是两个人。不过，这位皇甫隆却悄然将皇甫家族从将军世家带向了另一个领域——中医针灸。皇甫嵩的曾孙皇甫谧，成为魏晋时期的一代名医。

皇甫谧幼年丧母，家道中落，被过继给叔父。小时候的他一度顽劣不上进，二十岁时在叔母的教导下幡然悔悟，发奋读书。他读书读到了废寝忘食的地步，人送外号"书淫"。他不去做官，在家中著书立说，陆续完成了《帝王世纪》《高士传》《逸士传》《列女传》《郡国志》等历史巨著，以及不少诗诔赋颂。到了四十二岁，皇甫谧患了风湿，这促使他开始自学医术，研习针灸之法。经过多年勤奋钻研，他把古代著名的三部医学著作，即《素问》《针经》《明堂孔穴针灸治要》编纂起来，删减提炼，结合自己的临床经验，写出了煌煌十二卷的《针灸甲乙经》。皇甫谧因此被中医界誉为"针灸鼻祖"。

皇甫谧一生淡泊名利，安贫乐道。他厌恶官场的黑暗，对做官毫无兴趣。晋武帝司马炎听闻他的大名，多次下诏请他入京赴任，他都婉言谢绝。皇甫谧六十八岁去世，至死也没有当官，以布衣学者诠释了自己的一生。

太史家族：弓箭与书卷

汉末三国人物万千，能够与魏、蜀、吴都有渊源的人并不多。有这么一个人，他与曹操有书信来往，与刘备联手破敌，同时又是孙权的属下将领。此人就是太史慈。

太史这个姓氏，顾名思义，与司马、司空一样，是由官职而来。相传夏朝末年已有太史之职，西周成为定制，除了编纂国史，太史还负责观星、授历、祭祀等事务。春秋时期，礼崩乐坏，弑君犯上之事屡有发生，像晋国的太史董狐、齐国的太史三兄弟，都能够不畏强权，秉笔直书，甚至冒着生命威胁记录真相，为后人所传颂。

有记载的最早以太史为姓氏的，是战国后期的齐国人太史敫。乐毅引燕军进攻齐国，齐湣王被杀，太子田法章逃至莒城，隐姓埋名在太史敫家里做佣人。太史敫的女儿看出他不是普通人，和他私订终身。后来燕军被击退，齐人迎太子为王，即齐襄王，他即位后第一件事就是接太史家的女儿到临淄完婚，册封为后。这门婚姻对太史家而言，虽然是攀了高枝，但顽固的太史敫却因女儿未经媒妁之言而出嫁，拒绝承认这门婚事，宣布断绝父女关系，终身不见王后。

太史慈是东莱黄县人，即今山东省龙口市黄城集村，亦在齐鲁之地，因此有极大可能是太史敫之后或齐国太史官的后裔。出生于汉末乱世的太史慈,并不像他的姓氏那样文气十足,而是一员骁勇战将。他早年的第一次扬名是为东莱郡太守跑腿。当时太守和青州刺史因为一些事情闹矛盾,双方都写了奏表想赶在对方前面交到帝都洛阳。刺史派出的小吏先行一步,郡太守于是找来太史慈完成这个任务。正所谓受人之托、忠人之事,太史慈于是马不停蹄地向洛阳飞奔,赶到公车府门口刚好迎上刺史派的小吏。他隐瞒身份,骗过了小吏,把奏章要过来就毁掉了。小吏正欲大喊捉人,太史慈说:"你把人喊来自己也逃不了干系,不如我们一起跑路吧。"小吏又被骗了,半道上太史慈悄悄折返回来,成功把郡守的奏章递了上去,让州刺史栽了跟头。在这个过程中,太史慈充分展示了自己机敏的一面,但也得罪了州刺史,所以暂时躲到辽东避难。

虽然是一件小事,但这个故事被当时担任北海相的大儒孔融听到了。他欣赏太史慈的才华,因为北海距离东莱很近,就常送吃的和衣物周济太史慈的老母。后来青州黄巾军管亥引数万之众将孔融包围在都昌(今山东昌邑西),太史慈正巧从辽东返回,于是奉母命前来帮助孔融守城。当时正值军阀混战,孔融思来想去,只有担任平原相的刘备可以求助。太史慈主动请命突围求援。当时整个都昌城已经被围得如铁桶一般,但太史慈很有心计,他身携弓箭纵马出门,让两名骑兵小校手执箭靶随行。敌军一看城门大开,立即派出兵马围拢上来,然而太史慈并不出城,只是把箭靶立在城门口,练了一会射箭就返回城。如此反复,到了第三天他再出城,敌军已经没人理他。他看准时机快马加鞭,突出了重围。等到敌军反应过来,太史慈已经跑远了,还顺手射杀了几人。他箭法精准,目标个个应弦而倒。到了平原,太史慈成功说动刘备授予三千士兵,解了孔融之围。

以上这段被选进《三国演义》中,大家应当比较熟悉了,只是不解为何太史慈没有留在孔融手下继续为将。其实,孔融只是以文才著称,并没有治世之才,不久之后,他就被袁绍之子袁谭逐出了青州。太史慈于孔融而言,只是救急,而作为高门世家出身的贵族,孔融不可能与太史慈是同路人。

在当时，像太史慈这样出身低微的武人想要出头，最直接的办法就是有同郡人的举荐。而当时刘繇赴扬州担任刺史，他既是汉室宗亲，又与太史慈同郡。太史慈于是起身南下，不远千里赶来投奔，但刘繇并没有给予重用。刘繇亦是贵胄子弟，不能屈礼下士，再加上当时主持"月旦评"的名士许劭正寄身刘繇帐下，能入"月旦评"法眼的都是世家子弟、博学名士，他们从来瞧不起太史慈这样的武夫。因此当有人建议刘繇以太史慈为大将时，刘繇就说道："我如果用了太史子义，许劭不得笑话我吗？"于是只让太史慈当侦察员。刘繇败亡后，太史慈不再跟随他，而是潜藏在丹阳的深山密林之中自立门户，自称丹阳太守，与当地的宗帅祖郎等联盟，进驻泾县。孙策亲自前往讨伐，两人不打不成交，颇有惺惺相惜之感。太史慈表示愿意归顺，并自愿去豫章招降刘繇旧部。当时孙策左右很多人不信太史慈，有人说他想要投奔同为青州人的豫章太守华歆，有的说他要投奔黄祖，但孙策给予了他充分的信任，他想要多少士兵都任其调度。太史慈只带数十人去，不但为孙策招降了刘繇旧部，还为孙策带来了豫章郡的军政情报，为孙策随后兼并豫章提供了帮助。

江东政权稳定后，太史慈被授予建昌都尉，下辖海昏、建昌等六县，以抵御刘表之侄刘磐的侵扰。建安十一年（206），太史慈英年早逝，年仅四十一岁，这让他错过了此后江夏之战、赤壁之战、南郡之战、合肥之战等名将驰骋的舞台，非常令人惋惜。临死，太史慈吐露了自己的心志："丈夫生世，当带七尺之剑，以升天子之阶。今所志未从，奈何而死乎！"原来，他的志向从来都不是在孙策、孙权手下做一名战将，而是想成为刘邦、刘秀那样开国创业的真命天子。因为太史慈一度在丹阳自立，内心亦有自立之心，因此陈寿在《三国志·吴书》中，将他与刘繇、笮融、士燮这样的群雄编在同一列传，而非纳入程普、甘宁、周泰等东吴名将列传。

太史慈之子太史享，历任吴国越骑校尉、尚书、吴郡太守。太史慈的后代定居于吴郡乌程，完成从北方家族到南方家族的转变。南梁时，太史慈的后裔太史叔明与江东豪门吴兴沈氏结亲。太史叔明曾与外甥沈峻一起在沈家大儒沈麟士门下学习，博览群书，成为博学之士。他尤其精通"三玄"（《庄子》《老子》《周易》），冠绝当世，每次进行演讲，都有五百多人慕名倾听。后来太史叔明被邵陵王萧纶赏识，随之前往江州、郢州赴任，每到一地都开办讲学班，听者如云，他的学问被传播到长江以北。此时，太史家族已经由当年被名士轻慢的武人，转变为受人尊敬的文化士族，在历史上绕了一个大圈，又找回了属于姓氏"太史"的奥义。

令狐家族："必灭我宗"的家族咒语

汉献帝建安九年（204），曹操向袁绍的大本营河北发动进攻。在攻破武安毛城后，曹操大军搜捕了十余名袁绍旧属。原本，这些人都是准备送去问斩的，恰巧曹操本人从旁边经过，看到队伍中有一个人衣冠与常人不同，便叫来问话。那人用浓重的山西口音向曹操如实报告身世——他来自太原令狐家族，名叫令狐邵。

曹操连忙嘱咐士卒："这是故人之子，快快松绑。"原来，令狐邵的父亲曾经担任过乌丸校尉，与曹操是老相识。

令狐姓从春秋时始立门楣。起初，令狐是黄河东岸的一个地名，此地也正是春秋时秦晋两个大国多次争夺的地带。在秦晋辅氏之战中，晋将魏颗大破秦军，被国君赏赐令狐之地（今山西省临猗县），其后代遂以令狐为姓。太原令狐氏自东汉时崭露头角。东汉建武中，令狐子伯为楚相，与同郡王霸（太原王氏祖先）为友。至汉末乱世，令狐邵重振家族。

令狐邵归顺曹操后，先是担任丞相军谋掾，即曹操的军事属官，接着担任丞相主簿，相当于曹操的贴身秘书。随后，令狐邵被外放基层锻炼，担任弘农太守。弘农地处两大古都长安与洛阳之间，既是军事重镇，也是饱经战乱的疮痍之地。令狐邵在弘农任职时勤恳做事，两袖清风，甚至都很少安排妻子和孩子来探望，对待下属也比较宽厚。到了魏黄初年间，令狐邵回到中央，坐到了羽林郎、虎贲中郎将的职位。

令狐邵的政绩为令狐家族开启了为官的大门，族中子弟之中，有一名晚辈脱颖而出，名字叫令狐浚。少年才俊的令狐浚当时被许多族人看好，他们认为他能够把令狐家族发扬光大。然而历经宦海浮沉的令狐邵却摇摇头，他对这位侄子的评价是"性俪傥，不修德而原大，必灭我宗"。意思是：这小子任性放纵，不修品德，但野心还不小，以后一定会让我们家族灭亡的！

"必灭我宗"，这话够狠，如兜头一盆凉水浇了上去。

令狐浚当然不服气了，于是加倍努力，不断升迁，名望日显。他还记得族叔当年诅咒自己的话呢，于是专程前去"拜访"令狐邵，其实就是显摆："你不是说我不行吗？现在怎么样，后悔了吧？"

看着令狐浚翘着大尾巴走了，令狐邵一声叹息。他对自己的妻儿说："这小子还是野性不改，以后保管会捅出天大的娄子。我活不了多久，看不到那天，但你们将来恐怕都会受到牵连啊！"

果然，令狐浚很快就跌跟头了。当时魏国的北境频受鲜卑侵犯，魏文帝曹丕派能征善战的乌丸校尉田豫征讨。田豫自曹操时代起就是平定北境的一把利器，这次自然又是横扫敌军大胜而归。当时令狐浚担任和戎护军，与田豫共事。不知道两人之间有什么恩怨，令狐浚以违反节度的罪名，要对田豫治罪。田豫可是曹家的爱将，曹丕显然有心偏袒，不仅没治田豫的罪，反倒把令狐浚罢官并关了起来，还送他一句话："浚何愚！"盛怒之下，曹丕把他的名字都改了，令狐浚从此改叫令狐愚，相当于令狐大傻子。对人的羞辱，莫过于此了吧。

沉寂了很长一段时间，到了曹芳登基后的正始年间，令狐愚攀上了大将军曹爽的高枝，做了大将军府长史，在政坛卷土重来。但好景不长，随着正始十年（249）爆发的高平陵之变，司马懿上位，曹爽被诛满门。这时候，令狐愚已经离开了权力斗争中心，出任兖州刺史。虽然管的是兖州，但令狐愚却驻屯在豫州和扬州交界的平阿（今安徽怀远西），因为他的舅舅王凌当时作为车骑将军,都督扬州军事,是淮南地区的军政主管。如今,令狐愚屯驻平阿,正是要与王凌呼应,在淮南形成一个政治小山头,史书上称之为"甥舅典兵"。他们要做什么?自然是反对司马懿对朝政的专摄。

王凌家族原是汉室三公,令狐家族原是袁绍旧部,令狐愚又遭曹丕侮辱,因此这两个家族虽然效力于魏国,但谈不上对曹家忠心。王凌与令狐愚的合谋,表面上是维护曹氏政权,实质上是在曹爽族灭、朝政权力失衡的情况下,借机分一杯羹,与司马懿争势。但远在淮南的两人错误地估计了朝廷的形势,认为曹芳懦弱昏庸,已成为司马懿的傀儡,他们不如自己也挑一个宗室当皇帝,并挟持起来另立中央。令狐愚选择的是曹操的庶子、楚王曹彪。曹丕对封国的兄弟们极力打压,不给他们任何参政的权力,因此此时的曹彪虽然已经五十七岁,却仍碌碌无为。但令狐愚觉得他有智有勇,计划扶植他在许昌称帝。

可是这个政变计划却是剃头挑子一头热。令狐愚派特使张式去"接触"曹彪,旁敲侧击地提点他,但曹彪似乎根本没这意思,几句话就把张式打发回去了。令狐愚不甘心,数月后再派张式去试探曹彪,但张式还没回来,令狐愚却病故了。令狐愚是此次政变的关键人物,他的猝然去世让政变还未开始就迅速流产,这便是胎死腹中的"淮南一叛"。

司马懿对这次未遂的政变重拳出击:曹彪赐死,王凌灭族,令狐愚虽然已死,也被开棺暴尸三日,株连三族。令狐家族又一次遭到沉重打击,令狐邵那恐怖的预言终于应验了。

毌丘家族:高句丽的征服者

毌丘这个姓氏源于地名。春秋时期,卫国有地名为毌丘(今山东曹县),居住在那里的人,有的以邑名为姓,遂为毌丘姓之始。

《后汉书》记载的第一位毌丘姓人士,是一位"刺死辱母者"。当时安丘县（今山东安丘）有一名叫毌丘长的男子，母亲被醉鬼调戏侮辱。毌丘长一怒之下将那人刺杀，亡命逃到胶东县（今山东平度），被时任胶东侯相的吴祐拿住。这位吴祐是个人性化执法的官员，得知毌丘长还没有孩子，便暂缓刑期，把他的妻子接过来，让夫妻俩在狱中过了一段同房的日子。等到毌丘长的妻子怀上了孩子，才对他执行死刑，为毌丘家留了后。毌丘长无以为报，临死吞指为誓，若妻生子则取名"吴生"，以报吴君之恩。

自汉末起，毌丘姓开始见诸官场。汉灵帝时期，有个将军叫毌丘毅，被大将军何进派到丹阳去募兵。刘备当时因为鞭打督邮，丢了安喜县尉的官职，正无处可去，就加入了毌丘毅的部队，并随其在下邳讨贼升官。因此毌丘毅成了刘备波折人生中的贵人之一。

此后，闻喜毌丘家族在曹魏军界崛起，其族人毌丘兴为曹魏征讨陇西，历任安定太守、武威太守。毌丘兴和曹操关系还不错，他去安定上任的时候，曹操特意叮嘱他在处理与羌胡的关系时，千万不要派人主动去结好，如果所托非人，可能会教唆羌胡向朝廷狮子大张口，给或不给都是个麻烦事。毌丘兴上任后把曹操的话抛之脑后，派校尉范陵去羌中，果然如曹操所料，范陵唆使羌人向朝廷要官要爵。不过这只是毌丘兴的小瑕疵。他在西北抚慰吏民、平定叛乱、怀柔羌人，重新打通河西走廊，为国家立了大功，名声仅次于金城太守苏则。当时的雍州刺史张既给朝廷上表，赞颂毌丘兴为"国之良吏"。

毌丘兴之子毌丘俭，是个重要人物，他直接参与了曹魏的三件大事：征伐公孙渊、远征高句丽、"淮南二叛"。

毌丘俭早年担任平原侯曹叡的文学侍从。当时曹丕尚未立嗣，曹叡因生母甄夫人失宠而被谪贬，是个冷灶，但毌丘俭不离不弃地跟随了他几年。曹叡嗣位为帝后，对毌丘俭格外亲近信任，先后封他为尚书郎、羽林监，为皇帝近臣。后来又让他担任洛阳典农，负责首都周边的农村建设。曹叡后期大兴土木，建造宫殿，征发了不少农民，耽误农事。毌丘俭直着急，便上奏章劝曹叡说："当务之急是为剿灭蜀吴储备军需衣食。现在蜀吴未灭,百姓饥寒,盖这么多漂亮房子也没啥用啊。"[1]曹叡嫌他烦,把他支出京城,让他去当荆州刺史。虽然失宠,但毌丘俭的掌军之路由此开启。

魏青龙年间,魏国察觉辽东公孙渊有反叛之意,开始着手筹备讨平辽东。辽东险远,又处边塞地区,游牧民族林立,情况十分复杂。所以曹叡钦点了才能卓著的毌丘俭为幽州刺史,加度辽将军、使持节、护乌丸校尉,等于授予了他魏国东北地区的军政领导权。毌丘俭率领幽州诸军开赴距公孙渊老巢襄平咫尺之遥的辽隧(今辽宁海城西)屯驻,大行怀柔封赏之策,将周边的乌丸单于、山贼草寇都拉拢到自己这边,为随后对付公孙渊做准备。

魏景初元年(237),曹叡让毌丘俭送去书信印章,征召公孙渊前往帝都,此举将公孙渊激反。敌军势大,毌丘俭不得不从辽隧退军,向朝廷求援。次年,太尉司马懿亲自率领大军赶到,两人通力合作,将辽东平定,族灭公孙渊。毌丘俭也因功受封安邑侯、食邑三千九百户。

收复辽东后,魏国的领地就与高句丽接壤。高句丽建国于公元前一世纪,其领地大致在今辽宁省东北部、吉林省东部和朝鲜民主主义人民共和国东北部一带,方圆两千多里,辖民三万户,自西汉起就不断与中原王朝发生战争。史载高句丽人作战勇猛,"其人性凶急,有气力,习战斗,好寇钞",汉殇帝、安帝时期,高句丽有一名叫高宫的王,刚出生就能睁开眼睛看人,被视为有凶煞之相。果然,他统治高句丽的时期最为热衷于战事,多次入侵玄菟、辽东两郡,焚烧城郭,杀掠吏人,连汉辽东太守蔡讽都战死在阵前。直到汉末公孙度家族雄踞辽东后,对高句丽剿抚并用,再加上高句丽内部二子争位,高句丽才暂时消停了一段时间。

到了魏明帝时期,高句丽又迎来一位新王——东川王。东川王强壮勇猛,好骑马射箭。司马懿和毌丘俭征讨公孙渊时,东川王曾派兵助战。但

---

[1] 俭上疏曰:"臣愚以为天下所急除者二贼,所急务者衣食。诚使二贼不灭,士民饥冻,虽崇美宫室,犹无益也。"——《三国志·毌丘俭传》

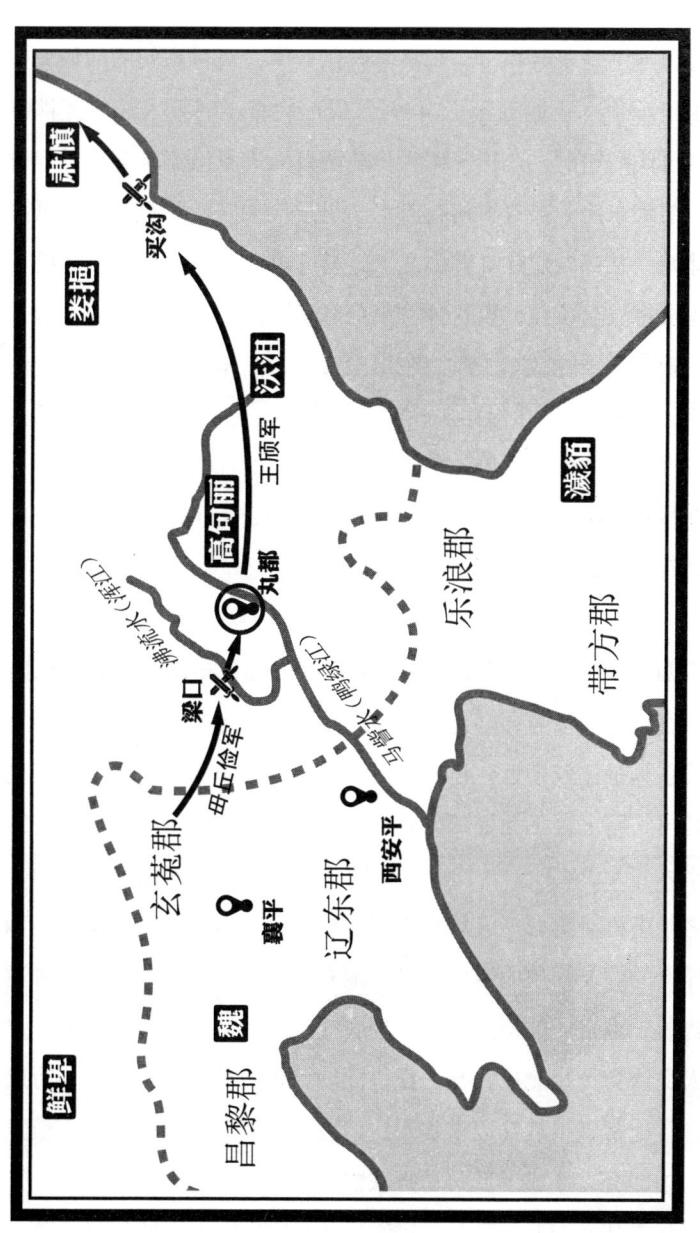

毌丘俭攻高句丽示意图

没过多久，东川王便不安分了。他先是效仿公孙渊，与东吴暗中传书送信，进而于正始三年（242）带兵侵略西安平，公开与魏国为敌。

此时魏国已是曹芳在位，司马懿升任太傅，对付高句丽的战事被全权委托给了毌丘俭。正始五年（244），毌丘俭督步骑万人从玄菟郡出发，分兵多路讨伐高句丽。东川王率领步骑两万人进军沸流水迎击，双方大战于梁口，结果东川王被打得落花流水。毌丘俭乘胜长驱直入，直抵高句丽国都丸都城。丸都城建在丸都山之上，易守难攻。毌丘俭将骑兵的马蹄裹住，用绳索将战车拉住，以这种"束马悬车"之法硬是攻下了丸都，并血腥屠城，斩获上千颗敌军头颅。东川王带妻子向东逃窜。为了永绝后患，正始六年（245），毌丘俭第二次讨伐高句丽。东川王在逃亡中死去，高句丽的军事力量被彻底击垮。毌丘俭对高句丽的征服，获胜之大，追逐之远，都刷新此前历代中原王朝对其用兵的纪录。为了纪念此次远征胜利，毌丘俭刻石记功，将功绩刻在丸都山石壁上。

嘉平四年（252），毌丘俭升镇东将军，都督扬州，成为淮南防区最高军政长官。毌丘俭与司马懿、司马孚兄弟都有过并肩作战的经历，与司马家族关系算是比较亲近。再加上毌丘俭的孙女嫁给了王肃之子王虔，而王虔又是司马昭之妻王元姬的兄弟，因此毌丘俭与司马家族也沾着亲。但在魏嘉平六年（254），中书令李丰与光禄大夫张缉密谋杀司马师，以夏侯玄代之，事机泄露，三人均遭杀害，魏帝曹芳也遭废黜。夏侯玄和李丰都是毌丘俭的好友，魏明帝曹叡又对他有知遇之恩，司马师的种种逆行突破了以曹魏忠臣自居的毌丘俭的心理底线。与此同时，曹爽旧部、出自谯郡的武人文钦为扬州刺史，与毌丘俭同城，曹爽被诛后，文钦亦有唇亡齿寒之意，且他常虚报战功以求赏赐，但屡被打回，对司马氏亦有恨意。于是两人一拍即合，形成了反司马师联盟。

魏正元二年（255）正月，天空中出现长达数十丈的彗星，落于吴、楚之际。毌丘俭认为这是吉兆，于是与文钦联手以太后诏书为名，起兵讨伐司马师，是为"淮南二叛"。

毌丘俭、文钦的"淮南二叛"，比王凌的"淮南一叛"要成熟许多。两人经过充分准备和严格保密，突然起事，司马师毫无防备。且两人拥有强大的动员能力，将淮南各处的郡守吏民全部迁至寿春城中，避免淮南内部的分裂倒戈。同时，毌丘俭还意识到坐困寿春终非长久之计，于是在起兵之初就主动出击，率领五六万之众北渡淮河，在迫近河洛腹地的项城驻兵，并使文钦在外游击作战。

然而司马师并非等闲之辈。他迅速部署兵力对毌丘俭进行围剿，使诸葛诞督豫州军从安风津渡河袭击寿春，使胡遵督青徐军出于谯、宋之间，截断毌丘俭的归路。司马师亲率中军屯驻汝阳，以王基督先锋诸军据守南顿，坚守不战。毌丘俭、文钦进不得战，退不得归，一时陷入进退维谷之境，而淮南将士的家属都在北方，士气顿时大落，陆续有士兵出降。最终，毌丘俭的可用之兵只有在淮南新招募的农民，毫无作战能力。

接着，司马师又派出了时任兖州刺史的邓艾。邓艾在乐嘉以诱敌之计大败文钦，司马师大军趁势反扑，毌丘俭的军队终于全线崩溃。毌丘俭和其弟毌丘秀、孙毌丘重逃至慎县，藏匿于草丛之中，毌丘俭不幸被当地郡民射杀，传首京城。

毌丘家族于此役遭受毁灭性打击。毌丘俭之子毌丘甸时为治书侍御史，他带领家属出逃到新安灵山之上，但也没逃过司马师的追击，被杀害，毌丘俭遭夷灭三族。所幸毌丘秀、毌丘重与文钦父子逃亡至吴国，此前毌丘俭起事时曾送子毌丘宗等四人到吴国为人质，以求援兵，因此借由吴国得以保毌丘家族不绝嗣。

毌丘俭后代有一部分为避难，改毌丘姓为丘姓，清雍正年间为避孔子名讳，改丘为邱。如今山西闻喜县有上邱村、中邱村、下邱村、东官庄村、西官庄村、邱家庄、邱家岭，称为"七村同姓邱氏家"。据称，村中邱姓人均为毌丘俭后裔。

贰 魏晋篇

九

帝国的诞生与陨灭

曹氏家族

籍贯：沛国谯县（今安徽亳州）

代表人物：曹操、曹丕、曹植、曹叡

夏侯氏家族

籍贯：沛国谯县（今安徽亳州）

代表人物：夏侯惇、夏侯渊、夏侯玄

卞氏家族

籍贯：琅琊开阳（今山东临沂）

代表人物：武宣卞皇后

甄氏家族

籍贯：中山无极（今河北无极）

代表人物：文昭甄皇后

汉灵帝熹平三年（174），大汉帝国的首都洛阳来了一批刚通过举孝

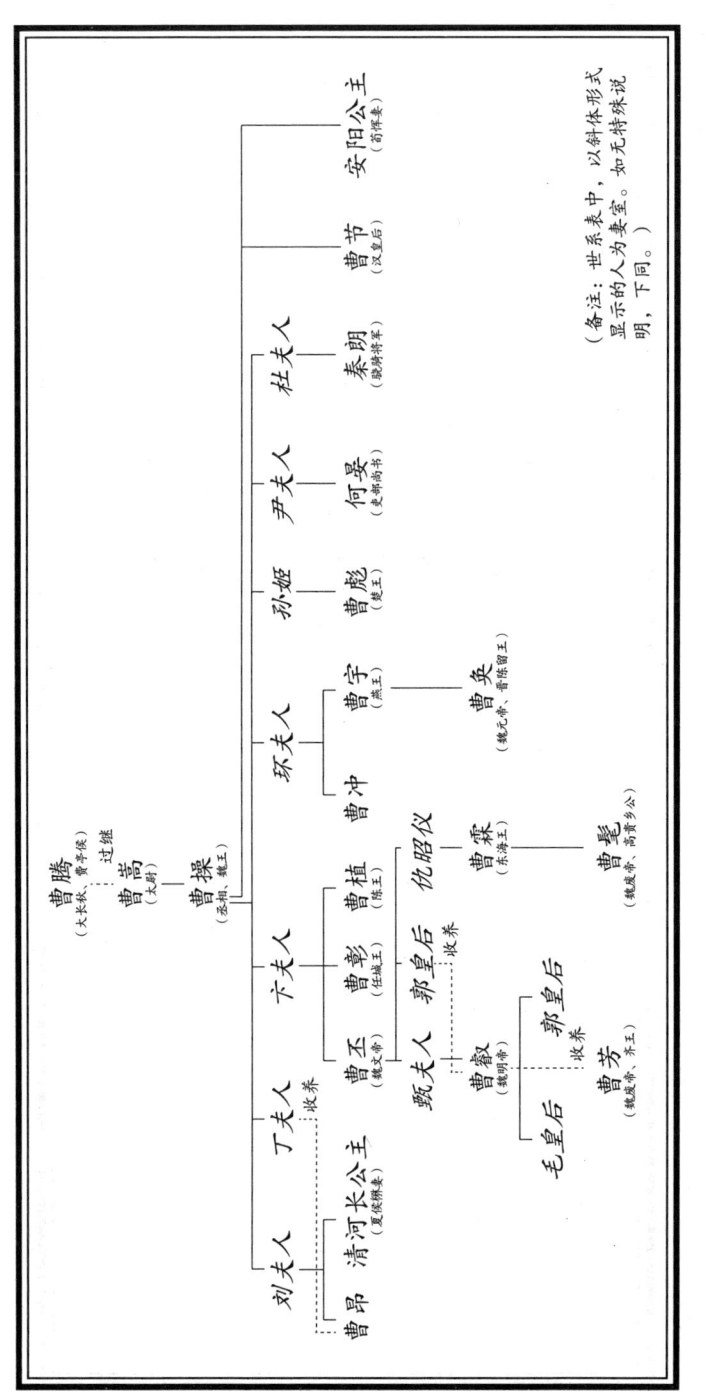

谯县曹氏世系表

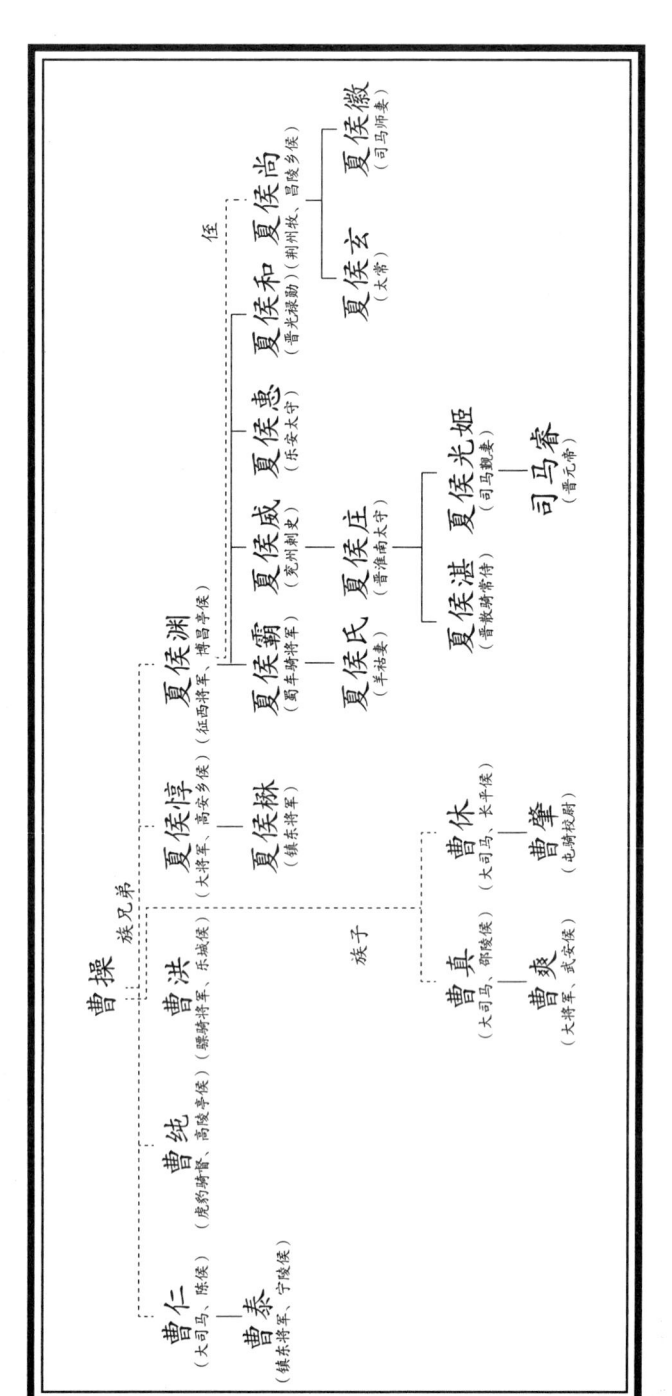

曹氏、夏侯氏宗室图

廉进京当官的年轻人。其中有一个人叫曹操,字孟德,被任命为洛阳北部尉,相当于首都北郊的派出所所长,管管治安什么的。这人身材矮小,貌不惊人,在当时豪门云集的洛阳城内,并不引人注目。不少清流子弟甚至还悄悄说闲话:"喂,那不是大宦官曹腾家的小子吗?靠着裙带关系上来的吧!"

不过曹操却不以为意。在洛阳的日子远没有在谯县家乡过得自由舒坦,有时候他会拉着好哥们袁绍和张邈去洛水上划船,看着河水流淌,他感叹时光流逝,不禁倡议:

"说说自己的志向吧!"

"你先说。"

"这洛阳城闷死了,我想先去地方上当一个郡守,让那里政通人和、文教兴盛。"

"之后呢?"

"我这辈子,能够给国家讨贼立功,封侯就最好了。如果我死的时候,墓碑上写着'汉故征西将军曹侯之墓',我就很满意啦!"

"哈哈哈!"三人皆笑。

笑声中,时代的大幕徐徐拉开,未来扫荡大半个中国的伟大家族开始走上历史舞台。[1]

身世:宦官养孙与热血少年

谯县,按照东汉的行政区划,位于沛国境内。这里距汉高祖故里丰、沛不是太远,且处于交通要道,向东可入战略要地徐州,向西可连接人才辈出的汝南、颍川,向北通络黄河中游、兖州腹地,向南则可直下江淮。

---

[1] 据《三国志》《世说新语》,曹操、袁绍、张邈早年为友,相交甚厚。建安十五年(210),曹操在《让县自明本志令》中回忆自己早年的志向:"意遂更欲为国家讨贼立功,欲望封侯作征西将军,然后题墓道言'汉故征西将军曹侯之墓',此其志也。"本段据此演绎而来。

由于其特殊的地理位置，故历史上乃兵家必争之地，民间也盛传此地"境界四达，英豪间出"。

汉桓帝时，有黄星现于楚、宋分野，有个叫殷馗的风水士据此断言："五十年后当有真人起于梁、沛之间，其锋不可当。"后来人们知道，他说的梁、沛之间，就是谯县；他预测的真人，就是曹操。

作为汉末三国最重要的家族之一，曹氏家族的来历却一直是个谜团。曹操之父曹嵩，发迹于攀附当朝宦官曹腾，认其为干爹，从此飞黄腾达，不仅承袭了曹腾的费亭侯，还一路坐到司隶校尉、大鸿胪乃至"三公"之一太尉的位子上。但《三国志》的作者陈寿查不到他的身世资料，干脆写曹嵩"莫能审其生出本末"。

据《曹瞒传》和《魏晋世语》记载，曹嵩本姓夏侯，因认曹腾为养父才改姓曹。曹氏和夏侯氏都将祖先追认到刘邦的开国功臣身上：曹家的祖先是为刘邦打天下、后来成为丞相的平阳侯曹参，夏侯家的祖先是刘邦少年玩伴、曾救韩信于刑场的汝阴侯夏侯婴。这就是为什么后来曹操起兵，曹氏、夏侯氏形同一家，都成为他依傍的宗亲势力。

东汉年间，宦官当权，多数宦官头子飞扬跋扈、坏事做尽。但据司马彪《续汉书》载，曹腾算是名声不错的，他在宫中服务三十多年，侍奉过四任皇帝，没有什么过错。同时，他还经常给皇帝进荐贤才。益州刺史种暠曾经查获了给曹腾送礼的书信，就一纸奏章送到洛阳弹劾他。对此，曹腾不仅不计较，还时时称赞种暠是个能吏，这种胸怀受到时人称赞。

但曹嵩就不同了，他投靠曹腾就是为了贪污。《后汉书》记载曹嵩是花了"钱一亿万"贿赂宦官并给皇上修园子，才买来了这个太尉职位。这样的家世背景成为曹操一辈子挥之不去的污点，以至于多年之后，袁绍讨伐他时，让大文豪陈琳执笔写檄文，仍拿宦官身世说事，骂他"赘阉遗丑，本无懿德"。

曹操自小就看不起父亲的贪婪与平庸，梦想成为一名大英雄。在谯县家里，他游手好闲，捉鸟遛狗，不服管教，因为经常捅娄子，他叔父总到他爹那里告状。有一次曹操见到叔父，突然口吐白沫倒在一旁，号称自己中羊痫风了。他叔父赶紧去曹嵩那求救。等到曹嵩赶来，看到曹操好好地站在那里，什么事都没有。曹操说："我叔父向来不喜欢我，所以老编瞎话污蔑我。"果然，高超的"演技"让曹嵩再也不相信弟弟的告状了。据说因为太会骗人，曹操得了个小名——"阿瞒"。

不过当时任尚书令的桥玄就非常看好曹操，说："天下要大乱了，只有命世之才才能安定天下，曹操就是这种人啊！"东汉士人圈里盛行风评人物，一名士人口碑好坏会影响到上级官员是否对其察举、征辟，并进而影响到他的仕途是否顺达。来自这样一位威望前辈的赞美与肯定，无疑对少年曹操意义重大。此后，主持每月人物品评"月旦评"的许劭更是爆出了一句名言："子治世之能臣，乱世之奸雄。"曹操听了笑而不语。

曹操举孝廉后，受选部尚书梁鹄与尚书右丞司马防的举荐，任洛阳北部尉，开始步入政坛。然而这是个棘手的工作，因为帝都洛阳居住的多是皇亲国戚，他们从来不把法令放在眼里。可初出茅庐的曹操却不在乎这些。他在办公楼前竖起了五色大棒，规定凡是违犯律令的人，无论背景有多深厚，一律棒杀。数月之后，就有皇帝宠信的黄门蹇硕的叔父因违犯宵禁令死于曹操的严刑。一时间京师震动，无人敢犯。

曹操腰杆这么硬，可能是因为他当时在朝中有一个靠山：曹操的堂妹嫁给了瀍强侯宋奇，而宋奇又是当朝宋皇后的哥哥。但好景不长，光和元年（178），宋皇后被中常侍王甫等人诬陷，被打入冷宫，以至于宋氏一家都被诛杀，曹操受此牵连遭免职。不久曹操又被征调做议郎——议郎没什么实权，只是朝廷需要了便召来问对策的闲散官员。曹操曾因朝廷的腐败多次进谏，但屡屡石沉大海，这让他对朝政大为失望。

中平元年（184），黄巾起义爆发，朝廷正在用人之际，时年三十岁的曹操应召担任骑都尉，在颍川战场协助皇甫嵩、朱儁攻破黄巾军波才部，斩敌数万，因战功被提拔为郡一级的行政长官——济南相。他在这里打黑除恶，整肃官场，赢得了不错的口碑，但又得罪了一批权贵。在家族的压力之下，曹操被迫称病提前卸任。

无论在中央还是在地方，热血青年曹操屡屡大展拳脚，却屡屡遭遇挫败，这让他心灰意冷。但他看到那些和自己同一年举孝廉的人，有的都五十岁了还不服老，跟年轻人一样兢兢业业在做事，于是受到了鼓舞。他在谯县东五十里盖了间精舍，秋夏读书，冬春射猎，磨砺文武，等待时机。

黄巾起义只是乱世的开头，各地的叛乱如雨后春笋般冒了出来。缺乏安全感的汉灵帝为了维护都城洛阳的稳定，让黄门蹇硕牵头组建了"西园八校尉"，其中选拔的都是可靠的世家子弟，曹操于是应征为典军校尉。八校尉组建没多久，汉灵帝就驾崩了，京城洛阳先后经历了诛杀宦官、何进之死、董卓进京、废少立献等惊心动魄的大事件。尤其是董卓上台后独揽朝纲，搞得乌烟瘴气、人心尽失。

当时董卓看上了曹操的才华，留他在洛阳当骁骑校尉，做自己的参谋。曹操哪里肯干，更名改姓后溜出了洛阳。这导致初平元年（190）讨董联军成立时，曹操没有朝廷册封的郡守、州牧等职位，所以连一镇诸侯都算不上。为了让曹操师出有名，袁绍表他为"行奋武将军"——前面带一个"行"字，表明没经过正规流程审批，属于代理。

曹操没有地盘，起兵之地是好友张邈的治所陈留郡。曹操也没有僚属部曲，除了把老爹当年贪污的财产拿出来招募义兵，所依靠的就是曹家、夏侯家的宗族兄弟。然而讨董联军成立后，各路诸侯龟缩在要塞里，都不敢贸然前进。曹操一腔热血，也不顾势单力薄，孤军挺进荥阳，被董卓大将徐荣击败，差点命丧此役。

后来讨董联军解散，进而互相攻打。在军阀混战的初期，曹操并不占优势，甚至屡遭挫败。后来黑山贼于毒、白绕等率万人攻打魏郡、东郡，曹操带兵在濮阳击败了他们。袁绍于是表曹操任东郡太守，将其拉入自己的阵营，曹操才在东武阳扎下了根。

初平三年（192），青州黄巾军攻入兖州，杀死刺史刘岱。此时曹操在洛阳时的同僚济北相鲍信迎他入兖州主持大局。曹操引兵在寿张大破敌军，但鲍信也在这一战中阵亡。鲍信是曹操人生中的贵人，没有他的迎接，曹操不会这么快占有兖州这一四冲之地。这一仗对曹操的另一个意义是收编了大量黄巾军降卒。曹操从中挑选精壮，组成"青州兵"，成为今后曹操扫荡中原最为得力的军事力量。至此，曹操才作为一方军阀势力，跻身乱世的角逐中。

家庭：曹操的女人们

曹操的创业是以家族为依傍的，在他打天下的头几年，牺牲的几乎也都是他家里人。

首先殒命的就是曹操的老爹曹嵩。当时曹嵩听说儿子终于有了固定的地盘，就带着弟弟和妻妾去投奔，路过徐州的时候却被陶谦的手下所害。这场血案成了徐州之战的导火索。未来几年间，围绕对徐州的争夺，曹操、陶谦、吕布、刘备、袁术、袁绍等都被卷了进去。

当时，陶谦是公孙瓒在黄河以南的盟友，本来就是曹操与袁绍要对付的敌人，加上父仇不共戴天，在兖州立足未稳的曹操便立即向徐州杀来。这时的曹家军还是比较野蛮的——或许也是因为刚收了大量降兵，军纪尚未整肃——一路烧杀抢掠，动辄屠城，名声很臭。更关键的是，曹操还杀害了当时享有盛名的名士边让，直接导致张邈、陈宫叛迎吕布进入兖州。曹操后院起火，情势十分危急。在这段人生最困难的时期，曹操差点要将家眷送到袁绍那里，彻底成为袁绍的附庸。好在经过一年光景，曹营上下齐心，迎来了翻盘的机会，收复了兖州。

建安二年（197），曹操在淯水遭遇张绣降而复叛，更是造成了他人生中无法挽回的剧痛。

曹操的原配是丁夫人，但是她没有子女，所以将刘夫人所生曹昂认为养子，视同己出。曹昂聪明且性情刚胆、为人谦和，为曹操所喜爱，加上又是长子，于是曹操征战四方的时候常跟随左右。淯水之战中，曹操遭遇张绣偷袭，坐下战马被流矢击中面部和马蹄，曹操右臂也中箭。在这紧要关头，曹昂将自己的战马给曹操骑。曹操逃脱了，不过曹昂就没那么幸运，和曹操的侄子曹安民都死在乱军中。曹操次子曹丕，当时也在军中，所幸马术精湛，骑马逃脱。

这是改变三国历史的一仗：曹昂是长子，且智勇兼备，若非早早阵亡，未来毫无悬念是曹操的接班人，也就没有曹丕什么事了；如果曹丕当时也不幸亡于此役，那么未来曹魏的君主妥妥就是曹植了。

曹昂之死让养母丁夫人十分痛心。她经常在曹操身边哭泣责备："你个天杀的啊！把我儿子害死了，一点思念之心都没有！"曹操虽然心痛，但也受不了丁夫人整天闹，就把她送回娘家，等她消消气再说。

后来曹操觉得事情过去了，就找了个时间去丁夫人家中。外面仆人传话说曹公到了，丁夫人在屋里织布如故，就像没听见似的，头都不抬一下。曹操忍着性子走进来，用手抚着丁夫人的背说："老婆，看看我，上车一起回家吧。"丁夫人既不看他，又不回应。曹操有些生气，但还是有些不舍，走到门外又对她说道："难道咱们真没有挽回的余地了？"丁夫人依然没有回答。曹操叹了一口气："这女人，够绝！够狠心！"两人就这样离婚了。[1]

跟丁夫人离婚后，卞夫人被曹操扶正。卞夫人为曹操生了四个儿子：曹丕、曹彰、曹植、曹熊。除了曹熊多病，前三位后来都成为人中龙凤。卞夫人系琅琊开阳人，史书中说她"本倡家"，也就是吹拉弹唱的戏子，在当时社会地位十分低，所以她起初在曹操的后宫团里也只是小妾。但卞夫人处变不惊。当年曹操逃出董卓魔爪的时候，一度音信全无。袁术传话

---

[1] 后太祖就见之，夫人方织，外人传云"公至"，夫人踞机如故。太祖到，抚其背曰："顾我共载归乎！"夫人不顾，又不应。太祖却行，立于户外，复云："得无尚可邪！"遂不应，太祖曰："真诀矣。"遂与绝。——《三国志·魏书·后妃传》裴注引《魏略》

出来说曹操已经死了，搞得人心惶惶。曹操的许多随从都打算散伙了，这时候卞夫人站出来说："现在曹君吉凶还不知呢，你们就散伙了，如果曹君明天活着回来，你们有何面目见他？就算大祸临头，那就一起死，怕什么！"[1]后来曹操知道了卞夫人这席话，对她非常赞赏。

卞夫人还不争风吃醋。曹操纳几个妃子、生几个孩子她并不计较，而不论哪个孩子没了娘，她都会抱过来抚养。当年丁夫人自恃是正室，一度有些瞧不起卞夫人母子，但卞夫人并不记仇。丁夫人与曹操离婚后，卞夫人还背着曹操派人给她送日用品。卞夫人偶尔去拜访丁夫人，也是让丁夫人坐正位，自己坐下方，和以前在家里时一样。丁夫人死后，卞夫人奏请曹操，将其安葬于许都城南。

嗣子：为何是曹丕

建安年间，曹操干了件大事，便是迎圣驾于许都，挟天子以令诸侯。此后数年间，曹操灭吕布、平袁术、收张绣，将一大批才能之士收入自己的帐下，势力推进到黄河北岸。建安五年（200），曹操在官渡以少胜多击溃老朋友袁绍，随后数年间吞并了河北，将邺城打造成曹氏家族的大本营。后来曹氏所建立的帝国叫"魏"，便是因为邺城属于魏郡。

曹操平定北方之后，没怎么歇息，就率领大军南下扫荡荆州去了。他将邺城大本营留给了曹丕兄弟看守。此时的曹操已经五十二岁了，必须面对确立继承人这一攸关家族命运的问题。

曹操一共有二十五个儿子，其中他最早表达出喜爱之情的是神童曹冲，由环夫人所生。读者想必从小就读过"曹冲称象"的故事，不用多讲。这里讲一个知名度不甚高的"智救库吏"的故事，说的是，仓库的管理员不慎让老鼠把曹操的马鞍啃坏了，怕得要死，曹冲为了救他，便用刀

---

[1]"曹君吉凶未可知，今日还家，明日若在，何面目复相见也？正使祸至，共死何苦！"——《三国志·魏书·后妃传》

戳破自己的衣服，扮作被老鼠咬过的样子。曹操看到连曹冲身上的衣服都不免于鼠害，也就不再责罚仓库管理员了。如果说"曹冲称象"只是展现了曹冲的机智，那么"智救库吏"还彰显了曹冲的宽仁慈爱之心。曹操多次对群臣称赞曹冲，甚至透露出让曹冲继承大业的打算。但就在建安十三年（208）曹操南征之前，曹冲被一场大病夺走了性命，年仅十三岁。

曹冲的早逝让曹操非常痛心。《三国志》记载曹操甚至对曹丕说了这样一句话："这是我的不幸，而是你们的幸运啊！"[1] 曹操的意思很明白：曹冲的死让曹丕这些人有了机会。从侧面看出，当时在曹家内部，在接班人问题上是有争议的。

曹冲死后，可能成为接班人的，主要是卞夫人所生的三个儿子：曹丕、曹彰、曹植。

曹丕字子桓，曹彰字子文，两个人的表字连起来正是"桓文"，代指春秋时期的两大霸主齐桓公与晋文公，从中也能看出曹操的梦想——桓文之志。不过虽然曹彰占着个"文"，却是个武夫。他从小膂力过人，可以徒手跟猛兽搏斗。曹操曾经训斥他，让他多读些圣人书，只会骑马击剑不过是匹夫之勇，没什么好得意的。曹彰却回答："大丈夫就应该像卫青、霍去病一样驰骋沙场、建功立业，怎么能去做一个书呆子呢？"[2] 曹操曾经问几个儿子的志向，曹彰抢答："要当将军。"曹操说："当将军做什么呢？"曹彰毫不犹豫地说："披坚执锐，临难不顾，为士卒先，赏必行，罚必信。"曹操大笑。

这里的"大笑"很值得玩味，既不是"善之"，也不是"异之"，说明曹操确实很赞赏曹彰的勇武，但基本上已经把曹彰从名单里划掉了。曹操自己是文武兼备的，深知治理天下，政才要远远重于勇武；曹彰再勇猛，充其量也只是个将才，不是一个可以托付基业的合适人选。

---

[1] 此我之不幸，而汝曹之幸也。——《三国志·曹冲传》
[2] 丈夫一为卫、霍，将十万骑驰沙漠，驱戎狄，立功建号耳，何能作博士邪？——《三国志·曹彰传》

曹植字子建，十多岁就能背诵《诗经》《论语》及辞赋数十万言，长大后更写得一手好诗，被当世推崇。

有很长一段时间，曹操其实是偏爱曹植的。建安十九年（214）他东征孙权时，留曹植守邺城。他还曾在公开发表的诏令中写道："我看子建，是几个儿子中最能成大事的人。"[1]可是，虽然曹操在建安十八年（213）晋位魏公，建安二十一年（216）晋位魏王，却都没有当即册立世子。曹操一直在犹豫，而在这期间，曹植"几为太子者数矣"。

然而，即便曹植再聪明，"立长不立贤"对服膺儒教的公卿大臣们还是一条需要坚守的古训。因为"长"是一个硬指标，诸子之中，总有一个年龄最大；而"贤"是一个软指标，贤不贤还不是人说了算吗，这里面就有很大的可操纵空间。因此"立长"可以最大限度地实现政权的平稳交接。何况，袁绍和刘表立幼子而引发的悲剧更是殷鉴不远，曹操不会不察。

建安二十二年（217）是一个重要的时间节点。这一年曹操南征孙权，曹丕从征。而这一年爆发了全国性的瘟疫，"建安七子"里的徐干、陈琳、王粲、应玚、刘桢以及司马懿的兄长司马朗都在这场瘟疫中去世。曹操南征的大军也因此折回。在这场大疫中，陪侍在身边的曹丕表现更得曹操的赏识，而曹植并没有很好地应对大疫，致使邺中人才凋零。且这时期的曹植常常任性妄为、无节制酗酒。尤其是曹植私开司马门的违律，让曹操大为失望，不仅"异目视此儿矣"，甚至对其他的宗室子弟都产生了不信任。当年十月返回邺城后，曹操就册封曹丕为魏世子，世子之争遂以曹丕胜出而落幕。

曹丕当上世子后，位子也坐得并不稳当。一方面，曹操对曹植依然没有完全放弃。建安二十四年（219），曹仁在襄阳被关羽所围，曹操有意命曹植为南中郎将、行征虏将军，率兵援救曹仁。让从未经过战事历练的

---

[1]"始者谓子建，儿中最可定大事。"——《三国志·曹植传》裴注引《魏武故事》

曹植掌军权，对曹丕来说无疑是一个危险的信号。谁料曹植居然继续沉溺于美酒之中，醉而不能受命，浪费了这个机会。

另一方面，曹操最后几年战事频仍，能征善战的曹彰又一下子冒出来抢了曹丕的风头。建安二十三年（218），距离邺城很近的代郡乌丸造反。曹操当时正在忙于应对汉中刘备的进犯，无暇他顾，遂任命曹彰为北中郎将前去征讨。曹操对曹彰此行寄予厚望，临行告诫他："在家我们是父子，出门在外你就是受君命的臣子，一举一动都要按王法从事，你可要记好了！"[1]此话意在让他和将士们同甘共苦。曹彰没有辜负父亲的嘱托，一路杀敌建功，大获全胜，为曹操稳固了大后方。曹操对曹彰、曹植都有诫子之言流传，却独不见给曹丕的。

考验曹丕的时候来了，在他治理下的邺城爆发了魏讽谋反案。这是一个至今看来仍然疑点重重的案子：魏讽不过是一个有重名、有口才的文人，却在远离蜀吴作战前线的曹魏大后方邺城密谋叛乱，实在是匪夷所思。不过这场叛乱因为长乐校尉陈祎的告密而迅速破产。曹丕以铁腕手段对这起叛乱进行了清算，一大批人受到牵连，曾经举荐魏讽的元老大臣钟繇被免官，王粲二子、刘廙之弟刘伟、张绣之子张泉、荆州名士宋忠之子都被诛杀。虽然手段狠，曹丕却借此事突显了自己的政治手段和对父亲的忠心，并最终确立了自己牢不可破的继承人身份。

将军：虎步关右，所向无前

曹操生命的最后几年，也是最难熬的几年。建安二十三年（218）正月，许都爆发了太医吉本、少府耿纪、司直韦晃的叛乱，叛军甚至一度攻到了丞相长史的行营并放火焚烧。虽然叛军很快被镇压，但叛乱在曹操钦点定都并治理二十多年的许都发生，说明曹操家族虽然打出了半壁江山，

---

[1] 居家为父子，受事为君臣，动以王法从事，尔其戒之！——《三国志·曹彰传》

但根基未稳。

对外战场上，汉中、合肥、襄樊三地打得热火朝天，让曹操疲于奔命。建安二十四年（219）正月，曹军在汉中遭到重大挫败，征西将军夏侯渊在定军山迎击刘备军，战死沙场。消息传来，曹操十分悲痛。

曹氏、夏侯氏两大家族，起于谯沛，又多勇武善战之将，在曹操起兵之初就成为其得力助手。夏侯惇、夏侯渊、曹仁、曹洪，都是最早加入曹操义军的成员，他们四人有共同特点，那就是性情刚烈、讲义气。在诸侯并起的时代大潮中，曹操一开始并不占优势，既不像袁绍、袁术那样拥有显赫的门第、威望和门生故吏资源，也不像张邈、陶谦那样拥有割据领地，谯沛宗亲是他唯一的本钱。若没有宗族的支撑，曹操很可能会像孙坚父子和刘备那样长时间寄人篱下，无法成为独立的争雄势力。

建安元年（196），曹操迎汉献帝于许都，升司空，拥有更大的人事任免权，对宗室将领大加拔擢：夏侯惇任河南尹，夏侯渊任陈留、颍川太守，镇守腹心之地；曹仁授议郎，曹洪授谏议大夫，兼掌军马，文武并重。此后，曹操伐吕布、袁术、袁绍、刘表、刘备及平定内乱的诸多战役，皆有四大宗亲将军活跃的身影。尽管后来曹营中不断有优秀外姓将领崭露头角，特别是"五子良将"张辽、乐进、于禁、徐晃、张郃名震一时，但在组织大规模军团战和重要区域的防线上，曹操仍任用四大宗亲将军为总指挥。

夏侯惇，字元让。他在征讨吕布时被流矢射中，失去左眼。经过《三国演义》中的艺术加工，夏侯惇拔矢啖睛，其刚烈勇猛的形象跃然纸上。但实际上，夏侯惇在曹营战绩不佳。早年张邈于兖州反叛，夏侯惇往救鄄城，反而被吕布袭取了濮阳。随后夏侯惇又遭部下叛变，一度被劫为人质，幸赖部将韩浩安定军心，威慑劫持者，才被救出。此后夏侯惇败多胜少，伐吕布时为高顺所败，抵抗刘备入侵时又被刘备伏击于博望坡。不过值得一提的是，夏侯惇身为大将，亦有治郡之才。在担任陈留太守时，当地遭遇旱灾和蝗灾，夏侯惇主持兴修了水利工程"太寿陂"，亲自下水背土沙，带领士兵种庄稼，让当地老百姓得到了实惠。

夏侯渊，字妙才，是曹氏宗亲中首屈一指的名将。他与曹操是连襟，同娶丁氏姐妹，关系如同孙策与周瑜。夏侯渊擅长打快攻仗，利用速度优势常常出敌不意，因此当时军中有这样的口头禅："典军校尉夏侯渊，三日五百，六日一千。"从建安十七年（212）开始，夏侯渊受曹操之命驻屯长安，总督凉州诸路军马。当时马超、韩遂虽然被击败，但在西凉仍有极其强大的势力，并攻掠陇西诸郡。夏侯渊在三年之内，将凉州诸郡重新纳入中原朝廷的管辖之内，曹操赞其"虎步关右，所向无前"。对于夏侯渊，曹操一向是放心的，只是告诫他："做大将不能自恃勇武，有时候甚至应当'怯弱'。智勇双全才是真把式，只靠着勇猛就不过是匹夫之勇罢了。"[1]谁料一语成谶，后来夏侯渊果然因此败亡。

曹洪，字子廉。荥阳之战中曹操被流矢射中，差点丢了性命。危机之中，曹洪及时冲上来说："天下可以没有我曹洪，不能没有主公！"他将自己的名马"白鹄"献给曹操，保护着曹操逃脱险境。此后曹洪从征各地，功勋卓著。但曹洪有个缺点，就是贪杯好色。建安二十三年（218），曹洪于下辨大破马超、吴兰，志得意满，便大搞盛筵，让歌女舞姬穿着薄纱一般的服装在宴会上表演踏鼓，自己与众将一边喝酒一边大笑。此举当时即引发了忠直之士杨阜的批评。

曹仁，字子孝，在曹操早期的征战中，经常担负起指挥别军的使命，独立应对一面敌军。从建安十三年（208）曹操讨平荆州之后，曹仁长期担任荆州战线的军事总督，守护曹魏的南大门。曹仁在前期擅长攻坚拔锐，在后期则擅长据守城池。建安二十四年（219），关羽大军北上围攻樊城。在汉水暴涨、于禁败亡、粮草不继、后援不至的种种不利情况下，曹仁仅依靠城中数千人马，以必死的决心激励将士，稳定了军心，最终等来了局势的扭转。论者多认为，曹仁在樊城的死守牵制住了关羽的大军，

---

[1] 为将当有怯弱时，不可但恃勇也。将当以勇为本，行之以智计；但知任勇，一匹夫敌耳。——《三国志·夏侯渊传》

为曹操与孙权的暗中合作以及吕蒙的背后偷袭争取了宝贵的战略时间。如果当时曹仁丢掉樊城,致使宛、洛门户洞开,襄樊之战乃至三国的格局或许将是另一副模样。此外,曹仁的弟弟曹纯也备受曹操信赖。长坂坡之战中,曹纯统领曹操麾下最骁勇的虎豹骑一路追杀败逃的刘备,擒获了他的两个女儿和大量辎重,并进占荆州重镇江陵。只可惜这员曹家猛将还未充分发挥,就于建安十五年早逝了。

襄樊之战那一年,曹操已经六十五岁了。这一年的冬天,曹操来到了当年的帝都洛阳,路过了自己当年做洛阳北部尉的衙门,看到这里已经破落陈旧得不像样了,便让人修葺。一晃四十多年过去了,当年才二十岁的曹操,如今已是两鬓染霜,那个竖起五色棒惩治权贵的热血青年宛若昨日。驻足于北部尉办公楼前的曹操,又在想些什么呢?

三个月后,即建安二十五年春正月,戎马一生的曹操终于油尽灯枯,在洛阳病逝,葬于高陵。曹操少年时代的愿望是死后刻铭"汉故征西将军曹侯"。当时的他根本不会想到,等他真正入土那天,他已经是魏王,一寸寸打下了大半个中国,距离皇帝之位只有一步之遥。

新朝:宗室的兴与衰

建安二十五年(220)十一月,通过一场效法尧舜禅让的礼仪,曹丕登基称帝,改元黄初,废汉献帝为山阳公,正式终结了东汉王朝。他觉得许都盛不下自己的王者之气,将首都又迁回了东汉的故都洛阳。

曹丕是一个报复心极强的人,刚一接班就大开杀戒,之前曹植的党羽自然成了眼中钉。丁仪、丁廙兄弟被满门抄斩。曾在曹操面前称颂过曹植的南阳太守杨俊被曹丕借故收监,不久自杀。

曹丕对不服自己的宗亲也毫不手软。骠骑将军曹洪家里富庶但比较抠门,曹丕曾经向他借钱,但碰了一鼻子灰,结下了怨恨,即位后就借口曹洪的门客犯法，把曹洪下了大牢要处死。曹洪不仅是曹丕的族叔，更是曹操的救命恩人，可曹丕发起狠来一点都不手软。

鲍勋曾揭发曹丕郭夫人弟弟的违法事件，被曹丕记恨。后来鲍勋又多次直言上谏，惹怒了曹丕，遭到残忍杀害。鲍勋的父亲是当年对曹家创业有巨大贡献的济北相鲍信，当时钟繇、华歆等一班重臣都为鲍勋求情，可曹丕还是痛下杀手，丝毫不念旧情，可见其为人。

曹丕在位时间很短，一共只有七年，除了巩固曹魏基业、制定国家制度，并没有太大作为。这期间，大将军夏侯惇、大司马曹仁先后辞世，曹洪被收缴兵权，第一代宗室将领谢幕。第二代宗室将领很快递补上来，他们是曹真、曹休、夏侯尚。

曹真，字子丹，是曹操族子。曹操起兵时，曹真之父曹邵募集部众响应，但被州郡长官所杀。曹操将曹真收养在自己家里，待他如亲儿子一样。曹休，字文烈，亦是曹操族子。他也是少年丧父，曾与母亲渡江避难江东，后来听说曹操起兵，辗转从荆州北归。曹操见之大喜，称其为"吾家之千里驹"。夏侯尚，字伯仁，是夏侯渊的侄子。

他们自小与曹丕一起玩耍，感情非常深厚，因此在曹丕接班后，迅速取代了第一代宗室将领。黄初三年（222），曹丕发起三路伐吴之战。东路军由曹休统领张辽、臧霸，迎战东吴将领吕范，斩杀吴军数千。西路军由曹真、夏侯尚统领张郃、徐晃等，相继打败吴国将领孙盛、诸葛瑾、潘璋，进逼江陵，形势一片大好。中路军由曹仁、曹泰父子统领，进攻濡须口，为吴将朱桓所败。这场伐吴之战最终随着前线瘟疫爆发而终止，但曹真、曹休、夏侯尚在军中已经确立威信。此后三人分别镇守雍凉、淮南、荆州三条防线，保证曹魏政权实现由曹操到曹丕的平稳过渡。

黄初七年（226），魏文帝曹丕病重，诏令镇军大将军陈群、中军大将军曹真、征东大将军曹休、抚军大将军司马懿领遗诏，共同辅佐曹叡。曹丕驾崩后，曹叡即位为魏明帝，曹家传到了第三代手中。曹叡能诗文，有政才，他在位前期，知人善任，能纳忠言，称得上一时明主。魏国军权，仍旧牢牢掌控在谯沛宗室将领手中。

然而宗室这边，却屡屡出现一些状况。

夏侯家的两位"二代"夏侯尚和夏侯楙都娶了曹氏的女人，夏侯家与曹家可谓亲上加亲。但曹家的女人不好伺候，他们都在家庭问题上栽了跟头。

夏侯尚过于宠爱小妾。而他的正妻是曹真的妹妹德阳乡主。德阳乡主向曹丕告状，曹丕一怒之下，派人绞死了小妾。夏侯尚居然悲伤过度，郁郁而终。

夏侯楙是夏侯惇之子，官至镇东将军，并曾镇守长安，参与对蜀国的防御工作。《三国演义》中将夏侯楙丑化成一个白痴将军，但史书中并未记载夏侯楙与诸葛亮交战的经历。《魏略》里倒是记载了一段有趣的事。夏侯楙娶了曹操的女儿清河长公主后，在关中任职时养了不少姬妾，惹得清河长公主醋意大发。这公主跟她的养母丁夫人一样，脾气比较倔，居然一言不合就与两个小叔子联手，给夏侯楙扣上了一个诽谤的罪名。若不是曹叡及时醒悟，夏侯楙就要人头搬家了。

接着倒霉的是曹休。魏太和二年（228），曹休中了东吴鄱阳太守周鲂的诈降计，在石亭遭到吴军伏击，十万人马伤亡惨重。这一败仗令曹休非常痛心，上书向皇帝谢罪。虽然曹叡没有惩罚他，他却内心不安，因此痈发于背而去世。曹休去世三年后，曹真亦因病去世。

曹丕、曹叡对宗室将领的过度依赖，导致当这些人过早去世时，形成了巨大的权力真空。这就为此后司马家族的窃国夺权，大开了方便之门。

后宫：皇后皆是"贱女人"

除了宗室，难道就没有其他亲戚可以依靠吗？原本皇后家是皇帝家的重要外援，可曹氏家族一直以来都有"以贱立后"的传统，这让曹家又失去了一支保卫皇室的力量。

曹丕嫔妃众多，但最重要的是这两位：文昭甄皇后、文德郭皇后。

甄夫人出生于中山无极，其先祖甄邯曾担任汉朝太保，其家世代为俸禄二千石的高官。但到了汉末，甄氏家族已经式微，甄夫人的父亲甄逸仅任上蔡县令，且在她三岁时就死去。但甄夫人从小就有仁爱之心。当时百姓饥馑，纷纷把金银首饰拿出来卖钱，甄家是大户，购入了不少宝物。这时候甄夫人就对母亲说："现在外面那么多穷苦老百姓都要饿死了，我们怎么能在这里收购宝物呢？应该把家里的谷仓打开赈济灾民啊！"[1]此举让她赢得赞誉之声。

甄夫人的第一个丈夫是袁绍的儿子袁熙。袁熙常年驻屯幽州，甄夫人留在邺城侍奉婆婆。建安九年（204），曹军攻破邺城，捕获袁绍家眷。曹丕见甄夫人有倾国倾城的美貌，便纳为妃子，对其非常宠爱。甄夫人为曹丕生下了曹叡和东乡公主，但她很不幸。《三国志》记载，曹丕当皇帝之后，有了更多的女人：山阳公（被废的汉献帝刘协）二女、郭贵嫔、李贵人、阴贵人……甄夫人遭到冷遇，失落之余有一些怨言，曹丕听到后勃然大怒，便将其赐死。

可《魏书》的记载却完全不同。书中的甄夫人并非妒妇，而是像她婆婆卞夫人一样心胸宽广。曹丕独宠她的时候，她反倒劝曹丕别冷落了众姐妹。曹丕要把一个讨厌的妃子任氏逐出宫去，甄夫人一把鼻涕一把眼泪地劝他收回成命。甄夫人在婆媳关系上也处理得很好。婆婆卞夫人得了小病，甄夫人便茶饭不思、昼夜哭泣，直到卞氏病好了才重现笑容。《魏书》评价她"贤明以礼"，这样的好妻子怎么会被曹丕杀了呢？这终究是个未解之谜，也留给后世许多想象的空间。

甄夫人死后，其子曹叡一度也遭到贬谪，始终没有被立为储君。曹丕直到快不行了，才把曹叡召来托孤给重臣。据记载，丧母后的曹叡一度由郭夫人抚养。魏黄初三年（222），曹丕想立郭夫人为皇后，遭到了中郎

---

[1] 今世乱而多买宝物，匹夫无罪，怀璧为罪。又左右皆饥乏，不如以谷振给亲族邻里，广为恩惠也。——《三国志·魏书·后妃传》

栈潜的上书劝谏。他的理由很充分，皇后应该是能够母仪天下、统率六宫的，理应从世家大族中选取，而像郭夫人这种出身卑微的妃子是不足以正位的，否则就是乱了规矩。

郭夫人家族世代为吏，其父郭永官至南郡太守。乱世到来，郭夫人双亲早逝，在战乱中流离失所，入铜鞮侯家做婢女。曹操为魏公时，郭夫人被纳入曹丕后宫为妾。她有智谋，能给曹丕出主意，在曹丕争夺嗣位的斗争中经常贡献计谋。对这位立了大功的贤内助，曹丕不计较别人说什么，更不去守什么"无以妾为妻"的旧规矩，执意立她为皇后。

其实，很难得的一点是，曹家三代在立后问题上，都是建立在爱情基础上，而非看重出身。曹操的卞后"本倡家"，曹丕的郭后曾经为婢，曹叡的毛皇后更是寒门出身。曹叡在当平原王时就已经有了正妃虞氏，但毛皇后却后来居上，这让虞氏很不爽，就发牢骚说："瞧瞧你们曹家啊，就是喜欢立贱女人当皇后，从来没有以德取人。我看照这样下去，这大魏国要亡！"[1]于是她就被扫地出门了。

可是毛皇后的遭遇和她的婆婆甄夫人的遭遇，竟然惊人地相似。曹叡不久也移情别恋了，而且也是爱上一名姓郭的妃子，对毛皇后的宠幸日衰。一日，曹叡游后花园，把后宫才人以上的嫔妃都叫上一起宴饮寻欢，唯独不叫毛皇后，还嘱咐随从别告诉她。第二天曹叡见到毛皇后，毛皇后张口就说："皇上昨天在后花园玩得挺欢的嘛！"结果曹叡认为自己身边有毛皇后安插的探子，就把十几名随从都杀了，接着将毛皇后也赐死了。

受到曹叡新宠的郭夫人，来自大西北，本出身于西平大族。但由于族中有人叛变被镇压，她是作为平叛收没的家眷被送入宫的，同样属于虞氏说的"贱女人"之列。后来虽被曹叡宠幸，但不得正位，曹叡临终才给了她皇后的名分，继而成为皇太后。她是历史上十分悲惨的一个太后，历经曹魏最后三代小皇帝。从高平陵事变到两次废立之举，司马氏父子都要胁

---

[1] 虞氏曰："曹氏自好立贱，未有能以义举者也。然后职内事，君听外政，其道相由而成，苟不能以善始，未有能令终者也。殆必由此亡国丧祀矣！"——《三国志·魏书·后妃传》

迫郭太后下诏，以掩饰其篡逆之心。而诸葛诞、钟会等人举起反司马的大旗，也假托郭太后的密诏。郭太后就这样成为魏国后期政治斗争的工具。而那位虞氏的牢骚之言，居然逐渐成了现实。

后期的魏明帝曹叡陷入了骄奢淫逸的宫廷生活中，不再有早期的励精图治。尤其是诸葛亮去世后，曹叡认为帝国最大的威胁解除，终于松了一口气，于是将兴趣全部转移到盖房子上。曹叡在洛阳大兴土木修建宫殿，工程浩瀚，耗资巨大。当时朝堂上反对声音很强烈，认为这是空耗国力。杨阜、高堂隆等一批又一批的大臣冒死进谏，但曹叡十分任性，不治他们的罪，也不听他们的谏言，沉浸在自己的建筑世界里。

惊变：岂得复为"富家翁"

魏明帝曹叡驾崩的时候只有三十六岁。他先后生了三个儿子，可惜全部夭折了，继承人的问题变得严峻起来。

曹叡收养了两个宗室子弟——曹芳和曹询，但诡异的是，谁都不知道他们的父母是谁。魏青龙三年（235），曹芳被立为齐王，成为唯一法定的接班人。可他才八岁，哪里能当朝理政？于是曹叡病重期间，便拜燕王曹宇为大将军，想请他做摄政王。曹宇是曹操与环夫人所生的儿子，即曹冲的同母兄弟，他娶了五斗米道领袖张鲁的女儿，论辈分是曹叡的叔父、曹芳的叔祖。曹叡还拟定了其他几位托孤重臣，包括领军将军夏侯献、武卫将军曹爽、屯骑校尉曹肇、骁骑将军秦朗。

这几位托孤大臣中，夏侯献虽无记载，想来应是夏侯惇、夏侯渊的族子族孙；曹爽是曹真的儿子；曹肇是曹休的儿子；秦朗则是曹操的"假子"。总之，清一色的曹氏宗亲，保险又可靠，这时候根本没有司马懿什么机会。

就当曹叡钦定的辅政班子已经拟定时，曹宇却突然退缩了。他和他那几位爱争权的哥哥不同，是个怕事的人，所以他连连推辞。此时曹叡身边最亲近的两个近臣中书令孙资、中书监刘放起了推波助澜的作用。他们平素里跟夏侯献和曹肇闹别扭，而与曹爽亲近，对皇上拟定的这个班子很不满意，一心希望能够把其他几人踢出局，让曹爽独揽大权。可这么做又显得有点太直白，于是他俩又提出，召回远在辽东作战的司马懿。

孙资、刘放在曹叡病榻边嚼舌头，让曹叡犹豫不决，甚至一天之内发出了三道诏书。到了最后，曹叡神志不清，连写字的力气都没有了，孙资和刘放就按着曹叡的手写下了最终版诏书。这份新的遗诏对辅政班子的人事安排进行了重新洗牌，曹宇、夏侯献、曹肇、秦朗全部出局，被革去官职，逐出国都，此后不得入宫，而曹爽和司马懿形成了新的辅政组合。孙资和刘放原以为这样安排可以为曹爽扫清政敌，使他独霸朝纲，没想到他们将曹氏宗亲排挤出去，却无意间为司马家族今后篡夺曹魏政权扫清了障碍。

魏国在立国之初便是强干弱枝。由于当年夺嫡之争的惊险所留下的阴影，曹丕在建国之初一面重用宗族子弟，一面却打压自己的亲兄弟们，曹彰、曹植本是有才干之士，却都被发配到地方当空头的王爷，无兵无权，了此残生。曹植被下放后多次给曹丕、曹叡上书，觉得自己空有才华无处施展，希望能够发挥一些作用。他在书信中说："或者在西边跟随大将军曹真的部队，或者在东边跟随大司马曹休的部队，冲锋陷阵，身先士卒，为国家建功立业。即便不能生擒孙权、斩杀诸葛亮，也能俘虏敌将，洗刷我的罪孽。"[1]言辞恳切，都说到这个份上了，曹丕和曹叡却理都没理他。曹植最后郁郁而终。

和曹植十分要好的曹彪，在封地上也是常年不得志，从未被委以重任，到了五十七岁的时候才终于被人想起来——反司马懿的王凌和令狐愚，想另立曹彪为帝，结果事机败露。虽然曹彪实际上没有参与这场叛乱，但也被诛杀。

---

[1] 若使陛下出不世之诏，效臣锥刀之用，使得西属大将军，当一校之队，若东属大司马，统偏舟之任，必乘危蹈险，骋舟奋骊，突刃触锋，为士卒先。虽未能禽权馘亮，庶将虏其雄率，歼其丑类，必效须臾之捷，以灭终身之愧，使名挂史笔，事列朝策。——《三国志·曹植传》

陈寿在《三国志》中指出：曹氏的各个王公，虽然各有封地，但是手上无权，又被分隔开来，一个个形同被软禁，而且封地可随意剥夺，爵位忽高忽低。骨肉相残居然到了这个地步！

到了曹芳即位之后，司马懿的对手就只剩下曹爽了。曹爽一开始对司马懿还是很提防的，他尊司马懿为太傅，对其明升暗降，夺取了他的兵权，又废除禁军五营中的中垒、中坚两营校尉，让自己的兄弟曹羲、曹训、曹彦执掌了禁军。曹爽满以为可以高枕无忧了，就放松了警惕，终日与何晏、邓飏等人玩乐，不务正业。也正是在这个时候，那些原本将曹家抬上皇位的荀、钟、王、贾等世家大族开始叛离曹家，转而加入司马家的联盟阵营。

魏正始十年（249），司马懿趁着曹爽兄弟出城祭祀，发动了高平陵事变，挟持郭太后，占据洛阳城，历数曹爽罪行。其实，这时的曹爽并非没有胜算。司马懿虽然掌握了京城，但曹爽仍然是大将军，假节钺，而且手上还有一张王牌——皇帝；事变发生后也有桓范、鲁芝、辛敞等不少亲曹派臣僚冒死出城投奔他。如果曹爽听从桓范的意见，移都许昌，以天子之命号召全国讨伐司马懿，最终结果如何还真不好说。

可这位曹爽公子，在如此关键的时刻，却缺乏应有的勇气，居然放弃抵抗，向司马懿交出了兵权。曹爽满以为即便放弃权力，自己至少还能做个"富家翁"，真是何其幼稚。在你死我活的政治斗争里，输家往往要输得什么都不剩。果然，曹爽很快被屠灭三族，曹家最后一位守门人就被这样轻而易举地拔除了。

反击：少年皇帝的悲壮呐喊

夏侯家与曹家姻亲相连，一荣俱荣，一损俱损。高平陵事变后，看到曹爽一族被灭，夏侯家当然察觉到了危机。当时夏侯家有两位支柱，一位是夏侯尚之子夏侯玄，另一位是夏侯渊之子夏侯霸。叔侄两人镇守雍凉，手握兵权，为司马懿所忌惮。

夏侯玄是将门之后，也是个学者型人才，在当时的名士中声望很高，而且仪表堂堂，当时人评论他"朗朗如日月在怀"。然而在政治上，夏侯玄不是司马师的对手。魏嘉平六年（254），中书令李丰、光禄大夫张缉谋划除掉司马师，以夏侯玄代之。但密谋泄露，夏侯玄终被司马师杀害。夏侯霸则南投敌国蜀汉。魏帝曹芳也在不久后被司马师废黜。

曹芳被废后，司马师本来想立曹操之子曹据（曹冲、曹宇的同母兄弟）为帝，但郭太后认为曹据是曹叡之叔，于礼不合。司马师找来找去，选择了东海王曹霖的儿子曹髦。曹髦当时仅为高贵乡公，连父亲的东海王爵位都没有承袭。而曹霖生前又是一个暴虐之人，动辄对家中的婢女侍妾施暴，害了不少人命，臭名昭著。司马师大约觉得，子类其父，这孩子保准也是个糊涂蛋，当了皇帝好控制。

万万没想到，这曹髦虽不过是个十来岁的小孩，但好学上进，喜欢跟太学的博士们探讨学术问题，议论政事有自己的见解，还擅长诗文与绘画。连大才子钟会都高度赞扬他"才同陈思，武类太祖"——"陈思"是陈思王曹植，"太祖"是曹操。

甘露五年（260）五月戊子夜，年仅二十岁的曹髦拔出剑登辇，高呼着"司马昭之心，路人皆知"的口号，带着二百多个宫中的卫士、仆役、随从呼喊着冲出了皇宫，对司马昭发出了讨伐之声。司马昭的亲信贾充奉命抵抗，但军士都不敢迎战皇帝。情急之下，贾充对太子舍人成济说："司马公养了你们这么久，就是为了今日。"[1]成济一不做，二不休，持戈将曹髦刺死在车上。

当曹髦决定反抗司马昭时，招来自以为可靠的侍中王沈、尚书王经、散骑常侍王业三位大臣密谋。除了王经忠贞不贰，王沈和王业一出宫门就

---

[1] 太子舍人成济问充曰："事急矣。当云何？"充曰："畜养汝等，正谓今日。今日之事，无所问也。"——《汉晋春秋》

立即叛变，向司马昭告密。而在曹髦冲出宫殿之时，身后跟着的只有宫里的仆役和随从，那些自称忠于曹家的宗室、亲贵、名士、大臣、将军，竟没有一个站在他这边。所以有人说，曹髦是个糊涂的皇帝，他完全有更好的方法，经过周密的设计除掉司马昭。自己冒冒失失、身先士卒地冲出宫，无疑是鸡蛋碰石头。也有人说，曹髦此举是无奈之举，他只有赌上自己的性命，把事情闹大，甚至牺牲自己，才能将司马昭的篡位之心暴露于天下。无论如何，曹髦不甘做一个傀儡，任人摆布，这份倔强和勇气，倒是颇有些像他的曾祖父曹操。

曹魏的最后一任皇帝曹奂，是此前与权力擦肩而过的燕王曹宇之子，在位仅有五年，不过是作为司马家篡政的过渡。曹髦、曹奂两个小皇帝的婚事也在司马兄弟的主导之下完成。司马兄弟为他们选的皇后都是曹操妻卞皇后族中的女子，这就完全断绝了曹魏皇室通过婚姻拉拢大世族的途径。等到司马炎接了司马昭的班后，便迫不及待地依样画葫芦，搞了一遍禅让的把戏，终于用晋朝将曹魏彻底替代。从汉初平元年（190）曹操举义兵，到魏咸熙二年（265）曹奂退位，曹氏家族从兴起到衰败，共七十六年。

曹奂被降格为陈留王，不知是有意还是无意，陈留王正是被曹丕篡位的汉献帝幼年时的封号，历史在唏嘘中走了一个轮回。由于曹家已经对晋朝构不成威胁，曹奂受到的待遇要比当年被废为山阳公的汉献帝好很多，他被徙至曹魏的老本营邺城，拥有食邑万户，配天子旌旗，行魏国正朔和魏国礼乐制度，上书不称臣，受诏不拜。曹家后人中亦有几位入晋为官，但都因为性情耿直，不能被重用。

然而夏侯家与司马家的恩怨还没有完结。夏侯湛的妹妹夏侯光姬嫁给了司马懿之孙、琅琊王司马觐，他们所生的儿子司马睿，后来成为东晋的开国皇帝。当时有句谶语说"铜马入海建邺期"，而夏侯光姬小字铜环，"铜"与"马"的结合果然导致司马睿于建邺称帝。因为司马觐的母亲是诸葛诞的女儿，所以司马睿一人身上就汇集了司马、夏侯、诸葛、羊、辛五大家族的血脉，血统之高贵雄冠魏晋。

不过讽刺的是，民间却流传着另一套说法。当年司马懿从谶书《玄石图》上曾看到四字预言——"牛继马后"，内心十分恐慌："这难道是说司马家的香火要被姓牛的给继承了？这还得了！"便杀掉了跟随自己征战多年的大将牛金。万万没想到，多年之后，夏侯光姬红杏出墙，和一个叫牛钦的小吏私通，生下的司马睿以及后来东晋的皇帝们都成了牛家的后人。被司马家一路打压的夏侯家，以这种"奇迹"般的方式实现了复仇。

十

汝颍多奇士——三国谋士的摇篮

荀氏家族

籍贯：颍川颍阴（今河南许昌）

代表人物：荀淑、荀彧、荀攸

陈氏家族

籍贯：颍川许县（今河南许昌东）

代表人物：陈寔、陈群、陈泰

钟氏家族

籍贯：颍川长社（今河南长葛东）

代表人物：钟繇、钟会

韩氏家族

籍贯：颍川舞阳（今河南漯河）

代表人物：韩韶、韩馥

辛氏家族

籍贯：颍川阳翟（今河南禹州）

代表人物：辛毗、辛宪英

郭氏家族

籍贯：颍川阳翟（今河南禹州）

代表人物：郭嘉、郭图

在今天的中国地图上找到河南省许昌市，以其为中心，围绕长葛、禹州、登封、平顶山、鄢陵等县市画一个圈，大致就是东汉颍川郡的范围。颍川，这是了解三国无法绕过的一个地方。它对汉末三国的大争之世有多么重要的意义，不必多言。

从党锢之祸到曹袁争霸，从三国鼎立到三分归一，颍川世家从未缺席。读懂了颍川世家，也就读懂了贯穿汉、魏、晋三朝的那些政坛秘密与人情往事。

四大家族，豪门盛宴

《晋书》里有一句后秦皇帝姚兴的感慨："关东出相，关西出将，三秦饶俊异，汝颍多奇士。""汝颍"即指同属豫州、彼此毗邻的汝南、颍川二郡。东汉一朝，这两郡以盛产才学之士闻名于世，帝国朝堂上的达官显贵们也多出自此地，且经常形成官宦世家，代代相承。汝南郡的代表是袁氏，颍川郡则拥有四大家族：长社县的钟氏、颍阴县的荀氏、许县的陈氏和舞阳县的韩氏。

这四家来往密切、彼此相善。汉桓帝时，四家各出了一位贤者出任县长：荀淑为当涂长、韩韶为嬴长、陈寔为太丘长、钟皓为林虑长。他们的

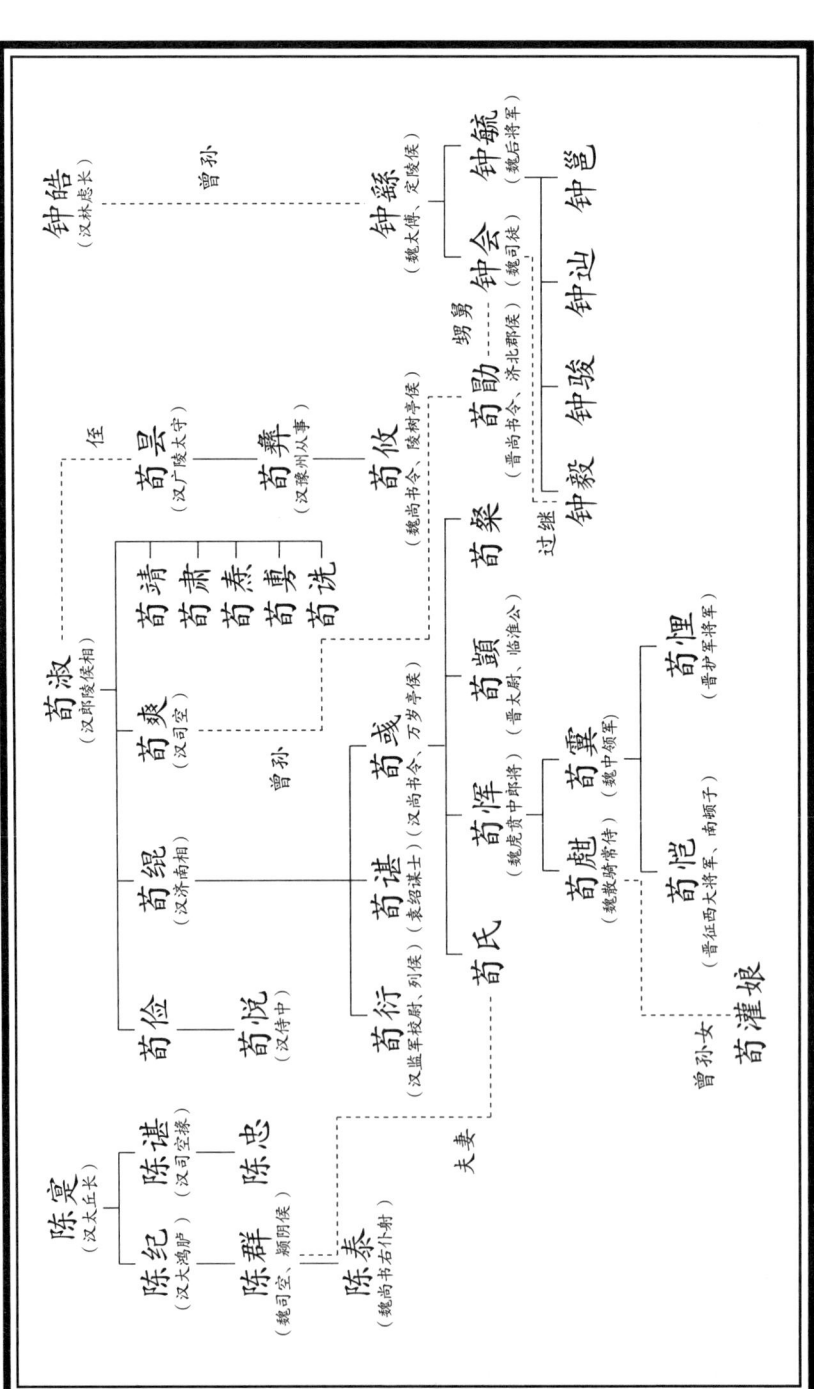

颍川荀氏、陈氏、钟氏世系表

政绩和口碑传遍了四方，名望甚至盖过了"三公九卿"，成了全国基层公务员中的模范、知识分子争相传颂的君子贤良。当时官场将四人并称为"颍川四长"。颍川豪门世家的序幕，就是由"颍川四长"开启的。

先说荀家。荀家尊儒学大师荀子为祖先。荀淑，字季和，是荀家兴旺发达的奠基人。史书上说他品行高洁、学识渊博，乡里称其为"智人"。才智是一方面，令荀家在汉末声名鹊起的更重要的是他们与清流党人密切的关系。东汉后期，由于宦官与外戚交替执政，朝廷乌烟瘴气，引起不少士人的不满。他们依靠同学、同乡的关系，往来联络，议论朝政，建立起了一个个小圈子，这些人就被称为"党人"。"党人"中的领袖人物如李固、李膺，都曾拜荀淑为师，尊他为"神君"。

荀淑有八个儿子，都十分有才能，因此被时人称为"荀氏八龙"。"八龙"之中，最为出类拔萃的是老六荀爽，字慈明，时人称"荀氏八龙，慈明无双"。荀爽其实一开始对当官没有什么兴趣，特别是在第二次党锢之祸时，荀氏家族遭到很大冲击。荀爽的堂兄弟荀昱因为参与大将军窦武诛杀宦官之事，和李膺一起惨遭杀身之祸，他的弟弟荀昙也被判了无期徒刑。黑暗的政治环境让荀爽对仕途不报什么期望，只想着尽力保护好家族。因此尽管中央不断有人举荐他出来当官，但荀爽的一贯策略是"不应"。第二次党锢之祸后，他往东一直跑到了海上，往南一直跑到了汉江流域，十多年潜心做学问，成为学富五车的大儒。

董卓当政，还是没忘了抓荀爽来当官。荀爽想再跑，却被差役抓个正着，这下说什么也躲不掉了。当时董卓从西凉入京，根基不稳，所以极欲笼络世家大族和清流名士，对待他们的态度都很好。荀爽先是被授予平原相，才走到宛陵，朝廷又追加了一道诏书，封他为"九卿"之一的光禄勋。进京就职才三天，荀爽再度被提升为位居"三公"的司空。

尽管荀爽光耀了门楣，成了荀家第一位身居公位之人，但伺候董卓并不容易。董卓提出迁都长安时，遭到了太尉黄琬和司徒杨彪的激烈反对，

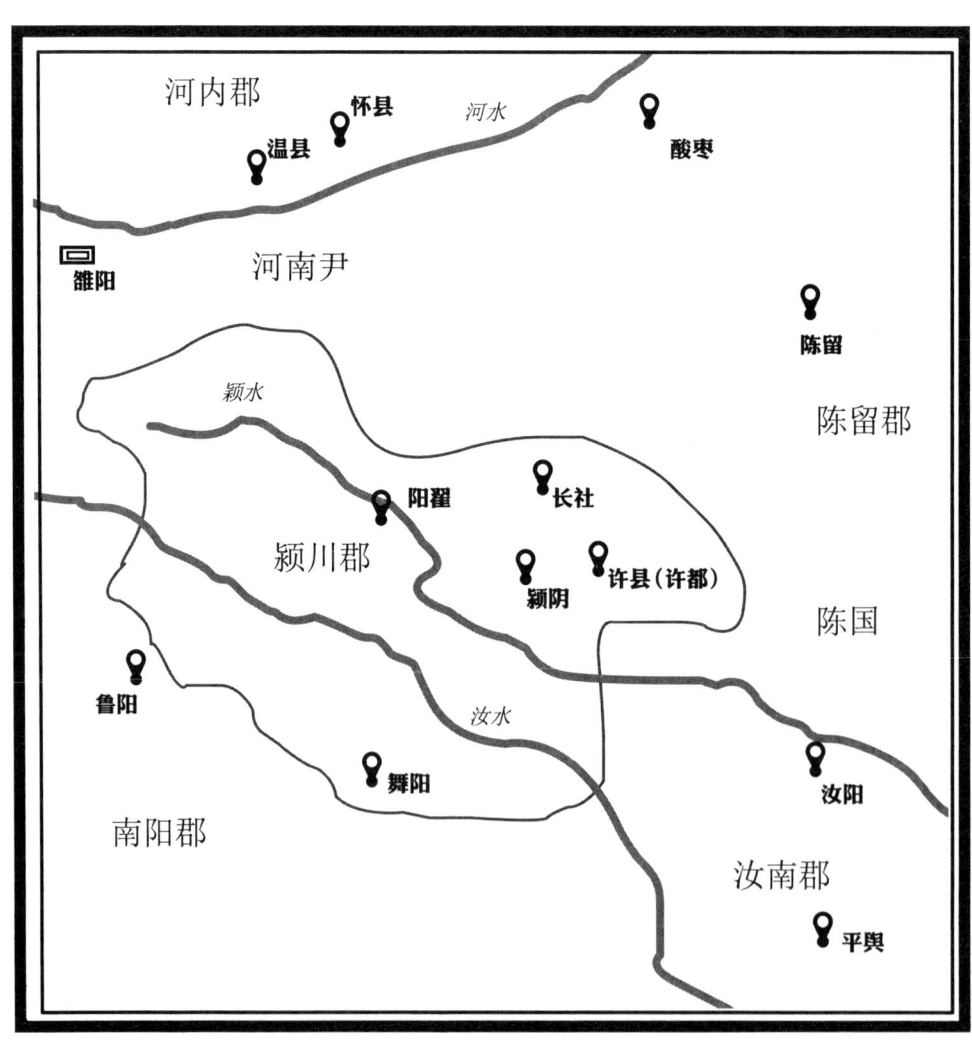

颍川郡地图

朝堂上一度陷于僵局。眼看着董卓已经动了杀机，荀爽祭起了"荀式哲学"，明哲保身，绝不跟强权对着干。他说："难道是相国愿意迁都吗？现在山东诸侯起兵，可不是一天就能平定的，所以应该迁都来对付他们，这是秦、汉的政治经验嘛！"[1]这才让董卓的气消了些。当时看来，荀爽简直是一个没有原则、助纣为虐的人。但荀爽散朝后向杨彪吐露了自己的无奈："诸君都在争论不止，迟早大祸临头，我可不干。"[2]

表面上，荀爽迎合了董卓，实质上他早就和王允、何颙等人私下串联了起来，密谋在长安把董卓干掉。只是还没到下手的时候，荀爽就病死了，时年六十二岁。

"颍川四长"之中，陈家与荀家相距最近，关系也最好。陈家的奠基者陈寔，与荀淑齐名，因为担任过太丘县长，人送外号"陈太丘"，为政清廉，论事公正，深受世人崇敬。在党锢之祸中，他也被划为党人，遭到通缉。换成其他人都逃之不及，陈寔却说："我若不去坐大牢，牢里的兄弟们谁来照应啊。"于是自请入狱。党锢解禁后，陈寔对政坛丧失信心，赋闲在家，和荀爽一样，朝廷怎么征召，他都不愿意出山。太尉杨赐和司徒陈耽被朝廷任命为"三公"的时候，官员们纷纷祝贺他们，他俩则感叹："像我们这种人居然在陈寔之前担任'三公'，实在是让人惭愧啊！"[3]

陈寔最有名的事迹与一则成语有关。据说有一天夜里，一个小偷进了陈寔家，藏在房梁之上。陈寔看到了，但没有打草惊蛇，而是起身整理好衣服，把子孙都叫到屋里来，教育道："夫人不可不自勉。不善之人未必本恶，习以性成，遂至于此。梁上君子者是矣！"小偷听此，惭愧极了，

---

[1] 相国岂乐此邪！山东兵起，非一日可禁，故当迁以图之，此秦、汉之势也。——《后汉书·杨彪传》
[2] 诸君坚争不止，祸必有归，故吾不为也。——《后汉书·杨彪传》
[3] 太尉杨赐、司徒陈耽，每拜公卿，群僚毕贺，赐等常叹寔大位未登，愧于先之。——《后汉书·陈寔传》

连忙下来向陈寔磕头请罪。陈寔不仅宽宥了他，听说他家贫后，还慷慨地送了他两匹丝绢。从此，整个县"天下无贼"。这就是成语"梁上君子"的由来，从中亦可见陈氏之家风。

陈寔和荀淑、荀爽一样，对待强权虽然不合作，但也不硬碰，以明哲保身为第一位。当时权势赫赫的宦官头子张让的父亲去世了，由于张让是颍川人，下葬那天，颍川郡里出席葬礼的人不少，但没有一个名士，这让张让很没面子。但这面子陈寔给了，他是唯一参加葬礼的名士。这在当时少不得被人戳脊梁骨，但到了第二次党锢之祸，因为有了这层恩德，陈寔全家和他周围的很多名士都没有受到冲击。而陈寔去世的时候，葬礼场面极其盛大，大将军何进派特使吊唁，全国前来送行的竟达三万多人，以至于需要数百人来制作粗布麻衣。悼念者们还为陈寔刻碑立传，追谥他为文范先生。

陈寔有两子：陈纪，字元方；陈谌，字季方。陈登曾评价："夫闺门雍穆，有德有行，吾敬陈元方兄弟。"陈氏父子三人号为"三君"，每次朝廷有事要咨询，都会同时征召父子三人，为他们赏赐成堆的羔雁，当时的士人没有不羡慕的。

陈寔和荀淑交情深厚，经常在一起谈古论今。陈荀两家世代为通家之好，成为汉末世族交往的典范。《世说新语》中记载了这样一场盛大的家族宴会。陈寔一家去荀淑家赴宴，陈寔生活简朴，出行时没什么随从仆役，陈纪在前面牵着车，陈谌拿着手杖跟在后面。到了荀家，荀淑热情款待，荀家"八龙"全部出场，荀靖负责开门招呼，荀爽负责斟酒，其余"六龙"轮番布菜，好一派热闹的场景。这两大家族的聚会，甚至惊动了中央的太史官，将陈寔的这次出行概括为"真人东行"。另一个更神乎其神的说法是，太史官夜观天象，说德星聚在一起，五百里内当有贤人会聚——洛阳到颍川刚好五百里。

这场豪门盛宴之上，还有两个年幼的孩子：陈寔的孙子陈群还在咿呀学语，一路上跟爷爷同坐在车内；荀淑的孙子荀彧也是个小不点儿，吃饭时坐在爷爷的膝盖上,逗大家开心。推杯换盏的众人谁都不会想到,这两个小孩子,将在不久之后的乱世中,肩负起保全与振兴家族的使命。

大河南北,袁曹抉择

东汉初平二年(192),二十九岁的荀彧做出了一生中最重大的抉择。他离开了鹰扬河朔、坐拥冀州的袁绍,策马渡河,前往东郡投奔了新的主公——曹操。

从当时的形势来看,这显然是个不明智,乃至昏了头的选择。自讨董联军解散后,袁绍俨然是群雄之中最耀眼的一位。他兵不血刃地从韩馥手上夺走了冀州,海内才俊争相依附。况且,如前所述,袁绍的生父袁逢曾经举荐过荀彧的叔父荀爽,"门生故吏遍天下"的汝南袁氏家族跟颍川荀氏原本就渊源颇深。而曹操此时新据东郡,兵微将寡,尚需依附袁绍。

可荀彧不这么看,他把自己的未来和荀家的希望,寄托在了峥嵘未露的曹操身上。他执着地认为,自己有平定天下的才华,但前提是遇到值得辅佐的明君。来到东郡后他更加确信,这个明君就是曹操。

荀彧,字文若,是"荀氏八龙"中老二荀绲的儿子,从小就被名士何颙评价为有"王佐之才"。"八龙"的辉煌时代在汉灵帝末年已经趋于尾声。黄巾之乱时,颍川更是成为战场,兵燹之后,十室九空,颍川大族们遭受劫难。荀彧当时坚定地主张离开颍川,他说:"颍川是四战之地,在这乱世里打仗跟家常便饭似的,此处不宜久留,还不赶快走啊。"[1]刚好颍川老乡、冀州牧韩馥派人来迎接,荀彧就带着族人北上去了冀州。事实证明他的决策正确,后来董卓派李傕等将出关东,抄略颍川、陈留一带,没跟着走的乡亲大多被杀害了。

从他出身颍川、仕途顺达且与荀家亲睦等信息来看,这位邀请荀彧北

---

[1] 颍川,四战之地也,天下有变,常为兵冲,宜亟去之,无久留。——《三国志·荀彧传》

上的冀州牧韩馥，很可能是"颍川四长"中韩韶的同族。韩韶曾担任嬴县（今山东省莱芜市）县令，任内多有惠政。当时泰山一带叛乱的公孙举部听闻韩韶的贤能，互相告诫不入嬴县境内，故而周围许多县的难民都逃难于此。韩韶私自做主开仓赈粮，备受赞颂。

韩韶之子韩融，献帝初年身居大鸿胪、太仆等"九卿"之位，历经董卓、李傕、郭汜之乱，命途坎坷。关东联军讨董之时，他和执金吾胡毋班、少府阴循、将作大匠吴循、越骑校尉王瑰等一班大臣被董卓撵着出关劝降盟军。当时盟主袁绍正在气头上，就把他们都杀了祭旗，韩融因为声望很高才免于一死。后来李傕、郭汜混战，扣押了大量公卿和宫女，韩融又被皇上派去调停，反正他总干这种倒霉的差事。

韩馥则比韩融幸运得多。他先在洛阳担任御史中丞，后出任冀州牧。冀州涵盖了黄河以北、太行山以东的大片土地，可谓人口多、地盘大。韩馥的另一重身份是汝南袁家的门生故吏，这也再次体现了汝南、颍川两郡名门望族互相提携的传统。后来袁绍从洛阳出走赴渤海任太守，而渤海郡隶属冀州，因而韩馥成为袁绍最初的盟友。

虽然韩馥比袁绍资历深，但袁氏家族毕竟名头响亮，这就让韩馥有些忌惮。所以当袁绍举兵讨董的时候，韩馥一开始还扭扭捏捏不愿意加盟，后来被迫起兵，开会跟群僚商量："大家说我是帮助袁家呢，还是帮助董家呢？"治中刘惠拍案而起，怒道："咱们兴兵起事是为了国家啊，怎么能问帮袁绍还是帮董卓呢？"[1]即便后来加入了讨董联军，韩馥也从头至尾没有出邺城，只是在后方为联军供应粮草。

随着袁绍影响力的逐渐扩大，海内豪杰纷纷归附袁绍，韩馥与袁绍的关系就很尴尬了。袁绍早有吞并冀州的志向，他打出了一套拳：先是和反叛韩馥的将军麹义结盟，再唆使公孙瓒攻击韩馥，接着派说客前往邺城游说韩馥，居然奇迹般地空手套白狼，将整个冀州收入囊中。

---

[1] 馥于是方听绍举兵。乃谋于众曰："助袁氏乎？助董氏乎？"治中刘惠勃然曰："兴兵为国，安问袁、董？"——《后汉书·袁绍传》

进行游说,是袁绍取得冀州的关键一步。而为袁绍立功的不是别人,正是荀彧的哥哥——荀谌。

荀谌先恫吓韩馥:"公孙瓒带着燕、代精锐之师就要南下取冀州啦,这架势似乎没人能抵挡。袁绍引军东进,也不知道想要干什么。这时候您的处境很危险啊!"韩馥连忙问他可有良策。荀谌接着说:"袁绍这个人嘛,跟您也是老熟人了,还是联军的盟主,您知道他不会愿意居于人下的。冀州是兵家必争之地,与其让它在战争中被毁掉,还不如交给袁绍管理,这样公孙瓒不能南下,您也留下了让贤的美名,何乐而不为呢?"[1] 韩馥本来就性格懦弱,也自觉才能和声望都不如袁绍,于是不听众人劝阻,拱手把冀州交给了袁绍。

韩馥的下场也够惨的。他在袁绍手下过得总是担惊受怕,干脆逃到了陈留太守张邈那里。后来,袁绍的使者去和张邈商议机密,韩馥当时也在座,看见使者在张邈耳边悄声细语,以为袁绍和张邈要联手除掉他,惊恐万分地躲到厕所里,用刮削简牍的书刀结束了自己的生命。颍川韩氏因此早早在乱世中沉寂了。

继续说荀彧。他北上来到邺城,正巧赶上冀州城头变幻大王旗。原本被韩馥邀请来的荀彧自然成了袁绍的座上宾。此时,包括荀彧的哥哥荀谌在内,袁绍帐下已经有不少来自颍川的人才,比如郭图、辛评。荀彧在这里,有兄弟,有老乡,受礼遇,可谓前程似锦,但他却放弃了袁绍而投奔曹操。

荀彧何以认定曹操是明主?曹操与荀彧既非同郡,也没有共过事。不过仔细排查,我们可以发现曹操在光和末年担任骑都尉的时候,曾在颍川

---

[1] 谌曰:"公孙提燕、代之卒,其锋不可当。袁氏一时之杰,必不为将军下。夫冀州,天下之重资也,若两雄并力,兵交于城下,危亡可立而待也。夫袁氏,将军之旧,且同盟也,当今为将军计,莫若举冀州以让袁氏。袁氏得冀州,则瓒不能与之争,必厚德将军。冀州入于亲交,是将军有让贤之名,而身安于泰山也。愿将军勿疑!"——《三国志·袁绍传》

平定黄巾之乱。而荀彧为颍川人，当时或许正在家乡组织族人建设坞堡，抵御黄巾军。也许是在这场平叛中他们有过并肩作战的经历，荀彧发现了曹操身上的闪光点。

荀彧与曹操还有一个微妙的相似之处。曹操因养祖父为大宦官曹腾，有着"阉竖之后"的家世污点，而荀彧虽然出自名门望族，却娶了中常侍唐衡之女（宦官当然生不了女儿，可能是从家族中过继来的），也跟宦官扯上了关系。唐衡在汉桓帝时权势极大，和左悺被并称"左回天，唐独坐"，因此荀彧成为当时许多人攻击的对象。而袁绍是当年诛杀宦官集团的领头人，对宦官恨之入骨，对荀彧恐怕不会委以大任。此外，袁绍已经坐拥冀州，帐下人才济济，颍川籍人士甚至与冀州籍人士出现了党争的势头，荀彧在这里有什么出头之日？不如去烧冷灶，找一支"绩优股"，辅佐一位主公由弱变强，那才是真正的"王佐"所为。举目望去，曹操无疑是最好的选择。

曹操起家主要依靠谯沛曹氏、夏侯氏的宗族弟兄，他们基本都是武人，统兵陷阵绝对出类拔萃。但曹操要想在群雄并起的乱世中再上一层楼，就必定少不了智谋之士的襄助，荀彧的到来可谓恰如其时。曹操大喜过望，为荀彧留下一生最高的评语："吾之子房也。"子房，是以奇谋为刘邦开汉四百年基业的张良。曹操的一句话既提升了荀彧的地位，也抒发了自己的宏伟志向——我曹某人也要当高祖那样的开国之君。

从家族的角度来看，荀彧之于曹操的意义，可能要远远大于张良之于刘邦的意义。张良虽然是韩国国相之后，但他投奔刘邦的时候，家族已经败落，并没有广泛的社会关系和深厚的家世背景可以为刘邦加分，所凭借的只是个人的奇谋韬略。而荀彧就不一样了，作为颍川谋士集团的领袖，他的背后有荀、陈、钟、郭、辛等世家名门的优质人才，经由荀彧的引荐，他们陆续投入了曹操的怀抱。这对于以谯沛武人为基础起家的曹操势力来说，无疑是一次革命性的改造。

荀彧入曹营后，当"张良"没多久，就从阵前军师转为后方主管，更多地扮演了"萧何"的角色。谋主出缺，荀彧开始向曹操成批地推荐人才，最初举荐的智谋之士是颍川同乡戏志才，可惜，戏志才没有在史书上留下一谋一策就早早过世了。曹操问荀彧能不能再举荐一位，荀彧想了想，说出了三个字——郭奉孝。

曹营谋主，计定江山

郭嘉，字奉孝，颍川阳翟（今河南禹州）人。虽然与荀彧一样出生于颍川，但史书上对郭嘉的父祖、身世、背景都没有交代。不过，袁绍帐下也有一位郭姓颍川籍的谋士——郭图，他与郭嘉有亲戚关系吗？史无记载，笔者只能大胆推测，两人同族的可能性比较大。依据在于，郭嘉选择的第一个主公也是袁绍，而且与郭图和另一位同乡辛评有过一番评价袁绍的对话。袁绍选人才十分看重出身，郭图若是寒门则不会为袁绍所重用，郭嘉若是寒门也不会跟郭图、辛评谈笑风生，又被荀彧举荐给曹操。可见，颍川郭氏于汉末虽不能与荀氏这样的高门大族比肩，但亦非寒门小户，而郭嘉，很有可能就是被同族郭图推荐给袁绍的。

跟荀彧一样，郭嘉并没有看上袁绍这位主公。他说："袁绍这个人想要效法周公礼贤下士，但却不知道用人的道理，想得太多但缺乏见解，喜欢谋划但没有主见。要跟这种人去干称王图霸的大业，难啊！"[1]

转投曹营后，郭嘉与曹操却气场相投，相见恨晚。曹操不再像夸荀彧一样还要举个古人做例子，直截了当地说："让我成大业的就是这个人啊！"郭嘉也兴高采烈地说："这才是我的主公！"[2]

---

[1] 初，北见袁绍，谓绍谋臣辛评、郭图曰："夫智者审于量主，故百举百全而功名可立也。袁公徒欲效周公之下士，而未知用人之机。多端寡要，好谋无决，欲与共济天下大难，定霸王之业，难矣！"——《三国志·郭嘉传》

[2] 太祖曰："使孤成大业者，必此人也。"嘉出，亦喜曰："真吾主也。"——《三国志·郭嘉传》

曹操还是袁绍？这是汉末乱世摆在颍川才子们面前的选择题，荀彧和郭嘉选择了曹操，成就了王佐之名；郭图和辛评选择了袁绍，造成了他们之后的悲剧。对于曹操与袁绍的比较和分析，最经典的是《三国志·荀彧传》中所载荀彧之论，他从用人、谋略、军事、品德四个方面论证曹操有四胜，必能战胜袁绍。

荀彧举荐的另一位谋士便是自家的荀攸。荀攸，字公达，是荀淑的一位兄弟支脉上的，按辈分是荀彧的侄子，却比荀彧还大六岁。荀攸仕官也比荀彧早，早在何进秉政时期，他便进京就任黄门侍郎。董卓乱政时，荀攸曾与郑泰、何颙等人密谋刺杀董卓，不料事情泄密，被抓到大牢里。恰在此时，王允与吕布诛杀董卓得手，荀攸才被放了出来。他原本的计划是远离中原是非之地，去蜀郡当太守。倘若荀攸真的去了蜀地，之后他很可能会成为刘备的谋臣，与诸葛亮共事。可惜命运弄人，蜀道之难阻碍了他的计划，荀攸便停留在荆州。曹操把荀攸招来后，称赞他是"非常之人"，拜为军师。

荀彧、郭嘉、荀攸、钟繇，再加上枣祗（颍川阳翟人，屯田制的首倡者）、杜袭（颍川定陵人）、辛毗（颍川阳翟人）、赵俨（颍川阳翟人）、繁钦等，颍川籍人士鱼贯而入曹操的人才库。颍川人士的黄金时代到来了。

建安元年（196），曹操迎汉献帝，迁都许县，这成为其霸业的转折点，随后，又以张辽屯兵长社、于禁屯兵颍阴、乐进屯兵阳翟，互为掎角之势。以上四地，恰好依次是陈群、钟繇、荀彧、郭嘉四人的家乡，这显然不是巧合：将帝国的首都和自己的大本营安置到历史上从未做过帝国都城的颍川腹地，难道不是曹操对颍川谋士集团最好的馈赠？对于当时有家族情结的士人来说，衣锦还乡乃是最大的荣耀。想当初荀彧离开家乡时人微言轻，乡亲们不听他的建议，不愿迁居，结果故乡被李傕、郭汜等人蹂躏成一片焦土。如今的荀彧不仅带着"正义之师"打了回来，重建家园，而且还把皇帝也带到了颍川安家,这才是一个家族领袖自我价值得以最大限度地实现。从北上投袁到南下投曹,荀彧在乱世中的每一步都踏得稳、准、狠。

这时的荀彧已出任侍中,兼任尚书令,成为帝国的行政首脑。曹操在外征伐时,荀彧实际代理丞相的职能,一方面坐镇后方,负责前线的军需供给;一方面稳定京城,防范一切内部反对势力——尤其是那位看似柔弱却很有心眼的汉献帝。让荀彧"监视"着他,曹操在外打仗才踏实。荀彧这个尚书令一当就是十六年,时人亲切地称他为"荀令君"。

从建安元年到建安十二年(207),是曹操依次消灭周围军事力量,统一中原与河北的辉煌时期。尤其是在对付吕布、孙策、刘备、袁绍四位劲敌时,颍川谋士团为曹操多次贡献奇谋,为曹操的军事行动提供了源源不断的智力支持。我们将这一时期荀彧、荀攸、郭嘉的谋划归纳梳理,大致可以归为以下三个层面:

一是战略层面。曹操起家的兖州、豫州是四战之地,东西南北都是敌人,先打谁、后打谁,是很有讲究的:战略对了可以各个击破,步步为营;战略错了则疲于奔命,损兵折将。

比如,在曹操与吕布于兖州胶着对峙时,徐州陶谦突然去世。曹操对徐州念念不忘,想趁这个机会撂下吕布先取徐州。荀彧阻止他,说:"兖州是咱们的根本,如果舍弃兖州去争徐州,多留兵少留兵都不合适,而徐州一旦坚壁清野,一时半会打不下来,反而陷于困境。"曹操这才坚定信念,集中力量解决吕布,收复了兖州。

再如,袁绍死后,袁谭与袁尚兄弟争位,郭嘉就认为,这时候如果急切进攻,二袁肯定联手抵抗。他建议曹操等待二袁自相争斗、两败俱伤后再一举出击。最后果然如某所言。

二是战术层面。白马、延津之战是荀攸为曹操策划的一出漂亮的阻击战。曹军在敌方占先机、己军兵少被动的不利局面下,采纳荀攸之计,先在延津制造渡河的假动作，吸引袁军分兵，然后以轻兵突袭白马，斩杀大将颜良，紧接着放弃白马，令民众沿河西撤，吸引袁军追击，后扔下辎重为诱饵，一举击破文丑，取得官渡之战的开门双红。而在曹袁官渡相持时，荀攸又献策使徐晃、史涣袭击袁绍的辎重车队，沉重打击了袁军的士气。再比如，郭嘉最为著名的谋略就是在曹操北伐乌丸时提出的"兵贵神速论"，他通过准确判断敌我形势，让曹军舍弃辎重，轻军速行，一举击败了乌丸首领蹋顿，将二袁逼走辽东。

三是识人层面。作为谋士，除了战略战术谋划，很重要的是帮主公建立对敌方首领的正确认识和判断。例如，对于并吞江东、谋图中原的小霸王孙策，郭嘉做出了预言，认为孙策在兼并江东的过程中结下不少仇恨，而他平时又不注意安全保卫工作，将来必定会死于匹夫之勇。果然，孙策还没挥师北上，就被许贡门客刺杀了。在对待刘备的态度上，郭嘉和程昱都劝曹操，说刘备是人中龙凤，应及早杀之。然而，曹操没有听，终至放虎归山，留下了一辈子的遗恨。

颍川谋士的奇才在荀彧、荀攸、郭嘉三人身上可谓展露无遗，也让曹操大受其利。不过，难道真的"得颍川者得天下"吗？对比一下袁绍，其麾下也有不少颍川人士，但随着他一统北方四州后，其帐下冀州派与汝颍派很快就互相攻讦起来，其矛盾最终导致袁氏分裂，最终被曹操各个击破。袁绍帐下的颍川谋士大多下场悲惨：郭图在南皮城破后被斩杀，妻儿也遭屠戮；辛评一家老幼均被审配斩杀，仅有弟弟辛毗投靠了曹操，为颍川辛氏后来在曹魏的发达埋下伏笔。

当然，在中原大乱之际，还有一批颍川人在汉末乱世中避祸南下，定居在荆州，并与刘备集团发生了联系。其中有代表性的，一位是给刘备推荐诸葛亮的"水镜先生"司马徽，还有两位是诸葛亮在隆中的好友徐庶和石韬——徐庶曾在刘备手下，也是诸葛亮的重要举荐人。荆州归附曹操后，两人被迫北上，皆入魏国当官：徐庶为右中郎将、御史中丞，石韬历任郡守、典农校尉。后来诸葛亮北伐，出兵陇右，听到这两位昔日好友的仕官情况，不无惋惜地说："难道是魏国的人才太多了吗，为何不重用这两人呢？"[1]

君臣分道，孤臣可叹

建安十七年（212），荀彧五十岁。他已经为曹操的霸业贡献了二十一年才智，此时正跟随曹操东征孙权，因病留在寿春。傍晚，曹操特意派人给他送来了一盒淮南的特色小吃。荀彧打开盒子，里面空无一物。他长叹了一声，此后再无言语。第二天随从推开门，发现荀令君已经服毒身亡，屋内唯他常携于身的香囊还散发着淡淡的香气。

这是《魏氏春秋》中荀彧的结局，凄惨悲凉，与他生前的辉煌荣耀简直是天壤之别。而权威史书《三国志》仅以"以忧薨"这三个字模糊带过。荀彧这么重要的人物，死因却好似"说不得"一般，遮遮掩掩，在他身上究竟发生了什么？在曹操将登上巅峰之际，身负"王佐之才"的荀彧，为何被永远留在了阴影之中？

一切都要从建安十七年董昭等人推动曹操晋爵魏公开始。在前一年，曹操于渭水击败了马超、韩遂，平定了关中，他觉得这一大功足够令他自己再升一级。但他已经是丞相，官位一人之下、万人之上，只能在爵位上下功夫，那就是进国公、加九锡。

国公和丞相有本质不同。丞相虽然是百官之首，但毕竟还是皇帝的臣子，和其他朝臣只是上下级的关系，而进位国公之后，曹操就有了自己的国号、封国，以及全套的行政班底、礼乐制度、宗庙，辖区内完全自治，相当于国中之国。在很多忠于汉室的人眼中，这就是迈出了篡汉自立的危险一步。

很不幸，荀彧就是这样的人。而这么多年，曹操居然到这时候才发

---

[1] 魏殊多士邪！何彼二人不见用乎？——《三国志·诸葛亮传》裴注引《魏略》

现。为什么这么说？董昭等人劝曹操为魏公，明显是受到了曹操的指示，而且他们私下里告诉了荀彧。这一定又是曹操的意思，他以为辅佐自己打天下的荀彧对此一定欢欣鼓舞，然而他热脸碰了个冷屁股。荀彧正色道："曹公当初兴义兵是为了匡扶朝廷、安定社稷，应该秉承忠贞，谦恭退让。君子爱人应该有德行，不能这么搞啊！"[1]

这段话很诚恳，但也很无情。荀彧已经透露出，他看破了曹操想要篡汉的野心，希望曹操不要迈出不忠不义的一步。而曹操的反应则是"心不能平"。从这时开始，当年青山松柏一般的君臣关系就宣告破裂了。同年，荀彧的尚书令一职就被华歆接任，他也随之被调离汉献帝的身边，转而以侍中和光禄大夫的身份，参赞丞相府军事，随同曹操出征。须知，荀彧从阵前谋士转为后方总管已经十七年了，此时的曹操帐下早已谋士如云，根本不需他出谋划策。何况荀彧已经年届五旬，带着一身病。合理的解释只有一个：曹操不再信任他，不再像当初那样放心将他放在后方"居中持重"，甚至怀疑他与汉献帝离得太近会生出什么是非来，不如带在自己军中。

荀彧对曹操的态度的变化，可能和他长期坐镇后方有关。曹操起初的用意是自己在外打仗，留荀彧在许都监督汉献帝的一举一动。但荀彧虽是曹操的心腹，可也是汉臣，常年与汉献帝相处，被汉献帝像老师一样敬重着，难免会萌生对汉室的亲近感。再加上曹操随着战功的累积逐渐表现出对汉室的骄纵与跋扈，势必引起荀彧对汉献帝的恻隐之心。

还有一个容易被人忽视的地方：荀家的另一位大才子、荀彧的堂兄荀悦（"荀氏八龙"荀俭之子），一直在汉献帝身旁，陪他读书论政。他看到献帝失政、曹操揽权，忧心忡忡地写了《申鉴》五篇。文章引用诸多历代治国理政经验，以给汉献帝作借鉴。汉献帝并非一个庸主，已经有很多证据证明，他始终怀着向曹操夺权的盘算。曹操拥戴献帝的二十五年，

---

[1] 或以为太祖本兴义兵以匡朝宁国，秉忠贞之诚，守退让之实；君子爱人以德，不宜如此。——《三国志·荀彧传》

许都城内暗流涌动，反曹的势力此起彼伏，献帝与曹操的博弈一直没有停息。荀家兄弟与汉献帝走得越来越近，自然就与曹操越来越远。

荀彧是个矛盾的人。一方面，他希望借助曹操的霸业，实现自己"王佐之才"的人生理想；另一方面，他又对自己汉臣的身份眷恋至深，一厢情愿地认为曹操的霸业与忠君可以兼得。荀家的家风历来都是以保全自身与家族为上，绝不跟强权硬顶，绝不做愚忠之臣，他的长辈们，面对当政宦官、权臣董卓都能够虚与委蛇，圆滑应对。但是，曹操晋位魏公的行为触动了他的心理底线，使得他必须将矛盾公开化。这一对楷模般的君臣搭档，终于不可避免地分道扬镳了。

《献帝春秋》里还记载了一件事，说当初伏皇后与伏完通信，表达对曹操的不满，被荀彧得知，但他有意隐瞒，没有报告给曹操。后来曹操从别的渠道知道了此事，责问荀彧。荀彧先是谎称自己以前说过，是曹操忘了，见瞒不过，又借口说当时正值官渡之战战事紧急，怕说了给曹操添堵。文中认为，曹操虽然表面对荀彧照常礼遇，实际上从那时起，就开始记恨他了，只是外界不知晓。而立魏公事件只是让两人公开撕破脸皮的导火索。当时荀彧一直想当面劝诫，但曹操知道他的来意，作了个揖就把他支出去了，根本不给他说话的机会。昔日无话不谈的君臣二人，关系居然冷淡到这个地步。

裴松之在引用完这段史料后就把它批判了一番，认为作者袁晔让荀彧在曹操面前丑态百出，简直是玷污圣贤。但笔者倒觉得，荀彧与曹操之前关系那么密切，仅因建安十七年立魏公这件事就突然翻脸，以至于赔上一条命，这不太合理。若说两人早有嫌隙，逐渐发酵，似乎更为可信。

通过查史书我们可发现，无论是荀彧还是荀攸，他们对曹操出谋划策的记录都止于建安十三年（208）曹操南下。此前一年，曹操曾下令封赏二荀，认为"忠正密谋，抚宁内外，文若是也，公达其次也"，为两人增邑。此后竟再无曹操与二荀的互动。

恰恰就是这几年，对于曹操创业所倚仗的颍川人士而言，是一个重要的分界点。曹操最重要的谋主郭嘉在建安十二年（207）北征乌丸的途中英年早逝。次年曹操南下，在赤壁受阻，不禁哀叹："郭奉孝在，不使孤至此。"南征受挫促使曹操进行反思，于建安十五年（210）公开发布了"求贤令"，提出"唯才是举"的选拔人才原则，突破了当时选拔人才仅凭家世的藩篱。此后，建安十九年（214）、建安二十二年（217），曹操又陆续颁布号令，鼓励地方举贤任能，大量来自各个州郡的不同家世的人才的涌入，让颍川名士主宰曹营成为历史。贾诩、董昭、蒋济、刘晔乃至后来的司马懿都逐渐崭露头角，曹操对谋士集团进行了一次大换血。荀彧、荀攸在曹魏集团的影响力自然有所下降。

　　曹操爱才，部下先殁者，他都会表现出悲痛之色。爱将典韦阵亡后，曹操"为流涕，募间取其丧，亲自临哭之"。郭嘉病逝后，曹操捶胸哀号："哀哉奉孝！痛哉奉孝！惜哉奉孝！"

　　荀彧死后，曹操有什么表示呢？

　　没有表示。《三国志》和《后汉书》中都没有记载。《后汉书》中出现这样一句意味深长的记录："帝哀惜之，祖日为之废宴乐。"真正为之哀痛的是汉献帝。紧接着，却是一句"明年，操遂称魏公云"。多么平淡的一句叙述，却也是多么决绝的一句叙述：荀彧走了，再也没有人能阻挡曹操登上魏公的脚步，曾经那个口口声声要匡扶汉室、忠君体国的曹操，终于不用再伪饰自己的野心。然而，荀彧之死多少对曹操还是有所触动的，在他有生之年，有无数机会可以踏出那最后一步——登基称帝。但曹操终究没有这么做。

　　荀彧死后两年，荀攸也病逝。曹丕对荀彧、荀攸一直非常敬重，他曾"曲礼事彧"，荀攸病时，他也曾"独拜床下"。然而，荀彧的儿子们却接连在政治上站错队，加快了荀氏家族的式微。

　　荀彧的长子荀恽，娶了曹操的女儿安阳公主，是曹丕的妹夫。但荀恽却和曹植私交甚好，而和夏侯尚不睦，这就犯了曹丕的忌讳。荀彧的幼子荀粲也与曹家联姻，但娶的是骠骑将军曹洪的女儿——曹洪曾因为不借钱给曹丕而得罪了他,后来差点被曹丕处死。荀粲自然也不可能受到曹丕的待见。

荀恽作为荀彧的嗣子,没有什么作为,很早就去世了。荀攸的后代更惨,长子荀缉短命,次子荀适继承爵位后没有儿子,以至于荀攸这一脉的爵位承袭就此断绝。荀家辉煌的时代过去了,直到魏晋之交,荀家依附司马家,才获得了振兴的机会。

陈制九品,钟定关中

荀彧对汉室的忠贞与坚守是孤独的,他在颍川世家中实属另类。比如陈群和钟繇,既是荀彧为曹操举荐的颍川士人,又是与荀家有姻亲之好的世家子弟,却完全没有对汉室的眷恋。他们及时将自己从汉臣转变成魏臣,为曹操父子所倚仗,成为曹魏政权的开国元勋。

陈群,字长文,是陈寔的孙子、陈纪的儿子,当初他和荀彧一起在荀陈两家的家族宴会上时,都还是孩子。多年之后,两人不仅同在曹操帐下,陈群还娶了荀彧的女儿,延续了荀陈两家世代交好的传统。

荀彧早年投靠袁绍,陈群也曾在曹操的另一个死对头手下做事,那就是刘备。当时刘备刚从陶谦手中接过徐州,正志得意满,陈群却向他泼凉水,让他小心吕布随时会在背后偷袭。刘备没有听从,向东与袁术交战,果然被吕布袭取了下邳,这让刘备后悔不已。

曹操平定吕布后,陈群归于曹操,任丞相府西曹掾属,管理人事工作。他善于识人,他认为德行上有缺失的人,后来果然犯法被诛,而他举荐的戴乾、陈矫,后来都成为忠臣名士。

陈群真正的人生高峰,则在曹丕时代。当时出任魏国尚书的陈群,制定了九品中正制,成为上承两汉察举制、下启隋唐科举制的中国古代三大选官制度之一。九品中正制,简单说来,就是在州郡设立中正官,由中正官从家世、道德、才能等方面来品评人才,写出评语,确定其品级,以作为官府录用人才的重要依据。

九品中正制比之两汉的察举制，最大的区别在于将品评人才的权力收归政府任命的中正官，削弱了汉末"月旦评"名士品评对士人仕官的影响力，有助于皇帝收拢人事大权。但同时，它也是对选拔人才看重出身的回潮。曹操时代，出于打天下的需要，对待人才是兼容并包的，在任用世家大族子弟的同时，也通过"唯才是举"的求贤令，提拔了不少寒门俊杰。曹丕继位时，三国鼎立的局面基本形成，他更关心的是如何迈出以魏代汉这关键一步，背后就少不了世家大族的支持。因此九品中正制提出的时间点非常巧妙，正是曹丕刚即位为魏王，还未篡汉称帝之际。因此由世家大族出身的陈群制定的九品中正制，被视为曹丕拉拢世家大族的见面礼。

陈群的官运亨通得益于他很早就把宝押在曹丕身上，成为曹丕核心智囊团"四友"之一，助其登上世子之位。后来曹丕早逝，陈群以镇军大将军之职，与曹真、曹休、司马懿一道受遗诏辅佐曹叡，成为托孤重臣，终于也升任司空，跻身"三公"之列。

颍川陈氏家族，从陈寔到陈纪，再到陈群，官越做越大。但比起父亲和祖父，陈群的名望和风评可谓有云泥之别。孙权在与诸葛瑾讨论局势时就狠狠黑了陈群一把："我听说曹魏任用陈群、曹真这种人主政，不是书生就是宗室，这样能驾驭雄才虎将制霸天下吗？"他还充满讥讽地说："像陈群这种人，曹操和曹丕在的时候，畏惧他们的威严，俯首帖耳。曹叡现在弱主即位，他们还不各自结党营私，把国家糟蹋完了？"虽然后来局势没有像孙权臆想的这般发展，但也足以看出陈群在当时的名声之差。所以后来有一句话叫"公惭卿，卿惭长"，说的就是陈家三代，一代不如一代。

钟繇，字元常，是"颍川四长"之一钟皓的曾孙（《三国志》裴注引《先贤行状》中为曾孙，《后汉书》中为孙）。钟皓比陈寔大十七岁，曾经举荐过陈寔，也与荀淑齐名。党人领袖李膺曾师从于他，盛赞荀淑、陈寔、钟皓三位"荀君清识难尚，陈钟至德可师"。后来因为党锢之祸的牵连，钟皓的儿子们都没有出仕，一直到了钟繇这一代才重回官场。

钟繇举孝廉后，一直担任京官，为黄门侍郎。当时李傕、郭汜乱长安，切断了长安与关东的一切联系，钟繇的一大贡献就是劝说李、郭厚待曹操来使，让曹操与朝廷恢复联系。这时候，荀彧在曹操身边已经盛赞过钟繇的贤能了。在汉献帝逃出长安东归的过程中，钟繇也参与了谋划，立了功劳，后来曹操迎献帝于许都，钟繇就一下升为尚书仆射——仅次于尚书令荀彧的行政二把手。

与颍川大族的文人谋士不同，钟繇不仅有谋略，还是一名独当一面、能征善战的元帅。他在长安做官多年，曹营中没有人比他更熟悉关中的形势。当时曹操正忙于与吕布、袁术等周旋，无暇西顾，又担心袁绍侵扰关中，挑动羌人叛乱，或与巴蜀刘璋勾连，于是问计于荀彧。荀彧的建议是"西边的事情就交给钟繇吧"！[1]当时，关中一带经过李傕、郭汜祸乱之后，不仅人口稀少，一片萧索，还有马腾、韩遂等地方军阀拥兵自重。曹操于是表钟繇为司隶校尉，委之以关中一带的军政大权。钟繇一到任便采取怀柔政策，写信给马腾、韩遂，成功劝动他们送质子入朝，很快稳定当地局势。曹袁官渡之战，钟繇从关中为曹操输送了两千匹急需的战马，有力支援了曹操。袁绍死后，袁尚、袁谭与曹操在黎阳对峙，袁尚想打破僵局，就派表兄弟高干与匈奴单于联合，入侵河东一带，意图从侧翼包抄曹操，一时关中震动。钟繇在此关键时刻，果断下令主动出击，还邀来马腾军作为盟友，在汾水大破袁军，解除河东危机。

钟繇经营关中十余年，恢复了民生，充实了人口。后来马超在关中反曹，钟繇也奋力抵抗。《三国演义》中讲赤壁之战前夕，徐庶听取了庞统避祸的计策，向曹操主动请缨，与臧霸出镇长安，防御马腾、韩遂，实际上这并不符合史实。史书中，徐庶从未在曹魏领兵，臧霸也是一直盘踞在

---

[1] 钟繇可属以西事，则公无忧矣。——《三国志·荀彧传》

青徐，没有驻防关中的经历。魏国建立之前，曹操无论是北伐、东讨还是南征，西大门始终是由钟繇负责把守。钟繇经营关中多年，无论是其对本地人才的提拔，还是其对当地经济和军事的恢复，对于曹魏政权的巩固都可谓意义非凡。后来诸葛亮、姜维屡次北伐受阻，和钟繇当年铺的底子分不开。

有这样高的功绩，到了魏国建立后，钟繇自然就接连出任魏国的大理（后更名廷尉，主管刑名狱讼）和相国。曹丕当时是世子，对钟繇十分尊敬，还赐予他刻有赞颂他功德铭文的"五熟釜"。建安二十四年（219）邺城发生的魏讽谋反案，许多人受到牵连，钟繇因为是魏讽的举荐人，也遭到免官。但曹丕知道他与此案并无瓜葛，即魏王位后，立即为钟繇恢复了官职。曹丕称帝后，钟繇和陈群都成为曹魏的开国元勋，深受曹丕的器重和信任。贾诩去世后，钟繇代其为太尉，与司徒华歆、司空王朗并为"三公"。一次散朝，曹丕带着满满自豪感说："像这样的'三公'，恐怕是空前绝后了！"[1]

钟繇于今人更为熟知的身份是书法家。他博采众长、兼善各体，其书法结构严谨、笔势自然。他开创了由隶书到楷书的新貌，被誉为"楷书之祖"。然而钟繇有一个毛病，就是"拖稿症"。荀攸做曹操军师时，曾经谋划过十二条奇策。由于钟繇与荀攸私交甚密，这事儿只有钟繇知道。钟繇本想将其写成一本兵书，然而拖拖拉拉，直到死都没写出来，这些奇策也就没能为人所知。给《三国志》作注的裴松之看到这段，在批注中写道："荀攸死后十六年钟繇才死的，十六年啊，把人家的奇策写成书有难度吗？结果到八十多岁都没写成，因而让荀攸的奇策失传，太可惜了！"[2]

---

[1] 文帝罢朝，谓左右曰："此三公者，乃一代之伟人也，后世殆难继矣！"——《三国志·钟繇传》
[2] 臣松之案："攸亡后十六年，钟繇乃卒，撰攸奇策，亦有何难？而年造八十，犹云未就，遂使攸从征机策之谋不传于世，惜哉！"——《三国志·荀攸传》裴注

辛毗持节，荀陈歧路

时光流淌到了魏正始十年（249），三国的政局又迎来了一次惊心动魄的巨变。魏太傅司马懿发动高平陵事变，诛杀大将军曹爽及其党羽，自此魏国权力开始从曹家向司马家转移。当年将曹家抬上皇帝位的颍川世族们，又面临一个关乎命运的选择：忠于曹家还是依附司马家？

当时居于庙堂之上的颍川世家大族，除了荀、陈、钟之外，还有颍川阳翟的辛氏。高平陵事变发生时，辛敞担任曹爽府的参军，留在洛阳城中。大将军司马鲁芝看到司马懿就要紧闭城门，连忙呼唤辛敞和他一起夺门而出投奔曹爽。辛敞是个没主意的人，正焦头烂额，不知道怎么办才好，急切之下，他去找了辛家最有主见的人——他的姐姐辛宪英。辛宪英当即就对局势做出了准确的判断：曹爽不是司马懿的对手，肯定要在这场事变中失败。辛敞就问："既然曹爽必败，我是不是就不要去投奔他了？"没想到姐姐正色道："怎么可以不去？忠于职守是为人的大义，你身为曹爽的属官，去为他效劳，哪怕为他去死，都是你的职责所在。况且你又不是曹爽的亲信，不过是从众罢了。"辛敞听了，出城投曹爽而去。后来司马懿成功诛杀了曹爽，果然也没有拿辛敞问罪。辛敞既保了命，又守了义，为姐姐的聪慧所折服："若不是跟姐姐商量，我差点做出了不义之举啊！"[1]

辛敞和辛宪英的父亲，正是当年袁绍麾下颍川籍谋士辛评之弟辛毗。颍川辛氏是从陇西东迁到颍川的外来户，所以没有荀、陈、钟、韩四大家族那么名声赫赫。辛评、辛毗兄弟与许多颍川士人一样，受到袁绍的召唤而加入其阵营。其实当时曹操也想录用辛毗，可惜来晚一步。后来袁谭与袁尚相攻，辛毗作为袁谭的使者来曹营求援。不过这时的辛毗早就放弃了

---

[1] 宪英曰："安可以不出！职守，人之大义也。凡人在难，犹或恤之；为人执鞭而弃其事，不祥也。且为人任，为人死，亲昵之职也，汝从众而已。"敞遂出。宣帝果诛爽。事定后，敞叹曰："吾不谋于姊，几不获于义！"——《晋书·列女传》

那个袁家的愚蠢公子，反而胳膊肘朝外拐，为曹操分析起局势。当时曹操看河北一时难以拿下，想先南下平定荆州。辛毗就劝他说："目前二袁互相攻打，自相残杀，去消灭他们就如同'迅风之振秋叶'，此时袁谭来请求议和，这可是千载难逢的机遇！荆州目前没有空子可钻，但如果河北平定了，那么天下谁也不是您的对手了。"

曹操接受了他的意见，先率兵攻克袁尚，再移兵灭了袁谭。但辛毗投曹的代价是，留在邺城的辛评一家老幼均被审配所杀，这也成为辛毗被世人诟病的一个污点。邺城被破后，审配被生擒，辛毗带着满腔的愤怒，挥着鞭子就朝他的脸上打去，痛斥道："奴才！今天就是你的死期！"审配是袁家的死忠，也骂了回去："都是你们这群狗辈害了我冀州，我恨不得杀了你，有种来杀我啊！"[1]曹操爱才，本想招降审配，辛毗在一旁哭劝，曹操才下令斩了审配。

辛家本身只是颍川小族，因为投错了主子，所以几乎被灭门。辛毗带着辛家仅存的希望，死心塌地为曹家尽忠。平定河北后，曹操表奏辛毗为议郎，兼任侍中。到了曹刘汉中之战，曹操派曹洪攻打下辨，但有些不放心，就让辛毗和曹休做他的参军。曹操打比方道："当年高祖刘邦贪财好色，张良和陈平纠正了他不少过失。现在辛毗和曹休的任务可不轻啊！"[2]

或许辛毗自己也没想到，多年之后，他又一次来到汉中对蜀前线，自己的身份和形势均已大不一样。更为关键的是，在此战中，他将与司马懿结下一段渊源。

那是魏青龙二年（234）的夏天，大将军司马懿正与蜀汉丞相诸葛亮

---

[1] 是日生缚配，将诣帐下，辛毗等逆以马鞭击其头，骂之曰："奴，汝今日真死矣！"配顾曰："狗辈，正由汝曹破我冀州，恨不得杀汝也！且汝今日能杀生我邪？"——《三国志·袁绍传》裴注引《先贤行状》

[2] 昔高祖贪财好色，而良、平匡其过失。今佐治、文烈忧不轻矣。——《三国志·辛毗传》

对峙于五丈原。这是诸葛亮最后一次北伐，积蓄了三年的实力，频繁向魏营发起挑衅，甚至送去女人的衣服以羞辱司马懿，以激其出战。对魏军来说，坚守勿战将诸葛亮拖垮是上上之策，这也是司马懿早就与魏明帝曹叡一道定下的应对策略。然而，不知是司马懿受不了羞辱，还是部下将领不想做缩头乌龟，一纸请战书忽然从前线被寄到了洛阳朝堂之上。魏明帝左右一望，决定让素来忠诚正直的辛毗前去处理。

此时的辛毗因为当年议立太子有功，又带头劝进曹丕称帝，因而位列魏国开国功臣序列，拜颍乡侯、卫尉（卫尉是"九卿"之一，掌管宫廷禁军），足见曹丕对其的信任。辛毗持着代表皇上的节钺来到司马懿营中，六军一下子安静了下来，纷纷表示听从辛毗的节度，再也不敢提出兵的事情。由于辛毗及时为司马懿稳住军心，让魏军的"龟缩"战术终于发挥了效果，最终耗干了诸葛亮最后的生命烛火。可以说，诸葛亮的北伐最终功败垂成，辛毗在其中发挥了巨大作用。虽然班师后不久辛毗便去世了，但这次亲密的合作，让辛家和司马家走得近了。或许正是有这层关系，辛家才能在高平陵事变之中毫发无损，平安过关。辛敞此后便依附于司马氏，辛宪英则嫁给了泰山羊氏的羊耽。而羊耽的侄女羊徽瑜则是司马师的续妻。辛家和羊家，都成为司马氏依靠姻亲组建的士族大联盟中的重要成员。

高平陵事变带来了政坛巨变，颍川士族的领袖荀、陈二家也无法幸免。当时荀家的代表人物是荀彧第六子、骑都尉荀顗和荀爽曾孙、中书通事郎荀勖；陈家的代表人物是陈群之子、尚书陈泰。

与当年的荀彧与荀攸一样，荀顗与荀勖也是年龄相近的叔侄俩，他们的升迁自然都是沾了荀家门楣的光。司马懿辅政时见到荀顗便感叹："这是荀令君的儿子啊！"很快给他提升了官职。而荀勖幼年时就被钟繇称赞："这小子长大后一定比得上他曾祖父（荀爽）。"

荀家虽然有多人在曹魏做官，但早已与曹家渐行渐远，在正始十年司马家与曹家的暗战中,荀家自然成为司马懿笼络的对象。荀颛与荀勖,一个是魏帝曹芳的讲学师傅,一个是曹爽的属官,却在高平陵事变之后与司马家越走越近,直至加入了司马家的士族联盟,多次为司马师、司马昭献计献策,一路升官晋爵。

司马炎称帝,二荀都是元勋。荀颛担任司空,封临淮公,为开国"八公"之一;荀勖长期担任中书监,掌管机要事务。司马家拉拢荀家时自然不会放过政治联姻这个百试不爽的套路:司马懿和张春华唯一的女儿南阳公主嫁给了中领军荀霬。荀霬有两个身份,既是荀恽的儿子、荀彧的孙子,又是曹操的外孙。南阳公主给荀家生了两个后代——荀恺和荀悝,司马懿非常喜欢这两个外孙,给他们分别取小名为虎子、龙子。"虎子"荀恺后来还跟随钟会参与灭蜀之战,跟随王濬参与灭吴之战。

虽然颍川荀家在魏晋的政权更迭中保住了仕途亨通,但也输掉了曾经仁义忠信的社会形象。和当年品行高洁、受人尊敬的荀彧、荀攸相比,荀颛、荀勖、荀恺之流差得不是一点半点。

举个例子,司马炎想要立司马衷为太子,让荀恺与和峤去考察。荀恺回来后大力称赞司马衷有德行,而和峤则对其评价一般。后来司马衷是怎样的草包皇帝大家也知道了,所以和峤受到了称赞,荀恺则遭人鄙视。实际上,连晋武帝司马炎都感受到荀家后代与先祖的巨大差距。荀勖升任尚书令后,司马炎就拿曾先后担任过尚书令的荀彧和荀攸为例,希望荀勖能在进善退恶方面兼有两位先人的美德[1]。话语中满满都是讽刺。

与荀家子孙热切地投入司马家怀抱相比,陈泰在此番政局变幻的大潮中保守了家族的气节。

陈泰,字玄伯,虽出自文儒世家,却在行伍中表现出众。他曾担任魏国的雍州刺史、征西将军,更是在郭淮去世后接替他总督雍、凉二州兵

---

[1] 帝尝谓曰:"魏武帝言'荀文若之进善,不进不止;荀公达之退恶,不退不休'。二令君之美,亦望于君也。"——《晋书·荀勖传》

马,成为对蜀前线的最高指挥官。熟读《三国演义》的读者都知道,姜维北伐最大的劲敌是邓艾,但在邓艾之前,姜维最为棘手的对手是陈泰。尤其是魏正元二年(255)的狄道之战,姜维大破魏雍州刺史王经于洮西,围之于狄道城。当时邓艾提出避其锋芒、拒险自保之策,相当于放弃狄道。但陈泰反倒认为应当抓住姜维孤军深入的时机,快速破敌,解狄道之围。后来在陈泰的指挥下,魏军出其不意地躲过了蜀军的埋伏圈,与王经内外夹击解除了狄道之围,化解了陇西失陷的危机。可见,陈泰在军事才能上并不逊于邓艾。

陈泰与司马师、司马昭也是自幼结交的朋友。高平陵事件中,陈泰还没有发觉司马氏的反意,甚至还出面劝说曹爽向司马懿交权。但随着司马兄弟野心逐渐显露,陈泰越发不安。魏甘露五年(260),魏帝曹髦被弑身亡,轰动天下。陈泰当时已被调回朝中担任尚书左仆射,他第一时间冲入现场,对着曹髦的尸体号哭尽哀,让司马昭一时颇为尴尬。陈泰毕竟是名门子弟,司马昭不仅不能得罪,还拉他到内室询问应对之策。陈泰正色道:"唯有杀贾充以谢天下。"司马昭一时语塞。他当然舍不得杀心腹贾充,于是让成济当了替死鬼。

陈泰当年就去世了,一说是因为魏帝被弑伤感过度,呕血而死。陈氏后代虽不乏在朝为官者,但已归于沉寂。

荀氏家族与陈氏家族,可称为颍川的"双子星"豪门。《世说新语》记载,魏正始年间,士人喜欢将世家人物比较品评,荀家和陈家自然是热门谈资,于是就有了"五荀方五陈"的说法:"荀淑方陈寔,荀靖方陈谌,荀爽方陈纪,荀彧方陈群,荀顗方陈泰。""方"就是匹配、相提并论的意思。不过干宝《晋纪》中的一则记载表明,荀顗完全不能与陈泰相比。司马昭弑君后,曾让荀顗去召陈泰来议事。当时荀顗已经投向了司马昭一边,而他是陈泰的舅舅,所以陈泰便当场讥讽他:"世人都拿我跟舅舅相提并论，但今日看来，舅舅不如我陈泰啊！"[1]

在汉魏相代之际，荀彧守节，陈群附魏。而在魏晋相代之际，却是陈泰守节，荀氏依附司马氏。世事变迁，令人无限感慨。

颍川陈家虽然在政坛式微，但在士人的心中依然名望赫赫。尤其兴业之祖陈寔更是被后人景仰，墓碑上刻有"文为世范，行为士则"的墓志铭。某年，一个姓邓的十二岁放牛娃途经这里，对陈寔墓顶礼膜拜，欣然仰慕，于是从墓志铭中为自己取名为邓范，字士则；后来因跟族中旁人撞了名字，才改名为后世所熟悉的邓艾，字士载。

后来，唐代高僧玄奘取经回国，名满天下——他的俗家名字叫陈祎。据《大唐西域记·序二》载，玄奘"其先颍川人也"，为颍川陈氏后裔。此后，更多陈姓人士以陈寔为宗，遂有"天下陈姓出颍川"的说法。

神童现世，奇谋灭蜀

魏景元四年（263）的深冬时节，即便是"天府之国"的蜀地也已寒风料峭、一片萧索。时年四十岁的钟会站在成都恢宏的皇宫之内，一股澎湃的热流激荡在他的胸怀之中，无论如何也不能止息。

这一年是钟会人生的巅峰，也是颍川钟氏的巅峰。这一年，钟会统帅的十八万大军分三路南下，葬送了刘备、诸葛亮缔造的蜀汉政权，改变了长达四十多年三国鼎立的格局，可谓不世之功。更令他兴奋的是，名将姜维俯首帖耳，政敌邓艾束手就缚，天下两大人杰都握于他的掌中。此刻的他，已被洛阳朝廷授予司空，假节钺，沃野千里的巴蜀之地尽在他一人之手，他体会到在司马昭帐下做谋士时无论如何也体会不到的成就感。他长舒了一口气，终于领悟到人生于世的意义，也终于感受到当年刘备割据巴蜀称帝一方的豪迈之气。

---

[1] 泰曰："世之论者以泰方于舅，今舅不如泰也。"——《三国志·陈泰传》裴注引《晋纪》

然而，作为名门之后的钟会，此刻的脑海中却蓦然浮现出那些颍川先贤的身影与结局：荀彧为曹操的霸业贡献心血，最终却因为魏公之议恩断义绝，死得不明不白；陈泰为曹魏尽忠尽力，却在皇帝被弑后无能为力，只有恸哭呕血；他还想到了自己的父亲钟繇，为曹家安定关中，可谓功勋卓著，但因一个魏讽案曹丕便将他削爵去官，让他晚年在官场始终战战兢兢、如履薄冰。

一个可怕而又极具诱惑的念头已经在钟会的心中萌发出来——我们颍川世家，百年以来执天下士族之牛耳，凭什么总要为别人卖命，辅佐他人打江山建霸业？为什么出身卑微的曹操、刘备、孙权可以攫取天下，而我们姓钟的不能？还是我们从来都没有想过？流淌着高贵血脉的颍川人，才更有资格当主公、当皇帝，开创一个崭新的时代。

从这个念头萌生的那一日开始，颍川世家在三国的落幕，便由此染上了一片血腥的颜色。

钟会，字士季，是钟繇的幼子，他的名与字可能来自春秋时晋国大夫士会（字季）。魏晋时人取名好追慕先贤，前述的邓艾便是此例。士会仕晋，并被汉高祖刘邦奉为刘氏先祖。而钟会后来灭蜀汉刘姓政权，为另一个晋国开辟天下，这一切似乎暗藏着渊源。

钟会的出生，从生理学上来讲称得上是一个奇迹。按照唐代书法家张怀瓘的《书断》所记，钟繇在魏太和四年（230）去世，时年八十岁，而钟会生于魏黄初六年（225）。也就是说，钟繇生钟会时已是七十四岁高龄，妥妥的老来得子。钟会的降生也是险象环生，差点就死在了娘胎里。当时钟繇的家里正在上演"甄嬛传"，主持后宫团的孙氏生性善妒，看到品性纯良的小妾张昌蒲怀了孩子，就想方设法往她的汤里下药。昌蒲喝了头晕目眩，险些流产。但她并没有向钟繇举报。后来钟繇知道了前因后果，就将孙氏逐出家门，对昌蒲的贤良淑德大为惊奇赞赏。

钟会幼年丧父，被母亲抚养长大。张昌蒲是一位不逊于孟母的教子能手,她为钟会制订了一套系统科学的人才养成计划:四岁学《孝经》,七岁学《论语》,八岁学《诗经》,十岁学《尚书》,十一岁学《易经》,十二岁学《左传》《国语》,十三岁学《周礼》《礼记》,十四岁学钟繇的《易记》,十五岁入太学读书,开始独立学习。后来钟会弱冠即担任尚书郎,昌蒲又执着他的手,叮嘱他学会自我约束。

钟会走上仕途时正是曹魏皇室走向衰微、司马家逐步蚕食政权之时,足智多谋且为名门之后的钟会自然受到司马兄弟的格外青睐。大将军司马师征讨叛乱的毌丘俭时,就将他带在身边,让他掌管机密要事。在司马师突然去世、皇帝曹髦借机夺兵权的紧要关头,钟会谋划让司马昭迅速接过兵权,将军队驻屯在洛水之南,保证了司马氏权力的平稳过渡。之后钟会又随司马昭征讨诸葛诞,多次献出奇计,被视作如张良张子房一般的天才谋士,十分受司马昭宠信。

上一个被称为"子房"的颍川才子荀彧,曾协助曹操在乱世中求生存,立下赫赫功绩。而钟会面对的则是一个已经稳固僵持四十一年的三国鼎立的格局。淮南的两场平叛远远无法满足他的壮志雄心,他需要一件超越颍川前辈的盖世功勋来证明自己,那么就唯有一条路——灭国战。

魏景元四年(263),钟会的机会来了。当时朝廷议论,姜维屡屡侵扰魏国,使得蜀国国力已空,要不要趁此时大举伐蜀。然而绝大多数文武官员,包括长期在前线作战的邓艾,都反对兴师动众讨伐蜀国。唯有钟会看透了司马昭希望借伐蜀之战掩盖弑君行为的心思,当场力主伐蜀,让司马昭大悦。司马昭对他的奖励也是空前的——让钟会做伐蜀大军的总司令。

钟会?不是开玩笑吧?估计在场的所有臣僚都是一脸茫然。要知道,钟会此前从未独立指挥过一场战争,更从未参与对蜀作战,雍凉前线明明有更为合适的人选——邓艾,或者政治上更可靠的司马望。不过司马昭根本不顾众人的议论。是年八月,魏国三路大军浩浩荡荡地出发了:征西将军邓艾统军三万至甘松、沓中攻击姜维;雍州刺史诸葛诞统军三万至武

魏灭蜀之战示意图

街、桥头截断姜维归路；钟会统率的十余万主力大军沿着斜谷、骆谷向汉中进军。此三军中，钟会兵最多，级别也最高——镇西将军，假节都督关中诸军事，邓艾亦要受他节制。

此次的伐蜀不同于此前曹真、曹爽的仓促之举，可谓准备充分、策略得当、时机巧妙。当时蜀汉大将军姜维与蜀汉朝廷失和，正屯兵沓中避祸，此地与蜀汉的第一道防御线汉中相距遥远，正好给了钟会乘虚而入的机会。魏军三路南下的安排也很巧妙，邓艾和诸葛绪负责两路堵截姜维，等到姜维得知钟会入侵汉中时，已经来不及救援了。

与寿春、樊城这样的前线城市不同，汉中攻防战的焦点并不是主城南郑，而是周边的关隘、要塞，这也与汉中盆地独特的地形有很大关联。曹操与刘备争汉中的时候，双方争夺的要冲在定军山和阳平关。后来夏侯渊战败，曹操便知汉中不能守，主动撤出南郑。曹真、曹爽伐蜀，也是在黄金围、兴势围两个要塞受阻，什么便宜都没捞到。

但到了蜀汉后期，蜀国因为连年北伐兵力不足，姜维对汉中防御做了大刀阔斧的调整，这就是后来备受争议的"敛兵聚谷"之法。甚至有人据此而论道："姜维之亡蜀也。"

何谓"敛兵聚谷"？就是撤去了汉中外层的几座军事要塞，将主力军队集结在汉中盆地东、西两端的两个卫星城汉城（今陕西勉县）、乐城（今陕西城固）之中，采取坚壁清野之策。如果敌军来犯，便据险坚守，以拖垮远来之军。

平心而论，姜维"敛军聚谷"的策略比较符合当时蜀汉的实际情况：蜀汉经过连年征战已经积贫积弱，如果将有限的兵力分散据守要塞，则势必被敌人各个击破。汉、乐二城是诸葛亮在蜀汉建兴七年（229）就兴建的防御城堡，从地形图来看，两城刚好位于汉中盆地的东西两端，互为掎角之势，敌攻其中一城，另一城可驰援。而汉中向蜀中的唯一通道是阳安关（阳平关），只要守好这两城一关，敌人远道而来，久攻不下，粮草不济，必然退兵，趁此时机再收紧口袋，反攻掩杀，可获大胜。粗俗地说，就是关门打狗之计。

这诚然是一步好棋,但要害在于,用好此计需要良好的指挥与协作。假若当时姜维身在汉中,坐镇指挥,一切军事行为皆由其调度,则此计可成。遗憾的是姜维远在沓中。而反观当时汉中地区的布防,监军王含守汉城,护军蒋斌守乐城,傅佥、蒋舒守阳平关,接任王平担任汉中都督的胡济则退守汉寿,汉中实际上处于指挥真空的状态。钟会早已摸清了蜀汉的防御弱点,采取闪电战,在蜀汉情报网发现之前,便快速出兵包围了汉、乐二城,隔断其对外信息联络,使其不能互相救援,然后只留少量兵力围城,大军则直扑阳平关。此时姜维在用人上又出现了重大硬伤:蒋舒开关投降,让钟会顺利穿越汉中防御体系,完全打乱了蜀军的部署。这时候无论是从沓中赶来的姜维,还是从成都赶来的董厥、张翼都已太迟了。

通过阳平关的钟会大军紧接着攻破关城,获得了粮草补给,便向剑阁进发。若非诸葛绪在桥头因一天之差未能截住姜维,让姜维提前赶到剑阁布防,那么钟会便可以长驱直入,兵临成都,就没有邓艾什么事了。对于灭蜀之战,以往人们的关注点往往在邓艾偷渡阴平小道。但若不是钟会在短短一个季度内就攻破汉中防线,将蜀军主力牵制在剑阁,邓艾的奇袭是否能逼降刘禅,还得打一个大大的问号。彼时,钟会与邓艾还未闹掰,而且协作得非常好,邓艾奇袭的计划也得到了钟会的积极配合。钟会派将军田章从剑阁向西出江油,击败蜀军伏兵,为邓艾开辟了道路。

以上用较长的篇幅分析了战略,只是想说明钟会的军事才能。邓艾、姜维比钟会要年长二十多岁,且积累了长期的实战经验,但从分析可以看到,初次领兵的钟会丝毫不比他们差。此外,为了树立自己在军中的权威,钟会还使了不少手腕,比如以牙门将许仪开道不利为由,将其处斩。许仪是曹操的保卫队队长许褚的儿子,可谓功勋之后,但钟会一点都不手软,一时"诸军莫不震悚"。

钟会败亡，颍川归寂

邓艾和钟会的翻脸是从蜀汉投降之后开始的。当时邓艾和钟会都被朝廷传诏嘉奖，分别被封为太尉和司空，假节。"三公"虽然级别高，实际已是闲职。给在外典兵的将领授予"三公"之职，是司马家褫夺军权的常用手法，之前对待王凌、诸葛诞莫不如此。邓艾、钟会何其聪明，会看不懂这层道理？于是这两人各自据兵，丝毫没有回来的意思。尤其是邓艾，打仗可以，但搞政治不行，情商太差。他给司马昭上书，慷慨激昂地陈述了自己接下来的一揽子计划，说现在灭了蜀国，他们可以调兵遣将打造舟船，吓唬吴国，让它不战而降，因此也应该优待蜀主刘禅……邓艾的提议甚至细到了给刘禅封什么王，让他住在哪，腾出哪些郡以招待以后投降的吴国人等。这让司马昭看了很不舒服——这些事儿是你该操心的吗？你想做什么？这时候钟会弹劾邓艾悖逆谋反的状子也到了，于是司马昭下令将邓艾收槛车送回。

邓艾与钟会失和，表面上是"二士争功"，实际上是士族与寒门矛盾激化的体现。钟会出身于世家大族的颍川钟氏，邓艾则是放牛娃出身，靠着战功与司马家的一路提拔身居高位。现在两人同为灭蜀功臣，同时晋位"三公"，自然互相鄙视：邓艾认为灭蜀是自己偷渡阴平的功劳，看不起钟会借父勋上位；钟会则以贵族自居，根本不把又老又结巴的邓艾放在眼里。

二虎相争，邓艾先被扳倒，除了他自己过早显露出骄矜之色外，钟会的一个特殊技能也发挥了关键作用。身为大书法家的儿子，钟会巧妙地将书法应用在整人之上。他拦下了邓艾给朝廷的上表，模仿其字迹进行改写，让其言论更加狂悖骄矜，然后又修改了司马昭给邓艾的信，成功离间了两人的关系。

成功整倒了邓艾后，钟会得到一条不祥的情报：司马昭亲率大军西入长安，贾充持节督军并已进入汉中。这显然是冲着钟会来的，看来司马昭已经怀疑他了。看到邓艾鸟尽弓藏的结局,钟会终于决定放手一搏。

钟会手下将士,家人俱在北方,且长期受司马家恩惠,不可能跟他一起搞事。钟会叛乱唯一可以依靠的力量,就是姜维。史载钟会与姜维"情好欢甚",姜维想借钟会的力量复国,钟会也想借姜维的蜀汉旧部促成自己的起兵,两人可谓一拍即合。钟会的计划是让姜维领蜀兵出斜谷,自己带大军随后。等拿下长安,骑兵走陆路,步兵走水路顺渭水进黄河,五天就能到孟津,两军合兵后一举攻下洛阳,天下可定。总之,还是入蜀时的那一套:闪电战,打对方个措手不及。

彼时的钟会是很自信的,自信到有些自负。他对姜维说:"我从在淮南时就算无遗策,我这么有才的人怎么能久居人下呢?这次起事成则得天下,不成即退守西蜀,也不失做刘备啊。"[1]然而残酷的事实是,此次钟会与姜维联手起事只维持了两天。与钟会同来的诸将不愿起事,钟会就把他们关在宫中,由重兵守卫,结果消息走漏,将军们的部曲冲进来抢人,成都城顿时陷入一片乱战,钟会与姜维均被杀。

对于钟会反叛的原因,长期以来可谓观点荟萃、争论不休。笔者个人倾向于认为,是钟会素怀自立的野心、司马昭的逼迫与姜维的挑唆三个因素合力的结果。

实际上,对于钟会的反叛,事先已有多人精准预测,其中就包括其同乡辛家的才女辛宪英。她听到钟会伐蜀的消息,便忧心忡忡地对侄儿羊祜说:"我看他做事任性,不像是久居人下的样子,恐怕他有异心啊。"[2]另一位是对钟会知根知底的亲哥哥钟毓。他事先给司马昭打过"预防针",说弟弟才智过人但好玩弄权术,不可不提防。司马昭笑着保证说:"如果真像你所说,那时一定不会牵连钟家全族。"

钟家跟司马家原本就很亲近,钟毓和司马师更是少年时经常往来的好

---

[1] 事成,可得天下;不成,退保蜀汉,不失作刘备也。我自淮南以来,画无遗策,四海所共知也。我欲持此安归乎!——《三国志·钟会传》

[2] 宪英曰:"会在事纵恣,非持久处下之道,吾畏其有他志也。"——《三国志·钟会传》

友。钟毓在政治立场上也是倾向于司马家的。他曾因得罪曹爽，被外放贬官，后来还是司马懿召他回京，任命他为御史中丞、侍中、廷尉。后来钟毓还先后都督徐州和荆州军事，可见司马昭对他的信赖。

钟会在成都反叛时，钟毓已于数月前去世（钟会尚不知情）。按理叛乱罪要连坐三族，钟会是单身汉，无子嗣，但钟毓有四个儿子：钟骏、钟迪、钟邕、钟毅。好在有之前钟毓一番话，因此司马昭赦免了钟骏和钟迪，其官爵如故。钟邕则跟随钟会死在了蜀地。比较倒霉的是钟毅，他因为被过继给钟会，在宗法关系上成为钟会之子，没能免除被诛杀之祸。

颍川钟氏一族虽然躲过了灭族之难，却也是伤痕累累。西晋末年中原大乱，钟氏加入衣冠南渡的行列，在南朝各代依然是名门大族，世代为官。南渡之后，颍川几大世家陆续式微，而颍川新兴的世家如庾氏则崭露头角，涌现出庾亮、庾信等名人，世家大族的权力图谱迎来了又一轮洗牌。

十一

一个家族的谋国之路

司马家族

籍贯：河内温县（今河南温县）

代表人物：司马懿、司马师、司马昭、司马炎

谈论三国的家族时，河内司马家族是无论如何都绕不过的。魏、蜀、吴斗了那么多年，谁都没有征服谁，最终三国归晋，天下归于司马氏。

作为一个出身于河内的二流士族，司马家族如何能够在风起云涌的三国时代步步为营、日拱一卒，成为笑到最后的人？而从更为宏观的历史角度来看，司马氏的当政，为中华大地上又一场大动乱悄悄拉开了序幕。所以，他们真的是赢家吗？

司马懿的道路

司马这个姓氏，与太史一样，均来自官职。传说上古五帝时，设春、夏、秋、冬、中五官来管理天下。至周朝，以夏官为司马，掌军政、军赋。周宣王时期，司马程伯休父率军平定了化外方国许方，立下战功，周天子将官职赐予他为氏，遂成司马氏。东周惠王、襄王时，司马氏去周奔晋，其后裔分散在东周各国：在秦的一支成为将军世家，有平定巴蜀的秦国大将司马错，其后为夏阳司马氏（司马迁家族）；在赵的一支成为剑客世家，有刺客司马蒯聩，其后为河内司马氏。

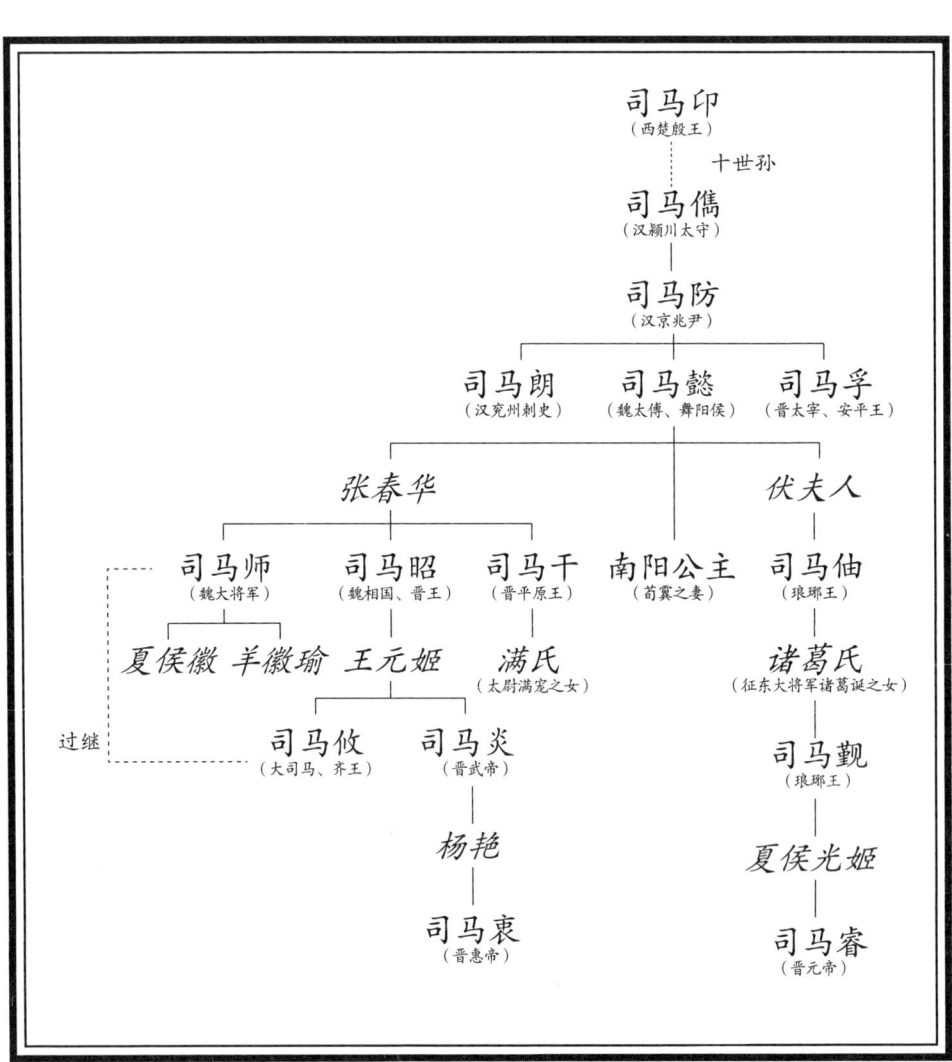

河内司马氏世系表

与弘农杨氏相似，河内司马氏在两汉的发展呈现出由武人家族向文儒世家转化的过程。司马蒯聩玄孙司马卬，起于秦末乱世，初为赵王武臣部将，后跟随项羽入关，因平定河内有功，被项羽割原魏国之地封为殷王，定都朝歌，为项羽所封十八诸侯王之一。但没过两年，刘邦出关中渡河北上，司马卬战败归汉。刘邦复设河内郡，司马卬后代遂居于此。

司马氏家族传至司马卬十世孙司马儁时，已经在温县有了很高的声望。司马儁博学好古，得到不少乡里宗亲的拥戴，官至颍川太守。到了其子司马防[1]这一代，河内司马氏已经彻底成为一个雅好儒学的士族家庭。司马防喜欢阅读《汉书》名臣列传，可以背诵其中数十万字。他少时自州郡入仕，历任洛阳令、京兆尹，成为京畿地区的行政官，拥有举荐官员的权力。

也就是在这时，司马氏家族与曹氏家族产生了渊源。曹操举孝廉入洛阳任郎官，就是经司马防之手，后来又为洛阳北部尉。可以说，曹操走上政坛的第一步中，司马防是提携者与引路人。多年以后，曹操已经成为魏王，在邺城大摆筵席，他与司马防饮酒时骄傲地说："您看我今天还能够做尉官吗？"司马防的回答不卑不亢："当年我举荐大王时，您正可做尉官。"[2]曹操听罢大笑。

司马防有八子，因为表字中都有一个"达"字，且都有声名，故时人称之为"八达"。这其中，后五人因史料匮乏，失其行事。登上汉末三国政治舞台的，只有大哥司马朗、二弟司马懿、三弟司马孚。

司马朗，字伯达。中原大乱时，司马防在朝，随天子西迁，无法照顾族人，就委托司马朗带领家眷回到家乡温县。长兄如父，司马朗由此承担起保护家族的重任。他曾因携家出城而为董卓所抓，但司马朗通过巧妙应对和贿赂，成功逃归乡里。河内与洛阳相近，为避免被战火波及，司马朗

---

[1] 据陕西西安出土《司马芳残碑》之碑文，司马防之名或为司马芳。
[2] 及公为王，召建公到邺，与欢饮，谓建公曰："孤今日可复作尉否？"建公曰："昔举大王时，适可作尉耳。"王大笑。——《三国志·武帝纪》裴注《曹瞒传》

一度举家向东，迁往黎阳避难。当时同乡父老不愿离开故土，只有少数人随司马朗迁徙，后来河内果然遭到关东联军的掠夺，死者过半。但黎阳也不太平，很快，曹操与吕布争战于濮阳，而濮阳就在黎阳的河对岸，于是司马朗又带着家族迁回河内温县。这一年又不幸赶上大饥荒，以至于出现人吃人的惨象，司马朗抚恤宗族，照顾弟弟们，尽心操持着家族事务。

曹操于建安三年（198）派史涣、曹仁攻眭固，占据河内。司马朗大约在此时被曹操辟为其司空府的掾属，并赴毗邻洛阳的成皋（今河南荥阳）担任县令。曹操占据冀州后，又调司马朗赴堂阳县（今河北新河），不久又调其至毗邻邺城的元城（今河北大名）。此二县都属此前袁绍势力的核心地带，新附不久，民心不定，司马朗实行宽惠的政策，深受当地民众爱戴。

曹操平定河北后，人才需求大增，而司马朗既出身于公族世家，又有治世之才，自然是曹操中意的后备人才。在经过基层历练后，司马朗被曹操调到身边担任机要秘书（丞相主簿），参与国事。他提出授予地方牧守兵权来保卫国家的建议，这个建议当时虽然没有被曹操采纳，但后来魏国政权稳定后，曹操依其所言推行了州郡领兵的制度。司马朗担任主簿期间，被培养成曹操的心腹之臣，因此得以被派往曹操的发家之地兖州担任刺史。司马朗在兖州也取得了突出的政绩，受到百姓交口称赞。同时，他的策论写得也很好，以至于曹丕都要派秘书抄过来阅读。司马朗不仅有政才，还被曹操委以军事重任，建安二十二年（217），他随夏侯惇、臧霸南征东吴。很可惜的是，司马朗在巡视军营时感染瘟疫，不治身亡，时年四十七岁。司马家族的兴盛之路突然被拦腰斩断，二弟司马懿接过了家族使命。

司马懿，字仲达，出仕较司马朗晚。当时曹操已经为丞相，北方州郡已大体平定，因此司马懿没有去基层锻炼的机会，只能在丞相府当一个文学掾。这虽然是个没什么权力的小官，但好处是位于曹魏权力核心，与曹操父子接触较多，也方便与公卿世家往来。因而在这一时期，作为后生晚辈的司马懿就遇到了不少提携他的贵人。有三人对他最为重要。一位是他的老乡南阳太守杨俊，在司马懿还未弱冠时，就很器重并栽培他。一位是曹操的首席谋士尚书令荀彧。荀彧出身于颍川大族，而司马懿的祖父司马儁曾任颍川太守，两家可能很早就有着密切的往来。司马懿在荀彧举荐下入仕曹营，对其知遇之恩十分感激，后来司马氏掌权，对荀氏子弟也投桃报李。还有一位是河北大族的代表崔琰。崔琰入曹操麾下后执掌东曹，负责选拔人才，因此他在对人物的评价方面有着相当大的话语权。他曾直言不讳地对司马朗说："君弟聪亮明允，刚断英特，非子所及也。"在崔琰眼中，司马懿的才能要比司马朗高得多。

不过这三位司马懿仕途上的引路人，相继都出了问题：荀彧因反对曹操晋位魏公而遭冷遇，忧愤而死；崔琰因言论悖逆而被曹操处死；杨俊在世子之争中偏向曹植，遭到曹丕怨恨，最终为曹丕挟私报复，自杀而死。三人的不幸结局，给司马懿的晋升蒙上了一层阴影，也让他认识到曹魏政权内部斗争的残酷性，从而审慎地选择他自己的道路。

司马懿与杨修，差不多同时担任曹操的主簿，这一时期担任主簿的还有王凌、贾逵、温恢等后来与司马家族纠结颇深的人士。在世子之争中，杨修选择了曹植，司马懿选择了曹丕，这场胜负决定了两人乃至两个家族迥异的前途。实际上，无论是与曹操的亲近程度，还是当时的威望、家世背景，司马懿都无法与杨修比肩，但是司马懿胜在韬光养晦。

直到曹丕世子位定，曹操执政晚期，司马懿的才智与眼界才见诸朝堂。他最有名的一次进谏，是在关羽大破于禁、威震华夏之时。曹操有迁都河北之议，司马懿却认为迁都是"示敌以弱"，会让整个淮、沔之地陷于不安。他建议拉拢孙权，令其袭击关羽后方，樊城之围自解。曹操从之，遂有后来的吕蒙奇袭、关羽败亡。实际上，迁都可能只是当时曹操一时不成熟的想法，即便没有司马懿进谏，曹操也不大可能真的付诸行动。而联合孙权谋图关羽则早就在曹操的计划之中，非司马懿首倡。但从此二议可以看出，司马懿能够猜透曹操的真实想法，并帮助犹豫不决的曹操下定决心，这让曹操倍感欣喜。

但此时曹操的生命已经燃烧到了尽头，没有时间去继续考验和锤炼司马懿这个人才了。《晋书》中记载，曹操曾察觉司马懿有"狼顾之相"，就是身子不动而头可以一百八十度扭转，据说这样的人内心险恶，有谋反之心。又说曹操曾梦到"三马同食一槽"，寓意曹家或被司马家所吞，于是曹操对司马懿十分警惕，嘱托曹丕："司马懿非人臣也，必预汝家事。"《晋书》撰写于唐初，司马懿时代已过去三百多年，这段记载荒诞不经，形同市井流言，不足为信。如果曹操看出司马懿久后必反，为何不将他杀之以绝后患？

事实上，曹操在临死前杀了杨修，却留下司马懿。在曹操看来，杨修和他背后的弘农杨氏，很可能在他死后成为曹丕的绊脚石，而司马懿和他背后的河内司马氏，则将成为曹丕的左膀右臂。

历史的误会

曹操去世后，曹丕接班并实现汉魏禅让，司马懿迎来了仕途上的高歌猛进。在曹丕称帝当年，司马懿就升为尚书，随后又转督军，参与军政，并任御史中丞，主管监察。次年，迁侍中、尚书仆射，成为曹魏主管行政的二把手。此后魏黄初五年（224）、六年（225），魏文帝曹丕两次举大军南征孙权，留司马懿总管后方，对其权力也继续加码——抚军（加军衔）、假节（代行皇命），领兵五千（加兵权），加给事中、录尚书事（等同于宰相）。曹丕在外征战，司马懿在后方安抚百姓、供应军资。曹丕曾在给司马懿的诏书中说："吾东，抚军当总西事；吾西，抚军当总东事。"如此关系，让人仿佛看到了曾经曹操与荀彧之间的默契配合，比之蜀汉刘备与诸葛亮的关系，亦不遑多让。

司马懿被快速擢升，得益于曹丕即位后，需要在曹操时代的旧臣之外，培育一批效忠于曹丕的班底。曹操时代的旧臣如贾诩、钟繇、华歆等,威望甚高,且年事已高,曹丕将他们奉为"三公""九卿"之高位,甚为礼遇,但不可能依赖他们去完成自己的政治抱负。曹操在世时,既未允许曹丕开府治事,又未让曹丕统军领将,这导致出了邺城,曹丕在政军两界根基都很浅,这也是他不断进行东巡、东征,以宣示威仪的原因。司马懿对曹丕来说,既是亲信,能力又强,自然是可重用之人。

不过,尽管已经身登高位,此时的司马懿依然是魏帝国文臣体系中的一员,兢兢业业做事情。所谓谋国,需要军权,既不在他的能力范围之内,也远远超出他的想象。

河内司马氏家族自司马印之后,偃武修文,由武人家族转变为文儒家族,其后直至司马防,都没有涉足过军事。司马朗担任兖州刺史时,曾短暂地参与军事,但就在那次随征中被瘟疫夺去性命。此后司马懿虽加军衔、领兵权,但也只是居于国都负责护卫而已,从未有上阵杀敌的经验。

曹丕称帝七年后因病驾崩,临终托孤者为曹真、陈群、曹休和司马懿。为表对四人的深厚嘱托,曹丕分别赐予了四人中军大将军、镇军大将军、征东大将军、抚军大将军军职。"大将军"是将军中的最高衔,级别高于"三公",曹丕为四人同加"大将军"之职,虽然并非实授军权,亦可视为一种超规格的荣誉。

托孤四臣中,曹真、曹休都是曹氏宗族的名将。曹操刚去世时,在洛阳郊外发生了青州军与臧霸别军"鸣鼓擅去"事件,这让曹丕不得不大力整肃军队,提高自己在军界的威望,并提拔信赖的将领掌军。曹丕的规划是让三位宗亲将军分统三处兵马:曹真都督雍凉,曹休都督淮南,夏侯尚都督荆州。此三人与曹丕自小亲近,忠诚度没的说,统兵作战也是出类拔萃。可原本绝佳的人事安排,却在曹丕驾崩的那年出了意外——夏侯尚英年早逝。荆州方面无人镇守,而孙权又趁曹丕新丧挥师入侵江夏。情急之下,曹叡任用司马懿统军前去援助。初次上阵的司马懿就取得大胜,于襄阳大破吴左将军诸葛瑾,斩吴将孙霸,斩首千余,曹休又在寻阳攻破吴军别将,让孙权的图谋霎时流产。

等到局势稳定后的当年十二月，曹叡重新册封众臣，以曹休为大司马、曹真为大将军、司马懿为骠骑大将军，次年又令司马懿加督荆、豫二州军事，驻军宛城。由此，司马懿接任了此前夏侯尚的位置，成为魏帝国军界的三号人物，打破了曹氏宗亲对魏国军权的垄断。

司马懿上任不久，就为魏国立下一大功，即果断处理了孟达叛变事件。孟达是蜀汉大将，因受刘备猜忌而投奔曹丕，得到厚待，在魏蜀吴交界的新城郡处于半独立状态。曹丕驾崩后，孟达反复无常，又蓄谋回归蜀汉，并与诸葛亮相互呼应。此消息被司马懿掌握后，孟达竟然并不着急。他以为按照魏国的办事流程，司马懿必须先向洛阳的曹叡禀报此事，获得批准后再发兵，如此往返至少需要一个月，而到那时他已经完全做好准备。不料司马懿不按套路出牌，绕过了禀报流程，亲自引兵倍道兼行，八日疾行一千二百公里抵达上庸城下。孟达措手不及，城破授首。司马懿为魏国解除一个大患，并保住了战略位置十分重要的"东三郡"。

魏太和二年（228），蜀汉丞相诸葛亮北出陇西三郡，揭开长达七年的北伐序幕。《三国演义》为了让司马懿早些与诸葛亮对阵，将司马懿的参战提前，失街亭、空城计里魏军主将都是司马懿。实际上，街亭之战的魏军主将是张郃，总指挥则是大将军曹真；空城计则是子虚乌有之事。同年十二月，诸葛亮第二次北伐围攻陈仓，又是被曹真部将郝昭击退。这一时期，司马懿仍驻扎在宛城，负责荆州对吴防线，并未与诸葛亮对阵。

就在此时，魏国军界接连出现有利于司马懿的变化。先是负责淮南的大司马曹休中了周鲂诈降之策，遭遇石亭大败，郁郁而亡。曹真顶替其为大司马，司马懿也得以再升一级，接替曹真为大将军，加大都督，假黄钺，成为军中二号人物。魏太和四年（230），为报复蜀汉夺武都、阴平两郡，魏国大起三路大军入侵蜀汉。其中司马懿负责东路，由西城逆汉水而上，水陆并进，攻克新丰县，并抵达丹口，进逼汉中。但这次南征在魏国朝廷内部反对声音很大，加上适逢雨季，行军缓慢，曹叡不得不下诏令曹真、司马懿班师回朝。此战之后，曹真即患病，并于次年去世。诸葛亮趁机再度出祁山。举目之内，除司马懿再无可用之人，曹叡对司马懿说："西方有事，非君莫可付者。"曹叡调其西屯长安，都督雍凉军事，司马懿与诸葛亮的对垒才终于开始。

司马懿与诸葛亮在领军之路上有颇多相似之处。二人家族均为世家名门，文士出身，长期在本国负责内政事务，在两国名将云集的时代，并无掌军之机。但是随着魏蜀两国名将的集体谢幕，诸葛亮与司马懿被推上了战争前线，成为军事统帅。司马懿与诸葛亮年龄只相差两岁，而他们首次独立统军的时间（襄阳之战与平南之战）亦仅相隔一年。两人都是在四十多岁时才成为军事统帅，而此番首次对阵，则都已是五十岁的老年人了。

魏太和五年（231）的这场祁山之战，司马懿打得非常被动。他初抵雍凉，又是首次与蜀汉正面交锋，对当地复杂的地形状况和诸葛亮的行军布阵缺乏足够的了解。他先使郭淮、费耀自上邽出兵，但为诸葛亮所击败。等司马懿大军抵达后，看到先失一阵，便安营扎寨、坚守不出，企图耗到诸葛亮粮尽退兵。但如此龟缩之策让他为部下兵将所诟病。曹真旧将贾栩、魏平甚至嘲笑司马懿："公畏蜀如虎，奈天下笑何！"足以见得此时司马懿在雍凉军中威望之低。眼见诸将请战之声愈来愈烈，司马懿只得出战，但正中诸葛亮下怀，主力部队被蜀将魏延、高翔、吴班等打得一败涂地，给蜀军丢下首级三千、玄铠五千具、角弩三千一百张。所幸蜀军遭遇粮草不继的问题，才于当年六月退军。司马懿不听张郃劝阻，执意令张郃追击，遭蜀军伏击，张郃被乱箭射死于木门道。张郃是曹操时代仅存的名将，在雍凉征战多年，为刘备、诸葛亮所忌惮。祁山之战中，张郃曾多次向司马懿献用兵之策，但都不被采纳。张郃之死，司马懿有不可推卸的责任。

三年后，即魏青龙二年（234），诸葛亮卷土重来，发起第五次北伐之战，并且放弃了迂回陇西的策略，直接从汉中北出斜谷，在渭水南岸五丈原结营，谋图郿县，并进逼长安。诸葛亮可能已经察觉到他自己时日无多，此战倾尽心血，用兵十余万，几乎为倾国之军，又约同东吴，使孙权以三路大军北向，以为呼应。魏国方面，由于宗室名将俱陨，魏明帝曹叡不得不御驾亲征东吴。对蜀战线，则继续任用司马懿为主帅，并遣征蜀护军秦朗步骑两万为策应。经过上次的教训，此战司马懿任诸葛亮如何挑战，只坚守不出。对垒百余日，诸葛亮病逝于营中，蜀军果然自退。

从司马与诸葛的两次对阵可以看出，司马懿并无军事统帅天赋，两次获胜均为对方因内部原因而退兵，实属侥幸。因此司马懿对诸葛亮是又敬又畏。诸葛亮死后，他本想趁势追击，但看到姜维与杨仪"反旗鸣鼓"，做出进攻姿态，就立即敛军退还，不敢追击。当时百姓调侃这是"死诸葛走生仲达"。后世小说家照此发挥，虚构了诸葛亮木雕像吓跑司马懿的戏剧性情节。

两次对蜀作战，于司马懿而言更大的意义在于拿住了雍凉二州的军权。此后雍凉军队的统领者郭淮、陈泰、邓艾，无不服膺司马氏父子。而随着魏景初二年（238）远征辽东公孙渊，司马懿又进一步拿下了中央军的军权。这让司马懿真正开始考虑谋取天下的大业。

隐忍者与伪装者

司马懿有两个看家技能：隐忍与伪装。这两点帮助他在人生最后几年实现了整个家族命运的逆转。

隐忍，可能来自其父司马防严格的家教。在家中，即便司马懿兄弟已经弱冠，依然要恪守父子纲常、家礼家规。比如，父亲不发话，儿子们不敢擅自进屋；父亲不允许，儿子们不敢随意落座；父亲不主动问起某事，儿子们便不敢在言谈中涉及。熟读《汉书》名臣列传的司马防，深谙政治斗争的残酷无情和豪门大族的兴衰更替。窦婴、田蚡、上官桀、霍光、王莽……一个个显赫一时的名臣，皆不能免于从巅峰坠落的惨烈结局。因此司马防的家庭教育，实际上是在让诸子学会在乱世中潜下身来，隐忍不发、低调行事，既为了让他们保全自己，也为了保全家族。

司马懿在政治上做到了。他韬光养晦，不显山露水，勤恳做事，终获曹丕、曹叡父子委以重用而不疑。他在军事上没有做到，但诸葛亮"帮"他了一把，用战争教育他如何更为审慎地用兵，如何在倍受挑衅甚至侮辱的情况下咬牙忍耐、以待天时。

在诸葛亮去世的次年，司马懿被擢升为太尉，累增封邑，位极人臣。在他之前，魏国太尉皆为荣誉虚职，未有实掌军权者，而魏国掌军权者多为谯沛宗亲，鲜少外姓。司马懿的出现打破了这两个循例，走上政治生涯的巅峰。魏景初二年（238），他向曹叡许以一年之期，亲率四万大军北征辽东。大军自洛阳出发后，司马懿却不急着进军前线，而先来到了他的老家河内温县。他和弟弟司马孚、儿子司马师将谷帛牛酒赐给当地的父老乡亲，河内太守、典农中郎将以下的大小官员都来拜见他。司马懿在当地大摆筵席，欢饮数日，兴之所至，竟然引吭高歌："天地开辟，日月重光。遭遇际会，毕力遐方。将扫群秽，还过故乡。肃清万里，总齐八荒。告成归老，待罪舞阳。"

功成名就之后荣归故里、宴饮乡亲，体现着古人对家乡与宗族的特别感情。在众星捧月、酒酣微醺之际，司马懿大约也无法隐忍，袒露了真性情。然而此次高调返乡设宴，极易让人想起曹操和曹丕的返乡。曹操对故乡谯县亦感情深厚，他在官渡、仓亭击败宿敌袁绍后，便于建安七年（202）春正月率大军驻谯县，并在此抚恤阵亡者家属，授予乡人田地耕牛，兴建学堂，为先人立庙，施恩德于乡里。此后，曹操南征孙权，曾两度驻扎于谯县。曹丕即位当年，便举军南征，在谯县大飨六军及父老乡亲，以为自己的篡汉造势。三个月后，曹丕便受禅称帝。

所以，司马懿的此次高调返乡，算不算露出了马脚，会不会引起魏明帝曹叡的猜疑呢？

看来是的。在此次北征之前，曹叡对他带领这么大的一支部队，从事这么漫长的一次征伐，给予了充分信任，甚至连何曾提出为军中设立副将的建议都未采纳。但司马懿自己都不曾料到，这一次远征差点断送了他的政治前途。就在他于辽东取得大捷后不久，朝中出现了大变局。曹叡身染沉疴，一病不起，榻前安排后事，列出身后辅政大臣名单，包括曹宇、曹爽、曹肇、夏侯献、秦朗，清一色的谯沛宗亲班底，完全置前朝唯一存世的托孤重臣司马懿于不顾。此时司马懿远在辽东，无法影响朝局，若按此发展，等他回来，只会领到个嘉奖荣誉退休。此后司马师、司马昭想要干预政事，怕也没什么机会了。

然而恰恰此时，曹氏宗亲内部斗了起来，结果曹爽利用曹叡身边近臣孙资、刘放，将其他宗亲全部排除在外。但他单独摄政未免吃相不雅，且无法令公卿服膺，于是又建议召司马懿返回以共参政事。此时司马懿已经是六十岁的老人，却不顾年迈，再度操起当年克日擒孟达的疾行之术，乘追锋车昼夜兼行，狂奔四百余里，赶在曹叡死前与其见面，并受托孤之命。

曹芳即位，年仅八岁，司马懿与曹爽各统兵三千，共执朝政。但对曹爽来说，司马懿只是他排斥其他宗亲成员的工具。等到局势稳定，曹爽就迫不及待地对司马懿收权。当时曹爽与司马懿共录尚书事，即六曹尚书有大小政事都须同时向两人上奏，曹爽则"欲使尚书奏事先由己"，于是奏请天子，将司马懿明升暗降，尊为太傅。为了安抚司马懿，还特意授予其"入殿不趋，赞拜不名，剑履上殿"，并授予其子弟官职。太傅虽然位居"三公"之上，但只是个荣誉职位，此举实质上是将司马懿的权力褫夺。

曹爽为曹真之子，于司马懿当属晚辈。面对这位晚辈的挑衅，司马懿选择了隐忍，毕竟他威望仍在，曹爽一时奈何不了他。而一旦边关有紧急事态，曹爽毫无军事经验，国家所仰仗的唯有司马懿。魏正始二年（241）、四年（243），吴国两次进犯，曹芳使司马懿督军南征，迫使吴军遁走。司马懿在军界的树大根深自然引发了以曹爽为代表的宗亲势力的不满，于是在正始四年，曹爽安排中护军夏侯玄为征西将军，都督雍凉军事，以夏侯霸为讨蜀护军、右将军，试图控制雍凉，削弱司马懿此前长期在此典兵所培植的势力。夏侯玄到任后即于次年与曹爽策划发起了伐蜀之战，意图为曹爽建立军功，提升其在朝中的话语权。此议一经提出便遭到司马懿反对，但曹爽哪里肯听。此战中，魏国大发兵卒六七万人，从骆谷南入，但由于道路险阻，行军极其困难，累死大批运输军需的牛马驴骡，民众苦不堪言。加上蜀将王平等在兴势已做好防守，因而，曹爽无功而返，大失人心，为时人所嘲笑。

此后曹爽更加为所欲为。他不顾司马懿的反对，废弃禁军中的中垒、中坚两营，以其弟中领军曹羲统领。在政治上，曹爽则向司马懿及朝中旧臣展开全面的夺权。在此之际，司马懿没有任何反应，让曹爽等人以为他已经垂垂老矣，大为松懈。当时，曹爽亲信李胜将前往荆州就职，受曹爽派遣来探望司马懿。在他眼前的司马懿，病体昏沉、老迈不堪，婢女喂他喝粥，汤水流满他的胸口。李胜说自己将回本州赴任，司马懿耳背，居然听成了并州。李胜回报曹爽，说司马懿"尸居余气，形神已离，不足虑矣"。曹爽自此完全放下了戒备。

司马懿是在装病，等待时机。魏正始十年（249）春正月甲午日，魏帝曹芳依礼出城拜谒明帝陵墓高平陵，曹爽与诸兄弟一并从驾随行。当时其亲信大司农桓范便警告曹爽，其兄弟并典禁军，不宜同时出城，如果有人关闭城门，他们便有家难回。曹爽对此只说了四个字："谁敢尔邪？"闻听曹爽兄弟出城，司马懿从病榻上鱼跃而起，发动了震惊三国的高平陵事变。

司马懿起事，策划极其周密，动作极其迅速，目标极其明确。他亲自领兵夺取洛阳武库，让曹爽留在城中的禁军无法取得武器，战斗力大为削弱。与此同时，司马师、司马孚带兵控制宫城的正门司马门，截断宫内外的出路，司马昭则将郭太后控制起来，胁迫她加入政变阵营。同时，司马懿的盟友司徒高柔、太仆王观分别代理大将军与中领军职务，占据曹爽、曹羲的营地。司马懿本人则与太尉蒋济屯兵于洛水浮桥，对曹爽进行武力逼迫。

高平陵政变是司马懿的一手险招。由于禁军早已被曹爽兄弟控制，他在政变中能够调遣的兵力非常有限。在司马懿率兵经过曹爽府时，曹爽帐下督严世于塔楼之上准备用弓弩射杀司马懿，但被旁人劝阻，他犹豫之间，司马懿逃出了射程。以司马懿七十高龄、尊贵之体，仍要冒着可能被箭矢射中的风险，可以想见当时城内的情况有多么紧急。

控制了洛阳城后，司马懿并没有十足的胜算，因为皇帝还在曹爽手中，曹爽完全可以挟天子以令天下。他将赌注压在曹爽性格的怯懦上，向曹芳上书力陈曹爽兄弟的过失，并派许允、陈泰劝曹爽归降。最终，曹爽放弃抵抗，归城投降。司马懿待局势稳定后，对曹爽秋后算账，将曹爽兄弟及何晏等人皆诛杀，夷其三族。至此，司马懿完成了谋国之路上最重要的一步。司马家族由此总揽魏国军政大权，魏晋更替也就变得不可阻挡了。

士族大联盟

从曹丕以魏代汉，到司马炎以晋代魏，前后不过四十五年。两次政权更替的模式看上去颇为相似，都是一个权倾朝野的家族，逼迫一个日薄西山的皇室，通过一场效仿尧舜禅让的表演，完成了皇帝之位的易手。后世论者常将这两次政权更替联系在一起，得出司马氏是向曹氏依样画葫芦，因而《三国演义》中就有诗云："黄初欲学唐虞事，司马将来作样看。"

但实际上，比较两次政权更替，司马氏与曹氏面临的状况还是有明显不同的。曹氏在汉末的权威，建立在曹操迎奉圣驾、荡平群雄的赫赫战功上。汉献帝自长安东归，汉室旧臣已经折损殆尽，而北方疆土则都是曹操一城一池打下来的，至曹丕即位，满朝皆是曹魏之臣，因此禅让之举不过是走了个程序。而司马氏面临的状况则不同，终曹魏之世，除边境时有战事外，整个国家相当稳定，疆域无裂土分崩之祸，天子无东奔西走之难，司马懿的功劳，无非是保境安邦。论其武功，与再造山河的曹操完全不可比肩；论其文治，朝中曹魏旧臣济济一堂，即便经过高平陵之变除掉曹爽，也远不能让司马懿达到董卓、曹操那种一人权倾朝野，视天子与百官为无物的地步。

那么，司马氏家族何以能最终取代曹氏坐上龙椅呢？

本书在开篇"巫术与大起义"一章中提到中国古代帝国的五种权力划分，并以此分析了东汉帝国衰亡的原因。拿这一标尺来窥探曹魏帝国，我们能得出新的发现。

曹丕称帝后，先后颁布了两道诏书，制定了两条重要的规章：一是废除此前由宦官担任的中常侍和小黄门，改为由士族子弟担任的散骑常侍，规定宦人为官者职位不得超过诸署令，此举铲除了宦官干政的温床；二是规定群臣不得向太后奏事，后族之家不得担当辅政之任，也不能无功而受爵，此举有效防止了外戚专政的复现，抑制了后权。可以看出东汉衰亡对曹丕影响之深刻，此二诏针对的都是汉末政坛的顽疾。曹丕以此加强了皇权的分量。

对待宗室，他打压了一部分，又重用了一部分。对于在世子之争中曾威胁到自己地位的亲兄弟曹彰、曹植等，他将他们遣回封国，但不授予权力，并派监国谒者进行监视，以保证自己嫡系的传承不受挑战。同时，曹丕、曹叡两朝又大力任用曹氏、夏侯氏宗亲将领坐镇地方，拱卫国家。这样就将宗权、将权都掌握在可控的范围之内。同时，曹丕出台"九品中正制"，拉拢世家大族为自己效力，并废丞相重建"三公"以分权，相权亦处于平衡的位置。

如此看来，曹丕、曹叡两朝的稳固与兴盛，与五种权力的互相平衡有着极大的关联，因而，纵使蜀、吴不断于边境袭扰，但对于庞大的魏帝国不构成致命影响。在曹丕、曹叡两朝二十年之中，蜀吴一天天衰落下去，魏国一天天好起来。

如果照这样发展，基本上再过二十年，魏国就拥有充足的实力去消灭蜀吴，完成一统。中国历史可能提前进入"隋唐盛世"，那还有司马家族什么戏呢？

问题就出现在一个无法预估的变量,即曹氏家族成员的短命,直接改变了历史潮水的方向。

曹操生于汉永寿元年(155),死于汉建安二十五年(220),活了六十六岁。他一生戎马倥偬,多次死里逃生,且常年受头疼病困扰,按理来说,健康条件是比较差的,结果反而成为曹氏家族中最长寿者。曹丕生于中平四年(187),登基后仅做了七年皇帝就晏驾了,年仅四十岁,致使曹叡即位时不过二十岁,差点造成主弱臣强的情形。好在曹叡并非平庸之主,魏国平稳地渡过了这次交班,而且在曹叡一朝蒸蒸日上。曹叡如果能多统御国家十年,想必不会有司马氏偷天换日的机会,偏偏他又是一个短命鬼,驾崩时只有三十六岁。而且由于他没有子嗣,所以只能抱养了宗室子弟曹芳为嗣子。曹芳八岁登基,魏国帝系立时陷入了东汉皇帝幼冲即位的怪圈之中。

如果说曹氏帝系短命已经算不幸了,那么宗室将领短命就更为致命。曹真、曹休、夏侯尚为曹丕时代钦定的总督三面战线的宗室大将,却在魏黄初七年(226)到魏太和五年(231)这几年之间先后凋零,寿命应都在四十至五十岁之间,客观上为司马懿掌握军权创造了有利条件。其余宗室子弟尽皆不成气候,在司马懿解决曹爽之后,宗室作为一种权力集团就完全被扫出曹魏政坛。

至此,皇权、后权、宗亲并衰,将权为司马氏所侵夺,唯一阻挡在司马氏面前的就是相权,即公卿大臣、世家大族。

魏国的公卿,一半是由东汉公族世家转投而来,一半是由曹操、曹丕于基层或寒门拔擢而来。曹氏家族对他们或有通家之谊,或有提携之恩,而司马家族亦非顶级门阀,他们何以会抛弃曹氏而转投司马氏?

这件事很可能让司马懿费了一番思量,但他很快就有了发现:曹氏建政后,虽然宗亲繁盛,却甚少去跟公卿世家结亲,能算得上的唯有荀彧之子荀恽娶安阳公主,反倒是曹氏与夏侯氏特别喜欢内部互相结亲。或许,这是为了防止姻亲关系滋养出强大的外戚势力,进而威胁皇权,但这也为司马家族创造了条件。婚姻成为司马家族拉拢公卿世族的手段。

司马家族本是地方色彩浓重的二流世家，并无与世族豪门结亲之旧例。以司马懿为例，其发妻张春华为河内平皋人，张春华之父仅为粟邑令，官阶低微。张春华为司马懿生了司马师、司马昭、司马干三个儿子及女儿南阳公主。从司马懿的子女开始，其婚配对象较张春华之家就明显高出了几个量级，并有明显的政治联姻的意味。

长子司马师先后有过三段婚姻。原配夏侯徽为宗室大将夏侯尚之女，同时也是大将军曹真的外甥女，代表着司马家族与曹、夏侯家族缔结姻缘，从而表达亲近。第二任妻子吴氏，其父吴质是曹丕亲信谋士，与司马懿同列"太子四友"，位至振威将军，假节钺督河北。第三任妻子羊徽瑜，出身于世家大族泰山羊氏，世代为二千石的高官。

次子司马昭，其妻王元姬，出身于东海高门士族，为司徒王朗孙女，中领军王肃之女。

三子司马干，其妻满氏，为曹氏亲信重臣、太尉满宠之女。

司马懿与伏夫人所生之子司马伷，其妻诸葛氏，出身于琅琊诸葛氏，为征东大将军诸葛诞之女。

司马懿之女南阳公主，嫁中领军荀霬。他出身于颍川荀氏，是荀彧之孙，也是曹操的外孙。

司马懿另一女高陆公主，嫁镇南大将军杜预。杜预出身于关中大族京兆杜氏，是后来晋灭吴的功勋之臣。

经过这一轮花式联姻，无论是名门贵胄，还是曹氏旧臣，都被司马氏家族绑在了他们的战车上，成为司马家族控制曹魏政权时可以依靠的力量。魏晋之际，士族门阀之间的联姻本是司空见惯之事，但像司马家族这样，前一辈还只娶县令之女，后一辈就集体攀高门豪族，这背后显然是别有用心。

除了联姻，还有拔擢。司马懿自拥有开府征辟之权后，就对才智之士多有提携，有了不少门生故吏，其中许多成为未来司马家族权力网络中的重要成员。这其中既有世家大族子弟如荀颉（颍川荀氏）、卢钦（范阳卢氏）、王昶（太原王氏），也有像邓艾这样放牛娃出身的寒微之士。司马懿即便在被曹爽明升暗降、收缴军政实权后，仍能够通过太傅拥有的征辟权力维持强大的人脉网络。

司马懿以姻亲与拔擢为纽带建立的士族大联盟在曹魏政权之内悄然孵化，而曹爽兄弟的倒行逆施则让诸多公卿世家叛离曹氏。因此，在高平陵之变中，公卿世家几乎齐刷刷地倒向司马懿这边。这可能也是曹爽手握天子却依然放弃抵抗的原因：司马懿和他的士族联盟对曹爽施加了强大的舆论压力，让他产生了一种众叛亲离、抵抗亦是徒劳的错觉。得到了世家大族的支持，司马家族终于可以大踏步地在夺取皇位的路上狂奔。尽管在后来，他的士族大联盟中有人拒不合作（如陈泰），有人举兵倒戈（如诸葛诞），但都已无法阻止司马代曹的大势了。

夺权下半场

高平陵之变后，司马懿又活了三年。这期间他将雍凉总督夏侯玄剥夺兵权，调回京师，又亲自率军南下淮南，平息了王凌、令狐愚未遂的军事叛乱，杀楚王曹彪，并将魏室诸王公全部迁往邺城安置。在将地方上的隐患肃清之后，司马懿终于放心地撒手人寰，于魏嘉平三年（251）八月去世，享年七十三岁。

在司马懿去世之前，曹芳曾下诏封司马懿为相国、安平郡公，为司马懿所拒绝。在他死后，曹芳素服吊唁，依汉霍光之礼为其进行丧葬，并追赠司马懿为相国、郡公。司马孚按照司马懿生前所愿，再度推辞了追封及御赐停灵的辒辌车，将其灵柩葬于首阳山中，不设坟，不植树，只做三篇悼文，用平时所穿衣服下葬，不安排陪葬器物，并要求后代去世后不得合葬。这种薄葬之礼，此后成为晋室丧葬的惯例。

如果说司马懿在谋图社稷之时，尚需打扮成忠臣模样，那么到了司马师、司马昭兄弟，就完全不顾忌吃相了。司马师兄弟生于国乱岁凶的乱世，道德感没有其父亲那么强，他们的地位与权力完全是靠司马懿打拼而来，因此对曹氏政权也没有多少恩义可言，遂犯下种种篡逆的恶行。

司马师，字子元，是司马家族夺位的关键之人。他有风度、有才略、有名望，很早就在曹魏公子哥中成为翘楚。在洛阳，他与玄学领袖夏侯玄、何晏齐名，与钟毓、陈泰、武陔等"魏二代"们交游，早早就被司马懿当作接班人来培养。高平陵之变中，担任中护军的司马师是司马家打入禁军系统的楔子，成为司马懿兵变成功的重要倚靠。起事之前，对于许多机密之事，司马懿都是单独和司马师策划，连司马昭都不告知，直到起事前一天晚上才告诉司马昭。当晚司马师像往常一样安睡，次日一早，他将士兵汇聚在门外，阵容齐整，让司马懿大为叹服："此子竟可也！"而更让人惊奇的是，司马师对这场政治风暴早有准备，他培养了三千死士，藏匿在民间，连司马懿都不知道。等到起事之时，他们就像从地里长出来一样，全部汇集到阵前为司马家族效力，这才让司马懿快速地控制住洛阳城，实现了政变的成功。

而在高平陵之变的十五年前，司马师还做了一件更狠心的事情，那就是亲手杀了自己的首任妻子夏侯徽。司马师与夏侯徽的婚姻是政治联姻的产物，两人此前可能没有感情基础。然而，夏侯徽是个聪明、有见识的女人，她作为贤内助，给夫君做了不少筹谋之事，并为司马师生了五个女儿。但正是因为太聪明，夏侯徽察觉了司马师"非魏之纯臣"。而司马师也意识到司马家迟早要与曹家、夏侯家决裂，终在魏青龙二年（234）将夏侯徽用毒酒杀死。

这场杀妻案看来被掩饰得很好，因为此后很长一段时间，司马师官运亨通，夏侯家也未有什么异议。但随着司马师掌权，两家矛盾终于再度激化。

司马师上台后，为了提升自己的地位，趁孙权去世仓促发动了一场伐吴之战，结果在东兴为诸葛恪、丁奉等所破，损兵折将，让魏国对吴前线遭遇二十多年未有之惨败。司马师被迫将身为监军的弟弟司马昭削去爵位，以平息众怒。此次败仗让朝中反司马的势力开始蠢蠢欲动，中书令李丰、光禄大夫张缉谋除司马师，拥立夏侯徽的哥哥、太常夏侯玄为大将军以代之。但事机泄露，李丰、张缉、夏侯玄均被司马师夷灭三族，张皇后被废。司马师索性胁迫郭太后，废曹芳为齐王，另立高贵乡公曹髦为帝。

这场废立让司马氏悖逆之心昭然若揭，但在朝中，却没有出现任何阻拦的力量，这说明经过司马懿时代对公卿大族的联盟和对曹氏宗室的清洗，朝廷已经完全在司马氏的控制之下。在地方上，陈泰、郭淮坐镇雍凉，王昶、王基坐镇荆州，石苞、邓艾、州泰坐镇青、兖、豫州，他们皆为司马氏的亲近之人。然而，百密一疏，淮南典兵的镇东大将军毌丘俭、扬州刺史文钦心向曹氏，于曹芳被废次年正月发起反司马兵变。司马师反应迅速，亲自督军十余万征伐，仅用了两个月就扑灭了这次叛乱。但司马师也为此付出了代价，他的眼睛里原本有个瘤子，正在让医生割除，却赶上文钦之子文鸯袭击大营。司马师受到惊吓，眼珠脱落，疼痛不已，最终死于营中，时年四十八岁。

司马师的意外死亡，可以算是司马家族谋国之路上的一个突发事件，一下子打破了司马氏父子吞掉曹魏江山的计划。魏帝曹髦并非庸主，文才武略，甚至被钟会认为有曹操、曹植的遗风。看到这是削弱司马氏的可乘之机，曹髦下令让司马昭镇守许昌，而让傅嘏统帅六军返还京师，这显然是在夺司马氏的兵权。只可惜曹髦有心夺权，身边却没有可用之人。这个傅嘏本来就是司马家族的亲信，怎么可能把兵权交回皇帝手中呢？在傅嘏和钟会的策划下，司马昭违抗诏令，亲自率领大军返还。这标志着司马昭正式接过了司马家族谋国大业的大旗。

司马昭，字子上，比起司马师，他没有在名士圈浸染的经历，名望也就没有其兄那么高。但司马昭有着丰富的从政和从军经验。正始年间，司马师和玄学友人们于京城内清谈论辩之时，司马昭则担任典农中郎将，很得民心。魏正始五年（244），曹爽伐蜀，司马昭担任夏侯玄的副将从征。蜀将王林夜袭司马昭营寨，他镇定自若，坚守不动，敌军自退。此后，无论是西拒姜维入侵，还是南平王凌之叛，以及魏嘉平四年（252）的伐吴之战，均有司马昭督军的身影。这些经历的锤炼，让司马昭在复杂的政治斗争中愈加纯熟，也变得更为凶狠阴鸷。

司马昭返回洛阳后，晋位大将军加侍中，都督中外诸军，录尚书事，次年又加大都督，完全继承了其兄长的权力。魏甘露二年（257），他又主导平定了淮南诸葛诞的叛乱。这次出征，他汲取了教训，胁迫曹髦、郭太后与大军一同出征，防止了后方可能会出现的节外生枝。

前后在淮南发生的三起反对司马氏的军事行动，不仅没有动摇司马氏父子的根基，司马氏父子反而借助对它们的平定，威望愈盛。就在司马家族朝着皇帝的宝座高歌猛进，看起来顺风顺水之际，意外又发生了。这次不是司马家族内部，也不是骚动的淮南，而是皇帝本人。魏甘露五年（260）五月戊子夜，忍无可忍的魏帝曹髦率领宫中侍卫，攻打相国府，被为贾充所指使的太子舍人成济所弑。

这是自秦始皇以降，中国历史上第一起臣子当众弑皇帝的事件，在当时影响极为恶劣，甚至让一些原本倾向司马氏的公卿与司马昭决裂。尚书左仆射陈泰，出身于颍川陈氏，高平陵事变中受司马懿委托劝降曹爽，与司马师、司马昭皆是好友，本是司马氏士族大联盟中的重要成员，但因为曹髦被弑一事，看清司马昭的真面目，不再与司马氏合作。尚书王经，此前曾被司马昭任命为雍州刺史，接替陈泰，抵御蜀汉姜维的进犯，可见亦是司马氏亲信。曹髦谋除司马昭之前曾找他商议，他虽然劝说曹髦不要冲动，但站在曹髦这边，并未向司马昭告密，因而引来了杀身之祸。

多年之后，东晋明帝司马绍少年即位，向司徒王导询问司马家族的天下是怎么得来的。王导就从司马懿创业开始讲起，讲了司马氏父子如何诛杀名门、排除异己，特别讲了司马昭弑曹髦之事。司马绍听得胆战心惊,掩面靠床悲声道:"如果像您说的那样,司马家的国祚怎么能够长久呢?"[1]

盛世危机

司马昭弑君后,深陷道德危机之中,被迫延迟了司马家族代魏称帝的时间。他极度需要建立一场不世之功来为自己洗白。自古以来,转移国内矛盾的最好方法就是发动对外战争,因此他选择了伐蜀。伐蜀之战,他同时起用了世家子弟钟会与寒门将领邓艾为将,前者代表司马氏主导的士族大联盟,后者代表司马氏拔擢的门生故吏。此二位均是军事天才、世间人杰。

不过,毕竟此前魏国发动的两次伐蜀之战都功亏一篑,其中曹爽伐蜀时司马昭亦在军中,深知巴蜀山川阻隔,不易攻取。估计此次征伐,司马昭只是希望能够取得大胜,以恢复司马家族在曹魏的威望和形象。

但没料到,在此前频繁北伐的外表之下,蜀汉却是一个脆弱不堪、君臣相疑、民心尽失的国家。魏景元四年(263)八月,魏军分三路向蜀地挺进,一路十分顺利。九月,钟会就攻陷了汉中,将姜维困于剑阁。十月,司马昭迫不及待地接受了此前屡次辞让的晋公、九锡之命,晋公国建立。十一月,刘禅出降,蜀亡。

次年正月,司马昭挟天子西镇长安,巧妙利用钟会与邓艾的不和,坐收渔利,独占灭蜀之功,随即于当年三月受封晋王。紧接着,他追封司马懿、司马师为晋宣王、晋景王;令荀𫖮、贾充等重定礼仪和律法,设五等爵位;立司马炎为太子;为晋国置诸官职。魏晋更替已正式进入倒计时。

此时的司马昭五十五岁,正值政治家的黄金年龄。从他加快代魏的节

---

[1] 王导、温峤俱见明帝,帝问温前世所以得天下之由。温未答。顷,王曰:"温峤年少未谙,臣为陛下陈之。"王乃具叙宣王创业之始,诛夷名族,宠树同己。及文王之末,高贵乡公事。明帝闻之,覆面著床曰:"若如公言,祚安得长?"——《世说新语》

奏来看，他明显是希望司马家族在自己这一代就实现称帝之梦。他没有司马懿那样的道德包袱，既然手上已经沾血，何妨迈出这一步呢？然而就在万事俱备之际，司马昭却于魏咸熙二年（265）秋八月病逝，谥曰文王。他也正像周文王和自比周文王的曹操一样，将君临天下的最后一步交由自己儿子司马炎完成。

司马炎，字安世，是司马昭与王元姬所生长子。他嗣位于魏晋更替瓜熟蒂落之际，需要做的不过是顺手摘桃而已。司马昭去世仅四个月后，司马炎就迫不及待地于当年十二月举行禅让大典，逼魏帝曹奂禅位于己。司马家族从汉建安十三年（208）司马懿入曹操丞相府为文学掾，至司马炎称帝，计五十八年，历经三代四人，最终实现由臣子向帝王的转化。

司马炎在位二十五年，最大的功绩是于晋咸宁五年（279）十一月发起灭吴之战。次年三月，王濬兵临建邺城下，吴主孙皓出降。自汉末群雄割据至此凡九十年，三国终归一统。

中国历史上实现统一大业的皇帝屈指可数，晋武帝司马炎可能是其中获得评价最差的。一则因为，他的统一是奋司马家三代之余烈，且借助曹魏数十年来对吴国的国力优势，与他本人的才能关系不大。二则因为，司马炎在灭吴后迅速腐化堕落，沉溺于酒色之中，后宫粉黛达万人之多。以至于后来司马炎都犯了"选择恐惧症"，每晚不知道该去临幸哪个女人，于是就坐着羊车在宫里乱转，羊走到哪里他就临幸哪里的妃子。宫中妃嫔为争宠，在门前插竹枝、洒盐水，以引诱羊车前来。

明太祖朱元璋曾在南京建历代帝王庙，将历朝开国之君列于庙中祭飨，但其中缺秦始皇嬴政、晋武帝司马炎和隋文帝杨坚，因为他们"德行有亏"。这里所谓德行，不是指他们的个人品德，而在于他们所建立的大一统帝国太过短暂，只传到第二代就让华夏重陷分崩离析之境。

秦、西晋、隋三朝短命，其原因各异，但有一个共同的因素，就是接班人出了问题。然而，西晋又与秦、隋两朝有异。秦二世胡亥、隋炀帝杨广均是夺权上位,并非秦始皇、隋文帝所属意的皇位人选,而西晋的"白痴皇帝"晋惠帝却是司马炎钦定的太子。晋室的衰亡,司马炎难辞其咎。

其实,晋室帝系的承嗣原本可以有更好的选择,枝繁叶茂的司马家族,也不至于无人到让白痴来当皇帝。这一切的祸根,从司马师、司马昭时期就已埋下。

司马炎是司马昭与王元姬的长子,他们还有一个次子司马攸。因司马师无子,司马攸被过继给司马师为嗣。司马攸从小性情温顺、乐善好施,而且才华和声望都超过了司马炎,深受祖父司马懿喜爱,年仅六岁就被司马懿带在身边征讨王凌叛军。按照司马家族的法定接班顺序,司马懿死后是司马师,司马师死后则应当是其宗法关系上的儿子司马攸。这就没司马昭和司马炎什么机会了。

然而司马师之死事发突然,当时司马家族尚未夺取曹魏政权,且有被魏帝曹髦反扑之虞。司马攸年仅十岁,不可能继承家族事业,于是司马昭接班,时无异议。

但是等到司马昭定嗣时,便又出现一个矛盾,是选择司马炎还是司马攸?

司马昭在世的时候,曾经信誓旦旦地说:"这天下是我大哥的,我只不过是代他摄政,百年之后,还是要传给司马攸。"[1]司马昭对司马攸也特别宠爱,每次见他都要抚床呼唤他的小名"桃符"。司马攸既是司马师的宗法之子,又是司马昭的血亲之子,传位给他应当是顺理成章之事,然而司马昭食言了。何曾等一帮大臣在司马昭耳边吹风,夸司马炎"聪明神武,有超世之才",甚至还搬出相面之术,从他发长及地、手垂过膝的外貌得出结论——司马炎"非人臣之相",就是说有当皇帝的潜质。当时司马昭正在积极准备篡位工作,这一点对他来说非常有吸引力,于是他立

---

[1] 初,文帝以景帝既宣帝之嫡,早世无后,以帝弟攸为嗣,特加爱异,自谓摄居相位,百年之后,大业宜归攸。每曰:"此景王之天下也,吾何与焉。"将议立世子,属意于攸。——《晋书·武帝纪》

司马炎为晋世子。

司马炎称帝后，封司马攸为齐王，"总统军事，抚宁内外，莫不景附焉"。彼时国家新建，兄弟俩就像当年司马师与司马昭一样，通力合作，没什么问题。

到了司马炎抱恙的时候，司马攸又被提名为接班人，而且得到了朝廷内外绝大多数大臣的支持。大家都明白，司马攸当然比司马炎那个白痴儿子司马衷要好多了。可是当时司马炎身边的宠臣荀勖和冯紞与司马攸有过节，极力在司马炎身边吹风，赶司马攸回封国，以便使其离开权力中枢，进而剥夺他的继承权。司马攸对此很气愤，坚称自己生病了，就是不愿意离京就封。司马炎派御医去看，回报说没病，结果没过几天，司马攸吐血而死，年仅三十六岁。他的死，显然不正常。七年之后，司马炎去世，太子司马衷即位，皇后贾南风操纵国柄，八王之乱终于爆发。

八王之乱的爆发，也是五权失衡的表现：皇权衰弱，后权过盛。而司马炎汲取魏亡的教训，大肆分封同姓诸侯王，却导致矫枉过正，致使宗权急速膨胀，引发夺权之乱。最终的结果就是王杀王、将杀将，兵政废弛，胡马窥伺，五胡乱中原。西晋的统一，只维系了三十七年。山河再度破碎，乱世再度降临这片疮痍未平的大地上，距离下一次大一统，还有三百多年。

附：司马家族的朋友圈

高氏家族

籍贯：陈留圉县（今河南杞县南）
代表人物：高干、高柔

司马懿发动高平陵事变时，在城中有一位得力盟友——司徒高柔。当时高柔代理曹爽大将军之职，占领曹爽营地，在司马懿控制京师的过程中起到关键作用。事后，司马懿将他比作西汉平定吕氏之乱的周勃。

陈留高氏自东汉时起就是名门望族。高柔先祖高固，于王莽时拒绝出仕，为淮阳太守所害，留下节烈的名声。高固之子高慎，任东莱太守，为官清贫勤俭。从高慎起，高氏家族历代皆有人任郡守、刺史。高柔之父高靖为蜀郡都尉。

汉末，陈留高氏与汝南袁氏联姻。高柔从父高干是袁绍的外甥及亲信将领。袁绍统一河北后，以三子一甥各据一州，其中，高干担任并州刺史。由于陈留处于四战之地，高柔便携宗族北上并州投奔高干。官渡之战后，袁氏接连溃败，高干一度向曹操乞降，但旋而复叛。曹操于建安十年（205）亲率大军攻克高干所据的壶关，平定并州。高干南奔荆州，途中被上洛都尉王琰捕获斩杀。

高干之败让陈留高氏遭受沉重打击。高柔虽然没有参与高干的叛乱，但曹操总想借故除掉他，于是让他担任负责刑狱的刺奸令史，等着他犯错。没想到高柔把刑狱工作处理得很好，使狱中无滞留犯人。他每晚都读文书到深夜。曹操对他的印象大为改观，辟他为丞相仓曹属。高氏家族由此正式开始为曹操效力。

高柔长于刑名，在曹操时代，历任尚书郎、丞相理曹掾、颍川太守，对当时严苛的法律多有更易。曹丕称帝后，高柔担任主持全国司法工作的廷尉一职，长达二十三年之久。他执法公正严明，坚持原则，且敢于与皇帝当面争辩，以维护法律尊严。

此后，高柔历任太常、司空、司徒、太尉，进封安阳侯。由于高氏家族本为曹氏敌人，对曹氏忠诚度不高，因此高柔很容易就被司马懿拉入其士族大联盟。高柔相当长寿，一直活到蜀汉灭亡的魏景元四年（263），享年九十岁。

羊氏家族

籍贯：泰山南城（今山东费县，一说为山东南城）

代表人物：羊祜

羊姓原为复姓羊舌，出自春秋时晋国公族，其中一支逃难至泰山郡，将姓氏缩略为羊。有汉一朝，羊氏连续七代担任俸禄二千石级别的公卿、校尉。汉灵帝时，有南阳太守羊续，为官清正廉洁，生活朴实无华。曾有府丞给羊续送了一条活鱼当礼物，羊续不好拒绝，就将鱼悬挂在客厅，等府丞再来送鱼，羊续就给他指之前悬挂的鱼，以示拒贿。这就是"羊续悬鱼"的典故。汉灵帝曾有意提拔羊续为太尉，但当时卖官鬻爵之风盛行，升官要给皇室交礼钱千万。羊续指着身上的衣服说："我家值钱的就只有它。"因此不登公位。羊续死前要求薄葬，拒收各路丧葬礼钱。羊续在贪腐盛行的灵帝年间，出淤泥而不染，被后代奉为廉吏的典范。

羊续有三子，皆入魏仕官，并与世家大族广泛展开联姻。长子羊秘为京兆太守；次子羊衜为上党太守，先娶孔融之女，后娶蔡邕之女（蔡文姬之妹），与两大儒学大家结姻；三子羊耽娶卫尉辛毗之女辛宪英。羊氏由此在魏晋开枝散叶，保持名门望族的地位。

魏晋时期，羊氏最著名的当属羊衜之子羊祜。魏正始年间，司马懿与曹爽争权，羊祜之姐羊徽瑜为司马师之妻，羊祜则娶夏侯霸之女，因此羊家与两派皆为亲族，持中立态度。曹爽曾征辟羊祜为官，羊祜敏锐地看到曹爽非司马懿对手，不应诏，避免后来卷入高平陵事变。

直到司马昭执政时，羊祜才出仕。钟会被诛后，司马昭决定提拔新的亲信，于是以羊祜和荀勖共掌机密，并迁羊祜为中领军，统率宿卫禁军。羊祜由此成为晋室依傍之臣。司马炎称帝后，以羊祜有从龙之功，封其为中军将军，加散骑常侍，封侯。

蜀亡后，晋国的唯一对手是吴国。晋泰始五年（269），司马炎以羊祜都督荆州军事，假节。羊祜在边境督军十年，训练士卒，筹备兵甲，为伐吴之战打下坚实基础。他与吴军主帅陆抗虽各守一方，却和睦相处，时常往来通信，馈赠礼品，为后世留下了"羊陆之交"的佳话。羊祜曾多次向司马炎上疏建议伐吴，只因朝臣争议不断，故司马炎难下决断。羊祜为朝廷举荐的杜预、王濬等，后来都成为灭吴功臣。

羊祜于晋咸宁四年（278）十一月病逝，司马炎为之痛哭，追赠太傅。羊祜去世两年后，晋灭吴，完成统一。庆功宴上，司马炎手举酒杯流着眼泪说："这是羊太傅的功劳啊！"

至晋惠帝司马衷时，羊氏再度与司马氏联姻，惠帝皇后贾南风被诛后，惠帝续娶羊耽曾孙女羊献容为皇后。泰山羊氏随晋室南渡后，于南朝亦为望族。

王氏家族

籍贯：东海郯县（今山东郯城西北）

代表人物：王朗

因为《三国演义》里一场"武乡侯骂死王朗"的经典骂仗，王司徒王朗为读者所熟知。不过这对历史上的王司徒着实有点不公。他并没有上过魏蜀对阵前线，自然也不是被诸葛亮骂死的。

王朗为经学儒生，师从太尉杨赐。汉末乱世，他先为徐州刺史陶谦帐下治中，后受天子册封，南下担任会稽太守。会稽远离中原，王朗原以为可以在此避难，没想到等来了孙策渡江。王朗是个文人，哪里打得过孙策，于是大败，丢了会稽，一直乘船南逃至今福建沿海一带，最终投降孙策。孙策对他比较尊敬，没有加害。随后曹操派人征召他北归，王朗经海路辗转，经历一年多才回到中原。

当时曹操非常需要王朗这种名儒之士来为自己撑门面，于是封王朗为谏议大夫，参司空事。王朗也看到汉室衰亡不可逆，自此由汉臣转为曹氏家臣。魏公国甫建，王朗担任曹操封地魏郡的官员，后来又接替钟繇担任大理，主管刑狱有方。

曹丕称帝后，王朗凭借资历深厚成为魏帝国首任司空，至明帝曹叡登基，又代华歆为司徒，封兰陵侯。王朗在魏为经学大家，校注诸家典籍。魏国以王朗所注《易》为考核学子的标准教材。王朗之子王肃，嗣其爵位，亦为经学家。魏正始年间，王肃官至太常，公开批评曹爽及其党羽，遭到免官，因此转投司马懿阵营，成为司马氏父子的同路人。

郭氏家族

籍贯：太原阳曲（今山西太原）

代表人物：郭淮

太原郭氏，其先祖出自周代诸侯国中的西虢；虢与郭同音，故为姓氏。至东汉，郭氏家族已为太原望族，郭全为大司农，其子郭缊为雁门太守。

郭淮，字伯济，为郭缊之子，建安年间举孝廉入仕。太原郡毗邻鲜卑、匈奴，易出名将，郭淮在曹魏军界迅速崭露头角。郭淮被一路擢升，得益于他每一步都跟对了人。他入仕之初赶上曹丕担任五官中郎将，抚恤河北袁氏故地，郭淮作为并州子弟被曹丕召为门下贼曹，自此奠定了他日后为曹魏帝系所信赖的基础。随后郭淮从曹操征汉中，后留驻，为征西将军夏侯渊行军司马（参谋官），自此郭淮开启了在雍凉的军旅之路。后来夏侯渊在定军山之战中为黄忠所杀，军心大乱，值此紧要关头，郭淮牵头推举荡寇将军张郃为主帅，稳定了军中局势。张郃此后替代夏侯渊总督雍凉军事，郭淮因推举之功，得以快速攀升，在魏黄初年间担任雍州刺史，为雍凉地区的军界二号人物。

魏太和年间，诸葛亮屡次北伐，郭淮多次领兵相拒，成为让诸葛亮十分头疼的敌人。街亭之战中，就是郭淮配合张郃，攻高翔于列柳城，使其不能相援，从而导致马谡的败绩。司马懿代曹真都督雍凉后，郭淮因为在此地征战多年，熟悉地理敌情，深为司马懿所信赖和重用。诸葛亮第五次北伐，出兵斜谷，司马懿在渭水南岸扎营与之对峙，但郭淮料定诸葛亮必分兵渡渭水攻北原，抄司马懿后路，当时许多将领都不赞同。但司马懿采纳他的计策，派他屯驻北原，果然蜀将魏延前来夺营。几天后，诸葛亮又做出向西边攻打的姿态，郭淮却一眼看出这是声东击西之策，让司马懿注意防守阳遂，果然当夜蜀军偷袭阳遂，但没有得逞。

郭淮前后在雍凉掌军三十余年，历事曹操、曹丕、曹叡、曹芳、曹髦五朝。姜维多次北出，在郭淮手上始终没有占得便宜。同时郭淮注重对陇西羌人的联合，对其征讨加招抚，让身为陇西人的姜维居然无法实现与羌人的有效联盟。

鉴于郭淮在军界声望之重，他自然成了司马懿父子急欲拉拢的对象。高平陵之变后，司马懿立即表郭淮为征西将军，都督雍凉军事，使其成为雍凉地区军政一把手；次年，再升车骑将军，仪同三司，持节，并进封阳曲侯，封邑多达二千七百八十户。但作为曹魏宿将，郭淮与司马氏的敌人们也存在千丝万缕的联系。郭淮之妻就是同郡王凌的妹妹。王凌于淮南反司马被夷族后，郭淮之妻在连坐之列。郭淮不忍见母子分离，擅自派人将其妻于押送途中追回，并向司马懿上书请罪。司马懿对此表示了宽宥，郭淮也就此站在司马家这一边。因而此后淮南发生"三叛"，雍凉始终稳固。毌丘俭于淮南起兵时，文钦曾寄信给郭淮，历数司马师恶行，试图煽动其起兵响应，但郭淮恰于当年病逝，可能连信都没看到。

郭淮之弟郭配，亦有名声，位至城阳太守。从郭配开始，太原郭氏与世家大族广为联姻，其一女嫁河东裴氏的裴秀，另一女郭槐嫁河东贾氏的贾充，是为晋惠帝皇后贾南风的生母。历晋、北魏、西魏、隋等朝，太原郭氏屡出名将，为国镇守四方。唐朝中兴名将、平定安史之乱的最大功臣郭子仪就是郭淮之后。

贾氏家族

籍贯：河东襄陵（今山西临汾东南）

代表人物：贾逵、贾充、贾南风

河东贾氏是司马氏家族夺取曹魏政权时最忠诚且得力的盟友。贾氏于汉末已是河东大族，但到了贾逵幼年时却一蹶不振，家庭赤贫，以至于贾逵在冬天都没有棉裤穿。但他从小就有军事天赋，跟小孩玩耍时常模拟战场对抗，让其祖父非常惊奇，预言他未来能成为将帅，并向他口授兵法数万言。

贾逵初任绛县县长，就遭遇袁尚部将高干、郭援袭取河东之战。贾逵死守绛县，城破被俘，在郭援面前铁骨铮铮，斥之曰："安有国家长吏为贼叩头！"郭援气得要杀他，幸得左右求情，才留得贾逵一条命。郭援将贾逵关押在壶关，但义士祝公道感其节义，偷偷将贾逵放了。后来祝公道因犯罪伏法，贾逵拼力营救。但祝公道终被处斩，贾逵便为其服丧。

曹操西征马超时，以弘农为"西道之要"，使贾逵为太守。后来召贾逵议事，贾逵对答如流，让曹操大悦："如果天下二千石的官员都能像贾逵这样，我还有什么可忧虑的？"此后贾逵与王凌并为曹操主簿，参与军政，深得信任。

曹操于洛阳去世后，贾逵与司马懿共同主典丧事。当时曹丕远在邺城，尚未赶到，洛阳城郊又发生了青州军哗变事件，贾逵力排众议，先行发丧，安定人心，并抚慰哗变军士，使局势迅速稳定。鄢陵侯曹彰先到，询问先王玺绶，暴露出夺权的野心，贾逵正色道："太子现在邺城，国家已经有了储君，先王玺绶何在，不是您该打听的事情。"[1]他于非常时期维护了曹丕的世子地位。

因为上述功劳，贾逵得以在曹丕一朝备受恩宠，先是担任魏国核心腹地邺城、魏郡的官员，又为豫州刺史，掌握军权，协助曹休负责对吴防线的战事。在此期间，他兴修水利，曾建起了一条二百余里的运河，被人们称为"贾侯渠"。

魏太和二年（228），曹休为周鲂诈降计所诱，于石亭大败，几近全军覆没。贾逵冒险引兵深入夹石，接应曹休退回寿春。但此战却让贾逵与

---

[1] 逵正色曰："太子在邺，国有储副。先王玺绶，非君侯所宜问也。"——《三国志·贾逵传》

曹休的关系变得十分紧张。曹休埋怨贾逵来援太迟，不仅当面斥责，还命令贾逵去捡拾败军一路丢弃的旗帜节杖。贾逵气愤地说："我是国家授予的豫州刺史，不是来为你捡弃杖的！"[1]于是曹休和贾逵上表弹劾对方。曹叡因为倚重宗室将领，对此没有追究。但这件事，可能成为河东贾氏对曹氏失望而转投司马师阵营的导火索。

贾逵中年得子贾充，因此贾充入仕曹魏时司马氏已掌权。他不像父亲那样对曹魏恩义深厚，而是死心塌地地为司马师、司马昭兄弟效劳。贾充曾经被司马昭派去淮南诸葛诞处，告诉诸葛诞朝中有让曹氏禅让给司马氏的议论，试探他的反应。诸葛诞勃然作色："你难道不是贾逵的儿子吗？你们家世代受魏室皇恩，怎么能把江山交给别人？"[2]

贾充最让人不齿的行为，就是唆使成济杀魏帝曹髦，由此在历史上臭名昭著。当时尚书陈泰力主诛杀祸首贾充，但司马昭不肯，只让成济兄弟当了替罪羊。司马昭对贾充的信任从灭蜀之战中也能看出来：钟会、邓艾灭蜀之后，司马昭恐二人谋反，让贾充以中护军假节，都督关中、陇右军事，进驻汉中，以稳定蜀中局面。司马炎灭吴时，又命贾充总督六军。但是贾充素来反对伐吴，其间多次上表劝谏，对待战事也并不积极。灭吴之后，贾充又向司马炎请罪，司马炎则并不追究。

后来，贾充于晋历任尚书令、司空、太尉，被封鲁公，是晋国首屈一指的开国元勋。为了投桃报李，司马氏两度与贾氏联姻，贾充之女贾褒嫁齐王司马攸，另一女贾南风嫁晋惠帝司马衷。司马衷即位后，贾南风祸乱朝纲，谋害太子及太傅杨骏，同时荒淫无道。贾南风的专权成为八王之乱的诱因。后来贾南风、贾谧在政治斗争中落败，均为赵王司马伦所杀。

---

[1] 休怨逵进迟，乃呵责逵，遂使主者救豫州刺史往拾弃仗。逵恃心直，谓休曰："本为国家作豫州刺史，不来相为拾弃仗也。"——《三国志·贾逵传》裴注《魏略》

[2] 贾充与诞相见，谈说时事，因谓诞曰："洛中诸贤，皆愿禅代，君所知也。君以为云何？"诞厉色曰："卿非贾豫州子？世受魏恩，如何负国，欲以魏室输人乎？非吾所忍闻。若洛中有难，吾当死之。"充默然。——《三国志·诸葛诞传》裴注《魏末传》

卫氏家族

籍贯：河东安邑（今山西夏县北）

代表人物：卫觊、卫瓘

卫氏家族原居代郡。汉明帝时，以卫暠精通儒学，征为官吏。后来卫暠死于河东安邑，其家族后人遂定居于此。

卫暠之后卫觊，字伯儒，少有才学，被曹操征辟为司空掾属，并赴关中任茂陵令。当时曹操正与袁绍相攻，无暇顾及西方，马腾、韩遂等军阀部曲盘踞关中，形成一个个独立势力。卫觊即向时任尚书令荀彧写信，建议朝廷委派大员镇抚关中，削弱关中军阀权力，并发展当地的生产。荀彧以卫觊之策专呈曹操，遂有钟繇为司隶校尉西镇关中，抚境安民。当时钟繇提出以三千兵入关中，假托讨伐张鲁，胁迫马腾、韩遂等送质子入朝，徐图消灭。卫觊却认为应当先伐张鲁，对关中军阀应以抚慰为主。曹操因为钟繇是主帅，所以没有采取卫觊的建议。后来马超等人果然发动叛乱，曹操亲征平定，死者万人。曹操后悔没有听卫觊的，于是更加重视他的献策。

魏国建立后，卫觊拜侍中，与王粲共同制定典章制度。曹丕即位后，卫觊官拜尚书，封阳吉亭侯。他仿照东汉应劭的《汉官仪》作《魏官仪》，记述了朝廷的制度及百官礼仪。

卫觊去世时，其子卫瓘仅十岁，嗣父爵。卫瓘少年时即以"明识清允"著称，二十岁为尚书郎，因丁母忧而遭降级。当时曹爽专政，卫瓘长年得不到提拔，也没什么政绩。这时候司马氏的亲信傅嘏发掘了他，将他比作宁武子。宁武子是春秋时卫国大夫宁俞，孔子曾评价他："邦有道则知，邦无道则愚。"傅嘏的意思很明显：曹爽专权无道，卫瓘在装傻，而投奔司马氏则可以让卫瓘发挥聪明才智。果然，等到司马氏干掉曹爽后，卫瓘得到升迁，至司马昭时期已升至"九卿"之一的廷尉，主管刑狱。

伐蜀之战中，卫瓘受命担任监军，领兵千人随钟会征蜀。蜀国灭亡后，钟会谋除邓艾，上表弹劾邓艾阴谋造反，并唆使卫瓘前去监押邓艾。钟会的谋划是一石二鸟，让邓艾和卫瓘打成一团，自己坐收渔利。没想到卫瓘行动果决，连夜收捕邓艾父子，安抚其部将，竟然全身而返。随后钟会密谋叛乱，挟持卫瓘与自己一同行事，卫瓘师法司马懿装病之术，趁着上厕所的机会往肚子里大灌盐水，然后把吃的东西都吐了出来。因为卫瓘原本身体就比较弱，所以钟会以为他真病了，就对他放松了警惕。等天黑城闭后，卫瓘召集众将共击钟会，是为成都之乱。钟会、姜维等皆死于此难。卫瓘又怕邓艾报复自己，索性让与邓艾有宿怨的护军田续追到绵竹，将邓艾父子一并斩杀。一夜之间，三国末期的三大英雄尽死于卫瓘之手，而这正是司马昭所希望看到的结果。卫瓘俨然成为司马氏的清道夫。

卫瓘平蜀有功，为司马氏所嘉勉，晋设五等爵位，卫瓘为菑阳公。卫瓘历任诸州总督，入朝后为尚书令、司空、太保，并成为太子司马衷之师。

石氏家族

籍贯：渤海南皮（今河北南皮东北）

代表人物：石苞

与司马氏士族大联盟中的世家名门相比，石氏家族十分寒微。石苞只是在县里典农司马手下当个小吏。

后来石苞流落到邺城，在邺城集市上卖铁，被市场的主管赵元儒所器重，推荐他去当官。吏部郎许允见了石苞，也赞叹他的才能，认为他应当去朝廷任职，在小县城里真是大材小用。石苞随即被推荐给时任中护军的司马师。司马师当时正在广招人才，为不久之后与曹爽的决裂做准备，因此对石苞信任有加。

司马氏掌权后，石苞得到火箭式提升，累迁至奋武将军，假节，督青州军事，统领青、徐、兖诸军，平定了诸葛诞的叛乱。"淮南三叛"说明司马氏家族对淮南军权的控制一直比较弱。为了弥补这个短板，司马昭以石苞为镇东将军，都督扬州诸军事，将淮南彻底置于司马氏的掌控之内。石苞是魏晋禅让的积极鼓吹者，司马炎称帝后，石苞升为大司马，进封乐陵公，为开国"八公"之一。

石苞长期典兵淮南，勤于政事，以威德服人，却让晋武帝司马炎产生了疑心。淮北监军王琛素来轻视石苞，便借用童谣"宫中大马几作驴，大石压之不得舒"，讹传"石"要压过"马"，并密报石苞有与东吴暗通的行为。当时又赶上石苞为了防御吴国进犯而修筑堡垒，朝廷征召其子入朝，但其子迟迟不到，司马炎于是怒而免其官，并派两位宗室大将义阳王司马望、琅琊王司马伷引兵南向作为威慑。石苞自己则解除兵器，步行至都亭待罪，直至司马炎查明真相，自始至终没有怨色。

后来石苞被调入朝中任司徒，逝世于泰始年间，没能赶上晋灭吴之战。在魏晋之交，能以寒门而登公卿者唯石苞与邓艾，而能善终者唯有石苞。

十二

望族的先声

士族作为中国古代一个极其重要的阶层,孕育于汉,定型于三国曹魏时期。曹魏时期推出的九品中正制以及此后出台的一系列法令,让世家大族享有愈来愈多的政治经济资源,并在家族内部世代传承。而司马氏家族为了取代曹魏,以姻亲为纽带组建士族大联盟,又让高门望族之间联姻成为常事,他们结成更为紧密的利益链条,形成让皇帝也要敬畏三分的庞大门阀势力。此后,许多家族兴旺达数百年,如东晋的"四大侨族"(王、谢、庾、桓),南朝的"四大侨望"(王、谢、袁、萧),北朝的"北方四姓"(崔、卢、郑、王),隋唐的"七宗五姓"(李、崔、卢、郑、王)、"关中四姓"(韦、裴、柳、薛)等。

谈及这些高门望族,人们多关注其鼎盛之时,却常常忽略它们兴起于汉末三国。这些望族的先祖,与我们熟悉的三国人物有着千丝万缕的联系。因此,三国时代亦可视为望族的源头。

王氏家族

籍贯:琅琊临沂(今山东临沂)

代表人物:王祥

"旧时王谢堂前燕,飞入寻常百姓家。"东晋顶级门阀,首推王、谢两家。琅琊王氏有王导辅佐晋元帝称帝江南之业,陈郡谢氏有谢安决策淝水大败苻坚之功,其族中显赫者更是不可胜数。这两大家族,均在汉末三国之际兴起。

琅琊王氏,在汉末就有知名之人,于刘表之前担任荆州刺史的王叡,即为琅琊王氏族人。吴大帝孙权宠妃王夫人,亦出自琅琊王氏。她是废太子孙和的生母、吴末帝孙皓的祖母,被追谥大懿皇后。

提起魏国的琅琊王氏,不得不提到"二十四孝"中的王祥。

王祥,字休徵,是"二十四孝"中"卧冰求鲤"故事的主角。故事说,他生母早逝,家里有个狠毒的后妈朱氏,对他十分残暴,动不动就拳打脚踢。而王祥却以德报怨,侍奉后母至孝。朱氏冬天想吃鲤鱼,他就卧在冰上试图用体温把冰块融化以捉鱼,结果孝心感动了上苍,一对鲤鱼自动跳到他怀里。这个传说显然有人为修饰溢美的成分,但在天子以孝治天下、选拔官吏必察孝廉的汉朝,孝顺行为往往为乡里品评所重视,亦为其未来仕途打下基础。

王祥的仕官履历可以续着前文《徐州真正的主人》中的臧霸家族来讲。曹丕在解决了青徐豪强割据问题后,派曹氏宿将吕虔担任徐州刺史。吕虔考虑到徐州特殊的政治环境,决定采取徐州人治理徐州的方式,于是提拔王祥为别驾,令其主管徐州的军政事务。当时徐州内部盗贼蜂起,王祥率兵一一讨平,使一州百姓的生活重新恢复安宁。他的政绩得到时人的赞颂,甚至被编成了沂蒙小调:"海沂之康,实赖王祥。邦国不空,别驾之功。"

王祥历魏国五朝皇帝,历任太常、司空、太尉等公卿之职。魏帝曹髦对他十分敬重,奉为"三老",以为帝师,向其虚心请教历代明君贤臣如何治国理政,旁听之人也"莫不砥砺"。由于这份师生之谊,王祥在曹髦被弑后十分伤痛,失声号哭道:"老臣无状!"闻者莫不惭愧。王祥在朝中威望颇深,年龄上也不过比司马懿小几岁,司马氏兄弟也不得不对他表达敬意。司马昭身登晋王之位后,荀颛、何曾等都以君臣之礼拜之,而王祥认为晋王仍是魏之宰相，与"三公"为同僚，于是仅行长揖之礼。然而王祥终究没有坚守为魏国的纯臣，魏晋更替之中，他还是随着滚滚洪流由魏臣转变为晋臣。司马炎称帝后，王祥升为太保，封睢陵公，为开国"八公"之一。

王祥享寿八十五岁，临终前遗命薄葬，丧事从简，并留下家训，嘱咐子弟言而有信、推美引过、扬名显亲、兄弟和睦、临财多让，以此五条准则为立身之本。

崔氏家族

籍贯：清河东武城（今河北清河）
代表人物：崔琰、崔林

籍贯：博陵安平（今河北安平）
代表人物：崔烈、崔州平

唐朝最显赫的门阀世族，有"七宗五姓"之说，分别为陇西李氏、赵郡李氏、博陵崔氏、清河崔氏、范阳卢氏、荥阳郑氏、太原王氏。这七大家族大多在两汉之际就开始兴旺，至魏晋时期迎来全盛，名臣迭出。"七宗五姓"之中，崔氏家族占了两宗。两宗原出自一脉，为春秋时齐国权臣崔杼之后。秦汉之际，崔杼后裔崔意如被封为东莱侯，其长子崔业袭爵，定居清河，为清河崔氏之祖；崔业弟崔仲牟另居涿郡安平，为博陵崔氏之祖。[1]

清河崔氏在汉末三国最著名的要数崔琰。崔琰少年击剑，青年习文，练成文武双全，求学于大儒郑玄门下，于汉末乱世流落四方。袁绍领冀州

---

[1] 西汉安平县属涿郡；东汉延熹元年，安平县初属安平国，后隶属于博陵郡。

后,选取冀州名门子弟入幕府效力,崔琰也在其中。崔琰为人耿直,敢于直言劝谏。当时袁绍军队军纪败坏,士兵掳掠百姓,崔琰便时时规劝袁绍。官渡之战前,崔琰又认为与天子为敌是不智之举,但袁绍不能用,终至落败。袁绍死后,崔琰因为是名士,故被袁谭、袁尚两派争夺,为此一度被下狱。

曹操平定河北后,崔琰被辟为别驾从事。原本作为新附之臣,应当谨言慎行,但崔琰一见曹操就讥讽他。当时曹操在崔琰面前自豪地说:"我昨天查看了户籍,好家伙,一下子得到了三十万兵源,冀州真是个大州啊!"崔琰却冷冷地说:"北方二袁相争,百姓遭难,您的王师到来,没听说施行仁政,救民于水火,反而对甲兵津津乐道,这难道就是我们冀州的老百姓对您的期待吗?"曹操闻此言,立马向他致歉。周围的人看到崔琰敢这么惹曹操,一个个都吓得脸色苍白。[1]曹操对崔琰表示尊敬,显然是在收买冀州人心。随后曹操留曹丕在邺城,并让崔琰当他的老师,也是寄希望于曹丕利用崔琰的威望将河北打造成曹家稳固的大后方。

自曹操为丞相后,崔琰调任东曹掾,与毛玠共同负责为曹操选拔人才的工作。但就在这一时期,曹操对崔琰的态度发生了巨变。建安二十一年(216),曹操称魏王,一位叫杨训的官员立即发表了一篇歌功颂德的文章吹捧曹操。由于杨训是崔琰举荐的,时人都觉得崔琰用人失察。崔琰给杨训写了一封信,信中有这样一句话:"省表,事佳耳!时乎时乎,会当有变时。"崔琰本意是说,不要在意那些批评你的人,等事情过去了就没事了。但不知道谁把这封信递到了曹操的手上,并且说这句话是大逆不道。曹操也觉得这句话另有所指,崔琰仿佛是要阴谋夺权,就将崔琰免职。后来告密者又说,崔琰服刑期间,"虬须直视,心似不平"。最终曹

---

[1] 太祖破袁氏,领冀州牧,辟琰为别驾从事,谓琰曰:"昨案户籍,可得三十万众,故为大州也。"琰对曰:"今天下分崩,九州幅裂,二袁兄弟亲寻干戈,冀方蒸庶暴骨原野。未闻王师仁声先路,存问风俗,救其涂炭,而校计甲兵,唯此为先,斯岂鄙州士女所望于明公哉!"太祖改容谢之。于时宾客皆伏失色。——《三国志·崔琰传》

操将崔琰处死，铸成当时的一大冤案。

为何曹操早年都能容忍崔琰当面讽刺，如今却因一封语意模糊的书信就要置崔琰于死地？显而易见，背后的告密者起了大作用。《三国志》在叙述这一段时有所遮掩，并未道出实情，但我们依然能够通过一些蛛丝马迹推理出来。书中记载，魏公国初建时，太子未立，曹操在曹丕和曹植两人之间犹豫不决，于是暗自写信给大臣以听取建议。这件事情很敏感，大多数朝臣都不敢直接表达意见。崔琰却力挺曹丕，甚至表示要以死来守护立长的原则。崔琰的侄女嫁给了曹植，从感情上他应偏向曹植，但立长的传统观念在崔琰心中根深蒂固，而他与曹丕有师徒之谊，也让他进一步认识到曹丕确有治国才干。

这样，崔琰就无形中被卷入了世子之争的泥潭之内。而建安二十一年又是世子之争最激烈的时刻，曹植一派占据优势。崔琰如此高调地支持曹丕，其声望和影响力又如此之大，当然成了曹植党人不得不除的障碍。

这个幕后的告密者，实际上已经露出了马脚。与崔琰同在东曹用事的徐奕，也在同一时期因人诋毁而失位。《魏书》直接点出："丁仪间之，徐奕失位而崔琰被诛。"丁仪正是曹植的心腹党羽，时任西曹掾。同一时期被罢黜的还有毛玠；毛玠亦是东曹掾，而且也对曹操立曹植表达过反对。可见，丁仪对崔琰、徐奕、毛玠的陷害，既是为曹植清除反对者，也是西曹在向东曹争夺人事大权。

崔琰死后，其从弟崔林仍在曹魏被重用，历事曹操、曹丕、曹叡、曹芳四朝，位列司空。崔林曾与人共论冀州人士，将崔琰评为第一等。陈群提出异议，认为崔琰的才智没能保全自己。崔林非常不服，说："大丈夫不过是没有遇到明主罢了，难道像你们这样就算是高贵的人吗？"入晋之后，清河崔氏一门声望愈重，与刘琨、卢志（范阳卢氏）、温峤（太原温氏）等豪门子弟结成姻亲。

至于汉末三国时期的博陵崔氏，受《三国演义》影响，大家最熟悉的就是诸葛亮在隆中时的好友崔州平。刘备第一次顾茅庐时未遇诸葛亮，却偶遇一隐者，那人自号曰："我乃孔明之友，博陵崔州平。"诸葛亮在入蜀后曾回忆："昔初交州平，屡闻得失。"他认为崔州平是那种能够纠正朋友得失的诤友。

崔州平之父崔烈，汉灵帝年间曾因行贿购得司徒一职，而被时人所讥讽。董卓乱政时，崔烈之子崔钧以西河太守之职响应讨董联军，崔烈因此受牵连遭下狱。李傕、郭汜乱长安，崔烈死于难。博陵崔氏在东汉多文人学者，如崔骃、崔瑗、崔寔祖孙三人，不仅为朝中重臣，且诗书传家，文采斐然。《后汉书》称："崔氏世有美才，兼以沉沦典籍，遂为儒家文林。"

卢氏家族

籍贯：范阳涿县（今河北涿州）

代表人物：卢植、卢毓

东汉时期经学盛行，大儒们经常开班授课、传经论道，如马融、蔡邕、郑玄等，不仅学富五车，而且桃李满天下。不过单拿学生相比，卢植可能要胜出一等。他在洛阳郊外的缑氏山中开班，培养出了两位未来叱咤天下的豪杰——刘备与公孙瓒。卢植也成为范阳卢氏的奠基者。

卢植，字子干，身长八尺二寸，而且声如洪钟，气质非凡。他早年和郑玄都求学于名儒马融门下。马融是当时的外戚，家里经常有美貌歌姬于庭前舞蹈，但卢植酷爱学习，目不斜视，为马融所敬重。卢植出师后，自己当老师带学生、做学问，写就《尚书章句》《三礼解诂》等经学著作，但内心仍旧怀着兼济天下的大志向。

卢植于灵帝年间入朝为官，先担任九江、庐江太守，平定蛮族叛乱，政绩突出，而后被调入中央为议郎，与马日䃅、蔡邕、杨彪、韩说等人在东观（国史馆）从事校订"五经"及编纂国史《汉记》的工作。中平元年，黄巾起义爆发，卢植因为有平定叛乱的经验，被举为北中郎将，持节，统率北军五校讨伐张角。卢植在战争初期保持着优势，围张角于广宗。但在战争进入相持阶段，卢植因为没有贿赂小黄门左丰，被其在汉灵帝面前诬告消极作战。朝廷将其用槛车押送回京，以董卓代之。后来皇甫嵩平定张角后，称颂卢植的军事方略为最终的胜利奠定了很好的基础。

灵帝驾崩后，大将军何进与袁绍谋引董卓为外援逼太后杀宦官。卢植知道董卓凶悍难以制服，劝谏何进。何进不听，果然有后来董卓篡政之祸。董卓议废立之时，又是卢植当庭抗议，引得董卓大怒。所幸蔡邕求情，卢植才免于一死，只是被免官。此后卢植对政坛丧失信心，趁董卓不备悄悄溜出了洛阳，隐居于上谷，不与外人往来。袁绍领冀州后，曾试图将卢植请出来做自己的军师，以振声望，但使者还没到，卢植已经去世。后来曹操北讨乌丸，路过卢植故乡涿郡，因景仰卢植为海内名儒、士人楷模，派人为其扫墓祭奠。

卢植之子卢毓，被曹丕征辟为门下贼曹，又被崔琰推举为冀州主簿。入魏后，卢毓历事四朝皇帝，长期掌管人事工作，为国家选拔人才。曹爽主政时，卢毓的典选举事之权为曹爽亲信何晏所接手，后来又遭曹爽另一亲信毕轨所弹劾，因此卢毓倒向司马懿一方。高平陵之变中，卢毓被司马懿表奏为司隶校尉，负责审理曹爽一案。由此，范阳卢氏成为司马氏士族大联盟的成员。卢毓备受司马家族信赖，司马师在讨伐毌丘俭叛乱时，就以卢毓全权负责后方事务。卢毓最终官至司空，其子孙入晋后亦显达。

郑氏家族

籍贯：荥阳开封（今河南开封）

代表人物：郑泰、郑浑

开封与郑姓有着天然的渊源，其地于春秋时期属郑国。郑庄公曾于此驻兵屯粮，取"启拓封疆"之意，定名启封，汉代因避景帝刘启讳改名开封。郑国在"郑氏三公"（郑桓公、郑武公、郑庄公）的治理下，成为春秋最早称霸的诸侯国，其王室后代以郑为姓，逐渐形成荥阳郑氏家族。

荥阳郑氏兴起于西汉大司农郑当时。郑当时，字庄，为官礼贤下士，十分爱护人才。郑当时为国举荐人才，颇受史官好评，司马迁称赞他："郑庄推士，天下翕然。"

至东汉，有郑兴、郑众父子为经学大家，尤善研究《春秋左氏传》，后来东汉研究此书的人多半出自郑兴的流派。郑兴与经学家贾逵合称"郑贾"，是东汉经学的两大宗师。

汉末，荥阳郑氏有郑泰，被何进举为尚书侍郎，迁侍御史。他与卢植一样曾劝何进勿召董卓入朝。后来郑泰与荀攸、何颙谋除董卓，事机泄露，他密从武关出逃，投奔后将军袁术，被表为扬州刺史，但未到任便去世。

郑泰之弟郑浑，为避难投靠豫章太守华歆，后为曹操所征辟，历任左冯翊、上党太守、京兆尹，任内诛杀在蓝田劫掠的凉州军阀梁兴，安定关中局势。入魏后，郑浑历任阳平、沛郡两地太守。此两地处于低洼潮湿地带，常遭水灾，百姓生活困顿。郑浑在萧县、相县之间开塘筑坝，围建稻田，使得当地粮食产量年年递增，赋税收入翻倍，百姓刻碑颂扬，将他开辟的水渠称为"郑陂"。后来他在山阳、魏郡也政绩显赫，魏明帝将他作为地方官中的楷模，下诏表彰，布告天下。郑浑还将兄长郑泰的儿子郑袤抚养长大。郑袤后来被司马懿提拔担任广平太守，延续了其叔父德化为先的治郡之风，并被纳入司马氏的士族大联盟之中。

王氏家族

籍贯：太原祁县（今山西祁县）
代表人物：王允、王凌

籍贯：太原晋阳（今山西太原）
代表人物：王昶、王浑

太原王氏尊崇的祖先是两汉之际的隐士王霸。时值王莽篡汉，王霸厌世，扔下乌纱帽去山里隐居，断绝与官员的一切往来。待到刘秀建立东汉，朝廷征王霸做尚书，他依然拒绝，还扔下一句不合作宣言——"天子有所不臣，诸侯有所不友"，声名远播。到了汉末，太原王氏分为两支，即祁县王氏和晋阳王氏，王氏族人开始跻身政坛。司徒王允是祁县王氏在汉末涌现的第一个风云人物。

人们印象中的王允是一位文官，但实际上他文武双全，擅长骑马射箭，还参与过平定黄巾起义。在战利品中，王允发现了皇上身边大红人、中常侍张让宾客的书信，于是一纸诉状告到汉灵帝那里。此举让王允遭牢狱之灾，险些丧命。

宦官被除后，王允重出政坛，并升任尚书令。董卓进京后，罢太尉黄琬、司徒杨彪，以王允补缺司徒。当时董卓对王允格外器重。迁都长安后，董卓一度仍在洛阳与联军作战，就将长安的朝政大事全部委托王允。

但王允暗地里谋划除掉董卓。起初王允主动请缨，向董卓提出自己与护羌校尉杨瓒、执金吾士孙瑞一起领兵出武关，名为讨伐袁术，实则想夺取军权劫走天子。但董卓并未答应。此计不成，王允又离间董卓部将吕布，唆使其将董卓刺杀。由于吕布此前曾私通董卓婢女，"吕布戏貂蝉"的故事便由此演绎而来。

董卓死后，王允掌权，原本有望成为挽江山于既倒的汉室功臣。但此时他犯了三个致命的错误,一是与吕布失和,二是杀害了大儒蔡邕,第三个最致命,就是强行解散董卓凉州部曲,激起李傕、郭汜等人的反叛。长安沦陷前,吕布曾劝王允一起逃走,而王允抱着"奉身以死"的决心,嘱咐吕布"怒力谢关东诸公,勤以国家为念",最终为叛军所杀。

王允死时,与他一起遇害的还包括其子王盖、王景、王定在内的十余名族人。祁县王氏在这场变乱中遭受毁灭性打击。侥幸的是,王允兄长的儿子王晨、王凌逃回了太原老家。

王凌,字彦云,早年曾经获罪被判处髡刑,剃了个秃瓢扫大街,却赶上曹操的车队路过。曹操一问,得知他是王允的侄子,当即解除了他的劳役,征辟他为丞相府主簿,成为曹操的贴身秘书。曹丕即位后,王凌作为汉朝世家子弟转投曹魏的优秀代表,被提为散骑常侍,并派驻地方历练。此后二十余年,王凌历任兖州、青州、扬州、豫州等诸州长官,积攒了丰富的地方施政经验。尤其是对东吴的防御,王凌更是参与颇多。随着满宠因年老被征调回朝,王凌逐渐成为负责淮南前线的最高军政长官。

高柔迁司徒之后,腾出了司空之位给王凌。时隔五十八年,太原王氏再度回到了政坛之巅——"三公"之位。同时,王凌凭借着家族声望和长期仕官经历,有了丰富的人脉网络,如征西大将军郭淮是王凌的妹夫,扬州刺史诸葛诞是王凌的亲家(王凌之子王广娶诸葛诞之女),荆州刺史王基曾受王凌提携。

高平陵事变时,王凌七十六岁,是唯一有实力与司马懿抗衡的魏国元老。他仗着在淮南手握军权,便和外甥令狐愚谋立楚王曹彪为帝,在许昌另立中央。他还派人去京城咨询儿子王广的意见。王广估计被吓到了,劝老爷子:"废立可是天大的事情,您老可别惹大祸。"[1]

果然,没过多久,令狐愚病逝,王凌的计谋随即败露。司马懿亲自领数万大军兵压寿春,王凌自知没有胜算,只得把自己绑起来去司马懿营中

---

[1] 广言:"废立大事,勿为祸先。"——《三国志·王凌传》

投降。见面时王凌说："我如果有罪,太傅写封信召我来就行了,何必亲自来呢?"司马懿笑道:"你可不是一封信就能召回来的人啊!"[1]王凌随后被押解到项城。当晚,他把曾经的属下呼唤到身边,叹息道:"我已经快八十了,现在落得个晚节不保,身败名裂,这都是命啊!"[2]随后喝毒药自尽。

就在祁县王氏因王凌之叛而毁灭之际,晋阳王氏却凭借着与司马家的合作开启晋升之路。晋阳王氏的代表人物王昶,曾对王凌以兄事之,但他同时也是魏青龙年间太尉司马懿所举荐的人才。魏正始年间,王昶升征南将军,持节,都督荆州、豫州诸军事,成为司马氏所信赖的对吴前线的军事总督,并在平定淮南毌丘俭、诸葛诞两次叛乱中立有大功,升任司空。

王昶去世后,其子王浑承其爵位,继续为司马家族防守对吴前线。晋灭吴之战中,王浑以安东将军督扬州军事,由寿春南下出横江渡口,大败吴丞相张悌、将军沈莹,歼灭吴军主力三万余人,敲响吴国亡国丧钟。只可惜顺江而下的王濬跑到了他前面,率先抵达建业受降,独得全功。王浑因此向司马炎打王濬的小报告,为时人所讥。王浑于晋太熙元年(290)升任司徒。至此,太原王氏在汉、魏、晋三朝皆有身登"三公"者,可谓荣达非常。

韦氏家族

籍贯:京兆杜陵(今陕西西安东南)

代表人物:韦康、韦昭

---

[1] 凌知见外,乃遥谓太傅曰:"卿直以折简召我,我当敢不至邪?而乃引军来乎!"太傅曰:"以卿非肯逐折简者故也。"——《三国志·王凌传》裴注《魏略》

[2] 凌行到项,夜呼掾属与决曰:"行年八十,身名并灭邪!"遂自杀。——《三国志·王凌传》裴注《魏略》

杜氏家族

籍贯：京兆杜陵（今陕西西安东南）

代表人物：杜畿、杜预

笔者自小生活在西安市南郊，很早就知道西安城南有两个镇子——韦曲、杜曲。它们得名于唐朝时长安最繁盛的两个家族——韦氏、杜氏。自古就有民谚："城南韦杜，去天尺五。"韦氏、杜氏两大家族的地位之高，比之于天亦不遑多让。

韦杜两家，皆兴起于汉末三国。

韦氏家族的奠基者为汉末韦端、韦康父子。韦端，字甫休，凭借名望被征为凉州刺史。他曾被曹操派往西凉调解互相攻打的军阀马腾与韩遂，后入朝为"九卿"之一的太仆。

韦端之子韦康，字元将，子承父业，为尚书令荀彧所举荐，亦任凉州刺史，时人以为荣耀。但此时的凉州已被马超所盘踞。马超在兵败渭水后，将兵锋指向陇西诸郡，当时曹操远在征讨东吴的前线，韦康困守孤城，外无救援，城陷被杀。不过韦康并没有白死，他生前待下属恩义深厚，他的旧部杨阜、梁宽、赵衢、庞恭等人虽寄身马超帐下，却常思为韦康报仇，最终与夏侯渊里应外合，将马超势力逐出凉州。

韦康有弟韦诞，字仲将，入魏官至侍中、光禄大夫。韦诞同时是一名大书法家。魏明帝大修宫殿，其中最高峻的凌云阁，其匾额就是韦诞站于筐中、高悬在离地二十五丈的空中书写的。韦诞还善于研制墨汁，当时习书人将张芝笔、左伯纸、韦诞墨并称为"三绝"。

大儒孔融曾经给韦端寄信，大赞他的两个儿子，形容韦康"渊才亮茂，雅度弘毅，伟世之器也"，形容韦诞"懿性贞实，文敏笃诚，保家之主也"，最后还耍了个小幽默，说没想到这两颗明珠，都是出自老蚌之中，真是太珍贵了。

与此同时，有一支京兆韦氏为避战乱，渡江南徙，落籍吴郡丹阳（今江苏丹阳），成为丹阳韦氏之始。此一支于三国最著称的是韦昭（一名韦曜）。韦昭历事吴国四朝，孙皓时担任中书仆射、侍中，封高陵亭侯。吴末帝孙皓酷爱摆酒宴，而韦昭不胜酒力，于是孙皓特许韦昭以茶代酒——这是"以茶代酒"最早的出处。但后来，韦昭还是因为得罪孙皓被诛杀，终年七十岁，家眷被流放零陵。

杜氏家族可上溯至西汉杜周、杜延年父子：杜周师承张汤，为汉武帝时有名的酷吏；杜延年为霍光辅政重要盟友，官至太仆。到了汉末杜畿一代，杜氏家族已经衰落。

杜畿，字伯侯，少失父母，侍奉后母至孝，被郡中辟为功曹。建安年间，杜畿因才能卓越被荀彧推荐给曹操，被派往陇右的西平担任太守。不久曹操与袁氏父子争夺河北，深感河东地理位置重要，询问荀彧谁可以胜任河东太守，荀彧推荐了杜畿。杜畿到任后，与本土豪强卫固、范先巧妙周旋，培植势力，安定河东，最终与曹操大军呼应，化解了河东危机。杜畿在河东担任太守十六年，奖励耕织，兴办教育，使当地百姓于乱世之中得到难得的安定，因此成为曹魏太守中的楷模。

杜畿于曹丕时入朝担任尚书仆射。曹丕欲南征孙权，令杜畿监造楼船。在一次下河试船时，大船遭遇风浪，杜畿不幸溺水而亡，时年六十二岁。曹丕为之悲痛，追赠太仆。

杜畿之子杜恕，继承父业为河东太守，后入朝任御史中丞。但他为人豪爽任性，不太善于处理人际关系，结果被人排挤，外放为幽州刺史。没过一个月，他就与同城驻扎的征北将军程喜不睦，被程喜抓住把柄弹劾了一本。杜恕因此结束了政治生涯，被革职为民，徙居章武郡，在那里著书立说，四年后去世。杜氏家族的遭遇让曾经与杜畿私交甚厚的河东大儒乐详看不下去。乐详当时已经九十多岁，上表朝廷称颂杜畿当年为国家立下的功绩，朝廷才封杜恕之子杜预为丰乐亭侯，封邑百户。

这是《三国志》的记载。《晋书》却给出了另一种说法，说杜恕当年得罪了司马懿，被囚禁死去，因此杜预很久都得不到升迁。等到司马师执政，出于团结更多世家大族为己所用的考虑，才促成两家捐弃前嫌、化敌为友。杜预还娶了司马师的妹妹高阳公主，成了司马家的上门女婿，也因此平步青云，拜尚书郎，参相府军事。

杜预很有智慧。他曾作为镇西将军长史参与钟会伐蜀之役，是钟会的心腹。在成都叛乱中，钟会及其身边的许多僚属都被杀害，唯有杜预凭借过人的智慧，不仅幸免于难，还获得司马昭增邑的奖励。当然很可能，杜预就是司马昭派到钟会身边的卧底。

司马炎称帝后，杜预担任驸马都尉、度支尚书，后受羊祜的举荐出镇荆州，为伐吴大业积极谋划。晋咸宁五年（279），杜预认为时机已经成熟，三次上书司马炎请求出兵伐吴，言辞恳切。当时朝中大臣贾充、荀勖、山涛等均反对伐吴，唯有尚书张华支持。杜预的奏章递到时，司马炎正在与张华下围棋。张华立即推开棋盘，恳请他采纳杜预之谋，司马炎终于下定决心。当年十一月，晋发兵二十万，分六路伐吴。杜预率其中一路由襄阳南下，攻陷江陵，一举将东吴统治六十年的长江中游一带收入囊中，为王濬水师顺江而下扫清了道路。攻克武昌后，军中曾有人担心天气转暖、疫病流行，提出将灭吴计划推迟一年。杜预力排众议道："昔乐毅藉济西一战以并强齐，今兵威已振，譬如破竹，数节之后，皆迎刃而解，无复著手处也。"在杜预坚持下，晋军最终灭吴，完成一统大业。虽然灭吴之战统帅是贾充，但因杜预的贡献最大，后世常将他奉为灭吴首功，称他为终结三国之人。

杜预灭吴后，继续镇守荆州，于四年后的晋太康五年（284）去世。

裴氏家族

籍贯：河东闻喜（今山西闻喜）
代表人物：裴潜、裴秀

现今山西省运城市闻喜县礼元镇裴柏村，被誉为"宰相村"。这里是河东裴氏宗祠所在地。据《裴氏世谱》统计，裴氏家族在历史上曾先后出过宰相五十九人、大将军五十九人，冠盖簪缨者不计其数，有"将相接武、公侯一门"之称。

河东裴氏亦在汉末三国兴起。裴氏最早显名者是汉献帝建安年间的谒者仆射裴茂。建安二年（197），失去汉献帝的凉州军阀李傕、郭汜等已经式微，曹操派裴茂、段煨等引军向西，诛灭李傕、郭汜，曹操势力拓展至关中，遂以功封裴茂为阳吉平侯。

裴茂之子裴潜，从小跟父亲关系闹得很僵，于是避难荆州。曹操南下后，征他入丞相府参议军事。裴潜最大的功劳是为曹魏安定了北方代郡的局势。代郡处于胡汉杂居地带，三大乌丸单于在郡内横行霸道，掳掠百姓，历任太守都没法管束。裴潜认为带兵征伐反而会引起乌丸的反弹，于是他仅驾着一辆车去代郡赴任，通过恩威并施的手法，让乌丸单于"脱帽稽首"，归还了此前掠夺的妇女、器械、财物。与此同时，裴潜在郡中抓出了给乌丸做内应的官吏十余人并处斩。他在任三年，使得"北边大震，百姓归心"。后来曹操调他回丞相府任职，并询问治理代郡的方法。裴潜说："我对待百姓政令很宽，但对待胡人则必须严苛。我的继任者肯定以为我过于严苛而给予胡人宽惠政策，这就会滋长他们骄纵之色，代郡必叛！"[1]曹操一听就后悔把裴潜调回来了。果然没几天，代郡乌丸三大

---

[1] 潜曰："潜于百姓虽宽，于诸胡为峻。今计者必以潜为理过严，而事加宽惠；彼素骄恣，过宽必弛，既弛又将摄之以法，此讼争所由生也。以势料之，代必复叛。"——《三国志·裴潜传》

单于便起兵反叛，曹操派儿子曹彰费了很大力气才平息了叛乱。

裴潜历事曹操、曹丕、曹叡、曹芳四朝，官至尚书令。其子裴秀承袭其爵位。裴秀最初被毌丘俭举荐给曹爽，成为曹爽的大将军府掾属。高平陵之变后司马懿夺权，曹爽故吏尽皆被罢免，裴秀也在此列。但是裴秀很快改换门庭，加入司马氏组建的士族大联盟之中，成为司马昭信赖的心腹。诸葛诞于淮南叛变，裴秀与陈泰、钟会跟随司马昭出征，成为军前参谋，因功转尚书，进封鲁阳乡侯，增邑千户。司马昭曾在立太子问题上犹豫不决，裴秀力保司马炎，最终让司马昭下定决心。因此司马炎登基后，投桃报李，接连擢升裴秀为尚书令、左光禄大夫、巨鹿郡公，直至接替荀颛为西晋第二任司空，让河东裴氏首次居宰辅之位。

裴秀在历史上最大的贡献是完成了中国最早的地图集《禹贡地域图》十八篇，将西晋全国十六州的名山大川、政区界线、城邑所在、水路交通全部绘制在地图上，因此被誉为"中国地图之父"。虽然《禹贡地域图》在隋朝的时候就已经失传了，但是裴秀在其中提到的"制图六体"的理论却传承了下来。这个理论阐明了比例尺、方位、距离之间的关系，对后世制图工作影响深远。

南朝中裴氏最著称者，也是谈到三国不得不提的一人，就是史学家裴松之。裴松之生活于晋宋之交，在宋文帝元嘉年间，完成了对陈寿《三国志》的注解。此前《三国志》已经流传甚广，成为最受认可的三国时期史书，为"近世之嘉史"，但也有"失之于略，时有所脱漏"的问题。裴松之旁征博引为《三国志》作注，注释内容多过《三国志》原文数倍，将很多被惜墨如金的陈寿略去的历史故事补充进来，为后世所知。随着裴松之引用的史籍大多散佚，裴注的内容就更为珍贵了。由于裴注选择的许多野史内容较《三国志》更具传奇色彩和趣味性，因此裴注成为《三国演义》中许多经典情节的来源。

叁 蜀汉篇

十三

巴蜀的开拓者

刘氏家族

籍贯：江夏竟陵（今湖北天门）

代表人物：刘焉、刘璋

翻开陈寿《三国志》的回目，会发现一个有意思的现象。

《魏书》的开篇是曹操的传记《武帝纪》，《吴书》的开篇是孙坚、孙策的传记《孙破虏讨逆传》。以奠基者为开篇，这是史传的惯例。

那么，《蜀书》的开篇自然应该是刘备的传记了？

并不是。《蜀书》开篇是《刘二牧传》，是曾担任益州牧的刘焉、刘璋父子的列传，而刘备的《先主传》反而被放到了第二篇。

"刘二牧"非但不是蜀汉政权的创建者，还是刘备的敌人。刘焉自汉末受封益州，为乱世之中一镇诸侯。刘备以荆州之兵入蜀，历时三年，从刘璋手上武力夺取了益州之地。故而"刘二牧"与刘备政权的关系，类似于袁绍与曹操政权、刘繇与孙策政权的关系——前者被后者吞并。那么，为何反将被征服者编纂于开篇呢？

其实，当我们联系到作者的身世时，这个疑惑就迎刃而解了。《三国志》作者陈寿，巴西安汉（今四川南充）人，曾仕于蜀汉。陈寿写《三国志》，最熟悉的就是蜀汉的情况。作为一个蜀人，他所写史书显然超越了政权的局限。也就是说，他写《蜀书》的出发点，不是刘备政权的发展史，而是蜀中政治的发展史。

因此，在陈寿看来，蜀汉之所以能以一州之力与魏、吴形成三国鼎立局面四十余年，并非刘备政权之功，而是建立在此前益州开拓者与经营者的基础之上。那就必须先讲"刘二牧"——刘焉和刘璋。

刘焉：豪车千辆"巴蜀王"

如果说张角揭开了天下大乱的序幕，那么接下来的军阀割据，则归功于刘焉的"临门一脚"。

刘焉与刘表一样，也是汉鲁恭王之后、汉室宗亲成员，其家族自章帝元和年间徙居江夏竟陵。凭借宗室的背景，刘焉的官路很顺，从中郎至司徒府掾，再到洛阳令、冀州刺史、南阳太守、宗正、太常，一步一个脚印，位居"九卿"之列。

汉灵帝中平五年（188），也就是黄巾之乱被平息后的第四年，刘焉眼见汉室衰微，时局多艰，于是向灵帝上奏，认为当时各地的刺史、郡守大多是贪官污吏，他们盘剥百姓，才搞得民怨沸腾。他建议，选派清名重臣以为"牧伯"，镇抚四方。

"牧伯"就是《三国演义》中时常见到的州牧，如幽州牧、冀州牧等。州在汉朝本来不是一个行政区划，而是监察区划。汉朝自武帝时起设立刺史制度，将天下郡县划分为十三个刺史部（州），各置刺史一名行使对地方官员监察之权。刺史级别不高，秩六百石，但监督权力很大，可以监察秩二千石的太守。到了东汉，刺史的权力和地位得到提升，拥有了常驻地和领兵之权，帝国行政制度逐渐由郡、县两级变为州、郡、县三级。

刘焉的提议，表面上看来是为了增强地方管理，丰满羽翼，拱卫皇室，实际上是地方割据的滥觞。灵帝批准了刘焉的提议后，许多大州的刺史被改为州牧。州牧手握军政大权，凌驾于郡守县令之上，且掌控着一方财政赋税、人事选用、兵马调遣等诸多事宜。于是，将权盛于皇权，地方盛于中央，帝国终于走上了分裂之路。

刘焉本人就是这一政策的受益者，他的建议本身就夹带着私心。当时他看到中原乱象已现，想要谋一个封疆大吏，远离朝廷纷争，起初心仪的是交州牧。交州位于帝国最南端，离帝都洛阳万里之遥，当然是避世的好地方。恰在此时，侍中董扶悄悄扯住了他的衣袖，对他说："要不要考虑一下我们四川？"

董扶是广汉绵阳人，广汉属益州。刘焉此前的仕宦履历，与益州毫无交集，很可能根本没有去过益州，对那里应当是知之甚少的。可董扶接下来的一番话却让他动了心思。这董扶有几手观天算命的本事，掐指一算，做出了预言："京师将乱，益州分野有天子气。"

刘焉早就做着皇帝梦，这话正中下怀。恰在此时，益州刺史郄俭因为征收税赋惹得民怨沸腾，朝廷于是以刘焉为监军使者，领益州牧，封阳城侯，入蜀捉拿郄俭。与刘焉同行的除了董扶，还有太仓令、巴西人赵韪。这两人也就成了刘焉最初的政治班底。

因为道路阻隔，刘焉一行在荆州东界暂住，以求溯江而上。正在这时，益州发生了变故。以马相、赵祗为首的起义军自称黄巾军的余部，聚集了数千人，先杀绵竹令李升，随后攻破益州治所雒城，斩杀了郄俭，又抄略蜀郡、犍为郡，旬月之间就形成了地跨三郡、拥兵万人的割据势力。这对于即将到任的益州牧刘焉是第一大考验。刘焉的办法是依靠本土豪强。当时益州从事贾龙率领家兵数百人与起义军作战，并迎接刘焉入蜀。刘焉与贾龙联合，平定了益州的叛乱，将治所迁移到绵竹，招降纳叛，施惠于民。这时，董扶的预言已经应验了一半，中原大乱，南阳、三辅地区有数万人进入蜀地避难，其中不少人被刘焉招募为党羽，号为"东州士"。刘焉开始在益州站稳脚跟。

作为一个外来的统治者，如何处理与本地豪强的关系是不可避免的问题，这也是刘焉面临的第二大考验。一方面，他吸纳了一批益州籍人士作为自己的僚属；另一方面，他对益州豪强大户挥起屠刀，以树立自己的威望。他借故接连杀害了十余名益州豪强，这让起初迎接他的贾龙等人懊悔不已、心生反意。当时董卓也意图占据益州，并策动贾龙反叛。于是在初平二年（191），犍为太守任岐、从事陈超、校尉贾龙先后举兵反刘焉，益州再度燃起战火。不过刘焉也早有准备。除了效忠于他的东州士，他还与益州的少数民族青羌联盟，引以为援，将上述叛乱者一一击杀，大获全胜。

镇压益州豪强的胜利让刘焉迅速膨胀起来。他开始着手建立属于自己的巴蜀独立王国。早在此前，他就将在巴蜀影响很大的五斗米道拉拢了过来。张鲁也被刘焉授予兵权，袭杀朝廷所署汉中太守苏固，切断了巴蜀通往三辅的斜谷等道口，让巴蜀之地与中原隔绝。当时董卓摄政，天子蒙尘，袁绍等关东诸侯联军讨伐董卓，刘焉身为宗室成员，却对朝廷的安危不管不顾，保州自守，同时在益州制造了千余辆豪华大马车，配天子仪仗，规格都超过了皇帝的出行待遇，毫不掩饰自己僭越的野心。

如果一切顺利，刘焉下一步很可能就是在蜀中称帝。那样的话，时局或许会朝着一个完全不同的方向发展。然而天不遂人愿，刘焉入蜀前将三个儿子都留在了朝廷。李郭之乱中，刘焉本谋划与马腾共图长安，但事机败露，其代价是长子刘范与次子刘诞均被诛杀。这对于已经上了年纪的刘焉无疑是沉重的打击。祸不单行，绵竹又突发火灾，刘焉之前打造的豪车被烧得荡然无存，许多民居也遭了殃。刘焉不得不将州治迁至成都，成都由此重新成为巴蜀政治中心。火灾在当时普遍被认为是天谴，缘于为政者之失。一连串的灾祸让刘焉痈疽发背，于兴平元年（194）含恨去世，他的巴蜀帝王梦，只能交给温和仁厚的儿子刘璋了。

刘璋：引狼入室失地者

汉末军阀，但凡遇到第二代接班的问题，几乎都会生出乱子。袁绍、刘表废长立幼，直接葬送了自己的基业，即便孙权接替孙策，在内部也有反对声音。

刘焉在汉末军阀中是年龄较大的一位,接班问题也出现得较早,而刘璋并非刘焉所属意的人选。

刘焉有四子,他仅将第三子刘瑁带到了益州,将其他三个儿子都丢在了中原。很显然,他最宠爱刘瑁。刘焉非常迷信相术,听到相面者说吴懿的妹妹有大富大贵之相,就让刘瑁迎娶之,这就等于内定了刘瑁为接班人。

后来因刘焉僭越之事,朝廷打发他的小儿子刘璋作为使者来申饬。刘焉动了恻隐之心,把刘璋留了下来。不久,刘璋两个哥哥死于长安之乱。刘焉身故后,益州的权力由赵韪、庞羲两大权臣把持。他们看到刘璋温仁,易于操控,于是推举刘璋担任益州牧,取代了刘瑁,而刘瑁数年后就因为"狂疾"离奇死去。

刘璋从老爹手上拿到的益州之地,远非乱世乐土,而更像一个烫手山芋。蜀民不附、权臣当道、外敌威慑,成为刘璋必须面对的三座大山。

益州牧并非王侯爵位,法理上来讲不能父死子继,应由朝廷重新册封。因此刘璋接管益州缺乏合理性,难以服众。而由于刘焉对益州大姓的打压屠戮政策,使得益州人更无法接受刘璋的统治。当朝廷派来的益州刺史扈瑁抵达汉中时,益州内部立马就掀起了军事叛乱。益州人沈弥、娄发、甘宁联合荆州别驾刘阖起兵造反,但因为势单力薄,被刘璋打败,顺江而下投奔了荆州刘表。

这不是一场简单的益州人叛乱,其背后有东邻荆州牧刘表的黑手。刘表与刘焉虽然同为汉室宗亲,但皆有吞并对方之心。刘焉车马仪仗僭越时,刘表就向朝廷参了他一本,说他像当年孔子的弟子子夏,子夏在西河教书,人们把他当作圣人而不知孔子;简而言之,就是说这个汉室宗亲是个奸臣。这就导致双边关系更加紧张。刘璋为报复刘表,命赵韪做出进攻荆州的架势,屯兵荆益边界的朐忍(今重庆云阳),还好双方克制,未爆发军事冲突。

东边刘表已经够闹心的了,刘璋在北边又结了个仇家,那就是曾经从属于刘焉的五斗米道领袖张鲁。张鲁占据了汉中后,便像孙策对待袁术一样,自立山头并招徕巴地的土著头领来投。于是刘璋尽杀张鲁家人,双方彻底撕破脸皮。考虑到巴郡是五斗米道起家之地,张鲁的势力树大根深,所以刘璋授和德中郎将庞羲为巴郡太守,驻阆中抵御张鲁。

可以说,从上述果断平息内部叛乱,并分遣将领抵御刘表、张鲁的威胁来看,刘璋似乎并不软弱可欺,反倒相当有手段。然而,刘璋的力量,很大程度上来源于那些随同刘焉入蜀的元老旧臣,其中尤以赵韪、庞羲为甚。刘璋想要收权,就必须对他们有所控制。

建安五年(200),赵韪利用东州人与益州人的矛盾,举兵数万反叛刘璋,挑起了刘氏父子治蜀后的第三次内部叛乱,一时蜀郡、犍为、广汉三郡响应。但赵韪长期骄横跋扈,东州人并不支持他,而都站在刘璋这一边,与赵韪叛军殊死作战。赵韪于次年即告落败,被部将所杀。赵韪败亡后,庞羲也有点唇亡齿寒的感觉,想要增兵自守。后来在程畿的劝说下,庞羲主动向刘璋谢罪,得到了宽宥。

但对刘璋来说,庞羲已不可重用,他需要依靠其他力量来对付张鲁。当时曹操南下,袭取荆州,威慑江东,刘璋三次遣使向曹操示好,并送叟兵三百及财物作为见面之礼。曹操一开始对刘璋还不错,加封他为振威将军。等到刘璋第三次派张松为使,曹操已定荆州,对张松态度就比较骄横,也没给他封官。张松一怒之下,劝刘璋与曹操断交,而与刘备结盟,并邀请刘备入蜀抗击张鲁。

实际上,张松把主子卖了。邀刘备入蜀,如同引狼入室。建安十七年(212),刘备调转枪头攻击刘璋。此战持续三年,刘璋节节败退,众叛亲离,最终被困成都,献城投降,益州之土悉归刘备,成就了今后的蜀汉帝国。

刘焉、刘璋父子统治益州凡二十七年,不可谓不长,他们对巴蜀地区的发展和建设也起到了一定的积极作用。但刘焉父子始终没有处理好益州本土豪强与外来客居群体东州人之间的矛盾,其内部接连出现的贾龙之叛、沈弥之叛、赵韪之叛，皆是益州本土豪强对刘焉父子这样的外来统治者的反抗。而刘璋"性宽柔、无威略""明断少而外言入故"，缺少雄才大略，竟然做出邀刘备入蜀这样自掘坟墓的蠢事，势必在乱世争雄的时代被淘汰出局。

刘璋投降后，被刘备迁往南郡公安居住。后来孙权击败关羽取得公安，俘获刘璋，重新授予他益州牧之职，让他驻扎在秭归以恶心刘备。刘璋死后，其次子刘阐仍旧被孙权当作分化蜀国的棋子，任益州刺史，屯驻交州与益州边界，与叛蜀的南中大帅雍闿呼应。直到诸葛亮平定南中，刘阐才因失去了价值而被调回吴地，后来担任了吴国的御史中丞。刘璋的长子刘循，倒是有些军事才能，当初与刘备相攻时据守雒城达一年之久。因为刘循是庞羲的女婿，庞羲投降刘备后他就被留在蜀地，被刘备任命为奉车中郎将。

于是，刘焉家族的后代，分落于吴蜀两国。"有天子之气"的益州，其故事则将由刘备家族继续书写。

十四

流浪的帝胄

刘氏家族

籍贯：涿郡涿县（今河北涿州）

代表人物：刘备、刘封、刘禅

逃亡

刘备的一生，是颠沛流离的一生。他一生六十三年，将整个中国几乎走了个遍——生于幽州，学于司隶，仕官于冀州，附公孙于青州，救陶谦于徐州，奔曹操于兖州，领州牧于豫州，投刘表于荆州，盟孙权于扬州，最终入益州成蜀汉之基业；这期间他还曾动过南下交州投奔苍梧吴臣的念头。除了大西北，哪里没有刘备的足迹？

如此壮阔的人生轨迹，并不是因为他喜爱旅游，更不是因为他气吞山河大杀四方。这是一条亡命路线，每一次的转场都是一段苦难的回忆。但刘备熬下来了，因为他心中有一个坚定的信念，那就是要做真正的王者。

刘备出生于涿郡涿县，即今河北涿州。他幼年丧父，与母亲相依为命，以贩履织席为业，可以说是最贫贱的社会底层。与偌大的汉帝国相比，他不过是大木一叶、太仓一粟，卑微到可以忽略不计。

但刘备有一面可供招摇的旗帜，那就是皇族的血脉。《三国志》记载他是汉景帝之子中山靖王刘胜之后，《魏略》记载他是汉景帝之孙临邑侯刘让之后，虽有差异，但看起来他无疑是皇亲国戚。

刘备一生行迹图

然而即便这样，又有何意义呢？且说这中山靖王刘胜，一生疯狂纳妾，生了一百二十多个儿子。刘备之祖是他其中一个儿子刘贞，元狩六年（前117）被封为涿县陆城亭侯，但不久就因"酎金案"被褫夺了侯爵，成了一介平民。

"酎金案"是汉武帝削弱同姓诸侯权力的一个诡计。由于诸侯国的强盛严重威胁到皇权，迫使汉武帝采纳主父偃"推恩令"之策，将刘姓诸侯的封地越分越小，使其终至无力抵抗皇权。"酎金案"可视为"推恩令"的配套手段；酎金是天子祭祀宗庙时同姓诸侯贡献的礼金。汉武帝以诸侯呈上的酎金成色差、分量不足为借口，一口气削夺了一百多个诸侯的爵位和封地，刘贞也包括在内。因此从刘贞之后，刘备家族除了姓氏外，与汉室宗亲已经毫无联系，与一般平民无异。刘备祖父刘雄，最高只当过范县的县令。刘备父亲刘弘，史书上只记载"仕州郡"，也没说当什么官，大约只是一个小吏。

刘备小时候虽然穷困，但有富贵之相。院中东南角长着一株高达五丈的桑树，被人们视为此家当出贵人的征兆。刘备一路也多受贵人提拔，他十五岁就被母亲送往缑氏山（位于今河南偃师）跟随大儒卢植学习，族父刘元起慷慨资助了学费。他的同学公孙瓒与他称兄道弟，尔后成为他奔走天下的寄附对象之一。但刘备并不爱读书做学问，喜欢遛狗、听流行乐、穿漂亮衣服、爱结交朋友。中山富商张世平、苏双贩马途经涿郡，看到刘备是个人才，成为他的"天使投资人"，让刘备有了起家的资本。

中平年间的黄巾起义揭开了汉末乱世的序幕。刘备举义军讨黄巾军，又讨幽州叛将张纯，因战功得到了第一个职位——安喜县尉。东汉时期，一个县里权力排序为县令、县丞、县尉；县尉相当于县公安局局长，管治安。但刘备正年轻，脾气比较暴躁，一言不合就打了太守派来的督邮（巡视员），弃官亡命。《三国演义》估计嫌鞭打督邮有损刘备温文尔雅的形象，就把这笔账算在了猛张飞的头上。

丢官后的刘备跟随大将军何进所派的都尉毌丘毅去丹杨募兵，在下邳因战功被举为下密丞，但不知道因为什么原因又丢了官职。随后他再度复出担任高唐令，却遭到青徐黄巾的围攻，弃城逃跑，投奔了老同学公孙瓒，从此开始了寄人篱下的颠沛生活。

抛妻

家族，对于叱咤于汉末乱世的英雄们有着举足轻重的意义。曹操拥有将才辈出的谯沛宗亲为羽翼，让他得以迅速从诸侯混战中崭露头角。孙策也正是由于宗族、亲族成员孙贲、吴景的掌兵，得以从孙坚殁亡的低谷中走出，脱离袁术，称雄江东。刘备没有宗族势力，这就导致他的前半生得不停地换主子、换靠山，在这些大树的遮掩下发展自己的小势力。

从三十岁投奔公孙瓒，到将近五十岁在荆州立足，这二十年间刘备辗转大半个中国，先后换过六个老板。在公孙瓒手下，他参与对抗袁绍的战争，在跟随青州刺史田楷援救盟友陶谦的路上，他弃田楷而奔陶谦，并在陶谦死后被拥立为徐州牧。但好景不长，袁术来争徐州，吕布袭取下邳，刘备又成为吕布的附庸。后来刘备与曹操联合灭吕布，被曹操表为左将军、豫州牧，成了曹操的座上宾。但刘备并不死心，一面与董承等人策划除曹，一面假借讨袁术之名又袭取了徐州。但很快，刘备又被曹操打败，北投袁绍而去。官渡之战中，刘备以南北夹击曹操为名，脱离袁绍南下汝南自立，但再度被曹操攻破，于是寄身于刘表。曹操南下，刘琮出降，刘备一路溃败至夏口，后遣诸葛亮与孙权联盟，才在赤壁之战后得到荆州南部，终于在乱世中有了立锥之地。

这二十年，刘备几起几落。虽然败仗连连、失地丧师，但他磨砺了意志，每一次被打倒都能爬起来，满血复活。他投靠的几任老板都是当世雄才，也都对他委以重任，若在他们麾下继续做下去，做个将军、统帅都不是问题。但刘备的可贵之处在于，虽寄居人下，但不甘于人下，他做主公的心志从未因不断遭遇的挫败而熄灭。

然而，这就苦了跟随他的家眷。与吕布、曹操争徐州的动荡岁月中，刘备曾三次陷家眷于敌手，以至于《三国志·先主传》在叙述这一段历史时最常出现的五个字，就是"虏先主妻子"。这三次分别是：吕布乘虚袭下邳时，下邳守将曹豹叛迎，刘备家眷落入吕布之手。随后刘备与吕布媾和，将家眷要了回来。但随着刘备与吕布再度翻脸，刘备被吕布部将高顺击败，家眷又被掳走，直到借曹操之力灭吕布，才要回家眷。建安五年（200），刘备偷袭徐州，遭到曹操报复，不仅再次丢了徐州，家眷与大将关羽也都为曹操所得。

这期间，刘备辗转海西穷困之时，徐州大财主麋竺慷慨解囊，不仅资助军资，还将妹妹许配给刘备，是为麋夫人。刘备被曹操表为豫州牧住小沛时，又纳甘夫人为妾。值得注意的是，此时麋夫人为正妻，甘夫人为侧室，而非《三国演义》中记载的甘在麋前。

刘备第三次被"虏妻子"后，史书上再未交代他被虏的妻室的下落，她很可能是麋夫人，而且再未返回刘备身边。后世的小说家出于对刘备的同情，绘声绘色地虚构了关羽护送两位嫂嫂过五关斩六将的精彩情节，但史书上只交代了"关羽亡归先主"，并未提到关羽护送了刘备妻室。

因此，刘备南下荆州时，他的女人中唯有甘夫人随其左右，其传记中记载："先主数丧嫡室，常摄内事。"可见，此前包括麋夫人在内的刘备数任正妻都没于敌营，甘夫人才因此被扶正。在荆州，刘备有七年较为安定的生活，才将生育后代之事提上日程。

建安十二年（207），甘夫人为刘备生下儿子刘禅，小字阿斗，那年刘备四十八岁。同年，诸葛亮出山，刘备失意的人生开始出现转机。

弃子

蜀汉政权的领袖与将领们，或许因为早年颠沛流离，得子都比较晚：刘备四十八岁得刘禅，诸葛亮四十六岁得诸葛瞻，张飞于建安五年（200）

掳得出城樵采的夏侯渊侄女夏侯氏为妻,推测其得子也在四十岁之后。

古人信奉"不孝有三,无后为大",况且战乱年代性命难保,打天下不能没有继承人,于是蜀汉政权内便兴起了收养子的风气。刘备在生刘禅之前收罗侯寇氏之子刘封为养子,诸葛亮在生诸葛瞻之前过继侄子诸葛乔为养子。史书记载关平本为关羽的亲生儿子,但《三国演义》可能为了配合蜀汉的养子风气,也将他改换成了关羽养子。

给儿子起名字,往往隐藏着父亲的深意。曹操为子曹丕、曹彰取字子桓、子文,志在"桓文之业"。刘备养子与亲子之名,合为"封禅"二字;封禅乃是秦始皇、汉武帝这种命世帝王专属的祭天大典,刘备之野心可谓昭然若揭。

先收养子,又生嫡子,对刘备而言相当尴尬。古代的养子是受宗法关系认可的,拥有法理继承权,但养子毕竟不如血脉相通的亲生子,任哪个父亲都会偏爱亲生子。若刘封是个无能之辈,刘禅接班也就名正言顺。然而,刘封偏偏又是武艺、功勋都出类拔萃的猛将。刘备入蜀与刘璋争战时,刘封已经二十多岁,随同诸葛亮、张飞等溯流而上攻略巴蜀诸城,一路斩关夺城,立有大功,于是在益州平定后被封为副军中郎将,后又被拔擢为副军将军。

建安二十四年(219),刘备派孟达袭取房陵、上庸、西城"东三郡",打通了汉中沿汉水直通荆襄的线路,让汉中、荆州两条对曹魏进攻的战线彼此呼应成为可能。这也是刘备势力的全盛时期。不知是为了增援孟达,还是为了制约孟达,刘备派遣刘封同守"东三郡"。同年,刘备进位汉中王,立刘禅为太子,刘封从接班人中出局。

在这期间,北攻襄樊的关羽曾多次召唤孟达、刘封出兵相助,二人并未听从其号令。关羽覆亡之后,刘备对刘封、孟达愤恨不已。而刘封又与孟达不睦,强行夺取了孟达的鼓吹仪仗,即剥夺其军政权力,终将其逼反而投奔曹魏。

孟达投魏后,曾给刘封写了一封劝降信。信中,孟达为刘封分析局势，认为他和刘备的关系已经是"道路之人耳"，特别是刘备立刘禅的举动，使得"有识之士相为寒心"，刘封的处境就更艰难。孟达劝他借鉴齐桓公、晋文公先出奔而后返国夺位的成功经验，投降魏国，甚至代曹丕承诺让他重嗣罗侯，并许以封邑大邦。刘封不从，被孟达、申仪等击破，败归成都。

诸葛亮认为刘封刚猛，若刘备辞世后，刘禅难以驾驭，劝刘备除之。于是刘备狠心下手，赐死了自己心爱的养子。刘封死前长叹："恨不用孟达之言！"可见他确曾动过投敌夺位的心思，只在一念之间，便成了蜀汉内部政治斗争的牺牲品。虎毒不食子，兴许刘封并不相信以仁德著称于四海的刘备会对自己下手。看来，他根本不了解这位养父——为了自己的社稷江山，抛妻弃子是他能干得出来的事情。

事实上，刘封并不是刘备的第一个弃子。建安十三年（208）的当阳长坂坡之役，刘备军民南逃，为曹军精锐虎豹骑所追击，几近全军覆没。刘备仅引十数骑突围，甘夫人与刘禅都被扔下不管，这是史载刘备第四次抛弃家眷。所幸赖赵云保护，甘夫人与刘禅才死里逃生。此一段被《三国演义》渲染成赵子龙七进七出血战长坂坡的精彩情节，可谓无人不知。但罕为人知的是，刘备还有两个女儿，在当时亦被弃于乱军之中，因无人救援，被曹军虎豹骑统帅曹纯所掳。此二女之后再无记载，是被曹操厚待以作为人质要挟刘备，还是被曹纯纳为姬妾饱受凌辱？我们已无从得知。

刘备与其祖刘邦有颇多相似之处。昔年刘邦溃败被项羽追击，为让车速加快以摆脱追兵，居然多次将车上的儿女踢下车去，好在孩子每次都被夏侯婴重新抱回车上，最终才脱离虎口。在要命不要儿女这件事上，刘备简直就是刘邦的复刻版。

这里还有一个耐人寻味的问题：刘备在刘禅之前还有没有亲生儿子？按照古汉语的句式，《先主传》里频繁出现的"妻子"也可以理解为妻子和儿子。若此说法成立，刘备早年至少有一位亲生子，且在第三次被刘备抛弃后便失去了联络。

无独有偶，在鱼豢《魏略》中，有一条不易被察觉的记载，是这么说的：刘备在小沛的时候，曹操大军到来，刘备抛弃家眷逃命。当时刘禅只有几岁，藏身民间，并被人贩子卖到了汉中。到了建安十六年（211），扶风人刘括在汉中买到了刘禅，收为养子，还为他娶媳妇并生有一子。后来刘备手下有一位姓简的将军，来到汉中找到刘禅，确定其为刘备失散之子，于是接回益州，父子团聚，被立为太子。

这段记载显然与我们了解的刘禅经历相去甚远，裴松之也认为此说荒诞不经。的确，连时间都对不上，刘禅明明是刘备到了荆州之后由甘夫人所生，赵云长坂坡救阿斗也是白纸黑字，怎么又冒出来一个刘禅？

然而，这段叙述与我们此前说的刘备第三次抛弃"妻子"的时间是吻合的。鱼豢的这段记录写了二百多字，内容详细到了人名、时间，不太可能完全是捏造的。如果此说属实，有一种可能就呼之欲出了，那就是刘备早年确实有一子，也确实叫刘禅。我们大致可以这样推测事情的真相：这位刘禅在战乱中失散后，刘备以为他死了，悲痛之余在荆州认识了寇封，看他年纪与那个儿子相仿，且名可以相连为"封禅"，便觉有缘，于是收为养子，是为刘封。数年后甘夫人又为他添一子，刘备思念长子，仍为之命名为刘禅。而早年那个刘禅并未死，几经辗转流离，最终重归刘备。刘备派去接他的简将军，极有可能是简雍。简雍是最早跟随刘备奔走的亲信随从，他对刘备的家事和失散儿子的情况应该是最了解的。如此，一切就都能说得通了。

以上仅仅是推论。若推论成立的话，蜀汉就有了两个刘禅，这就相当可怕了。刘封威胁皇位，刘备大可把他除掉，因为他毕竟不是亲生骨肉，可这两个刘禅都是亲儿子，最终成为蜀汉皇帝的是谁？大的还是小的？没有被立的那位又去向何方？是改名换姓继续为臣子，还是被诸葛亮秘密除掉？这些疑问，无法解答，只能任由后人猜测吧。

托孤

蜀汉章武二年（222），刘备东征，被吴军统帅陆逊打败，是为夷陵之战。

刘备一生无数次吃败仗，却可以无数次站起来，皆是因为他家底不厚，或者可以说没什么家底，输光了换一个老板罩着，韬晦一阵子就可以东山再起。但东征之前的刘备已非当年的流浪军头。他先称汉中王，进而称帝，在群雄争霸的乱世中终于建立起三分天下有其一的蜀汉基业，也实现了从一个贩履织席的贫家子到九五之尊的励志逆袭。然而，炙手可热的权力也意味着沉重的包袱，此后的每一次失败，都会成为一场万劫不复的灾难。

刘备与孙权的联盟曾经牢不可破，孙权甚至"进妹固好"，将妹妹孙夫人嫁给不断丢老婆的刘备。但这位孙夫人承袭了兄长们的勇武之风，带着百余名持刀侍立的婢女，让刘备每次与孙夫人同房都胆战心惊。刘备与孙夫人的感情并不好，诸葛亮曾透露，刘备时刻提防着孙夫人"生变于肘腋之下"。

建安十六年（211），孙权趁刘备入蜀时将孙夫人自公安接回东吴，赵云截江夺阿斗，避免刘禅落入东吴成为人质，孙刘联盟裂痕已现。建安二十年（215），又爆发了孙权与刘备争夺荆州南部的事件，双方大动干戈，关系急转直下。建安二十四年（219），孙权彻底背盟，让刘备失荆州、亡关羽、折张飞。这一连串的打击令刘备心绪大乱，大举倾国之力东征。这场战争，起兵于仓促之间，在战略上又连连失误，失败乃是必然，蜀汉元气尽伤。

刘备兵败后，并未返回成都，而是屯驻益州与荆州交界的鱼复（今重庆奉节），并更其名为永安。这名六十三岁的老人已经陷入了强烈的偏执之中，不甘心自己的一生以此了结，无视此战对蜀汉巨大的损耗，仍然不想放弃对东吴的征伐。怎奈天不假年，刘备于永安宫患了痢疾，进而引发多种并发症，一病不起。油尽灯枯之际，刘备召诸葛亮至病榻前，将刘禅托付给他。这就是有名的白帝城托孤。

刘备临终，留下两句名言，一句是在他给刘禅的遗诏中，对刘禅谆谆教导，希冀他勤勉为政："勿以恶小而为之，勿以善小而不为。惟贤惟德，能服于人。"刘备与曹操相比缺才略，与孙权相比缺家底，重仁义贤德是他能够招贤纳士、为众人所拥戴的关键。经过两次荆州战争，蜀汉政权创始将相大批凋零，因此刘备在临终时教诲刘禅修身养德，以获得更多忠志之士的信赖和辅佐，合乎情理。

另一句是说给诸葛亮的。他说："君才十倍曹丕，必能安国，终定大事。若嗣子可辅，辅之；如其不才，君可自取。"这句话换来了诸葛亮磕头如捣蒜般地表态："臣敢竭股肱之力，效忠贞之节，继之以死！"此后的事实证明，诸葛亮言出必诺，辅佐幼主，留下了鞠躬尽瘁、千古贤相的美名。

刘备临终为什么要说"君可自取"这样的话？显然，无论刘备是有心还是无意，诸葛亮都绝对不可能自立为君。两汉极其讲究帝王承嗣的宗法纲常，父死子继、嫡长子继承等制度被儒家士族极其看重。蜀汉政权以承嗣东汉帝系为立国之基，刘备、刘禅父子的刘姓身份为政权提供了合法性，而诸葛亮非刘氏，即便功劳再大也不可能取而代之；何况以诸葛亮的秉性也不可能为之。

所以这一番对话，更像是一场表演，君主谦恭让位，臣子誓死效忠，赚取了后世不少眼泪。其实，这样的戏码在历史上早已不新鲜，远的如秦孝公与商鞅，近的如孙策与张昭，都在临终托孤时上演过这一幕。

不过，无论是给刘禅的遗诏，还是给诸葛亮的遗言，都透露了刘备的隐忧，那就是刘禅到底几斤几两，是不是合格的接班人。

相信许多读者看到这里都笑了：历史早有定论，"扶不起的阿斗"已经成为昏君的代名词了，乐不思蜀的典故谁人不知？

可刘禅真有那么蠢吗？这会不会是刘备和诸葛亮的光芒太过耀眼，而造成的一个历史误会？

刘禅生于刘备颠沛流离的阶段。身为一个失职的丈夫和父亲，刘备内心应觉亏欠，因此在蜀中既定之后，他对刘禅势必加倍弥补缺失的父爱。刘备入蜀后，通过政治联姻娶吴懿之妹（刘瑁遗孀）为妻，并与两名姓氏未详的妃嫔各生了鲁王刘永、梁王刘理，但他们均不能动摇刘禅的位子。刘备在称汉中王时就确立了刘禅的太子地位，临终又追封刘禅生母甘夫人为皇思夫人，将其灵柩由荆州迁往蜀地。后来在诸葛亮、赖恭的建议下，蜀汉追封甘夫人为昭烈皇后，享受与刘备合葬之礼。

相比同时期其他政权的接班人来说，刘禅几乎无从政经验。曹丕接曹操班时已经三十四岁，治理河北多年，军政娴熟。孙权接孙策班时虽然仅十九岁，但早在十五岁就被举孝廉，担任阳羡县长，并随军征战，亦能够独当一面。刘禅即位时十七岁，但从史书中既未看到他担任过内政职务，也未见他参与汉中、荆州等战事，可见在此之前，他一直被养于宫中，未得历练。让他来治理一个尚处于危难时期的国家，的确让人担忧。

我相信刘备对刘禅的培养是有计划的，但夷陵之败、永安病笃，一切来得太过突然，让刘禅不得不在未经历练的情况下直接接班。这就让刘备不得不担心。刘备在遗诏中曾提到，大臣射援来朝见时转述诸葛亮对刘禅的评价："丞相叹卿智量，甚大增修，过于所望。"这说明诸葛亮对刘禅评价很高。当然，这也可能是诸葛亮和射援为了安慰刘备而说的话。

就在刘备去世后的第二年，诸葛亮在给同僚杜微的书信中仍夸赞刘禅："朝廷年方十八，天资仁敏，爱德下士。"臣子夸赞皇上，自然之理，不能看作对刘禅的客观评价。但至少说明，诸葛亮对辅佐这位新主公还是很有信心的。

刘禅即位之际，恰是蜀汉政权风雨飘摇之时。就在刘备兵败于夷陵不久，蜀汉内部即发生了叛乱——与成都咫尺之遥的汉嘉太守黄元举兵据守,并于次年三月攻打临邛县(今四川邛崃)。黄元的战略意图十分明显,就是要直扑成都。当时刘备与诸葛亮俱在永安,刘禅留守成都,形势可谓十分危急。好在有杨洪等一帮大臣辅佐,才诛灭了黄元叛军。刘禅登基后,位子还没坐热,益州南部又献上了"大礼":益州郡大姓雍闿反叛、越嶲郡夷王高定反叛、牂牁太守朱褒反叛,南中震动。一时蜀汉外有强敌、内有叛乱,这对刘禅与诸葛亮是极大的考验。

刘禅与诸葛亮君臣精诚合作,仅在三年之内,通过外交手段与东吴重归旧好,通过军事手段平定南中叛乱。蜀汉政权迅速从低谷中走出来,揭开了历史新的一页。

虚君

也正是因为新生的蜀汉政权处于非常时期,所以刘禅授予了诸葛亮对朝政大事的专断之权,从而形成了蜀汉政权独特的"虚君实相"权力结构。

刘备时代,刘备始终是核心决策者,诸葛亮不过是负责后勤保障的总管,不领兵,不上阵,其军事地位逊于关羽,谋士地位逊于法正。但刘禅登基时,法正、关羽、张飞、马超、许靖、马良等一班文武大员先后离去,诸葛亮成为刘禅的最大倚仗。刘备临终时,刘禅虽不在身旁,但刘备要求鲁王刘永转达了他对刘禅的嘱托:"你们兄弟要像对待父亲一般对待丞相。"[1]蜀汉建兴元年(223),刘禅封诸葛亮为武乡侯,开府治事。随后,诸葛亮又领益州牧。于是"政事无巨细,咸决于亮"。

同为权倾朝野、扶持幼主,诸葛亮与刘禅的关系,表面上看很像曹操与汉献帝的关系,实则有天壤之别。曹操的权力来源于强大的军事力量和不断的武力征服,而诸葛亮的权力来自先帝授予、后主认可。曹操征伐

---

[1] 临终时,呼鲁王与语:"吾亡之后,汝兄弟父事丞相,令卿与丞相共事而已。"——《三国志·先主传》裴注

四方时可以完全不顾汉献帝的意见，诸葛亮北伐则必须上《出师表》以明志。曹操属下文武官僚，大多数背弃汉室而忠于曹氏，而诸葛亮所统领的蜀中文武，即便是其丞相府僚属，也从未成为其家臣，而是效命于刘姓。《三国演义》为曹操贴上奸臣标签，将诸葛亮捧为忠臣楷模，虽有夸大之嫌，但从儒家纲常伦理的角度来说，确属合理。

刘禅在位四十二年，是三国时代君主中在位时间最长的，其中前十一年由诸葛亮辅政，可谓君臣共治的典范。诸葛亮五次北伐，刘禅皆全力支持，没有拖过后腿。蜀汉建兴十二年（234）八月，诸葛亮病逝于五丈原。然而，在诸葛亮去世后，刘禅对待诸葛亮的态度却颇为耐人寻味。当时蜀汉朝廷禁止臣子为诸葛亮奔丧，唯有谯周因为跑得快赶到了丧礼现场。后来各地百姓都要求为诸葛亮立庙，蜀汉朝廷以于礼不合为由拒绝。但百姓祭祀诸葛亮的请求愈加高涨，蜀汉朝廷不让，便在道路上搞私人祭拜，连谏官都认为不如顺水推舟在成都为诸葛亮立庙，但刘禅始终不从。直到蜀汉景耀六年（263）春，刘禅才在习隆、向充等人的恳切进言下准许为诸葛亮在沔阳立庙，即今汉中勉县武侯祠。此时距诸葛亮去世已经二十九年了，距离蜀汉灭亡也不过几个月光景。

诸葛亮之后，蜀汉朝政大致分为外朝和内廷。外朝以大司马、大将军领衔，主管军事，掌舵者先后为蒋琬、费祎、姜维。内廷以尚书令领衔，主管内政，掌舵者先后为董允、陈祗、董厥、樊建、诸葛瞻等。这些军政良辅，大多为诸葛亮所提拔和培养，深受诸葛亮为政之风的影响。他们基本上对诸葛亮的政策萧规曹随，这使得三国之中，蜀汉政权相对比较安定。虽然也发生过如杨仪与魏延争权、姜维与费祎政争的内部冲突，但党争就算再激烈，也始终没有威胁到皇权，没有动摇过刘禅的地位。相比于魏吴两国后期频繁出现的权臣欺压幼主乃至弑君废帝的现象，刘禅这个皇位居然坐得如此稳当。若说他一点本事都没有，也是无法服众的。

可问题在于，刘禅在位的四十二年，始终隐藏在蜀国政坛的幕后，搭台唱戏的自有诸葛亮和他的徒子徒孙们，始终看不到刘禅对蜀国的治国理政有何具体作为。无为当然不能简单地等同于无能，只能说，由诸葛亮打造的"虚君实相"的政治模式太完善了，内廷外朝的将相们精明能干，让君主没有发挥的空间。随着蜀地安逸之风的浸润，刘禅的意志也就随着岁月被慢慢消磨了。

刘禅真正能够掌控朝政，是在陈祗去世之后。这时的刘禅宠信宦官黄皓，猜忌大将姜维，将刘备与诸葛亮的嘱咐抛之脑后，走上了东汉灭亡的老路。随着蜀汉景耀六年（263）邓艾偷渡阴平，直抵成都城下，刘禅放弃抵抗，献城归降。在蜀地待久了的君主，都有一种认命的思想：与其拼死抵抗，不如顺势而为。当年的刘璋如此，整整五十年后，刘禅亦是如此。

陈寿对刘禅的评价是"任贤相则为循理之君，惑阉竖则为昏暗之后"，应该说是比较中肯的。刘禅既非大智若愚之人，也非昏庸无能之辈。他就是一个普通人，错生在帝王之家和一个英雄辈出的乱世之中。

十五

一门三方为冠盖

诸葛氏家族

籍贯：琅琊阳都（今山东沂南）

代表人物：诸葛亮、诸葛瑾、诸葛恪、诸葛诞

山东沂蒙山区，在秦汉时期是琅琊郡的所在。秦始皇东巡，曾经三次登上琅琊台，留下刻石记功的遗迹，也让此地披上了一层神秘的色彩。

汉朝，有一户葛姓人家从琅琊郡的诸县迁往阳都县，可到了阳都县以后发现，这里已经有了一户姓葛的人家。为避免混淆，葛家干脆改了姓，将诸县的"诸"加在"葛"姓前面，一个新的姓氏"诸葛"就这样产生了。他们不会想到，这个新组合而成的姓氏，今后将在中华大地上留下多么震撼的回响。

汉末三国，琅琊诸葛氏登上历史舞台。魏蜀吴三国，相继崛起了三个诸葛家族，《吴书》称之为"一门三方为冠盖，天下荣之"。在那个大争之世，能在一国之内身登宰辅已然是人上之人了，诸葛家族竟然能在三个国家都官居高位，这在中国历史上恐怕也是前无古人、后无来者了。

但与此同时，一个恐怖的魔咒，也悄然笼罩着这个家族。

"诸葛村夫"的庞大政治资源

在《三国演义》及三国题材影视剧中，我们总能看到诸葛亮的敌人骂

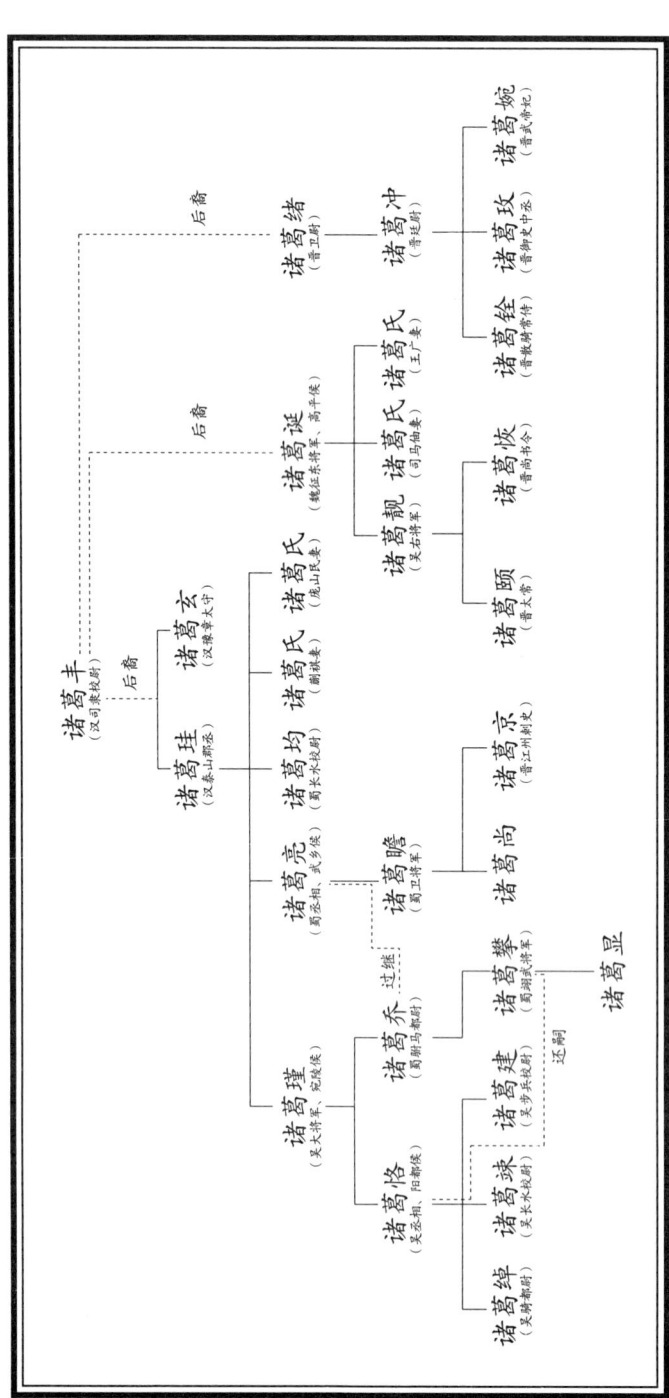

琅琊诸葛氏世系表

他是"诸葛村夫"。久而久之,"村夫"成了人们对诸葛亮十分深刻的印象:诸葛亮出山前的确住着草庐,躬耕陇亩,一幅清贫的样子,如果不是刘备三顾茅庐请他出来,他估计得种一辈子地。在大众眼中,诸葛亮从农民成为丞相,简直是一个底层逆袭的励志故事。

诸葛亮真是农民出身吗?

显然不是,这都是《三国演义》渲染的效果。小说就是希望反差大一些,这样戏剧性才强一些。这样的假象也不是无本之木,因为西汉初年就曾经有一幅"布衣将相"的政治图景:汉高祖刘邦和他那些开国文武大臣,不都是亭长、县吏、屠夫、吹鼓手这样的社会底层吗?

然而,时过境迁,在世家大族主导官场的东汉末年,如果真是一位没有家族背景的草根少年,尤其是文士(武将还能立战功),实在很难崭露头角,也很难拥有社会关系能被举荐给刘备这样的当世豪杰。实际上,诸葛亮非但不是草根出身,而且背景还很强大。

琅琊诸葛氏中最早从政者为西汉元帝时期的司隶校尉诸葛丰。司隶即京畿之地,司隶校尉专门负责监督京师的皇亲国戚、达官要员,既是令人畏惧的职位,也是容易得罪人的差事。偏巧诸葛丰是个刚正不阿的人,他检举官员时毫不避讳,京城人有一句俗语:"间何阔,逢诸葛。"就是说诸葛丰执法严正,使得贵戚畏其锋芒,到处躲避。诸葛丰的名声流传甚远,甚至连曹操也对诸葛丰的霹雳手段十分欣赏。邺城爆发魏讽之乱,曹操叹息说,魏讽之所以能作乱,就是因为自己手下没有像诸葛丰这样能查处奸邪之徒的能臣。

但诸葛丰处于西汉帝国由盛转衰之际,汉元帝也非明君贤主。当诸葛丰查到了贵戚许章时,便惹怒了汉元帝,被夺去了符节。自此,司隶校尉便没有了符节,权力大打折扣。诸葛丰没有学会官场油滑的那一套,带着一腔愤懑上书要求辞职。皇上并未批准,却从此疏远了他,降他为城门校尉,权贵们也时常攻讦贬损他。最终,诸葛丰以年老之躯、戴罪之身被免为庶人,终于家中。诸葛家族的第一次从政以失败告终,却传下了忠诚正直、刚正不阿的家风，其家风潜移默化地影响了后来的诸葛亮。

诸葛亮的父亲诸葛珪，曾任泰山郡丞，在诸葛亮很小的时候就去世了。对诸葛亮人生影响最大的是其叔父诸葛玄，是他把诸葛亮从东海之滨的琅琊带到江南，也是他将诸葛亮带入了荆襄名士的圈子里。

关于诸葛玄的仕途，史书上有两种截然不同的说法。《三国志》记载，诸葛玄被袁术派去豫章郡担任太守，但李傕、郭汜把持的朝廷另派了朱皓（太尉朱儁之子）担任豫章太守。诸葛玄无法上任，只好带着诸葛亮一家去荆州投奔刘表，不久病卒。《献帝春秋》则说，诸葛玄去豫章上任是由刘表任命的，朱皓从刘繇那里借了兵来攻打他，诸葛玄退守西城，被反民所杀，诸葛亮则带家族投奔刘表。

这两种说法虽然出入较大，但从其相同点来看却能看出两个线索。其一，诸葛玄与刘表关系匪浅，还可能与袁术相交甚厚。刘表和袁术都是当时的大镇诸侯，豫章郡又是两大势力共同觊觎的领地，委派诸葛玄去占据豫章，足见他的才干和对他的信任。二是，诸葛玄无论是南下豫章，还是西投荆州，都将诸葛亮兄弟带在身边。当时青徐之地战乱频仍，琅琊郡则被臧霸、孙观等豪强势力盘踞，反倒江南相对平静。因此诸葛玄远赴豫章任职，也有举家南迁避祸之意。

诸葛玄与刘表有何交集？于史无证。他将诸葛亮一家送到了刘表统治下的荆州，便撒手人寰，但留下的人脉网却是强大的，因为它让侨居于荆州的诸葛家族迅速融入荆襄上流圈子。如前文《襄阳豪门风云录》一章所述，诸葛亮大姐嫁给了襄阳大族蒯家的蒯祺，二姐嫁给了襄阳大隐者庞德公之子庞山民，诸葛亮自己则娶了另一位襄阳大族黄家黄承彦之女。

史书记载，黄承彦的这个女儿，黄头发、黑皮肤，可以说是丑女。因此诸葛亮的这门婚事在当时就成了乡野之人谈论的笑话，还编了首儿歌："莫作孔明择妇，正得阿承丑女。"诸葛亮娶丑女，"娶"的实际上是老丈人的身份地位，也就是襄阳名士圈子的入场券。黄承彦与刘表是连襟，是蔡瑁的姐夫。这么推算起来，诸葛亮见了刘表应当叫一声姨父，见了蔡瑁则应称舅父。

上述三门婚事,就像三把牢固的锁,将颠沛流离、客居荆州的诸葛家族与荆襄世家大族们牢牢地绑在了一起。考虑到当时诸葛亮还年少,笔者推测,这很可能是诸葛玄死前特意安排的。唯有进入了这个荆襄上流名士圈子,才能为诸葛亮铺设起未来入仕的台阶,为其建立起丰富的人脉资源。这么说来,诸葛亮以在野之身结交司马徽、徐庶、崔州平、孟建、石广平、庞统等名流之士,最终被推荐给刘备,也就是顺理成章了。

当然,还应当提到的是,深厚的豪门姻亲背景为诸葛亮提供的,还有开阔的眼界和丰富的见识。正因为他对荆州之主刘表太熟悉了,早早洞悉刘表并非命世之主,才并不急着出来做官,而是沉得住气,躬耕陇亩,以观时变,静待那位"真命天子"的到来。

诸葛亮养子死亡之谜猜想

诸葛亮的长子是谁?

有人回答是诸葛瞻。这个答案并不准确。在诸葛瞻之前,诸葛亮曾过继诸葛瑾之子诸葛乔为子。在古代,宗法关系高于血缘关系,过继即视为亲生子。然而,诸葛乔却在盛年早逝。这是一件谜案,至今难辨其详。

诸葛乔在吴国时已经与兄长诸葛恪齐名了,当时的评论者认为,诸葛乔才能不及诸葛恪,但性格好过诸葛恪。到了蜀国,诸葛乔官至驸马都尉。但诸葛乔并没有留在成都,而是与诸葛亮一道出屯汉中。汉中是蜀国北伐的军事指挥中心,诸葛亮将他带在身边,可见是要把他当继承人来培养。

到了建兴五年(227),四十六岁的诸葛亮终于喜得一子,即诸葛瞻。但诸葛乔过继在先,所以此时诸葛亮在法理上有两个儿子,即长子诸葛乔、次子诸葛瞻。

可在诸葛瞻出生后的第二年,也就是诸葛亮首次北伐的建兴六年(228),

诸葛乔突然死了，年仅二十五岁！

《三国志》对此的记叙很简略，未载诸葛乔死因。但在裴注《诸葛亮集》中，刊载了诸葛亮给其兄诸葛瑾的一封信函，信中这样说："乔本当还成都，今诸将子弟皆得传运，思惟宜同荣辱。今使乔督五六百兵，与诸子弟传于谷中。"大意是："我本来是想让诸葛乔回成都，但如今将军们的子弟都赴前线负责军队的粮草运输，我觉得诸葛乔应当与他们荣辱与共，就让他督兵五六百，和将军子弟们一同在山谷中负责粮草运输。"

分析这段话，我们得出了一个重要的信息，那就是诸葛乔曾参与第一次北伐战争。此事在"蜀二代"霍弋的传记中也得到了印证："丞相诸葛亮北驻汉中，请（霍弋）为记室，使与子乔共周旋游处。"看来诸葛乔不仅是搞运输，还作为游击部队辗转多地，策应各方。

再看看这封信件的语气，言语十分恳切，像是极力在向诸葛瑾解释为何要派诸葛乔上前线。文中特意强调了诸葛乔是与其他的将军子弟在一起，除了让他放心，也透露了一种不得已而为之的无奈。我总觉得，如此刻意的解释，其背后一定有某种不安的心情。可惜信件原文散佚，无法得知这句话是出于何种语境之下，一切只能靠猜测。

我们都知道，那一年诸葛亮的北伐最终以失败而告终，连赵云、邓芝都被魏军追击，失利于箕谷。诸葛乔在这个关键时间点去世，又在战事前线，让人不得不怀疑他的死另有隐情。是阵亡于军中，还是像马谡那样因违令而被军法处置？我们不得而知。

站在阴谋论的角度，有一种可能性已经呼之欲出，那就是诸葛亮借战争除掉年长的养子，为亲生子的未来扫除障碍。这种推论显然颠覆了诸葛亮在人们心中的形象，不会被太多人接受，而且缺乏证据。但作为诸葛乔之死因多种解释中的一种，它也不应被轻易排除。因为在蜀汉，这样的事情已经发生过一次了，比如刘备对待刘封。

诸葛瞻子承父业了吗

诸葛瞻的降生为诸葛亮晚年鞠躬尽瘁的岁月平添了些许欢乐。他在给诸葛瑾的信中掩饰不住自己对孩子的喜爱:"诸葛瞻今年已经八岁了,聪慧可爱,我怕他太早成熟,以后会不成大器。"[1]

为了教育好这个独子,诸葛亮写下著名的《诫子书》,为后世留下了这句教子名言:"夫君子之行,静以修身,俭以养德。非淡泊无以明志,非宁静无以致远。夫学须静也,才须学也,非学无以广才,非静无以成学。"

静以修身,俭以养德,淡泊明志,宁静致远。诸葛亮的家庭教育内容含义深刻,境界高远,无怪乎得到后代人的推崇。

可是,诸葛瞻继承了父亲的志向吗?

诸葛瞻八岁丧父,十七岁娶蜀汉公主,授骑都尉,而后官爵累迁。史书中不见他有何等功绩,反倒是记载了这样一段话,说蜀地人因为追思诸葛亮,都喜爱诸葛瞻,每当蜀汉朝廷出台一些利民的政策,即便不是诸葛瞻提倡的,百姓也争相道:"这都是诸葛瞻所为。"陈寿特意加上"美声溢誉,有过其实"的评语,认为诸葛瞻的好名声主要是老百姓对他父亲爱屋及乌的原因。

到了蜀汉景耀四年(261),诸葛瞻已经做到卫将军,与辅国大将军董厥共同录尚书事。当时,诸葛亮培养的接班人蒋琬、费祎、董允均已亡故,诸葛瞻与董厥实际上行丞相之权,为国家最高行政首脑。但诸葛瞻、董厥主持内政之时,正值宦官黄皓弄权,诸葛瞻、董厥没有对这一现象进行匡正,被《三国志》认为是失职。

此外,诸葛瞻、董厥与在外统兵的大将军姜维的关系也不好。他们甚

---

[1] 建兴十二年,亮出武功,与兄瑾书曰:"瞻今已八岁,聪慧可爱,嫌其早成,恐不为重器耳。"——《三国志·诸葛亮传》

至向刘禅提出,姜维连年用兵,导致民生凋敝,建议召回姜维,改任其为益州刺史,夺其兵权而令右将军阎宇代之。诸葛亮一生致力于北伐,其衣钵为姜维所承袭,而诸葛瞻作为其独子未有伐敌之功,却在后方给姜维使绊子,这就不得不让人降低对诸葛瞻的评价了。

实际上,当时已经有蜀国元老表明了对诸葛瞻的态度。有一次廖化要拉宗预去诸葛瞻府上拜会,宗预一脸不情愿地说:"我们都是年过七旬的人了,所欠不过一死,还有什么必要去登门拜访晚辈呢?"于是拒绝同往。[1]老臣拜访晚辈,并不是什么失礼或丢人的事情,宗预有这么大的反应,可见对诸葛瞻的为人处事颇有微词。

蜀汉炎兴元年(263),邓艾打到家门口,朝中却无人可用,诸葛瞻请命领兵赴涪县抗敌,以维护武侯之子的尊严。但诸葛瞻毫无军事指挥经验,又自负不听黄崇的建议,以至于败退绵竹。邓艾遣使劝降,许诺灭蜀后表诸葛瞻为琅琊王。琅琊是诸葛家族的老家,也是诸葛亮终其一生无法返回的故乡。然而诸葛瞻不为所动,斩杀来使,继续作战,最终战死沙场,其子诸葛尚也一同殒命。

也许我们不应当苛责诸葛瞻,毕竟他的父亲光芒太过耀眼。但相比于同时期的名臣二代,如司马懿之子司马师、司马昭,陆逊之子陆抗,甚至其堂兄诸葛恪,诸葛瞻的确逊色很多。

好在蜀亡一役没有让诸葛亮一脉绝后,诸葛瞻另一子诸葛京幸免于难。入晋后,诸葛京任郿县令。郿县是长安西边的门户,是诸葛亮最后一次北伐咫尺之遥却未能攻取的城池,没想到许多年后,他的孙子来到此处当官,这实在是令人唏嘘不已。

---

[1] 时都护诸葛瞻初统朝事,廖化过预,欲与预共诣瞻许。预曰:"吾等年逾七十,所窃已过,但少一死耳,何求于年少辈而屑屑造门邪?"遂不往。——《三国志·宗预传》

老实人的小心机

就在诸葛亮携大姐、二姐、幼弟自豫章溯江而上投奔荆州时，其兄长诸葛瑾却与他们分道扬镳，留在了江东。当时的诸葛瑾已值出仕之年，而江东正迎来它的新主人孙策、孙权兄弟。

诸葛瑾，字子瑜，取"怀瑾握瑜"之意，与后来成为其同僚的周瑜（字公瑾）有着奇妙的巧合。少年时诸葛瑾侍继母至孝，有过游历京师洛阳的经历。他是被孙权的姐夫弘咨推荐给孙权的。当时正值孙策早逝，孙权接班不久，急欲在父兄旧臣的夹缝中提拔一些可以作为他自己政治班底的人才。在这种背景下，诸葛瑾与鲁肃被孙权看中，被引为亲信。

诸葛瑾不仅仅是个文臣，在讨伐关羽的战争中，他就已经以将军身份参与战斗，获封宣城侯。而在吕蒙病逝、陆逊接班的过渡期，诸葛瑾一度以绥南将军的身份代领南郡太守。孙权称王，诸葛瑾迁左将军，督公安；孙权称帝，诸葛瑾又升大将军、左都护，领豫州牧。这意味着，诸葛瑾在吴国已成为仅次于上大将军陆逊的军界二号人物。而随着陆逊调任武昌辅佐太子，诸葛瑾实际上成为荆州对魏前线的军政负责人。

这个安排比较耐人寻味，因为诸葛瑾明显没有军事方面的才能。吴黄武元年（222），魏将夏侯尚、曹真围朱然于江陵，诸葛瑾前往救援，但是在渡江的时候受到了夏侯尚水陆两路的夹攻，船只被烧，败退而归。吴黄武五年（226），孙权趁曹丕去世之机多路侵魏，诸葛瑾承担了荆州两路大军的总指挥，但被初次掌军的司马懿杀得大败，部将张霸被斩，折兵千余人。《吴录》直截了当地批评他"无应卒倚伏之术"。可诸葛瑾在南郡掌军二十余年，几乎没有胜绩，却不见遭责罚或贬谪，还屡屡被提拔，这是为何呢？

恐怕只有一个解释，那就是诸葛瑾是孙权极其信任的人，也是孙权打入军界的楔子。随着东吴军权落在江东大世族代表陆逊、孙氏旧臣后代朱然等人手中，缺乏安全感的孙权必须想方设法平衡权力。即便诸葛瑾对军事一窍不通，孙权也要将他推上前线。诸葛瑾与孙权的私人关系之密切，在江东臣僚中恐怕只有鲁肃、胡综等少数几人可比。

诸葛瑾能够得到孙权的信任，除了因他性格上敦厚仁义外，也因诸葛瑾很懂与领导说话的艺术。东吴有一些狂直之士，如虞翻，自恃有才，却在孙权面前动辄直言上谏，言辞讥讽，让孙权十分不快。孙权又是一个自尊心很强、承袭了父兄暴虐脾性的人，这些狂士一般都没什么好下场。诸葛瑾十分懂得揣摩孙权的心思。每当他的意见与孙权不一致时，他从来都不会直言恳谏，而是察言观色，循序渐进，先讨论别的话题让孙权放松戒备，然后慢慢将话题诱导到自己想说的方向。又常用类比的方式，如此这般，孙权往往能够耐心听取他的意见。

有两个事例很能说明诸葛瑾对说话艺术的妙用。孙权脾气不好，总是跟臣下闹矛盾。吴郡太守朱治是孙坚时代的老臣，孙权对他做的有些事情很不满意，但也不好意思当面责问一个老部下。这心思被诸葛瑾揣摩到了，诸葛瑾就说："这样吧，以我的身份给朱治写一封信，您看合适不合适？"于是诸葛瑾当着孙权的面，按照孙权的心思写了一封信。孙权看了信，气也消了，说："我的思想疙瘩被你解开了。颜回之所以能成圣人，就是因为能帮别人化解矛盾，从而更加友善，这说的不就是你吗？"[1]

后来又有校尉殷模得罪了孙权，被判刑很重，大臣反复求情，只有诸葛瑾默不作声。孙权问他为何不说话，诸葛瑾说："我和殷模都是故土沦丧、南来投奔主公的人，蒙受了主公的大恩大德，结果辜负了主公的恩惠。我认罪还来不及，还有什么可说的呢？"[2]殷模之罪本不关诸葛瑾什么事，但诸葛瑾以同为江北流寓之士的身份往自己身上扯，等于用自己

---

[1] 瑾揣知其故，而不敢显陈，乃乞以意私自问，遂于权前为书，泛论物理，因以己心遥往忖度之。毕，以呈权，权喜，笑曰："孤意解矣。颜氏之德，使人加亲，岂谓此邪？"——《三国志·诸葛瑾传》

[2] 瑾避席曰："瑾与殷模等遭本州倾覆，生类殄尽。弃坟墓，携老弱，披草莱，归圣化，在流隶之中，蒙生成之福，不能躬相督厉，陈答万一，至令模孤负恩惠，自陷罪戾。臣谢过不暇，诚不敢有言。"——《三国志·诸葛瑾传》

的信誉为殷模做了担保。孙权看在他的面子上，也就赦免了殷模。

综上可知，诸葛瑾在政治上没什么建树，在军事上亦没有功劳。但作为孙权一手提拔起来的亲信要员，他非常了解孙权的脾性，也很懂得揣摩上意，用巧妙的语言实现对孙权的劝谏，因此被孙权引以为死生不易的神交之友。可以说诸葛瑾心机很深。

东吴最后的鹰派

众所周知，诸葛亮北伐事业的继承人是姜维。但在千里之外的东吴，诸葛亮还有另一个忠诚的继承者和效仿者，那就是他的侄子、诸葛瑾的长子诸葛恪。诸葛恪发动了东吴立国以来唯一真正意义上的北伐，堪称东吴最后的"鹰派"。

吴赤乌年间，东吴爆发了太子孙和与鲁王孙霸夺嫡的"南鲁党争"，诸葛恪是太子党的核心成员。太子孙和被废之后，一大批太子党成员或死或被贬，奇怪的是，诸葛恪不仅未遭贬抑，孙权甚至在临死时将新君孙亮托付给他，使他成为五位托孤重臣之首、东吴帝国的实际主宰者。

因父之名？也不全是。孙权晚年，朝堂上的"吴二代""吴三代"多了去了，为啥唯独诸葛恪能从他们之中脱颖而出、鹤立鸡群呢？

因为诸葛恪实在是太聪明了，他自小就是神童。有一次，孙权举办宴会，让人牵来一只驴，驴脸上写着"诸葛子瑜"。这是在戏弄诸葛瑾的脸太长。诸葛瑾很难堪。这时诸葛恪向孙权要来笔，在四字下面续写了"之驴"二字，巧妙地化解了尴尬的气氛。

这样的故事有很多，此处就不再列举了。很多神童长大后就江郎才尽了，那么诸葛恪的行政才能如何呢？

很好，远远超过他平庸的父亲。

诸葛恪三十二岁的时候，向孙权提出要求去丹阳郡为官，并许以三年为期，为吴国补充四万精兵。丹阳是什么地方？那是汉末三国最精锐的

"丹阳兵"的产地。但东吴为啥一直没用好这里呢？因为之前征兵时不过是把县城里的百姓征走了，但丹阳郡多深山密林，真正能打的小伙都躲到山里去了，组成私兵对抗政府，成为让吴国头疼不已的山越武装。这些人啸聚山林，对地势极熟，击败他们尚且不易，招抚其为兵勇就更是天方夜谭了。因此当诸葛恪说起这个提议，连他爹诸葛瑾都不信，说："这孩子不能让我们家族兴盛，很可能要把家族给毁了啊。"[1]

然而孙权喜欢诸葛恪这股锐气，就将丹阳交给了他。诸葛恪到任后即采取先断粮再招安的方法，逐渐引导山民走出山林，归化政府。一年之后，他果然如约招募到四万精兵，自己带领一万多，将其余分配给部将。孙权大喜过望，封他为威北将军、都乡侯。这就意味着诸葛恪不必袭父亲爵位，年纪轻轻就在东吴官场自立门户。

政才之外，诸葛恪还在吴国残酷的政治斗争中浸润多年，这让他深知无论吴国党争搞得多么凶，最终的裁决者仍旧是吴大帝孙权。"南鲁党争"中，诸葛恪的儿子诸葛绰跟老爹作对，站到了鲁王孙霸那边。鲁王倒台后，孙权把诸葛绰交给诸葛恪好好教诲。诸葛恪居然将亲儿子直接毒死了！

史书没有记载孙权对此事的反应，但可以推测，孙权对此行为应是极为欣赏的。诸葛恪杀子，实际上就是向孙权表明心迹：诸葛家族不朋不党，所效忠的只有孙权一人。这太对孙权胃口了。"南鲁党争"让张、顾、陆、全等家族死伤惨重、元气大伤，唯有诸葛恪，通过牺牲儿子，成为孙权临终时最为依赖的托孤首臣。

聪明、才略、野心、志向、托孤、权臣，这一系列特征使得诸葛恪与他平庸的父亲诸葛瑾渐行渐远，而愈来愈像他的另一位长辈——诸葛亮。

诸葛亮一生五伐中原，鞠躬尽瘁，死而后已，他的志向深刻影响了诸葛恪。诸葛恪每次读诸葛亮的《出师表》，都会喟然叹息，夙夜反侧。诸

---

[1] 恪父瑾闻之，亦以事终不逮，叹曰："恪不大兴吾家，将大赤吾族也。"——《三国志·诸葛恪传》

诸葛恪是一个极其富有政治理想的人，他对此前东吴偏安自保的状态十分不满。他一心要效法诸葛亮，扛起北伐的大旗，实现一个臣子的终极使命。

就在刚被孙权封为将军、授予兵权时，诸葛恪就曾尝试军事冒险。他派兵北出皖口，偷袭了舒城，俘获了不少民众。这还不算，他又派出探子北上探路，计划直接夺取曹魏在淮南的总指挥部寿春。可这个计划立即被孙权叫停了。

此时，三国鼎立局面已经形成了十多年，三国的疆界一直没有出现太大的变化，说明三国之间已经形成了某种政治平衡，想要打破这种平衡的人势必面临极大的阻力。诸葛亮的北伐，建立在争正统的道义之上，不北伐无以保持蜀汉立国的合法性。东吴则不同，时而联刘，时而联曹，虽然在夷陵之战后与蜀汉化敌为友，宣誓联手对付魏国，但东吴和曹魏没有深仇大恨，而长期稳坐江东使得孙氏及世家大族们的利益相对稳固，这就使得东吴对北伐一直不积极。

这些都是诸葛恪无法忍受的。但他知道孙权已近暮年，毫无雄志，想要实施自己的北伐大计，唯有等孙权死掉。

孙亮即位后，诸葛恪以太傅的身份执掌朝纲，取得了绝对权力。他做的第一件事，就是将吴国的年号改为建兴。建兴是蜀后主刘禅登基、诸葛亮开始辅政时的年号。诸葛恪大约觉得自己现在与孙亮的关系，和当年诸葛亮与刘禅的关系非常相像。他对诸葛亮的模仿就是这么直接，甚至连诸葛亮辅政时蜀汉用过的年号都直接抄袭过来。

改元当年，诸葛恪即率众亲临东兴前线，下令重筑东兴大堤，并在左右两山筑城，为北伐做准备。东兴扼制着巢湖至长江之间的水路要道，一旦堤坝筑成，将阻挡巢湖及其上游支流的水汇入长江，致使湖水漫溢从而反淹曹魏重镇合肥新城，并为东吴水军北上提供便利。

这一步棋魏国当然也看到了，于是魏军主动出击，命胡遵、诸葛诞引军七万破坏东兴堤和两座城堡。这也正中诸葛恪下怀。是年冬天，东兴之战打响。此战诸葛恪为总指挥，留赞、吕据、唐咨、丁奉四员大将共同率军突袭敌营，魏军死者数万。东兴之战为吴国自石亭以降二十多年未有之大胜，缴获马匹军械无数，魏国皇室女婿桓嘉和大将韩当之子、吴国叛将韩综都死于此战。败报震动魏国朝野，司马师不得不将监军司马昭削去爵位，以平众怒。

凭此大胜，诸葛恪进封阳都侯，加荆州、扬州牧，总督军事；阳都，正是诸葛氏位于北方的老家。在东兴之战刚结束的次年春天，急不可耐的诸葛恪便大举兴师，并联络蜀汉姜维共同伐魏。

诸葛恪对诸葛亮的崇敬可谓无以复加。他曾在给弟弟诸葛融的信中说道，自己身受孙权顾命，辅佐幼主，像极了周公旦、诸葛亮当年的情形，很担心自己能力不济辱没了诸葛丞相辅佐汉室的楷模形象。他甚至专门写了一篇文章以解释自己北伐的意图，好似东吴版《出师表》。诸葛恪在文中详细分析了魏蜀吴三国的力量对比，认为当年秦国仅有关西之地尚能并吞六国，而现在的魏国比秦国大了许多倍，蜀吴加起来还不到六国的一半，因此吴国很危险，根本不能依靠长江天堑行偷安之策。曾经在丹阳募兵的诸葛恪十分重视人口对国家兴亡的重要性，他算了一笔账，按照当时的趋势，多年后魏国人口会成倍增长，而吴国的人口会锐减，若不抓紧北伐，双方的差距会越来越大，东吴就更难有机会了。

踌躇满志的诸葛恪出兵了。遗憾的是，他终究没能成为"诸葛亮第二"；或者说，他与诸葛亮一样功败垂成，却没能流芳后世。

诸葛恪在北上的第一站合肥新城就大受挫败。合肥这座城，铜墙铁壁，仿佛是东吴的魔咒，从建安十四年（209）孙权攻合肥，到此番诸葛恪北出，四十余年间东吴前后发动了五次合肥战役，希望端掉这个桥头堡，却一再铩羽而归。好不容易熬到镇守合肥的能臣猛将刘馥、蒋济、张辽、温恢、满宠都亡故，诸葛恪却被一个叫张特的牙门将所阻。张特守城有方，而且用缓兵之计诓骗诸葛恪，说魏国法令规定，将领因被围百日援兵不至而投降，家眷不受连坐。诸葛恪信而缓攻，张特却利用这一战略时机修补城墙、增强防御，气得诸葛恪咬牙切齿。

诸葛恪围攻合肥新城数月而不能克，士兵患疾过半、死伤惨重，加上魏国援兵将至，诸葛恪只得撤兵南归。此战让诸葛恪的威望跌入谷底，民怨沸腾。野心勃勃的宗室孙峻趁此时机诬其叛变，设下酒席将诸葛恪刺杀，并夷灭其三族。诸葛恪从独揽朝政、东兴大捷，到北伐受挫、身死族灭，前后不过两年的光景。这位东吴后期唯一的"鹰派"如此昙花一现，不免令人唏嘘。

诸葛恪是东吴自周瑜之后，唯一真正志在北伐以消灭曹魏的统帅。此前和此后东吴的北伐，不是为了在江北扩大战略缓冲区以便防守，就是为了通过胜仗树立个人威望。唯有诸葛恪对北伐进行了系统的论证，将其提到了不北伐就要亡国的战略高度。最后吴亡于晋也印证了他的预判。诸葛恪的败亡，主要源自他错误判断了吴国国情和他的位置。诸葛恪面对的吴国，是一个经历了"南鲁党争"窝里斗后内部裂痕极深的国家，在残酷政治斗争中存活下来的朝中重臣和世家大族们，所关心的只是如何保全他们自己的利益，没有人关心国家的前途与命运。而诸葛恪以太傅之身统摄朝政不过一年，根基尚浅，威望不足，政敌环伺，在这些问题未解决前，显然一场东兴大捷不足以让全民凝结意志同心北伐。没有稳固的后方，即便诸葛恪攻下合肥、进占寿春，其北伐大业也不会走得太远。操之过急的诸葛恪，在吴国并不具备北伐条件的情况下强行用兵，断送了性命的同时，也让吴国重陷于自相残杀的内讧之中，由此一落千丈。

当平叛者叛乱时

史书评价琅琊诸葛氏"一门三方为冠盖"，又说"蜀得其龙，吴得其虎，魏得其狗"。这里的狗，不是骂人的意思，而是夸赞其为一时雄杰。这位在魏国仕官的诸葛家族成员，就是后来挑起淮南第三次反叛的诸葛诞。

诸葛诞，字公休，虽然也是琅琊阳都诸葛丰之后，但与诸葛瑾、诸葛亮兄弟并非一系，应当是远支的族兄弟。查史书，未见诸葛诞与瑾、亮兄弟的交集，可见他们可能根本不认识。唯一的关联，就是在东兴之战中，诸葛诞与诸葛恪分别是魏吴两国统帅，在战场上交过手。

因为琅琊郡在魏国境内，所以诸葛诞仕官魏国也是自然而然。早年他担任尚书郎时，曾随尚书仆射杜畿在陶河试驾新船，不料遭到狂风袭击，大船倾覆，诸葛诞和杜畿都落水。救援人员驾船前来，诸葛诞要求他们先救杜畿，结果杜畿没被救上来，诸葛诞却被水流冲上岸，捡回了一条命。

所谓大难不死必有后福，诸葛诞此后官运亨通，调任吏部郎。吏部是负责人事工作的，免不了遇到许多私下里打招呼、托关系、递条子的情况。诸葛诞遇到这种事就召开大会，把这些被推举的候选人当众公示，然后让与会者充分讨论他们的优劣得失。魏国官场人脉网络复杂，私下举荐本是官场潜规则，诸葛诞搞成公开制，一下使得大臣们举荐人才时就不得不小心谨慎，以免给他们自己抹黑。这场公开选拔的改革让诸葛诞声望大增，连续被提拔至御史中丞、尚书。

在魏国，诸葛诞混得一点不比他在吴国和蜀国的两位族兄弟差。当时京师洛阳名士云集，盛行清谈之风。诸葛诞也是拿到了名士俱乐部入场券的人，他与夏侯玄、邓飏等人关系密切，经常一起谈玄论道，不少士人都争相与他们结交。

这种世家子弟组成的小团体让魏明帝曹叡看着很不爽，于是他以"浮华"为罪名，将诸葛诞等一批世族子弟免职。但随着曹叡驾崩曹芳即位，这批名士不仅官复原职，而且名望与日俱增。此时的诸葛诞已不满足于在京师与这些公子哥们清谈了，他准备实干兴邦，出任扬州刺史、昭武将军，踏入军界。

在很长一段时间内，诸葛诞都被视为司马家族的心腹大将。他的女儿嫁给了司马懿五子司马伷。两次淮南叛变时，诸葛诞都唯司马懿、司马师马首是瞻，参与剿灭。第二次淮南叛变毌丘俭、文钦起兵时，曾有意拉拢诸葛诞，但诸葛诞果断地斩杀来使，布告天下，表达自己与叛逆者划清界限的决心。后来也是诸葛诞首先攻入寿春城。因此，诸葛诞在当时颇受司马师信赖。在毌丘俭覆灭后，他受封征东大将军、高平侯，成为淮南地区的军政总督。

但同时，诸葛诞又与司马氏的敌人们有着千丝万缕的联系。第一次淮南叛变的主角太尉王凌，亦是诸葛诞的儿女亲家：诸葛诞的另一女嫁给了王凌之子王广。后来，诸葛诞的好友何晏、邓飏、夏侯玄等人，先后被司马氏父子诛杀，强烈的恐惧感漫上诸葛诞的心头。尤其是夏侯玄被诛，让他意识到即便亲家的身份也不能保护自己，司马兄弟迟早要来跟他秋后算账。于是他私下里拿出家财来收拢人心、豢养死士，培育了数千人的私人武装。

魏甘露二年（257），诸葛诞终于在寿春竖起公开反司马的大旗，是为"淮南三叛"。这并不是一次准备充分、策略得当的叛变，诸葛诞实际上是中了司马昭的圈套，被逼而反。

此前一年，司马昭曾派贾充到诸葛诞那里慰军；名为慰军，实则是对诸葛诞的思想状态摸底。贾充试探性地在对话中提到，京师有不少人支持禅让，诸葛诞却驳斥了一番，并表示如果皇室发生危难，自己愿意为国家赴死。此话让司马昭断定，诸葛诞与司马家不是一路人，他统兵在外终究是个问题。因此魏甘露二年，司马昭操纵朝廷下诏封诸葛诞为司空，调他入京，实际上是明升暗降，褫夺其兵权。诸葛诞知其事泄，只有走上反叛这一条路。

诸葛诞是前两次淮南叛变的镇压者，又是第三次叛变的起事者。如此反复无常，说明他对曹魏并非忠义节烈，对司马家也并非切齿仇恨。他对司马氏父子其实一直抱有幻想，以为他们不过是专权擅国，对他的利益无碍。而当他意识到司马氏的真正目的是改朝换代时，以名士自居的诸葛诞便不能容忍自己屈身于司马家之下。

诸葛诞举兵一开始很顺利。他谋杀了不合作的"魏二代"扬州刺史乐綝，在淮南广聚兵马与粮草。他吸取前两次淮南起事者失败的教训，知道单凭淮南一地之力不足以与司马昭长久对抗，于是以儿子为质向吴国借兵求助，兵力累计竟达二十余万。然而很快诸葛诞就发现，他已陷入司马昭的包围圈，致使这场战事迅速转为对寿春城的攻防战。寿春在汉末三国饱经战火，向来以城坚壁厚、易守难攻著称。司马昭深谙其道，围而不攻，并不着急，看谁耗得过谁。

时间一长，诸葛诞内部就暴露出了问题。当时寿春城内屯聚了三股势力：诸葛诞军、文钦军和吴军。他们虽然组成了暂时的军事联盟，实际上却矛盾重重。诸葛诞原本就是魏国伐吴的急先锋，其部还曾在战场上杀害过吴军老将留赞。吴国来援只是为趁乱图淮南之地，根本不会与他齐心。文钦是"淮南二叛"毌丘俭的搭档，失败后寄身吴国，此番重返寿春不过是为了一雪当年之耻。而诸葛诞又是镇压毌丘俭的主将，他二人仇人相见，又怎会有默契合作？

寿春城被围了足足九个月，城内果然内讧迭出。先是诸葛诞部将蒋班、焦彝逾城投降，接着全怿等吴将中了钟会伪书之计，开门投敌。随后诸葛诞与文钦的矛盾爆发，诸葛诞怒杀文钦，引得文钦二子文鸯、文虎出城归司马昭。接连的叛逃、低迷的士气和逐渐匮乏的粮食都预示了诸葛诞的结局。等到司马昭大军发起总攻击时，"城内无敢动者"。诸葛诞单马从小门出城，被胡奋追上斩首。

诸葛诞的下场虽然不值得同情，但将魏、蜀、吴三个诸葛家族的命运相比较，我们看到了一幅可怖的图景。诸葛亮在蜀为丞相，诸葛瑾、诸葛恪在吴为大将军、太傅，诸葛诞在魏为征东大将军。冠盖三国，世所罕见。然而，历尽绵竹浴血、金陵遇刺、寿春族灭，诸葛家族仿佛被布下了一个血腥的诅咒，最终都逃不了血光之灾、夷族之祸。三国之于诸葛氏，幸乎？不幸乎？

十六

名将之家

关氏家族

籍贯：河东解县（今山西运城解州镇）
代表人物：关羽

张氏家族

籍贯：涿郡涿县（今河北涿州）
代表人物：张飞

赵氏家族

籍贯：常山真定（今河北正定）
代表人物：赵云

马氏家族

籍贯：扶风茂陵（今陕西兴平）
代表人物：马腾、马超

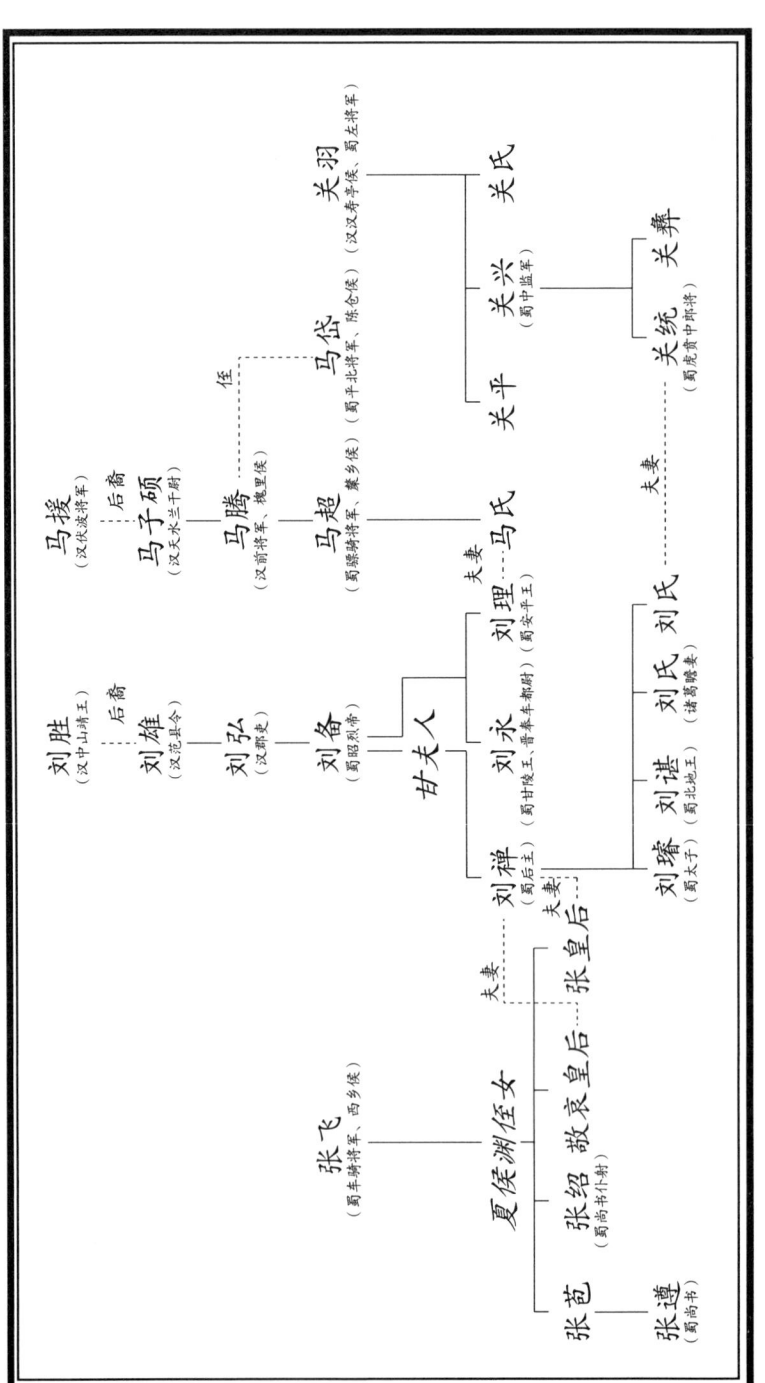

刘备、关羽、张飞、马超家族关系表

建安二十四年（219），刘备自领汉中王，大封群臣，对于一路为他打天下的将军们，自然要授予尊贵的地位。按汉制，王爵可以封赏的最高将军号是前后左右四将军，因此刘备封关羽为前将军、张飞为右将军、马超为左将军、黄忠为后将军、赵云为翊军将军。此五将，于《三国志》中被合于一传。随着三国故事的流传，他们也有了更响亮的称号——五虎上将。

鉴于五虎上将的故事大家已经很熟悉，本篇不再赘述其人生经历，而只论述其身世、家族、妻室、子嗣。

武圣之门惨遭族灭

关羽与张飞，皆非名门世家出身，《三国志》中对其先辈只字未提，可见其出身低微。关羽本为河东解县人，亡命到涿郡；用现在的话说是个通缉犯。张飞则与刘备同乡。刘备本以织席贩履为业，能够与他为友的，应该不可能是高门大户。《三国演义》将张飞设置为卖酒屠猪、颇有田产的地主，比较合理。

关羽、张飞随刘备一路征战、辗转多地，鉴于刘备都经常抛弃家眷，他们两人就更不可能有固定的家室了。但这并不说明他们没有爱美之心。关羽就曾经对一位美少妇动过凡心。

《蜀记》《魏氏春秋》均记载，曹操围吕布于下邳时，关羽曾向曹操提出请求，破城之后迎娶秦宜禄之妻杜夫人。秦宜禄是吕布之将，曾经被吕布派去出使袁术，袁术奖赏他一位皇家宗室之女为妻，因此杜夫人就被抛弃了，十分可怜。这让关羽动了恻隐之心。曹操一听，没问题啊，关将军也是人，人都有七情六欲的。可偏偏事情就坏在，关羽用情至深，担心曹操不守信用，多次在曹操面前提及此事。这就让多疑的曹操不由得寻思，这杜夫人到底是何方神圣。破城之后，曹操派人把杜夫人接过来一看，果然是国色天香、世间无双，于是径直纳入了自己的后宫团。

关羽被曹操横刀夺爱，自然是心绪难平。《华阳国志》甚至说，刘备与曹操打猎的时候，关羽要借此机会暗杀曹操，但刘备"为天下惜"，制止了他。可能正是因为这件事，后来无论曹操怎样厚待关羽，关羽都不为所动，找机会就回到刘备身边。

张飞的妻子则是强抢而来的。建安五年（200），刘备南下汝南联合刘辟、龚都等以策应袁绍，在曹操后方搞小动作；汝南临近曹操的老家谯县。张飞路过谯县，将一位出城砍樵的少女掳获。这女子正是夏侯渊的侄女，因此张飞就成了曹操的侄女婿。后来，这位夏侯氏给张飞生了两个女儿，均嫁给后主刘禅为皇后，这就让曹操和刘备这对老冤家间接地成了亲家。

关羽有两子，一子关平，与其俱死于临沮；另一子关兴，嗣其爵位，年少时就有美名，深受诸葛亮喜爱，弱冠后被提拔为侍中、中监军。诸葛亮本来期待他能够子承父业，成为蜀汉又一名上将，但可惜天不假年，关兴还未上战场就病逝了。同时早夭的还有张飞的长子张苞。《三国演义》等后世小说为了满足读者对名将之后的期待，延长了关兴、张苞的寿命，让他们成为诸葛亮南征北战的左膀右臂。

关兴死后，其子关统嗣位，官至虎贲中郎将，没有什么作为就去世了。由于他无子，关家由关兴庶子关彝续封。成都之乱中，庞德之子庞会趁机带兵杀进关家，为父报仇，将关家一门灭族，关羽一脉就此绝后。

在蜀汉灭亡时殉难的还有张飞之孙、张苞之子张遵。张遵时为蜀汉尚书，随诸葛瞻拒邓艾于绵竹，阵亡。但张家没有绝后，张飞次子张绍时为侍中、尚书仆射，在邓艾兵临成都时，他与邓芝之子驸马都尉邓良为使臣，代表后主刘禅出城向邓艾献降书。

一代名将如此"坑爹"

赵云出生于常山真定，身世不明。真定在秦汉之际出过一位同样姓赵的风云人物，那就是南越王赵佗。赵佗本为替秦始皇征讨百越地区的将军。秦末农民起义爆发后，赵佗杀秦置长吏，据岭南之地，于此称王，建立南越国，定都番禺。刘邦建立汉朝后，派陆贾出使南越国，赵佗向汉朝称藩，但仍保持南越国的独立地位。南越国传五代君王，计九十七年，直至汉武帝时朝廷才出兵灭之。

赵云很可能为赵佗同族后裔，至他这一辈已不显赫，故而他初兴义兵时，只能去投奔军阀公孙瓒，还被其讽刺了一番。赵云妻室于史无载，但有两子：长子赵统官至虎贲中郎将，督行领军；次子赵广为牙门将，随姜维在沓中与魏军作战，战死疆场。

马超，据《典略》记载为东汉开国名将、伏波将军马援之后。其祖父于桓帝时在天水郡担任都尉，后来因故失官，其家族遂定居陇西。到了马超之父马腾这一代，家里已经极其贫穷，连娶媳妇的彩礼都没有，马腾只好娶了羌人为妻，这让马超有了胡汉混血的血统。由于一穷二白，马腾年轻时候只能从山里砍柴扛到城里卖，以养活自己。灵帝末年，陇西羌、氐等游牧民族屡兴叛乱，朝廷征用马腾为将，马腾凭借军功迅速被擢升。乱世到来，马腾拉起一支人马成为一股独立的割据势力，盘踞三辅一带。建安年间，曹操派司隶校尉钟繇、凉州牧韦康招安马腾、韩遂等关西军阀，封马腾为前将军，假节，封槐里侯。后来马腾因为与韩遂有矛盾，请求入朝为官。于是曹操表马腾为卫尉，将马腾全家迁往邺城，唯有马超留在关中统领其部曲。

《三国演义》中为了抹黑曹操，虚构了马腾参与衣带诏谋划、曹操诱杀马腾、马超为父报仇而兴兵的故事线索。这与史实严重不符。《三国志》记载，马超在明知全家迁入邺城的情况下，于建安十六年（211）联合关中军阀侯选、程银等共十部突然举兵叛乱,割据关中,与曹操为敌。此举害得马腾一家二百余口为曹操所处斩。马超可谓是地地道道的"坑爹"。

马超于渭水被击败后,失关中,西奔陇右继续割据一方,并杀害曹操所置凉州牧韦康。韦康部将杨阜、赵昂等假意投降马超,实则密谋为韦康报仇。赵昂的妻子王异是一位有胆有识的女子,她骗取了马超之妻杨氏的信任,令马超对赵昂等人深信不疑。后来杨阜、赵昂等起事,与夏侯渊里应外合,逐走马超,马超妻与子皆被杀害。马超南投张鲁,张鲁曾想将女儿嫁给他,有人劝阻他:"像马超这样一个不爱护自己亲人的人,你还能指望他爱谁呢?"[1]张鲁于是打消了念头。马超叛逃后,张鲁亲手斩杀其子马秋。

马超投刘备后,还没来得及建功立业,便于蜀汉章武二年(222)去世,时年四十七岁。马超临终上疏称,自己一家二百余口都被曹操所杀,只有堂弟马岱随他入蜀,希望能让马岱承嗣马氏家族。马岱后来成为蜀汉大将,位至平北将军。马超另有一子马承嗣其爵位,马超之女嫁给了刘备之子安平王刘理。

---

[1] 张鲁以为都讲祭酒,欲妻之以女,或谏鲁曰:"有人若此不爱其亲,焉能爱人?"鲁乃止。——《三国志·马超传》裴注《典略》

十七

土著与异乡人——蜀汉四大派系的角力

糜氏家族

籍贯：东海朐县（今江苏连云港）

代表人物：糜竺、糜芳、糜夫人

吴氏家族

籍贯：陈留郡（治所在今河南开封）

代表人物：吴懿、吴班、吴皇后

马氏家族

籍贯：襄阳宜城（今湖北宜城南）

代表人物：马良、马谡

法氏家族

籍贯：扶风郿县（今陕西眉县）

代表人物：法真、法正

孟氏家族

籍贯：扶风郿县（今陕西眉县）

代表人物：孟他、孟达

李氏家族

籍贯：南阳郡（治所在今河南南阳）
代表人物：李严、李丰

杨氏家族

籍贯：襄阳（今湖北襄阳）
代表人物：杨虑、杨仪

蒋氏家族

籍贯：零陵湘乡（今湖南湘乡）
代表人物：蒋琬、蒋显

费氏家族

籍贯：江夏鄳县（今河南罗山）
代表人物：费祎、费观

董氏家族

籍贯：南郡枝江（今湖北枝江）
代表人物：董和、董允

姜氏家族

籍贯：天水冀县（今甘肃甘谷）

代表人物：姜叙、姜维

黄氏家族

籍贯：巴西阆中（今四川阆中）

代表人物：黄权、黄崇

张氏家族

籍贯：犍为武阳（今四川彭山）

代表人物：张皓、张翼

三国之蜀汉，由于在《三国演义》中始终以正面形象出现，所以留给大家的都是正面印象，比如刘关张兄弟的义薄云天，赵子龙的英勇无畏，以及后期在诸葛亮、姜维带领下蜀汉军民上下一心、矢志不渝北伐，上演了一幕幕可歌可泣的故事。然而，正所谓有人的地方就有江湖，蜀汉政权概莫能外。与同时期的魏、吴以及历朝历代一样，蜀汉内部自始至终也充满了明争暗斗、你争我夺、刀光剑影、阴谋诡计。

蜀汉人物众多，纠葛复杂，受地缘与文化的影响，其中的诸多家族只在两三代之间辉煌，较少形成如中原、江东那样的传世望族。我们将这些人物与家族按照籍贯和渊源来分类，大致能归类为北方派、荆州派、东州

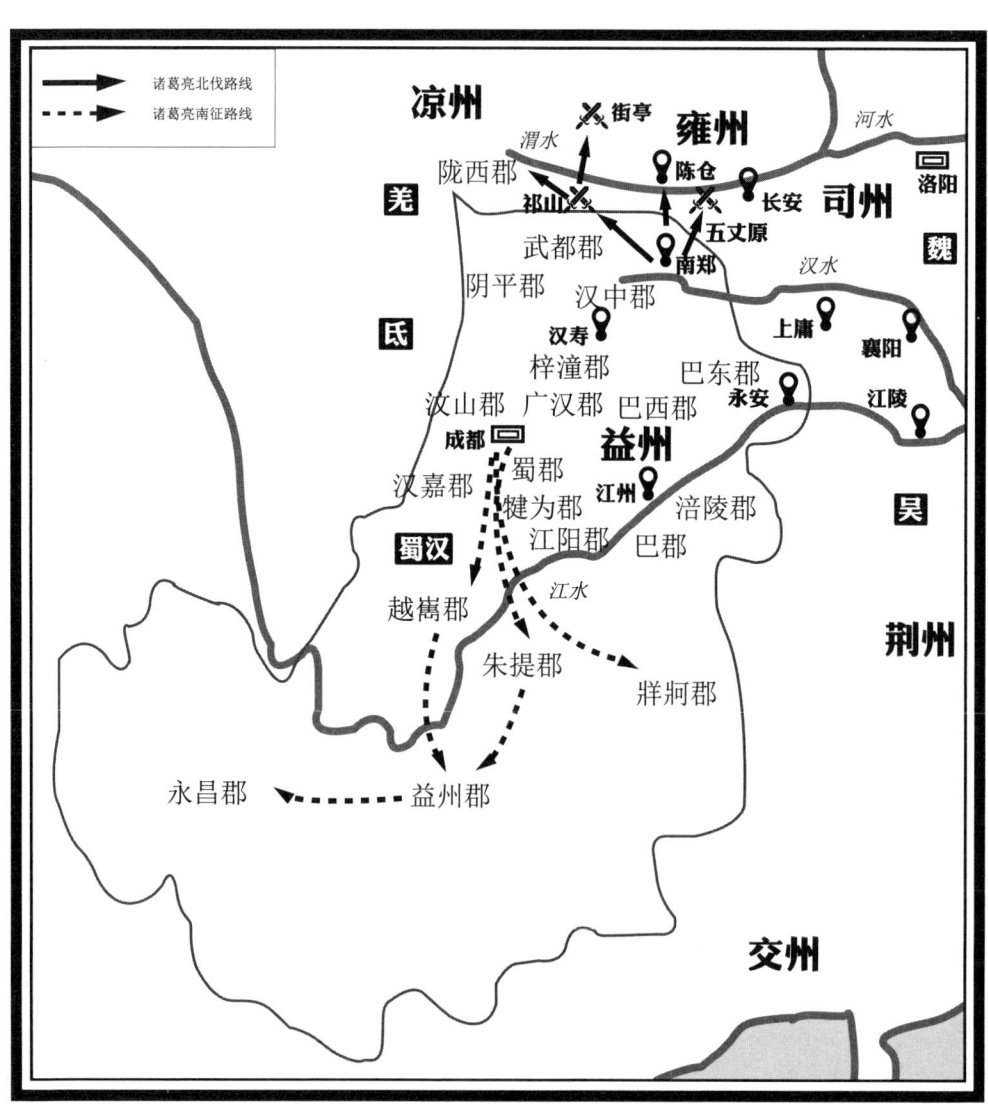

蜀汉政权形势图

派和益州派。这四大派系的合作与争斗，贯穿蜀汉政权的始终，成为诸多大事背后的诱因，是我们观察蜀汉政治的最佳视角。

不过值得肯定的是，蜀汉的派系争斗被限制在一个较为可控的范围内，没有血腥的灭门，更没有威胁到刘氏皇权。这和出现过废君、弑君、政变的魏、吴两国有本质的不同。

少长河朔，英雄同契

刘备在幽州起兵，在冀州做过县令，在徐州做过州牧。这都是盛产人才的地方，再加上刘备待人宽厚，魅力极高，原本可以聚拢大批优质人才。甚至中原世家大族子弟，如陈群（颍川陈氏）、袁涣（陈郡袁氏）、陈登（下邳陈氏）也曾被刘备提拔或任用。

但自涿郡起家开始，刘备带着他的创业伙伴们东奔西跑，辗转大半个中国，换过多个靠山。这样颠沛流离的经历就导致刘备集团人才流失特别严重：你这大哥打一枪换一个地方，连个固定的山寨都没有，哪个小弟愿意跟你走呀？

所以刘备早期的队伍里，能够跟着不掉队的只有那些家族牵绊较少，可以抛家舍业陪他闯荡的寒门兄弟。其中最典型的就是关羽、张飞、赵云三位猛将。文臣体系中，有简雍、孙乾、麋竺，均为从事中郎。简雍与刘备同乡，最早跟随刘备，孙乾与麋竺都是自在徐州起跟随刘备的。此三人似乎并不擅长韬略计谋，在刘备集团的作用主要是跑腿搞外交。比如，刘备想与袁绍联盟或者想投奔刘表，就派他们去游说一番。

但麋竺对于刘备很重要。麋竺是东海郡朐县人，出身于大商人世家，家仆数以万计，家财数以亿计。不过汉朝重农抑商，商人社会地位较低，甚至常被轻贱为"贾竖"。汉末乱世，打仗需要用钱，地方军阀才不得不讨好富商巨贾。于是麋竺便受到徐州牧陶谦提拔，由商入宦，任别驾从事。陶谦死后，麋竺受其遗命迎刘备入主徐州。

刘备接管徐州后没多久，便因为与袁术相攻，被吕布袭取了后方，辗转流落到海西时，已经是狼狈不堪、饥饿难耐。这时候麋竺雪中送炭，要钱给钱，要人给人，救刘备于危难之际。这还不算，连妹妹都嫁给刘备了。刘备娶麋竺之妹为夫人，这让他尝到了与大族联姻带来的甜头。麋竺家族跟刘备结了亲，当然必须跟着刘备走了，于是尽管曹操曾授予麋竺嬴郡太守，授予其弟麋芳彭城相，试图笼络这个大财主家族，但麋氏兄弟不为所动，仍弃官离乡跟着刘备南走荆州。

北方派人士的种种恩情，刘备当然是不会忘记的。刘备占据益州之后，均给他们加封将军衔：麋竺为安汉将军，班次排位甚至高过军师将军诸葛亮；孙乾为秉忠将军，简雍为昭德将军，地位也仅次于麋竺。

关羽、张飞的待遇自然更不用说了。刘备自封汉中王后，以关羽为前将军，张飞为右将军。等到刘备称帝时，张飞升为车骑将军，同时兼任司隶校尉，负责京畿的军事和监察，位高权重。

关羽后来败亡，固然是因为孙权背盟偷袭，但也与北方派内部的不和有关。当时刘备以关羽为襄阳太守，督荆州军事，同时以麋芳为南郡太守。刘备将荆州最重要的两个地方授予此二人，就是希望他们一前一后，和衷共济。但关羽偏偏与麋芳搞不好关系，因为麋芳供给军资不力就对其大加训斥。麋芳纵然才略平平，但毕竟是刘备的小舅子，而且是关羽北攻樊城时的后方总管。关羽如此不给情面，情商的确堪忧。后来吕蒙夜袭南郡时，麋芳果然叛变，南郡丢失，导致此后蜀汉一连串的政治灾难。

麋芳叛变后，麋竺向刘备面缚请罪。刘备并不迁罪于他，但麋竺仍抑郁不已，发病而死。

北方派人士到了刘禅时代，凋零殆尽。所余者陈到，封永安督，受李严统领，负责对吴国的防务，卒于任上。再就是赵云，此前长期承担刘备家眷的护卫工作，但因顶撞过刘备，在翊军将军位上滞留八年之久，历经刘备即汉中王和称帝两次大典均未升迁。直到刘禅即位后，旧将零落，才将极少独立带兵的赵云授予镇东将军，推上汉中前线。诸葛亮首次北伐，并未以赵云为主力，而是让他与邓芝作为偏师在箕谷牵制曹真。街亭兵败后，赵云也失利于箕谷，被贬为镇军将军，于次年去世。

蜀汉最后的北方派大佬，是刘备在豫州时辟为从事的鲁国人刘琰。刘琰这个人只会夸夸其谈，其实没什么治国理政的真本事，刘备厚待他主要是因为他姓刘，跟自己是本家。这其实挺让人心酸的，曹刘孙三雄之中，唯有刘备是异地创业，他的家乡不在自己的统御之下。中国文化特别讲究地缘宗亲纽带，曹操和孙权皆有兄弟、族人、同乡帮衬，困难了有人拉一把，发达了随时可以荣归故里。但刘备在巴蜀建国，远离故土，毫无乡党亲族，真是要多憋屈有多憋屈。所以这个刘琰，哪怕他再没本事，看在姓刘的份上，又入伙早，刘备也会对他多一分青睐。

到了刘禅一朝，刘琰在班次排序上仅次于李严，在蜀汉群臣中坐第三把交椅，而且官职封到了张飞做过的车骑将军，但并没有参与国政的权力。他的日常工作就是领兵千余名瞎转悠，陪着诸葛亮聊天。凭借资历老，刘琰的个人生活十分奢侈，后来因为跟魏延闹矛盾，被诸葛亮送瘟神一般送回了成都。蜀汉建兴十二年（234），刘琰因罪被处死。

至此，自北方幽、冀、徐、豫等州随刘备南来的臣子，已经基本在蜀汉政坛绝迹。到了蜀汉中后期，北方派人士的二代、三代陆续入朝为官，但大多是袭父祖荫，没有出现像魏国之陈泰、钟会，吴国之陆抗、施绩般才名俱佳，可比肩父辈者。

荆楚群士，从之如云

从刘备寄寓荆州开始，刘备集团中出现了荆州派。

荆州是刘备从寄人篱下走向独立自主的福地。荆州与中原水陆通达，来往便利，在汉末，其经济、文化发展程度远高于同处南方的扬州、益州和交州，亦成为人才的宝库，除了本地的豪门大族，也有不少自中原南来避乱的客居人士。刘备投奔刘表后，被刘表搁置在荆北重镇新野作为藩篱以抵御曹操，在此任上长达七年之久，未被重用。但这七年刘备并没有闲着，依靠自己之前攒下的声望、汉室帝胄的身份以及身处荆州的地利之便，频繁进行社交活动，出入豪门显贵的府邸，走访乡野名士的草庐。他深感北方旧部势单力薄，不足以支撑自己今后的王图霸业，需要荆州人士为其势力大输血。

苦心人天不负。刘备最大的收获，就是在刘表眼皮子底下挖来了诸葛亮。诸葛亮是襄阳豪门联姻圈的成员，与刘表沾亲带故，但他舍弃既有的荆州之主而追随刘备，自然是因为他看到刘备身上与众不同的闪光点。

当阳之战，刘备险些被团灭，但携民渡江的仁义举动让他在道德上占据了优势，更为此后收复荆州人才打下了基础。曹操赤壁兵败北归，刘备趁势拿下荆州南部，一时间，"荆、楚群士从之如云"。荆州人才就是在这一时期大批进入了刘备阵营，形成蜀汉政权的荆州派。

荆州派的领袖是诸葛亮和庞统，两人除了以"卧龙""凤雏"名号并称于世，亦有姻亲之谊。平定荆南后，两人同时担任军事中郎将，为刘备心腹。两人有所分工：诸葛亮负责稳定后方，偏内政；庞统负责军前献策，偏计谋。二人宛若曹操之荀彧、荀攸。

刘备重用庞统，除了由于庞统足智多谋外，也因看重他的身世背景。一则庞统出自襄阳本土名门世家，招徕荆州士人的能力更强；二则庞统与东吴关系密切。他曾在周瑜为南郡太守时做过其属下功曹，在周瑜死后亲自扶灵柩赴江东；与孙权帐下名士陆绩、顾劭、全琮谈笑风生。重用诸葛亮、庞统等与江东渊源颇深的人，有利于刘备巩固与孙权的联盟。

到了建安十六年（211），刘备入蜀，荆州派已经超越北方派，成为刘备集团的主力阵容。这其中包括一部分刘表的旧部，还有不少以家族形式为刘备效力的。比如南郡枝江人霍峻，是拥有家族部曲的南郡豪族。宜城马氏家族，有兄弟五人，其中老四马良最受赞誉。因马良眉中有白毛，故时谚云："马氏五常,白眉最良。"他与弟弟马谡均被刘备辟为荆州从事。

刘备对荆州人才的挖掘十分彻底,以至于后来孙权完全继承了刘备在荆州的地盘,却已无法占有荆州的人才资源。荆州派人士相比北方派人士而言,能力更为全面,从政、从军经验更为丰富,宗族力量更为强大,而且忠诚度也并不逊色。是故刘备入蜀之初所带的基本都是荆州派,如庞统、黄忠、魏延、刘封、霍峻,北方派的旧将关羽、张飞、赵云则留镇荆州。

然而非常不幸的是,庞统在刘备攻打雒城时身中流矢阵亡,年仅三十六岁。刘备十分悲伤,痛哭不已。

庞统死时,诸葛亮与张飞、赵云等正作为援军溯江而上,平定白帝、江州、江阳等地,打通荆州与益州的通路。看起来,诸葛亮取代庞统担任阵前军师应该是顺水推舟的事情,但谁料,半路杀出来个法正,为刘备集团带来了东州派。

外统都畿,内为谋主

东州不是一个地理概念,因为汉末没有一个叫东州的地方。东州是一个政治概念。东州士,指的是刘焉、刘璋父子统治益州时,由南阳、三辅等地进入巴蜀的客居人士。因为相对于益州而言,这些外来者都是自东面而来,故得名。

东州人士与东州兵,是刘焉父子镇压巴蜀本土豪强依靠的主要力量。但东州人和益州人之间的恶斗,也同样消磨着刘焉父子的统治权威。他们之中的有识之士就开始萌生了更换主子、迎新主人川主政的想法。

最先将此付诸行动的是蜀郡成都人张松。按理说,益州人士是比较排斥外人当政的,但张松这人比较异类。他自恃有才,希望在英明的主公手下发挥才干。刘璋时期,张松已经担任益州别驾——别驾为州牧之副,可以说是益州人士担任的最高官职了。但张松认为刘璋昏聩无能，一心想为益州找个更好的主子。他原本中意曹操，想借盟好之机把益州卖与曹操。但当时曹操新吞荆州，志得意满，不免轻待于他。张松一气之下，把益州献给了刘备。

由于张松的首倡，刘备以助刘璋抵御张鲁之名入蜀。但不久事机泄露，张松为刘璋所杀。张松虽死，但其后继有人，那就是扶风郿县人法正。

法正，字孝直，出身于关中世家大族，其先祖可上溯至战国末期齐襄王田法章。秦并天下后，田法章后人不敢姓田，遂以法为姓。至汉宣帝年间，法氏家族迁徙至三辅，世代为品秩二千石的高官。法正的曾祖父法雄，汉安帝永初年间被提拔为青州刺史，讨伐为患海滨的海贼张伯路、刘文河。法雄很有智谋，他建议先以罢兵解甲之策麻痹海贼，然后再一举攻破之。他的计策为主帅王宗所采纳，于是王宗成功剿灭海贼，使州郡安宁。法正的祖父法真，博学多识，为关西大儒。他拒绝了郡守的征辟，潜心做学问。汉顺帝西巡，前后四次征法真入朝为官，法真对此的回应是："吾既不能遁形远世，岂饮洗耳之水哉？"终不涉官场，为世人所敬重。法真享寿八十九岁，号为玄德先生。这真是个有趣的巧合，似乎是冥冥之中为他孙子将来效力于刘玄德指路。

建安初年，三辅大饥荒，法正与同乡孟达一起避难蜀中。在刘璋治下，法正仅担任新都令、军议校尉，既不被重用，又遭到客居蜀地的同乡嘲笑。法正与张松达成了共识。虽然两人各处益州与东州这两大水火不容的派系，但两人一致认为：想要改变他们的未来和巴蜀的未来，唯一的办法就是推翻刘璋，为刘备带路。张松为主要策划者，法正则是具体的实施者。

后来张松被杀，庞统阵亡，诸葛亮又远在巴郡，精明能干的法正把握这个绝佳的时机，立即填补刘备身边谋主的位置。法正承袭了曾祖父的韬略才智，而且拥有在蜀地为官的政治经验与人脉资源，为刘备平定益州可谓竭忠尽智。比如当时益州从事郑度建议刘璋采用坚壁清野的战略，烧掉仓廪，加固壁垒，静待刘备粮尽退军。这话传到刘备那里，让刘备十分忧虑。法正是熟悉刘璋的，他认为以刘璋仁厚的性格必不会采纳。事情发展果然如法正所料。围攻雒城时，法正又亲笔写下劝降书劝说刘璋放弃抵抗，这对于次年刘璋举成都出降也产生了催化的作用。

法正获得刘备信任后，便大力举荐和提拔原刘璋旧部即东州人士进入刘备政权。比如许靖，是当时益州资历最老、声望最大的名儒。他是汝南平舆（今河南平舆）人，早在汉灵帝年间就与其弟许劭创立"月旦评"，每月品评天下人物。当时朝廷选官实行察举制，看重候选人的声望风评，因而许氏兄弟的"月旦评"成为影响士子跻身官场的风向标。一个士子只要得到"月旦评"的赞扬，就能身价倍增、仕途辉煌，因而"月旦评"被时人争相追捧。曹操那句"治世之能臣，乱世之奸雄"就是出自许劭的评论。

然而随着汉末乱世的到来，"月旦评"停办，许靖与许劭远离中原以避祸。许靖先后投奔豫州孔伷、扬州陈祎、吴郡许贡、会稽王朗、交趾士燮，转了一大圈，最终落脚益州，在刘璋手下做了蜀郡太守。当刘备围城时，许靖却留下了一个人生污点——试图翻墙出城投降，而且还被刘璋手下人发现了。这可太丢人了，不仅世人看不起，连刘备都瞧不上。可这时，法正劝刘备道："天下有很多毫无才德但能博得虚名的人，像许靖就是。"他认为对待许靖这种人，不如给他高官厚禄但不给实权，把他当作一个大花瓶，以此表现一种礼贤下士的姿态，收买益州人心。[1]刘备采纳了法正的意见，任命许靖为左将军长史。此后许靖陆续担任太傅、司徒，品评人才，提拔后辈，清谈不倦，发挥自己的余热。连诸葛亮见他都要敬重地行拜礼。

法正另一个重要的举动，是劝说刘备娶吴懿之妹。

---

[1] 正说曰："天下有获虚誉而无其实者，许靖是也。然今主公始创大业，天下之人不可户说，靖之浮称，播流四海，若其不礼，天下之人以是谓主公为贱贤也。宜加敬重，以眩远近，追昔燕王之待郭隗。"——《三国志·法正传》

刘备此前已丧甘夫人，孙夫人又已还吴，刘备想要在益州站稳脚跟，最简单直接的方法就是与大族联姻。吴氏族人本为陈留人，吴匡曾为大将军何进部将，与袁绍、曹操等共同诛灭宦官。吴氏家族与刘焉有旧交，因此中原战乱之际，吴匡族子吴懿带领全族随刘焉入蜀，吴懿之妹嫁给刘焉之子刘瑁，这使得吴氏家族成为东州派中举足轻重的家族。吴夫人嫁给刘备，继而成为吴皇后，其族与有荣焉。吴懿后来成为诸葛亮北伐大将，在诸葛亮死后继任汉中都督，迁车骑将军。吴匡之子吴班也为蜀之名将，参与夷陵、汉中等战役，最终担任骠骑将军。

太守是一郡军政主管，也是派系构成的表征。梳理一下刘备平蜀之初益州主要的郡太守名单：

蜀郡太守：法正（扶风人，东州派）；

梓潼太守：霍峻（南郡人，荆州派）；

广汉太守：习桢（襄阳人，荆州派）；

巴郡太守：张裔（蜀郡人，益州派）；

巴西太守：张飞（涿郡人，北方派）；

巴东太守：辅匡（襄阳人，荆州派）；

汶山太守：陈震（南阳人，荆州派）；

犍为太守：李严（南阳人，东州派）；

江阳太守：刘邕（义阳人，荆州派）；

固陵太守：刘琰（鲁国人，北方派）；

牂牁太守：向朗（宜城人，荆州派）；

朱提太守：邓方（南郡人，荆州派）。

此外，东州派的孟达被调往荆州，担任宜都太守。

可以看到，虽然北方派、荆州派依旧是刘备势力入益州后的主力，但东州派已经开始在刘备集团中占据一席之地，并随着势力的此消彼长，将占据更多话语权。

法正担任蜀郡太守，兼扬武将军，"外统都畿，内为谋主"，刘备对他可谓宠信备至。但法正在道德上有硬伤。他掌握了权力以后，就公器私用、睚眦必报，对得罪他的人往往痛下杀手、除之后快。有人告到诸葛亮那里，希望他出面让刘备压一压法正的威风。但诸葛亮显然不愿意出这个头，他说，刘备当年在荆州内忧外患，担惊受怕，现在靠法正治理蜀地，使蜀地安定有序，这么大的功劳，"如何禁止法正使不得行其意邪"！

对于诸葛亮的表态，我们可以有两种解读，一是诸葛亮认可法正以私废公的行为。但这显然不符合诸葛亮一贯公正清明的做事风格。因此孙盛就直言不讳地批评诸葛亮："诸葛氏之言，于是乎失政刑矣。"还有一种解读，就是诸葛亮对法正的行为也看不入眼，但无可奈何。

从一个细微的官职变动可以看出当时诸葛亮与法正的关系。建安二十二年（217），刘备北上与曹操争汉中，法正随行为军师。当时诸葛亮主管后方，自作主张提拔了益州人杨洪，令其暂代法正的蜀郡太守之职。杨洪上任后对于各项事务都打理得有条不紊，很快就转正了。但没过多久，杨洪就被转任益州治中从事，直到刘禅即位后才再度出任蜀郡太守。但史载杨洪并没有犯事受罚，这种不正常的官职变动显然有隐情。陈寿在《三国志·蜀书》中颇多春秋笔法，联系前因后果，我们或可以推理其背后的隐笔：诸葛亮对法正在蜀郡太守任上的行为早就不满，于是趁他出征在外，就换上了有助于缓和矛盾的益州本地人杨洪。而以法正的性格，自然对这种背后插刀的行为十分愤怒，因而在刘备面前告状。刘备偏袒法正，杨洪只能另转他职。

由此可见，作为刘备入蜀后最倚重的左膀右臂，诸葛亮与法正很可能存在矛盾冲突，他们背后正是荆州派与东州派的角力。而在当时，无论是功劳还是在刘备面前的话语权，法正都要高过诸葛亮。在法正谋划下，刘备斩杀夏侯渊，占据汉中，进位汉中王。刘备称王后即大封群臣，法正以首功被擢升为尚书令，兼任护军将军，军权政权一把抓。而诸葛亮在此次封赏中居然不见其名，仍为军师将军，实际上已居于法正之下。

按照这种发展态势，等到刘备称帝，担任丞相的很可能是法正而非诸葛亮。然而出人意料的是，就在仕途高歌猛进之时，法正却于次年突然去世，年仅四十五岁。荆州派与东州派之争，因此进入一个新的阶段。

反复之人，何足与书

法正的去世，对两个人产生了深远的影响。

首先当然是刘备。谋主再度出缺，让刘备的行为和决策失去匡正，这就直接导致他后来的夷陵大败。诸葛亮虽然与法正有派系之争，但对法正的能力还是认可甚至钦佩的。他在夷陵之战后有一句话总结得很中肯："法孝直若在，则能制主上，令不东行；就复东行，必不倾危矣。"

这一句肯定了法正两方面的能力。一是肯定了法正的话语权。刘备这人脾气很倔，一般人很难改变他的主意。刘备之前在汉中与曹操作战，战况不利，刘备坚持不撤退，谁劝也没有用。法正便冒着矢石冲到刘备前面。刘备赶紧拉法正："孝直，快躲箭啊！"法正说："明公都亲当矢石，何况小人我呢！"刘备只好答应一起撤退。[1] 刘备东征孙权，诸葛亮、赵云、秦宓等苦心劝谏，毫无作用，诸葛亮才感慨法正话语权之重。

二是肯定了法正的谋略。赤壁之战后曹操曾哀叹，若郭嘉还在，不会使他如此惨败。这多少有点马后炮的意味，因为赤壁之战中曹军遇到疫病盛行这种不可抗力，郭嘉即便计谋超群，能发挥的作用也很有限。但夷陵之战不同，刘备驻军水草丰茂之处，连营七百里，连千里之外的曹丕都能看出他犯了兵家之大忌，对于这些问题随军将领和参谋不可能没有注意到，但估计没一个人敢跟已经是皇帝的刘备讲。如果法正在，肯定能够帮刘备避免这些低级错误，也极有可能改变夷陵之战的结果。

---

[1] 先主与曹公争，势有不便，宜退，而先主大怒不肯退，无敢谏者。矢下如雨，正乃往当先主前，先主云："孝直避箭。"正曰："明公亲当矢石，况小人乎？"先主乃曰："孝直，吾与汝俱去。"遂退。——《三国志·法正传》裴注

另一个受影响的就是法正的同乡密友孟达。

孟达，字子度，其父孟他是个善于钻营的小人。灵帝时大宦官张让专权，孟他仕途不顺，又高攀不上张让，就开始打张让府中家仆的主意。孟他散尽家财去贿赂这些家仆，跟他们结成亲戚，关系搞得很好。当时张让府门外可谓京师一景，来巴结、求官的人络绎不绝，数百辆豪车把路塞得满满当当，好多人排了几天也见不到张让。结果孟他一来，张让府中的家仆们对他殷勤相待，迎入门中。外面那些排队的宾客以为孟他是张让的老熟人，纷纷把手中的珍宝送给孟他。孟他进门后全部送给了张让。凭借着一连串溜须拍马的本领，孟他居然当上了凉州刺史，为时人所不齿。

孟达看上去要比他爹强得多。他相貌俊朗，才华出众，与法正一起逃难至益州，可谓生死之交。随着法正在刘备身边扶摇直上，孟达也备受重用，担任宜都太守，是唯一到荆州属郡当太守的东州派人士。

建安二十四年（219），刘备在取得汉中之战胜利后，令关羽北攻襄阳、樊城，同时令孟达自秭归北上攻打房陵。独立领兵开辟一条新战线，这是荆州系众多宿将都难以获得的特权，但刘备委之于孟达，足见对其之信赖，也可以想见法正在其中发挥的作用。这条路线，就是现在从湖北秭归到房县的路。借助地图就能看到，走这条路，不仅要溯水而上，而且要穿越庞大的神农架林区，道路曲折多艰，非常不利于行军。但就是在这种情况下，孟达攻克房陵，又与刘封合兵攻取上庸、西城。从这点来看，孟达的军事能力可以说丝毫不逊于关羽。

但孟达作为东州派掌郡最广、掌军最众的将领，引起了诸葛亮的警觉。如果说诸葛亮与法正仅仅是政治立场上的冲突，那么诸葛亮与孟达的矛盾，则包含了私仇：孟达在攻取房陵后，致使房陵太守蒯祺为其兵众所害；蒯祺，正是诸葛亮的大姐夫。

诸葛亮在襄阳时，其大姐嫁给襄阳豪门蒯氏之蒯祺。蒯祺后随曹军北归，并就任房陵太守。《三国志》中记载"房陵太守蒯祺为达兵所害"，而不是"达兵诛房陵太守蒯祺",这说明蒯祺死于乱军之中,并非孟达有意诛杀。况且彼时各为其主,对于蒯祺之死,孟达没有责任。但由于孟达与法正的关系,诸葛亮原本就对孟达有戒心,此事件必然会加深他们的裂痕。

就在这个关键时候,法正死了。孟达在刘备身边的靠山没了,一下子处于岌岌可危的境地。在此之前,孟达因不救关羽而为刘备所忌恨,又与刘备养子刘封失和而被夺去鼓吹仪仗。种种压力,促成了孟达的叛逃事件。孟达不仅降了曹魏,还与魏军一起击退刘封,把"东三郡"也作为大礼献给了曹丕。

"东三郡"指房陵、上庸、西城三郡,大致是现在陕西东南部与湖北西北部,刚好位于魏、蜀、吴三国疆域的夹心地带,战略位置十分重要。当时曹丕刚继任魏王,孟达则是第一个主动投魏的蜀汉高级将领。曹丕对他的到来欣喜不已,一口气加封孟达为散骑常侍、建武将军,封平阳亭侯,并且将房陵、上庸、西城三郡合为新城郡,让孟达担任太守,总督军政。

然而孟达知道,自己作为降将,不可能得到魏国的绝对信任。曹丕对他尚能优待有加,但随着曹丕驾崩,以及他在魏国关系较好的夏侯尚、桓阶相继去世,孟达深感自己必不能为曹叡君臣所容。孟达身处三国交界,又拥有相对独立的军政权力,于是他私下里跟蜀国和吴国都展开了勾连,来往书信,尤其是对故国蜀国表达了回归之情。

诸葛亮在南征后班师路过汉阳县时,从一个降人李鸿那里听到一些孟达的消息。李鸿说,当时有传言说诸葛亮对孟达有切齿之恨,欲诛杀孟达留在蜀地的妻儿,而孟达一听就知道这是谣言,他坚信以诸葛亮的为人不可能做出这种事情。这个所谓的降人李鸿,很可能就是孟达有意派往蜀地向诸葛亮传递信息的使者,一方面向诸葛亮示好,另一方面也试探诸葛亮的反应。诸葛亮当即表示返回成都后就要给孟达寄信。随行的费诗就很不赞同,他说孟达先是对刘璋不忠,后来又背叛刘备,"反复之人,何足与书邪"？诸葛亮的反应很有意思——"默然不语"。

　　费诗说的情况，诸葛亮难道不知道吗？诸葛亮比谁都清楚。但如何对待孟达，诸葛亮有自己的盘算：这样有才干的人，留在魏国会成为今后北伐的障碍，不行；迎回蜀国则会壮大东州派的力量，于荆州派不利，不行；任其投了东吴有可能破坏吴蜀联盟，也不行。解决孟达事件唯一的出路，就是把他干掉，而且还要借力打力，手不沾血。

　　于是，一张绞杀孟达的大网悄悄布起。诸葛亮写信给孟达，言辞恳切，将当年他叛蜀的事情全部归罪在刘封身上，劝其归汉。孟达此时完全忘却了自己与诸葛亮的家仇，也忘了荆州派与东州派势同水火的情形，居然真的开始厉兵秣马，准备叛魏投蜀。在这一点上，孟达倒是与他父亲颇为相似，都是彻头彻尾的投机分子。

　　而诸葛亮接着放出了一记狠招。他派了一个叫郭模的人诈降魏国，故意路过魏兴太守申仪驻所。申仪是上庸本土豪强，跟孟达关系一向不好。当时孟达给诸葛亮的回信很文艺，附赠了三个物件——玉玦、织成、苏合香。郭模就对申仪说，玉玦代表"已决"、织成代表"谋已成"、苏合香代表"事已合"，将孟达要叛变投蜀的事情全部泄露给了申仪。

　　孟达得知谋划泄露，加快了起兵的速度。这一切都在诸葛亮的计划中。笔者推测，诸葛亮的计划就是先假借申仪之手除掉孟达，至少让他们打个两败俱伤，然后再进军东三郡坐收渔利，既杀人又夺城，可谓天衣无缝。

　　然而令诸葛亮没想到的是，螳螂捕蝉，黄雀在后，魏国也有一个人在盯着孟达，那就是日后成为他天敌的骠骑将军司马懿。司马懿不仅早就看出孟达的反意，更看透了诸葛亮的借刀杀人之计。于是，司马懿也修书一封给孟达，说："魏国对你有大恩，蜀国于你则有切齿之仇。郭模说你要与诸葛亮呼应起兵，可不是小事。以诸葛亮行事严谨的作风，怎么会让这种密谋泄露呢？反正我是不信的！"[1]孟达看到信后大喜，以为密谋泄露事件完全没有为魏国君臣所警觉，于是又减缓了起兵速度。

这样，孟达便由诸葛亮布下的陷阱边缘又滑进司马懿布下的陷阱。成功稳住孟达后，司马懿开展急行军，倍道兼行一千两百公里，八日便由宛城直抵上庸城下。孟达没有一点点防备，没抵抗几天，其外甥邓贤、部将李辅便献关投诚。司马懿将孟达斩首，传首京师。在此期间，诸葛亮坐观孟达败亡，不发救兵，虽然实现了借他人之手诛孟达的目标，却丧失了收回东三郡的最佳机会，致使以后数次北伐，只能从汉中出击陇右。蜀汉内斗，司马懿成最大赢家。

法正早逝，孟达伏诛，诸葛亮该长舒一口气了吧？不，他还需要面对第三个东州派劲敌。

思得良伴，腹有鳞甲

蜀汉章武三年（223）春，刘备于白帝城病危，传诸葛亮自成都赶来受托孤遗诏。风尘仆仆的诸葛亮刚推门而入，便有一丝不安。因为他原以为自己是唯一的托孤重臣，没想到刘备病榻边已经跪着一个人——尚书令李严。

尚书令权力的变迁，是两汉政治更替一个特有的线索。在汉武帝之前，尚书令顾名思义，就是负责公务文书的令史。但随着汉武帝抑制相权，内朝的权力被扩大，尚书令地位逐渐提升。到了汉成帝时，尚书台分曹治事，"六部"雏形渐成，尚书令遂成为对皇帝负责、总辖各曹的行政首脑。在东汉，尚书令与司隶校尉、御史中丞在皇帝面前享有"三独坐"的待遇。而名义上的百官首揆"三公"（司徒、司空、太尉）反而成为荣

---

[1] 将军昔弃刘备，托身国家，国家委将军以疆场之任，任将军以图蜀之事，可谓心贯白日。蜀人愚智，莫不切齿于将军。诸葛亮欲相破，惟苦无路耳。模之所言，非小事也，亮岂轻之而令宣露，此殆易知耳。——《晋书·宣帝纪》

誉职位，并无实权。直至曹操挟天子以令诸侯，将汉朝已废弃二百年的丞相一职又恢复在自己身上，丞相与尚书令并存。这就出现了一个潜在的冲突：谁为朝臣老大？

在当时的曹操政权中，这个问题还不甚突出：汉献帝已形同傀儡，曹操虽为丞相，实则已君临天下。而且因为天下未定，所以曹操长期在外征讨，尚书令在朝中统领百官，二者并无职权冲突。汉末最后的两位尚书令荀彧、华歆，也皆为曹操之臣僚。

刘备于蜀地建国，政治制度几乎全部承袭东汉旧制。刘备与曹操是死对头，他曾经自我吹嘘，自己行事只要与曹操反着来，就都能取得成功。但在恢复丞相之职这方面，刘备却紧随曹操的脚步。曹丕称帝后为表达对父亲的致敬，不再设丞相，而隔年刘备称帝，却在蜀汉恢复了丞相之位，将其授予诸葛亮。因此在蜀汉政坛，出现了丞相与尚书令并存的情况。

蜀汉首任尚书令是法正，法正死后是刘巴。刘巴也是刘璋旧臣，早年在荆州，对刘备各种不服。别的荆州人士都依附刘备，刘巴却向曹操效忠。后来刘巴勉强入了刘备阵营，架子却依旧很大。张飞曾经登门拜访，有心结交，刘巴反而将张飞羞辱了一番："大丈夫结交四海英雄，怎能跟一个当兵的对话？"[1]

刘巴死于刘备东征期间。李严接任尚书令，东州人再次占了上风。

李严，字正方，南阳人，跟刘巴一样是从荆州流入益州的，在绵竹之战中临阵倒戈，加入刘备阵营。李严兼具政才与军才。刘备自领益州牧后，李严担任犍为郡太守，把守成都的南大门。建安二十三年（218），郪县盗贼马秦、高胜作乱，不久越嶲夷帅高定又率军入侵新道县，当时刘备率大军北征汉中，无暇南顾，李严仅率五千人就将两起叛乱全部平定。更值得一提的是，郪县位于广汉郡，新道县位于越嶲郡，都不在犍为郡的辖区内，平定叛乱本不属李严的职责。但李严两次积极跨境平叛，显然是

---

[1] 大丈夫处世，当交四海英雄，如何与兵子共语乎？——《三国志·刘巴传》

希望好好表现一把,上进心很强。李严在军事上的才能果然被刘备看中,刘备加封他为辅汉将军,并使其援助孟达、刘封攻略"东三郡"。李严的尚书令之职,是刘备退居白帝城时亲招他到御前封赐的。而李严至少比诸葛亮早两个月到达刘备身边。

说刘备白帝城托孤,"文托诸葛亮,武托李严",这是没错的。刘备遗诏"以严为中都护,统内外军事,留镇永安":统内外军事,就是蜀汉内廷外朝的所有军队全部由李严统帅;留镇永安,则是因为当时蜀吴仍处于敌对状态,永安是对吴最前线,也是重兵集结之地。

刘备为什么会做出这种安排?从浅层次来看,是为平衡荆州派与东州派,避免诸葛亮权势过大;从深层次来看,蜀军新败,外有强敌,内有叛乱,亟须具备丰富治军经验之人来统领军队。符合这些条件的人,关羽、张飞、马超、黄忠、刘封、霍峻、孟达、黄权,或死或叛,一时竟然朝中无将。而诸葛亮和赵云,此前几无独立带兵经历,不可能委以军权,反倒取得过两次平叛胜利的李严更能博得刘备的信任。于是,李严由一郡之守被火速提拔为全军总司令。这和孙权对陆逊的提拔如出一辙,看来夷陵大败的确给刘备上了生动的一课。

于是在后主刘禅登基时,李严既是与丞相在职权上存在冲突的尚书令(内政主管),又是留镇永安的军事主管中都护。诸葛亮的地位受到了全面挑战,东州派又压过了荆州派一头。

然而,刘备的托孤遗诏是暗藏玄机的。他让李严留镇永安,是非常时期的战备考虑,但并没有说留屯多久。随着蜀吴重归盟好,李严在永安的军事价值一下子就被削弱了。而诸葛亮则拥有一项足以翻盘的法宝,那就是在皇帝身旁。

诸葛亮在刘禅登基后,先是获得了开府治事的权力,可以设立自己的属官,不久又领益州牧,垄断了察举,拿下了人事大权,再加上此前接替张飞的司隶校尉(监察权),一时"政事无巨细,咸决于亮"。

如果说促成与东吴的盟好是削弱李严军权的重要一步，那么诸葛亮亲征南中就是从李严手上夺回军权的更为关键的一步。南中叛乱于益州政权而言为司空见惯之事，并没有严重到需要一国之丞相亲征。即便需要，李严既是名正言顺的军事总管，又是对南中夷人有过胜利战绩的将领，显然是更合适的统帅。但诸葛亮执意亲自出征。当时有一个叫王连的东州派官员，当面劝谏诸葛亮，认为南中是不毛之地、疫疠之乡，诸葛亮不应该亲自冒险远征。但诸葛亮的反应很微妙——"虑诸将才不及己，意欲必往"。一个常年搞后勤工作、从未独立领兵上阵的文臣，居然觉得所有将领的军事才能都不及他。这"诸将"之中，显然包括李严。后来诸葛亮南征归来，进而北屯汉中筹备北伐，标志着他已经完全掌握军权。李严却空有名号，实则无所作为。

李严的苦闷，从他给老朋友孟达的劝降信中就能看出："吾与孔明俱受寄托，忧深责重，思得良伴。"全信应该很长，陈寿独将这一句录入史书，耐人寻味。"思得良伴"四字的背后，就是李严对自己命运的忧虑。在权力空间被诸葛亮挤压殆尽时，他甚至寄希望于孟达返国襄助，以壮大东州派在蜀汉政权的势力。

在诸葛亮北伐期间，李严做了两件事情，加剧了他与诸葛亮的矛盾。

其一是李严曾在给诸葛亮的书信中，劝他加九锡，晋爵称王。显而易见，李严的劝进并非善意，而是充满恶意。以丞相身份加九锡、称王，这就是曹操篡汉的前奏，这对于忠臣诸葛亮当然是莫大的侮辱。但中国古代政治斗争的基本规律是，台面下刀光剑影，台面上仍要一团和气。诸葛亮巧妙地回答："今讨贼未效，知己未答，而方宠齐、晋，坐自贵大，非其义也。""方宠齐、晋，坐自贵大"说的是三家分晋、田氏代齐的典故，都在讲权臣篡位，这就直接点出了李严置其于不义的险恶用心。然后又说："若灭魏斩叡，帝还故居，与诸子并升，虽十命可受，况于九邪！"如果灭了魏国，就算是十锡都能接受，何况九锡呢？这算是幽默了一把，弄得李严无话可说。

其二是李严自永安移屯江州后，提出了一个设想：将益州东部的五个郡合并为巴州，他担任巴州刺史。随后在蜀汉建兴八年（230），因魏国三路进犯，诸葛亮命李严调兵两万人赴汉中支援。李严见了诸葛亮，却主动说起司马懿开府的事情。州刺史的职位，开府的权力，都是诸葛亮有而李严没有的，前者掌察举权，后者可以征辟属官。这表明李严非常渴望在人事大权上与诸葛亮平起平坐，至少分一杯羹。

无论是巴州刺史还是开府治事，李严的诉求都未能得逞，这两件事后来都成为诸葛亮上书后主弹劾李严的罪状。

而更令诸葛亮担心的是，谋求权力失败的李严，会不会对蜀汉失去忠心，进而拥兵自立，甚至做出叛国之举呢？毕竟，已经有孟达作为前车之鉴了。而此时李严主掌益州东部军政大权，比当年孟达掌管的地盘和军队要多得多，一旦他负气投魏或投吴，对于蜀汉都将是毁灭性的打击。

蜀汉建兴七年（229），尚书令陈震出使吴国，参加孙权登基大典。陈震是荆州派人士，又与李严同为南阳人，有乡党之谊，可谓互相比较了解。临行，他让诸葛亮警惕李严，说李严"腹有鳞甲"。这个词是一个极其危险的信号：鳞甲是士兵身上的装备，代指军权。"腹有鳞甲"就是说李严这个人有发动军事政变的可能。诸葛亮随即写信告知了留守成都的蒋琬、董允："以为鳞甲者但不当犯之耳，不图复有苏、张之事出于不意。"苏、张，就是战国时代纵横家苏秦、张仪，以高超的外交手段在列国之间纵横捭阖。这句话显然是在说，李严不仅反迹已现，更有可能借助他外镇边境的优势，与魏国和吴国进行秘密外交，彼此勾连。一旦如此，蜀汉便万劫不复。这让诸葛亮终于下定决心，对李严动手。

蜀汉建兴九年（231），诸葛亮第四次北伐，由李严在后方总督粮草运输。由于连日大雨滂沱，粮车无法按时赶到，参军狐忠、督军成藩带来李严的书信，希望诸葛亮班师。但当诸葛亮班师回朝后，李严却惊讶道："军粮还很充足啊，你怎么撤退了？"他还向后主上书，认为诸葛亮退军是为了诱敌。诸葛亮把李严前后的手书拿到后主面前一比对，谎言不攻自破。诸葛亮于是联合朝臣上表弹劾李严。诸葛亮在联名信中，把李严描绘成罪大恶极的国之巨奸。最终，李严被免官解职，废为平民，流放梓潼郡。

现在看起来这件事疑点重重：李严骗诸葛亮班师的目的是什么？他在后主面前编瞎话的目的又是什么？李严前后所言都有手书为证，作为这么多年的官场老手，会这么愚蠢吗？参军狐忠，即后来成为蜀汉著名将领的马忠，在这件事中又发挥了什么作用？他是诸葛亮派到李严身边的卧底吗？

以上种种，我们无法解释，只能猜测。无论如何，李严的倒台，标志着东州派作为一支独立的政治势力在蜀汉走向式微。东州人是一个身份十分尴尬的群体，他们于益州人而言是外来者、征服者，于刘备政权而言又是战败者、来降者。从法正到李严，东州人在这种夹缝中始终试图壮大自己的政治力量，以寻求更大的话语权。但对于矢志北伐的诸葛亮而言，蜀汉原本就弱小，更经不起朋党相争的内耗，他需要绝对权力来实现他的北伐，需要绝对的团结来保障他的北伐。因此当李严成为这一愿景的障碍，其下场便早已注定。

李严被废黜后，仍期待有一天能被朝廷起用，直到听到诸葛亮的死讯，他才意识到自己再无重返政坛的可能，发病身死。其子李丰，曾被诸葛亮表奏总督江州以安抚李严的"不平之心"。但随着李严的倒台，李丰也被调离巴东，被派往南部任朱提太守。

东州派虽然式微了，但荆州派也不是铁板一块。诸葛亮在世时，尚能以个人权威使之上下齐心；诸葛亮一去世，荆州派内部的冲突便在积酝已久后突然爆发。这场矛盾的主角，是魏延和杨仪。

鹬蚌相争,渔翁得利

蜀汉建兴十二年(234),星落五丈原,丞相诸葛亮死于北伐军中,举国震动。而就在此时,一场波诡云谲的大戏,正在悄悄上演。

诸葛亮主政蜀汉的十二年,总揽军政大权,抑制了东州派大佬李严对其权威的挑衅。这是诸葛亮作为政治家不可回避的权谋一面。而同时,他整肃吏治,选才任能,重才干而轻出身,促进荆州派与东州派的融合,并提拔大量益州本土人士,让蜀汉走出派系对立的旋涡,和衷共济,同心协力。从这一点来看,诸葛亮被称为一代贤相可谓毫不夸张。

作为荆州派人士的带头大哥,诸葛亮被赋予的使命更为重要。因为随着建安二十四年(219)关羽败亡、荆州被夺,荆州派人士失去故土,宛如断了线的风筝,其情境宛若当年的北方派人士。刘备东征,虽然受到诸葛亮等人的劝阻,但最终还是成行,其背后很重要的原因是,构成刘备集团主体的荆州臣僚渴望夺回家园。然而也正是因为如此,刘备夷陵之败,荆州派将领折损也最为严重,冯习、张南、傅彤、马良皆亡于此役。失地加减员,逼迫诸葛亮必须考虑从年轻一代的荆州人士中选拔好苗子,以维持蜀汉基业。

诸葛亮最初看重的是马良的弟弟马谡。马谡入蜀后先后担任绵竹令、成都令、越嶲太守,才华绝伦,好谈论谋略。诸葛亮以马谡为行军参军,在行军帐中经常一聊就是一个通宵。诸葛亮南征时,马谡提出"攻心为上,攻城为下"的策略,为诸葛亮所采纳,最终使南中归服。

蜀汉建兴六年(228),诸葛亮首次出祁山。当时大家都以为先锋将领应该让魏延、吴懿这样的大将担当,但诸葛亮出人意料地提拔马谡为先锋将领。这个用意很明显,基本上是把马谡当作接班人来培养了。谁料马谡空有谋略,一到实战却整体垮掉,导致街亭之战大败,葬送了诸葛亮最有希望进取关中的一次北伐。

盛怒之下,诸葛亮将马谡处斩,以明军法,留下了"挥泪斩马谡"的千古悲歌。吸取马谡的教训，诸葛亮不再把宝压在一个人身上，而是将目光投向了魏延和杨仪。

魏延是义阳人，是从刘备时代就跃出的一匹军界黑马。刘备占据汉中后，大家都以为会让张飞担任汉中太守，张飞也觉得非自己莫属。可刘备偏偏不按套路出牌，让名不见经传的魏延为督汉中镇远将军、汉中太守。刘备问魏延该如何守卫汉中，魏延答道："若曹操举天下而来，请为大王拒之；偏将十万之众至，请为大王吞之。"语气豪迈，让刘备十分嘉许。诸葛亮北伐时，用魏延统领蜀汉五军中最精锐的前军，魏延屡立战功。而且魏延在蜀汉建兴八年（230）独立引兵西入羌中，击败魏将郭淮、费耀，声威大震。魏延还提出了著名的出子午谷奇袭长安的方案，但被诸葛亮否决。因此魏延认为诸葛亮行事过于保守谨慎，经常自叹自己的才能没有得到发挥。

杨仪是襄阳人，其家族为襄阳冠族。杨仪先仕于曹魏的荆州刺史，又叛魏投蜀，被关羽派去见刘备，留在蜀中效力。刘备对这位迟来的荆州人器重有加，经常和他一起讨论军国计策、政治得失，并提拔他为尚书。刘备称帝后，东州派大佬刘巴任尚书令，杨仪因为与刘巴关系不好，遭受打压，被贬为弘农太守；弘农不在蜀汉境内，所以这就是个虚职。但随着诸葛亮主政，杨仪又迅速被诸葛亮提拔，成为随军的参军、长史。无论南征北讨，他都紧随诸葛亮左右，参与军队部署、粮草筹备等军旅事宜，并干净利落地处理得妥妥当当。以至于后来，"军戎节度，取办于仪"。杨仪成为诸葛亮最亲信的人。

文有杨仪，武有魏延，这本是让诸葛亮十分欣慰的荆州派前景，但让诸葛亮头疼的是，杨仪和魏延却相看两厌，关系势如水火。他们经常当着众将的面争辩得面红耳赤，严重的时候，魏延甚至会举刀要砍杨仪，杨仪则涕泗横流以博同情。诸葛亮"深惜仪之才干，凭魏延之骁勇，常恨二人之不平，不忍有所偏废也"。正因为诸葛亮对他们都很器重，不忍心偏袒任何一方，因而对他们的矛盾始终未能进行有效约束与制衡。

诸葛亮一死，魏延和杨仪果然翻脸。魏延不听杨仪撤军的调遣，甚至举兵相攻。两人更是同时传信给朝廷，举报对方叛变，让后主刘禅不知所措。魏杨之争，险些将原本就薄弱的蜀汉军队引入分裂。最终，魏延为杨仪指使的马岱所杀，并遭夷灭三族。蜀汉因内斗折一员上将，而杨仪自以为功勋极大，可以取代诸葛亮主持朝政。没想到，诸葛亮早就指定了接班人，不是他，而是蒋琬。

蒋琬是零陵湘乡人，蒋氏家族在零陵应当是一个地位尊贵的家族。但蒋琬在刘备集团任职之初，不仅没受重用，还差点被刘备杀掉。当时蒋琬担任广都长，不理政事，终日烂醉如泥，结果被巡游广都的刘备逮了个正着。多亏诸葛亮求情，才留了他一命，仅给予罢官处罚。诸葛亮开府治事后，就将蒋琬辟为主管选拔人才的东曹掾。后来诸葛亮北驻汉中筹备北伐，又让蒋琬与张裔一道以丞相长史身份留守后方，负责供应前方军需。这时候的蒋琬不再贪杯醉酒，每件事情都干得很漂亮，让诸葛亮十分欣赏。诸葛亮甚至曾在给刘禅的密表中说："臣若不幸，后事宜以付琬。"

这封密表当然是杨仪所不知道的。当他自以为已铲除政敌得势之际，晴空一声霹雳响，后主刘禅降诏，以蒋琬为尚书令，不久又加行都护，假节，领益州刺史，迁大将军，录尚书事，封安阳亭侯。而杨仪只得到个中军师职位，毫无军权。

杨仪自谓工龄比蒋琬长、能力比蒋琬强，结果让蒋琬爬到自己头上，当然心有不满、有牢骚，但他发错了对象。后军师费祎去拜访，杨仪愤懑之中，说了一番气话："当初丞相去世时，我如果领兵去投奔魏国，怎么会落得今天的下场，真是后悔莫及！"[1]费祎辞别杨仪，立马就写密信向皇上举报了他的悖逆言论。杨仪被流放至汉嘉郡，但他依然上书为自己争辩，换来的却是牢狱之灾。杨仪不堪其辱，自杀身死。

---

[1] 往者丞相亡没之际，吾若举军以就魏氏，处世宁当落度如此邪！令人追悔不可复及。——《三国志·杨仪传》

值得注意的是，在魏延与杨仪相争这件事中，自始至终都有蒋琬、费祎、董允三人的身影。

费祎此前一直担任魏延与杨仪之间的调和者。诸葛亮去世时，费祎受杨仪委派去探听魏延反应，又被魏延逼迫联名反对杨仪，进而又欺骗魏延夺马逃跑。种种行为，不仅没有和解魏杨，反而促使矛盾激化。而蒋琬、董允留守后方，在魏杨二人举报信"一日之中，羽檄交至"之际，在后主刘禅面前异口同声地保举杨仪、指责魏延，再联系到后来费祎出卖杨仪的事情，不得不让人怀疑，这起事件从头到尾，就是蒋琬、费祎、董允三人联手布的一个局。他们先激化魏延与杨仪的矛盾，迫使魏延举兵抗命；旋即又做出支持杨仪的姿态，利用杨仪除掉魏延；而后又利用杨仪对费祎的信任，抓住杨仪的失言之举而将其除掉。至此，蒋琬、费祎、董允"铁三角"全面接管了蜀汉军政大权，蜀汉政治进入"后诸葛亮时代"。

如果上述推论成立，通盘策划这个局，显然不是"铁三角"中的任何一人能力所及，其幕后主使，极有可能是已经死去的诸葛亮。《三国志》记载，诸葛亮临死遗命："令延断后，姜维次之；若延或不从命，军便自发。"这说明，诸葛亮早就预测到自己身故后魏延会不听号令，故已将他作为弃子。书中又说"亮平生密指，以仪性狷狭，意在蒋琬"，很明白地说明，诸葛亮在指定蒋琬为接班人时，也放弃了杨仪。

我们可以想象，临终时的诸葛亮是多么的痛苦。魏延和杨仪，这两人哪个不是与他并肩多年的爱将、爱徒？然而，当他意识到魏杨之争将在他死后走向失控，甚至有可能毁掉蜀汉来之不易的团结局面时，就不得不痛下杀手，遗计蒋琬等人做局，将魏杨二人先后除掉，永绝后患。

这是政治家的本能，亦是政治家的无奈。

都邑无相，汉寿血光

蜀汉延熙十六年（253）春节，汉寿城内，家家户户张灯结彩，欢庆新一年的到来。与此同时，执掌蜀汉军政大权的大将军费祎也举办岁首大会，大摆筵席，款待诸位同僚。大家推杯送盏，互相道贺。酒过三巡，众人喝得都有些醉意，费祎也面露红光，昏昏沉沉之中，他看见一人从席中走出，上前向他敬酒。

费祎努力抑制住酒力，抬眼去看面前这人："哦，这不是左将军郭循吗？这郭循是去年归降的魏国人，毕竟这么多年都没有魏人南来了，皇上一时高兴，就给予了高官厚禄。难道魏人酒量这么好，现在还要跟我拼酒吗？"费祎想着，正欲端起自己的酒杯，谁料只听得咣当一声，郭循手中的酒杯坠落在地，而手上不知什么时候已握着一把泛着寒光的匕首。费祎一惊，刚才的酒劲瞬间散去，然而为时已晚。那郭循箭步而上，一手拽住费祎的衣袖，一手把匕首向费祎身上狠狠地扎去……

一片血泊之中，费祎丧命，郭循也被卫兵所杀。消息传出，举国皆惊。这件凶杀案，成为蜀国乃至三国政局的一个拐点。

蜀汉后主刘禅在位四十余年，大致可以分为三个阶段：

第一阶段，从蜀汉建兴元年（223）到建兴十二年（234），可称为诸葛亮时代。诸葛亮统领军国大事，南征南中，北伐中原，整个国家呈现积极进攻的态势。

第二阶段，从蜀汉建兴十二年到延熙十六年（253），可称为后诸葛亮时代。这一时期，诸葛亮钦定的接班人蒋琬、费祎、董允主持朝政，国家战略全面收缩，转为守势，休养生息，战事较少，长达二十年。

第三阶段，从蜀汉延熙十六年到蜀国灭亡（263），可称为姜维时代。在姜维率领下，蜀汉重启对魏国的大规模北伐，虽互有胜负，但国力大耗，直至邓艾、钟会分兵南下，蜀汉无力抵挡，国破家亡。

《三国演义》的作者罗贯中很有技巧。他在小说中将上述第二阶段近二十年悄悄抹去，给读者制造了一个错觉，仿佛诸葛亮死后，姜维立即继承其遗志兴兵北伐。而且《三国演义》甚至根本没有提费祎被刺杀这件事。

四十年间，蜀汉战略为何会出现两次剧烈转向？蒋琬、费祎、董允、姜维之间有哪些矛盾？费祎被刺幕后黑手到底是谁？需要一一讲来。

尚书令这个职位，依然是一个观察蜀汉政局的重要线索。从陈震开始，尚书令一职即回到了荆州派手中。诸葛亮去世后，蒋琬、费祎、董允接力棒般先后担任尚书令，掌管内廷，形成三相共治的局面。三相俱为荆州籍，但其实只有蒋琬是随刘备自荆州入蜀的旧臣。费祎和董允在身份上则呈现出荆州派与东州派的融合。

费祎，字文伟，江夏鄳人。费氏家族与刘焉父子有着姻亲关系，刘璋的母亲就是江夏费氏的族人，费祎则是这位费夫人的侄孙辈。而在刘备入蜀时，刘璋帐下就已有一名费氏成员——费观，他既是费夫人的侄子，同时又娶了刘璋的妹妹，与刘璋家可谓亲上加亲。但就是这样的亲族大将，却在绵竹拒敌时，与李严径直投降刘备，足见刘璋已失人心。但费观年仅三十七岁就去世了，费祎接下了在蜀汉振兴费氏家族的重任。

费祎虽然早年随伯父入蜀，但由于年纪较小，因此不过是游学而已，并未在刘璋手下仕官。他是在刘备称帝后才被拔擢入仕，成为太子舍人，因此与刘璋牵绊较少，更具荆州派色彩。

与之相似的是董允。董允，字休昭，其先祖是巴郡江州人，后来其家族顺江而下迁居南郡枝江。到了汉末，其家族再次西迁进入益州境内。董允的父亲董和是刘璋旧部，对蜀地移风易俗、稳定秩序做出了很大贡献，在百姓之中声望很高。因此刘备占据益州后，让董和与诸葛亮并署左将军大司马府事。董和是个为政廉洁、性情温厚的人，诸葛亮与他共事非常愉快，完全没有所谓荆州派与东州派的派系争斗。他甚至将董和与自己早年的好友崔州平、徐庶并称，赞扬董和"幼宰之殷勤，有忠于国，则亮可少过矣"。

因此，拥有荆州、东州、益州三重背景的董允，就更为诸葛亮所器重。董允与费祎年龄相仿，两人同时担任太子舍人，而随着太子刘禅登基称帝，两人也转任黄门侍郎，署理内政。诸葛亮常年驻守汉中谋划北伐大业，但他对后主刘禅不无忧虑。史书上描述："虑后主富于春秋，朱紫难别。"诸葛亮认为刘禅当时年纪尚轻，识人断事都缺乏经验，难以辨别，容易受人蛊惑，必须有可靠的人在旁边辅佐匡正，于是进行了如《出师表》上所写的人事安排："侍中、侍郎郭攸之、费祎、董允等，此皆良实，志虑忠纯，是以先帝简拔以遗陛下。愚以为宫中之事，事无大小，悉以咨之，然后施行，必得裨补阙漏，有所广益。"

郭攸之是南阳人，可惜死得早。诸葛亮北伐期间，整个大后方能够稳定，全赖蒋琬、费祎、董允。三相长年主持内政，解决了不少诸葛亮出征所带来的一系列政治经济问题。因此他们对战争导致的民生疾苦、财政乏力、国家贫弱有着切身的感受，自然会在后诸葛亮时代表现出一种由攻转守的态势。

对于诸葛亮北伐的利弊，千百年来早已争论不休。有的人认为，北伐是一种主动防御，只有不断出击，营造蜀军战斗力旺盛的假象，才能让强大的魏国不敢轻易窥伺巴蜀之地；有的人认为，北伐是诸葛亮控制军权的手段，因为内政工作已经被诸葛亮做到了极致，因而军事征伐更使其地位无人可代。

这些说法都对，但都只是一个方面。其实，北伐对蜀汉最大的意义，在于争一个正统的名分。蜀汉承嗣两汉，两汉之都或为长安，或为洛阳，天下人早已形成中原即汉家正统的观念。成都对于蜀汉来说，只是特殊之时的陪都，蜀汉这个国家从性质上来看更像是一个流亡政府。因此，蜀汉立国的目标就是"兴复汉室，还于旧都"。如果不北伐，不打回老家，人们就会质疑蜀汉政权的合法性。正所谓"汉贼不两立，王业不偏安"，这是蜀汉与东吴在本质上的不同。

蒋琬作为从荆州而来的旧臣，对此还是有认同感的，也曾有过继承诸葛亮遗志北伐的想法。经过了四年休养生息后，蜀国终于等来了一次机会：公孙渊于辽东自立，魏国后院着火。这一年，刘禅更易年号为延熙，并加蒋琬为大司马，开府治事，诏令其进驻汉中，整顿军备，以待与东吴共同进攻魏国。

蒋琬虽非行伍出身，但对军事有一套自己的见解。他总结了诸葛亮五次北伐的经验和教训，得出了一个结论，那就是方向错了：诸葛亮北伐，目标总在秦川，但这些套路早就被曹魏掌握了，而且道路艰险、运粮困难，蜀军根本占不到便宜。

蒋琬提出了一个方案：既然汉中位于汉水的上游，那就打造战船，训练水军，沿汉水东下攻取魏兴、上庸郡。接下来的计划，史书上没说，但我们也可以推想出来：汉水的中下游就是魏国控制的荆北之地，也是魏吴频繁交战之地，如果沿汉水而下，蜀吴就能实现真正意义上的合兵作战，那时候再北上宛、洛，不失为一种机会。

但蒋琬的方案立即遭到蜀汉朝臣的激烈反对，理由很简单，他忽略了水军作战一个至关重要的问题，那就是水流的方向是不可逆的：顺水而下，如果战胜，一切好说；但如果一时无法制胜，大军连退回的余地都没有，这简直太冒险了。为了制止蒋琬，刘禅派尚书令费祎、监军姜维亲自传旨，这说明连费祎和姜维也是反对此方案的。蒋琬的方案被阻，也进一步证明了，无论蒋琬还是费祎，都无法像诸葛亮那样一言九鼎，拥有军事上的绝对话语权和领导权。

蒋琬在汉中待了六年之久，没能在伐魏这件事上做出任何突破。与此同时，魏国平息辽东之乱，曹芳即位，政局稳定，而吴国又陷入"南鲁党争"，无力北伐，蜀汉错失良机。蒋琬此时旧疾复发，只能告请后主，退居涪县，并于三年后因病情加剧而去世。蒋琬知道，接替自己的费祎将会更加保守，因此他向后主举荐姜维为凉州刺史，重提西出陇右的战略。

姜维是蜀汉后期的中流砥柱，也是《三国演义》最后十五回绝对的主角。姜维是天水冀城人，姜氏世为凉州大姓。建安年间，凉州刺史韦康被马超所杀，就有冀城人姜叙与杨阜、梁宽、赵衢等人共同举兵，以抗马超。姜维之父姜冏，曾担任曹魏天水郡功曹，羌人叛乱时，他守卫郡城，战死疆场。因此姜维自小就有家传的将门遗风，凭借烈士子弟的身份受封中郎，参与本郡军事。诸葛亮第一次北伐时，天水、南安、安定叛魏响应，姜维被太守怀疑并出卖，愤而转投诸葛亮，从此成为蜀汉将领。

当时姜维只有二十七岁，却深得诸葛亮器重。诸葛亮在给蒋琬和张裔的信中大赞姜维"忠勤时事，思虑精密"，认为时任丞相参军的李邈和马谡都不如他，称他为"凉州上士"，并委之以统兵之权。但姜维并不像《三国演义》中描写的那样在诸葛亮死后就立即成为蜀汉军队主帅。当时掌握军权的是大司马蒋琬，而姜维仅为蒋琬府中的司马。直到蒋琬上书举荐，姜维才出任镇西大将军、凉州刺史，并于蜀汉延熙十年（247）升迁卫将军，与大将军费祎共录尚书事，搭成新一任蜀汉领导班子。此时的姜维已经是四十五岁的中年人了。

然而，文武不和的蜀汉政坛顽疾，在费祎与姜维身上再度爆发。

费祎与姜维，其实有不少相似之处。史载费祎作为高官，生活非常低调朴素，家里没什么积蓄，儿子平时都布衣素食，跟普通老百姓没什么区别。姜维作为上将，住房简陋，家无余财，不纳媵妾，不好声色，日常的穿衣饮食出行也非常简朴。此二人可以称得上道德楷模、国之良臣。

但由于身份和立场的不同，费祎与姜维出现了严重的政见分歧。费祎认为当年诸葛丞相尚且不能定中原，而如今众臣跟丞相相比差远了，所以更不可能成功，不如保境安民，守好疆土。姜维则主张继续对魏用兵，联合羌人，谋图陇右。

姜维主战也有其缘故：一则姜维本为陇右人，熟稔当地地理民风，且与羌人有密切联系，在陇右用兵比较有把握，倘若能将家乡天水复纳入蜀汉范畴，则又合乎中国人的乡土情结；二则姜维于蜀汉是降将之身，政治根基很浅，一路以来是依靠累积的军功才坐到了现在的位置，所以唯有不断领兵作战，才能体现他在蜀汉政权内的价值。

在蒋琬执政时，姜维就多次率领小股军队进入陇右袭扰。他担任卫将军录尚书事，手握军权后，更是多次率众出陇西、南安、金城边界，与魏将郭淮、夏侯霸交战，并联结羌人为羽翼。但在这些军事行动背后，均有费祎的掣肘。由于调兵权在费祎手中，姜维想要发动大规模出击时，费祎在后方经常"裁制不从"，给姜维的兵力不过万人。这就使得姜维即便获胜，也无法巩固成果。

就在这一背景下，发生了蜀汉延熙十六年（253）的费祎遇刺事件。在这起事件中，姜维的疑点无疑最大。他与费祎政见不合，可谓人所共知。更何况这个降将郭循，是姜维攻打西平的时候俘虏来的，无论如何姜维都脱不开嫌疑。但陈寿在《三国志》中未点出幕后真凶，这场刺杀案也就成了千古悬案。

这一年，吴国主战派抬头，诸葛恪执掌政事并传书蜀汉，相约共图魏国。而就在费祎被刺之后的当年夏天，姜维率领数万大军出石营，经董亭，围南安，与魏雍州刺史陈泰大战。显然，姜维在摆脱费祎"裁制不从"的制约后，急不可待地发起了大规模出击。其后，姜维更是加督中外军事，晋升大将军，完全取得了费祎的军政大权。

在姜维与费祎的角力当中，后主刘禅的态度是怎样的呢？有没有一种可能，刘禅站到了姜维的这一边？

费氏家族作为外来者，能够从刘焉时代一直红到刘禅时代，拥有不少诀窍。比如勤勉用事、生活低调，比如顺势而为、借力打力，比如用姻亲网络与主公捆绑。费氏曾是刘璋的母家外戚，费祎则又故技重施，将长女嫁给太子刘璿为太子妃，为次子费恭娶了公主。如此显赫的身份，又如此低调的生活，让刘禅难免感到一丝不安。

在费祎遇刺之前，还发生了一件不得不说的事情。蜀汉延熙十四年（251）夏，费祎由汉中还成都，史书上很突兀地出现了这样一条记载："成都望气者云都邑无宰相位。"因此到了冬天，费祎北屯汉寿县。

望气者,即风水术士,可以通过观看天象来预测吉凶。蜀地之人自古迷信巫术,后来又有任安、董扶这样的风水大神教授弟子,所以看风水、卜前程的生意一向很吃香。自诸葛亮去世至蜀汉延熙十四年,蜀国丞相位已空置十七年之久。按照望气者的意思,待在这里没有当丞相的机会,于是费祎离开了成都,想去汉寿撞撞机会。汉寿名称吉利,又刚好位于成都与汉中的中间,来往方便。这就是费祎的小心机。

种种迹象表明,费祎可能对自己目前的地位不满足,想要谋求像诸葛亮那样主宰朝纲的绝对权力。这显然犯了刘禅的忌讳。此时的后主刘禅已经四十四岁,年届中年,在被诸葛亮、蒋琬等朝臣压制了半辈子之后,当然渴求一些成就感。在费祎和姜维之间,他宁可选择让姜维这个只懂打仗不懂政治的人去穷兵黩武,也绝不会允许费祎——这个自他当太子时就陪伴在他身边的亲家公——成为第二个诸葛亮。

芳兰生门,不得不锄

历经诸葛亮与李严的斗法、魏延与杨仪的搏杀、费祎与姜维的角力,数十年的光阴送走了益州土地上一批又一批外来者。终于,轮到益州本土人士登场了。

如前所述,在刘备初定益州分设郡守时,荆州人士占了大头,甚少见益州籍人士。盖因益州人素来对外来者抱有敌视态度。前有刘焉刘璋父子对益州本地豪强大加屠戮,旧恨未消,又来了刘备带领的荆州人,因此不同于许多东州派人士积极献城投降,益州人对刘备集团的入驻颇有疑虑,即便出仕,言语之间也时常透露着不满。

例如犍为南安(今四川乐山)人费诗,起初还颇受刘备厚待。但当刘备试图成为汉中王时,费诗却泼了一盆凉水,惹得刘备大怒,把他贬谪到益州最西南角的永昌郡(郡治在今云南施甸)去当从事。

非常时期,不得不行非常之政。考虑到益州人的言论有可能动摇其在益州的统治，因此即便以仁厚著称的刘备，也常常会举起屠刀。

例如蜀郡人张裕，是个狂士。因为他长着满脸络腮胡，一次在宴会上，刘备就编故事打趣他："我老家涿县，东西南北住了很多姓毛的家族，所以人们常说：'诸毛绕涿居。'""涿"与"啄"谐音，是嘴巴的意思。没想到聪明的张裕立即反唇相讥："有个人，先担任潞县县长，又担任涿县县令，别人给他写信，落下哪个地名都不妥，于是就叫他'潞涿君'。"这是在讥讽刘备没胡子，嘴巴暴露在外。[1]刘备记恨在心，后来几笔账一起算，将张裕逮捕入狱。诸葛亮来求情，刘备却说："芳兰生门，不得不锄。"翻译成白话文："知识分子，不得不杀。"于是张裕因言获罪，惨遭弃市。

高压之下，早期能为刘备和诸葛亮所信任并重用的益州人，寥寥无几。黄权算一个，张裔算一个。尤其张裔，让诸葛亮逐渐意识到益州本土人士的才干，由此拉开了以益州人治益州的序幕。

张裔，字君嗣，蜀郡成都人。他是刘备平蜀之初唯一担任郡守的益州人士，先任巴郡太守，又任益州郡太守。雍闿叛乱时，把他绑起来送到了吴国，后来吴蜀交好，孙权又将他送还蜀国。张裔返国后，被诸葛亮任命为参军、治中从事，留在成都署理府中事务。张裔为政公平，不偏不倚，让诸葛亮十分赞赏："公赏不遗远，罚不阿近，爵不可以无功取，刑不可以贵势免，此贤愚之所以佥忘其身者也。"

在诸葛亮主政时期，已经有许多益州人担任县令、州从事等初级干部职位。后来由于蜀汉失去荆州，益州诸郡成为蜀汉唯一的人才来源地。到了蒋琬、费祎时期，益州人士在郡守席位方面已经占据半壁江山，于军界也涌现出煌煌战将，其中知名者如马忠（巴西阆中人）、张嶷（巴郡南充

---

[1] 初，先主与刘璋会涪时，裕为璋从事，侍坐。其人饶须，先主嘲之曰："昔吾居涿县，特多毛姓，东西南北皆诸毛也，涿令称曰'诸毛绕涿居乎'！"裕即答曰："昔有作上党潞长，迁为涿令者，去官还家，时人与书，欲署潞则失涿，欲署涿则失潞，乃署曰'潞涿君'。"先主无须，故裕以此及之。——《三国志·周群传》

国人)、王平(巴郡宕渠人)、句扶(巴西汉昌人)、柳隐(蜀郡成都人)。当时蜀国三面分别由三位都督守边,北有王平,东有邓芝,南有马忠,皆声名远播。其中益州籍人就占了两席。

当益州人掌握军政权力后,战与和之争就再度上演。益州人对兴复汉室的口号没有什么认同感,对北征关陇之地更没有什么兴趣。尤其当他们意识到北伐战争实际上就是流益州人的血为荆州人实现梦想时,自然会本能地生出反感。这种情绪,集中表现在张翼与姜维的矛盾上。

张翼,犍为武阳人,为西汉开国名臣留侯张良之后。王莽篡汉时,中原动荡,张良后人南下秦岭,定居蜀地。张翼是张良的十世孙,从刘备时期的书佐做起,一路担任过县令、太守、庲降都督,又从南方转至北伐前线,至延熙年间,进封都亭侯,假节,征西大将军。马忠死后,张翼是益州人士在军界的最高将领。

蜀汉延熙十八年(255),毌丘俭、文钦挑起淮南二叛,姜维认为这是天赐良机,提议出师北伐。当时朝廷之上,唯有张翼与姜维争辩,认为蜀国"国小民劳,不宜黩武",但姜维不听。此次北伐开局很好,姜维于洮西大破魏雍州刺史王经,魏军折损数以万计。这时候张翼又劝阻,认为应当适可而止,继续追击就是画蛇添足,反而会毁此大功。姜维又不听,围王经于狄道城,遭到陈泰、邓艾前来救援,无功而返。自此之后,张翼与姜维关系变得很紧张,但由于张翼在军中特别是在益州人之中的地位,姜维出兵时又不得不带他,因而颇为尴尬。

蜀汉景耀二年(259),后主刘禅分置左右车骑将军,以张翼为左车骑将军,以廖化为右车骑将军。随着蜀国将才的先后离世,张翼和廖化已经成为仅次于姜维的军事统领。廖化本是关羽旧将,但到了蜀汉后期,连他也不主张姜维穷兵黩武地发动战争。蜀汉景耀五年(262),姜维准备率军出狄道,廖化叹息道:"所谓'兵不戢,必自焚',这话说的就是姜维吧。他能力不如敌人,兵力也少于敌军,却如此频繁用兵,怎能持久呢？"话语之中，分明流露出对蜀汉未来的忧虑。而在当时的蜀汉朝堂之上，诸葛亮之子卫将军诸葛瞻及诸葛亮一手提拔的辅国大将军董厥、尚书令樊建，也均反对姜维北伐。北伐已经失去了凝聚人心的作用，姜维成了孤家寡人。

就在第二年，魏国三路大军伐蜀，钟会突破汉中，邓艾奇袭绵竹，蜀汉大势已去，后主刘禅出降。这个过程中，有一个人发挥了关键作用，那就是益州派人士的领袖——光禄大夫谯周。

谯周是巴西西充国人，其家族诗书传家，他在少年时就勤学好问，饱览群书，研读六经，颇晓天文。谯周在益州知识分子阶层中很早就声名鹊起，在众臣推举刘备称帝的劝进表中，谯周虽然只官居劝学从事，但大名已赫然在列。

谯周跻身朝堂之后，不断散布反战的言论。他最著名的一篇策论叫《仇国论》，是其政治主张的集中体现。在文章中，谯周虚拟了两个国家，一个小国叫因余之国，一个大国叫肇建之国。他借文中虚拟人物伏愚子之口提出，像因余之国这种小国，就应该学习周文王和勾践的做法，休养生息，抚恤民众，以待时机，实现以弱吞强。他还反驳了借刘邦战胜项羽而为北伐立据的观点，认为刘项之争时，天下土崩瓦解、豪强并争，故而刘邦可以一争天下。而目前因余之国与肇建之国已经传世数代，基业稳定，因此"可为文王，难为汉祖"。明眼人都能看出来，谯周这番论调是在影射蜀国和魏国，认为蜀国现在与魏国进行军事对抗无疑是自找死路。他在文中说："如遂极武黩征，土崩势生，不幸遇难，虽有智者将不能谋之矣。"他将矛头直指姜维。

谯周跟随谶纬学大家杜琼学习过谶纬之术，这成为他唱衰蜀汉政权的工具。他提出，人的名字隐藏着未来的人生祸福。比如汉灵帝二子（即汉少帝、汉献帝）因为年少时分别被史子眇和董太后抚养，名曰史侯、董侯，所以这哥俩尽管都当了皇帝，但最终的结局都是被废为侯。再说刘备和刘禅，这名字起得也不吉利。"备"是什么意思呢？全部都已具备了。"禅"是什么意思呢？禅让，把东西给别人。连在一起，就是刘家的江山都已经准备好了，可以授予其他人了。谯周还说，"曹"的意思就是众，"魏"的意思就是大，既众且大，天下注定是曹魏的。

以上种种言论，既诽谤皇上，又献媚敌国，若在蜀汉开国之初，谯周肯定要像张裕那样被处死了。然而谯周在朝中稳如泰山，这说明在蜀汉末期，朝堂上下已经离心离德。谯周的言论代表了大多数人的心声，刘禅王朝已经在益州人内心中被抛弃了。

因此，当邓艾兵临城下之际，谯周的投降论调立即占据了上风。有人提议投奔吴国，谯周反驳道，自古以来没有寄身他国的天子，投奔吴国要向其称臣，未来魏国灭吴，还要二次受辱，不如直接向大国称臣，一次受辱。还有人提议投奔南中，谯周也反驳道，退往南中需要提前规划，现在大敌当前贸然前往，南中又久叛未服，恐怕性命都会不保。这场廷议几乎成了谯周的一言堂，没有人能够争辩过他。最终刘禅投降。

谯周劝降之论，从不同角度来看，可以得出完全不同的结论。从国家的角度来说，刘备与诸葛亮辛辛苦苦创立了蜀汉基业，就被他几句话断送了，自然让后世之人捶胸叹息，怒骂谯周卖主求荣。但从益州人的角度来看，蜀汉强行北伐，致使国内民生凋敝、人心离散。此时敌军兵临城下，抵抗已经无意义。纳土归降，反倒能够让更多的百姓免于战争之苦，这也是一种善念吧。

当年傅巽劝说刘琮举荆州降曹操，五十五年后，相似的情景又在益州上演。更相似的是，刘禅的出降，也没能让蜀汉和平过渡政权。次年正月十八，成都之乱爆发，姜维、钟会、邓艾三大英豪皆死于此难，张翼、蒋琬之子蒋显蒋斌、刘禅太子刘璿、关羽之孙关彝等亦死于乱军之中。

三国时代落幕后，书写三国历史的重任却落在了益州人的肩上。蜀中自古多出才子，谯周的学生陈寿，巴西安汉人，由蜀至晋，仕途不顺，乃私撰六十五卷《三国志》，名列"前四史"，成为记载汉末三国历史最权威的史书。后来东晋时又有蜀郡江原人常璩，修有《华阳国志》，为现存我国西南地区最早的地方志。

尘归尘，土归土，随着又一个乱世的降临，益州人自己当家做主的时代也已不再遥远。蜀汉灭亡四十年后，出自巴西宕渠的流民起义领袖李雄在成都建号自立，建立成汉政权，又一场大戏在巴蜀之地上演了。

肆 东吴篇

十八

坐断东南战未休

孙氏家族

籍贯：吴郡富春（今浙江杭州富阳区）

代表人物：孙坚、孙策、孙权、孙鲁班、孙皓

吴氏家族

籍贯：吴郡吴县（今江苏苏州）

代表人物：吴夫人、吴景

周氏家族

籍贯：会稽（治所在今浙江绍兴）

代表人物：周暘、周昂、周昕

刘氏家族

籍贯：东莱牟平（今山东牟平）

代表人物：刘繇、刘基

全氏家族

籍贯：吴郡钱唐（今浙江杭州）

代表人物：全琮、全尚

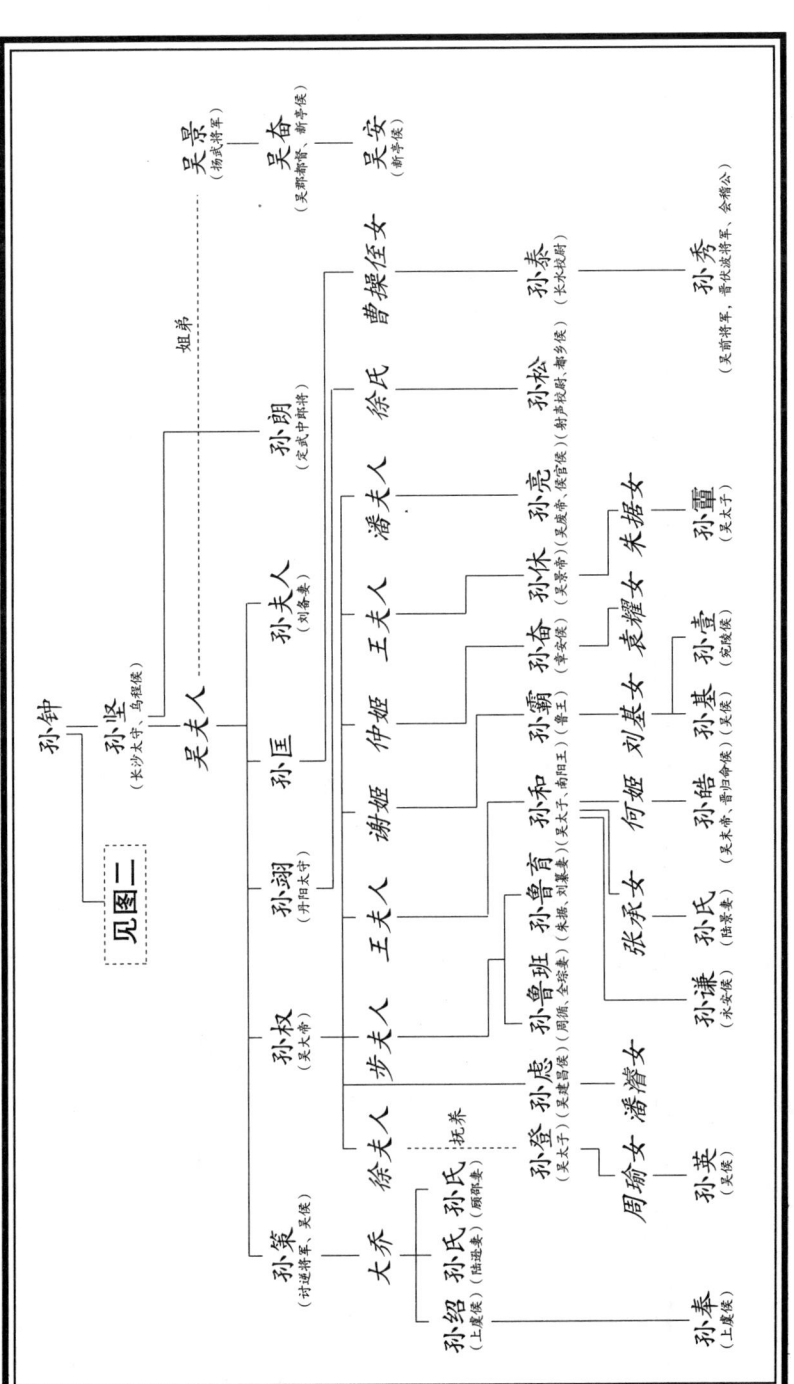

富春孙氏世系图之一（孙坚系）

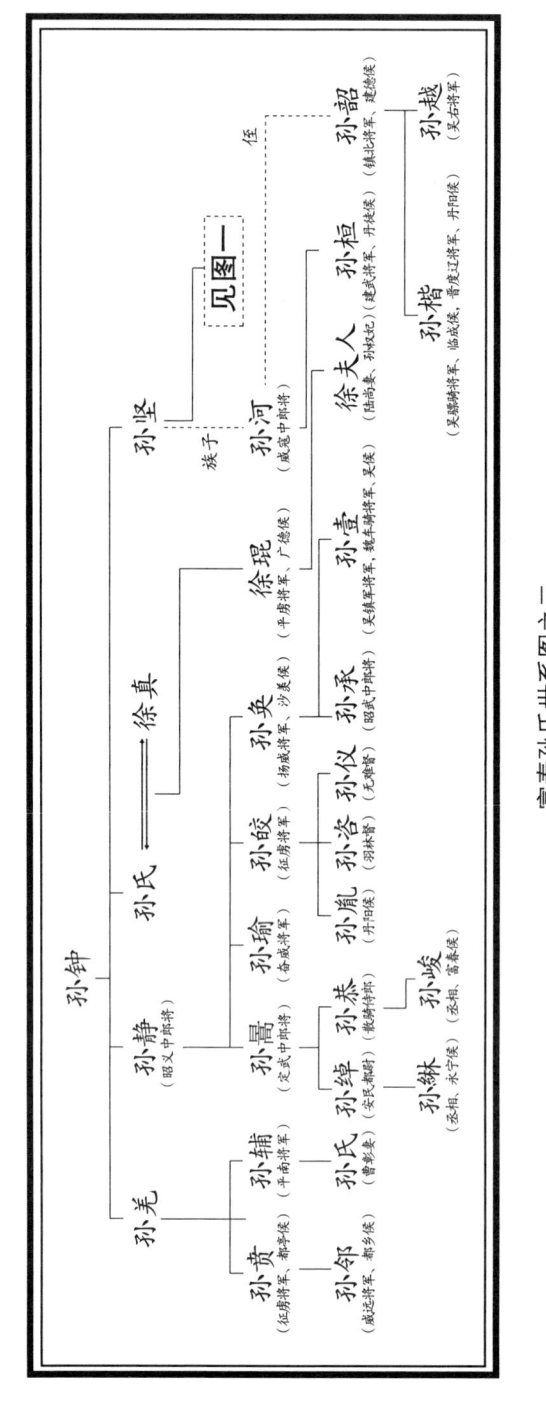

富春孙氏世系图之一

孙氏霸业的兴起，可能要感谢三个"吃瓜群众"。

话说孙坚的父亲孙钟，在老家富春县种瓜为业。有一天，突然来了三位服装华丽的翩翩少年，孙钟请他们吃瓜，非常有礼数地招待他们。这三个吃瓜少年挺感动，临走时亮明真身，原来是神仙——司命郎，可以满足孙钟一个愿望。但孙钟要做一道选择题。

选项A：家族世代都能封侯。

选项B：家族会出好几个天子。

孙钟选了B：世代封侯固然好，却还比不上出几个天子牛气。

三个吃瓜少年为孙钟选定了风水宝地当墓地，转身便化作三只小天鹅飞走了。孙钟一脸错愕，果然遇到神仙了。孙家自此就有了皇帝命。

这是刘敬叔志怪小说集《异苑》里的一篇，显然不能当正史来看。不过从这个故事中，我们倒是能窥探出点什么。

在《异苑》中，编者又缀写了这个故事的另一个版本，说孙坚葬父亲的时候，有一人突然站了出来，同样为他出了道选择题："你想要今后百世诸侯，还是四世为帝？"孙坚的回答很干脆："当然是当皇帝！"

这两个故事异曲同工，无论孙钟还是孙坚，都毫不犹豫地选择了当皇帝。故事的弦外之音是，早在未露峥嵘之时，当皇帝的野心便在孙氏家族的血脉里流淌着，只等待那钱塘江潮般波涛汹涌的乱世到来。

帝国最强救火队长

富春江畔，山水旖旎，江水流过的吴郡富春县便是孙氏的老家。如今杭州市富阳区的龙门古镇，据说就是孙氏的故里，镇里九成以上的居民都姓孙。

据孙氏家谱记载，其祖先可追溯至《孙子兵法》的作者孙武。孙武之子孙明因征伐有功，受封富春侯，遂世居富春，为富春孙氏始祖。孙坚虽为名门之后，但岁月久远，门楣不复当年之盛。《三国志》作者陈寿也评价孙坚是"孤微发迹"。后来孙权称帝，甚至没有依据两汉礼制为先祖建立七庙，这极有可能是为出身贫寒的祖先作遮掩。可见，在汉末乱世，孙坚靠出身加不了什么分数，想要混出头，除了自身努力，还需要一个好的机遇。

孙坚生得容貌不凡，性情豁达，爱交朋友。十七岁那年，孙坚在当地立了一个大功。当时他正和父亲坐船沿钱塘江航行，江面上忽然有海盗劫掠商家。这伙贼也是胆肥，劫完了就在岸上分起赃来。来往船只怕惹事，一个个都不敢靠前。孙坚观看了一阵，对他爹说："这些蟊贼都是软柿子，可以跟他们打。"他爹白了他一眼："这是你这个小孩子该操心的事吗？"孙坚嫌弃他爹太怂，自己径直提刀冲上岸边。不过他耍了个小聪明，并不正面交锋，而是秀起了演技，双手装模作样比画着，好像在调遣各路人马包抄海盗。海盗本就心虚，一见这场景，以为官兵来抓捕了，扔下财物就逃跑。孙坚提刀去追，跑得最慢的那个倒霉鬼被他砍下人头。这则十七岁少年独身击退众海寇的新闻一下子就在当地传播开来，孙坚名声大噪。

这是孙坚英雄生涯的开端，我们或可以从正反两面去解读其对孙坚一生的预兆。一方面，当大众冷漠的时候，孙坚侠义、勇敢、智慧、无畏，这些成为使他（乃至包括他儿子孙策与孙权）脱颖而出的优秀品质，也是富春孙氏能够从汉末乱世底层逆袭不可或缺的内在因素。而另一方面，孙坚凭一己之勇只身犯险，全然不顾个人安危，未免过于轻狂率性，这似乎冥冥中为他的结局埋下伏笔。同时，既然已驱逐盗贼，却偏要追上去斩一首级，对于一个从未上过战场的十七岁少年来说，暴露了其嗜杀与戾气重的一面，与他此后人生的轨迹也颇多契合。

不管怎么说，这起事件让孙坚成功地引起当地政府的注意，为他跻身官场打开了通途。很快，孙坚就被提拔为编制外的武官。走武将之路必要有军功，机会说来就来。熹平元年（172），会稽郡一带爆发了许昌、许韶父子叛乱，孙坚以郡司马的身份募集了千余名兵勇，跟随扬州刺史臧旻，成功平定了许昌之乱。臧旻上表为孙坚请功，孙坚自此离开家乡，踏上了全国游宦之旅，并从此再未返乡。

此后，孙坚连续担任三县县丞：盐渎（今江苏盐城）、盱眙（今江苏盱眙）、下邳（今江苏睢宁）——从沿海到内陆，离繁华的中原越来越近。县丞是一个县的二把手，主要分管文书、仓库、刑狱等。孙坚政声颇高，官吏和百姓都愿意与他亲近，老家的少年也循着他的名声前来投奔，经常有数百人之多，孙坚对他们接纳优待有如对待亲子弟一般。这些江东子弟，就成为孙坚闯荡天下最初的班底。

当文官显然不是孙坚的理想，总在县处级转圈圈也不是长久之计，军功，仍然是出人头地的不二法门。随着黄巾起义的爆发，孙坚在下邳集结乡里少年，又在淮泗一带募集精兵千余人，响应中郎将朱儁的招募浩浩荡荡杀往中原战场。在平定黄巾的战争中，孙坚表现出众，常常是奋勇争先、不避矢石、冲杀在前；宛城一战中更是独当一面，首先登上城头，对破城起到了关键性的作用。两年后，孙坚再度被征召，前往更为陌生的大西北讨伐边章、韩遂。戏剧性的相遇就在这时出现了，和他协同作战的竟然是后来的"人民公敌"董卓。当时董卓贻误军机，受到主帅张温的责备。孙坚便向张温历数董卓的三条罪状，建议他趁这个机会把董卓杀了。可张温还是有些手软，没有听他的。多年以后，董卓乱政，孙坚拊膺叹息："张公当年要是听我言，朝廷怎会有今日之难啊！"[1]张温也为他的犹豫付出了代价，被董卓冠以勾结袁术的罪名杀害了。

西北战事暂歇，孙坚又被授予长沙太守。这个太守不是白给的，依然需要他去打仗。荆州南部素来寇匪猖獗，当时区星、周朝、郭石等叛军首领分别霸占长沙、零陵、桂阳三郡，为患一方，孙坚带兵逐一平定，一时

---

[1] 坚闻之，拊膺叹曰："张公昔从吾言，朝廷今无此难也。"——《三国志·孙坚传》

"三郡肃然"。从宛城到凉州再到荆南，孙坚带领孙家军南征北讨，专挑硬仗打，而且无往而不克，成了帝国最强救火队长，他也在三十三岁便如愿封乌程侯。乌程即今浙江湖州，距离孙坚老家富春不远，也是为江东子弟光耀门楣了。

然而对于胸怀大志的孙坚来说，封侯授郡远远不是他的目标，他的梦想，在中原。

英雄，还是打手

正所谓时势造英雄，对于文武兼备的孙坚来说，此前辗转南北的平叛不过是小试牛刀、磨炼队伍，真正的大战发生在初平元年（190），即关东联军讨董之战。当讨伐董卓的号令一发起，远在长沙的孙坚立即响应，提兵北上奔赴前线。当年没有除董卓而后快的遗憾，都化为了今日兴兵讨逆的雄心。当时，各镇诸侯虽然立起了讨伐大旗，但均屯兵要塞，谁也不肯轻易出兵。能够与董卓精锐的西凉军正面硬碰硬打的，唯有愣头青孙坚之军。

孙坚军与董卓军交锋，战绩为一负两胜。先是在梁县（今河南汝州西）东，初来乍到的孙坚军遭遇董卓悍将徐荣攻击，大败，孙坚本人仅与数十骑逃出，狼狈到将自己醒目的红巾帻交予亲信祖茂，才摆脱了追兵。不过这次失败并没有挫伤孙坚的锐气。很快，他收拢余部，与董卓军再战于阳人（今河南汝州庙下乡古城村）。阳人距帝都洛阳仅有百里，当时董卓军大督护胡轸与骑督吕布不和，这给孙坚创造了良机。阳人一战，孙坚不仅击败了骁勇的神将吕布，还斩杀了董卓军另一位都督华雄。什么？你说华雄是关羽杀的？那你一定是中《三国演义》的毒太深了，所谓"温酒斩华雄""三英战吕布"均为小说家虚构，只为给刘关张这条主线情节增加戏份。而在历史上，讨伐董卓之战真正的主角是孙坚。以至于董卓都对身边人说："关东诸侯经常吃败仗，个个都畏惧我，无能为力，唯有孙坚这个小子，还有点能耐，应该告诉诸将小心对付他。"

阳人之战后，董卓曾派李傕来求和亲，意图笼络孙坚，但遭到断然拒绝。随后孙坚进军大谷关（今河南偃师寇店镇水泉村），逼近洛阳。董卓亲自出击，与孙坚战于诸陵墓间，被孙坚打败。董卓不得已退兵至陕县（今河南三门峡陕州区），放弃帝都洛阳。讨董联军的所有战线之上，仅有孙坚这一路取得过胜绩，并率先攻入了帝都洛阳。然而此时，董卓早已将皇帝迁往长安，并放纵兵士在洛阳烧杀抢掠，发掘陵寝，将帝都摧毁。孙坚部队进入洛阳后，重修诸陵，塞平墓穴，并未占据洛阳，而是退回去了。

如此看来，孙坚可谓天下第一号忠于汉室之臣，脏活累活冲在前，却不图一丝一毫回报。想那盟军头号人物袁绍和袁术，出身于"四世三公"的大家族，在这个出身卑微的郡守面前，可是惭愧得很。

可是，结论或许下得太简单了。孙坚何以如此卖力地打董卓？在孙坚骁勇善战的背后，还有什么容易被忽视的原因？

孙坚是一个复杂的人，从他出场击败海盗的那场表演，就能看出他性格的两面性：一面英武果敢，有勇有谋；一面残暴乖张，所以极易被人利用。

讨董联军虽名为匡扶汉室，但实际上各有各的心思，孙坚亦不例外。起初，他从遥远的湘江之畔提兵北上，并没有直扑前线，而是投奔了鲁阳（今河南鲁山）。那里是袁术的大本营。

孙坚找袁术做什么？袁术当时官居后将军，并非孙坚的顶头上司，从他们之前的履历中找不到交集，他们是否认识都很难说。然而，孙坚与袁术合兵鲁阳后，似乎一拍即合，迅速达成了合作意向。袁术在后方提供粮草支持，孙坚在前方奋勇争先。袁术与孙坚之间，到底发生了什么？

汉末三国时期，动荡的社会环境引发了社会阶层的重新洗牌，不少世家大族走向衰落，这让以勇武见长却出身低微的人看到了晋升的希望，孙坚就是其中一例。他如此热衷于替朝廷南征北讨，就是想通过军功引起朝廷的注意，提升孙家的地位，跻身以洛阳为中心的上流阶层。可是仗也打了，结果却是封侯封回了老家吴郡，封太守封到了荆楚之南的长沙。孙坚的愿望落空了，中原贵族俱乐部，他连门都摸不到。

怎么办？要进入上流社会，必须有引荐者和依傍者，孙坚认准了袁术。屯兵鲁阳的袁术，是孙坚提兵北上最先遇到的盟军成员；更重要的是，袁术是"四世三公"汝南袁氏的嫡子，是盟军中的二号人物，拥有极高的社会地位、极重的话语权和极广的人脉网，这一切都是只会闷头打仗的孙坚所艳羡不已的。而当时的袁术，也并不想与董卓强悍的西凉铁骑正面交锋，正需要一支雇佣军替他打头阵。孙坚与袁术，真可谓一拍即合。

其实谁都能看出来，袁术屯兵于南阳郡与河南尹交界的鲁阳，醉翁之意不在董卓，而在荆州。与其他各路诸侯相比，袁术空有后将军衔，却没有官方授予的州郡辖区，处境比较尴尬，对他来说，比讨董更重要的事就是跑马圈地。孙坚一路北上，帮袁术干了两件事情，一是逼死荆州刺史王叡，二是杀了南阳太守张咨。这两位或是孙坚上级，或是孙坚同僚，不仅不是董卓的同党，其中张咨还是反对董卓的诸侯之一。孙坚杀他们，显然是他给袁术献上的"投名状"。

袁术很激动，当即表孙坚行破虏将军，领豫州刺史。这显然是一个空头支票。且不说天子在董卓手上，袁术没资格替朝廷许官，况且当时豫州并不出缺，联军中就有豫州刺史孔伷。可这已经够孙坚兴奋好几天的了——从南垂郡守一下提升为中原大州的刺史，还有了个将军的名号，这算是拿到了贵族俱乐部的入场券了吧？志得意满的孙坚便带着部队打董卓去了。

因此，自鲁阳之会后，孙坚对袁术实质上形成了一种依附关系。孙坚幻想着打败董卓，夺回天子，袁家就能在天子面前为他争取更多的权益。这种欲念越强，孙坚讨董的决心也就越大。整个讨董联军中，主动出击的只有两人，即孙坚、曹操，他们的共同点是没有地盘，需要依附他人。

曹操初期对袁绍的依附，的确为自己换来了不少起家的资本。但孙坚却被袁术欺骗了。洛阳虽然攻占，但天子没有夺回，董卓没有消灭，荆州又被新上任的刘表迅速占据，连袁术许给他的豫州，竟然也没捞着。因为孙坚根本没有料到，袁术和袁绍兄弟早已决裂，袁绍那边也派了一位会稽人——周喁当豫州刺史，带兵来袭取豫州。另据记载，这周喁曾率领两千精兵跟随曹操征伐，并担任曹操的军师。不久，又有周喁次兄周昂袭击孙坚所在的阳城，背后依旧是袁绍在指使。讨董联盟内部事实上已经破裂，孙坚则卷入了袁绍袁术兄弟相争的旋涡中。面对此情此景，孙坚叹息道："我们起初同时举义兵救国家于危难，现在眼见董贼将败，我们自己却打了起来，以后我还能为谁效力呢？"

而对于袁术来说，他自始至终都在利用孙坚，对孙坚根本不信任。在讨伐董卓时，就有人对袁术说，孙坚若得了洛阳，便不好控制了，正如同为了除掉狼反而养肥了一只老虎。袁术于是开始克扣孙坚的粮饷，急得孙坚连夜从百余里外的阳人赶回，向袁术当面陈情，说："我跟董卓无仇无怨，现在舍身打仗，既是为国家讨贼，也是为你袁家报私仇，你怎么能听信小人的谗言来怀疑我呢？"说得袁术无地自容，只好调发粮草。《三国演义》照搬了这段情节，小说中的孙坚怒气冲冲，袁术畏畏缩缩。而从史书中的行文来看，孙坚的劝词极为收敛，甚至有些委屈。他哪里敢跟袁术翻脸？实际上孙坚还是对袁术有所畏惧的，因此在攻占洛阳后，为了不使袁术怀疑，很快就带着军队退回鲁阳复命。

就这样，孙坚走上了一条当雇佣打手的不归路。初平三年（192），袁术恨刘表趁乱袭占了荆州并与袁绍结盟，便再次派出得力打手孙坚。孙坚一路势如破竹，殊不知危险已经一步步逼近了自己。在襄阳城外的岘山，三十七岁的孙坚，依旧像当年钱塘江畔那个十七岁少年一样，自恃武勇，单枪匹马地面对人多势众的敌人。然而此时的孙坚再没有那般好运气了，终于为自己的孤傲与冒失付出代价。一阵如飞蝗般的箭雨之后，孙坚被黄祖的军士于此射杀。孙家的余部由孙坚侄子孙贲带领，仍旧依附袁术去了。一代英豪，在最为黄金的年岁里，死于匹夫之手。这是孙家的悲剧。

为了从江东跻身中原上流社会，孙坚挤破了脑袋往上爬，不惜沦为打手小弟，并因此赔上了他自己的性命。这血的教训已足以让他的两个儿子在今后更加残酷的斗争中明白，在这风云变幻的乱世中，不要去相信任何人，也不要寄希望于依靠任何人，一切都必须在浴血之后换取。

被遗忘的江东

孙坚英年早逝之后，部曲被袁术兼并。孙坚征战一生，不仅没有为家族打下一片领地，连此前所领的长沙都在他走后即被苏代占领，旋即被刘表兼并。孙坚留下的最大的遗产，就是五个儿子——孙策、孙权、孙翊、孙匡、孙朗，尤其是孙策和孙权。

孙坚生前的志向，从他给儿子起的名字就能看得出来。孙策，字伯符；孙权，字仲谋；孙匡，字季佐。符策、权谋、匡佐，这些字词之间，无不显示出孙坚让整个家族咸鱼翻身的雄心壮志。孙坚死时，长子孙策十八岁。十八岁，恰是一个已经拥有独立人格、能够充分领会父亲的志向、传承家族衣钵的年龄。历史将孙策推上了舞台。

孙策与父亲孙坚有高度的相似之处，比如英俊帅气、骁勇善战、善交良友。早年孙坚被朱儁征召镇压黄巾军，将家小留在寿春，少年孙策便在当地结交名士，声名鹊起。这期间他结识的最重要的朋友就是另一位美少男周瑜，两人相见恨晚，引以为"总角之交"。孙策甚至还接受了邀请，将全家迁到了周瑜所在的庐江郡舒县。由此也能看出，当孙坚在外之时，孙策俨然已成为家族的主事者。

在孙策丧父之初的几年困顿时期，还有两位贵人对他至关重要。一是汝南人吕范。在袁术吞并孙坚旧部后，吕范事实上成为孙策最亲信的人，为他四处奔走，甚至冒着被陶谦通缉的风险，迎孙策母亲回曲阿（今江苏丹阳）。

另一位则是广陵名士张纮。孙策将孙坚安葬在曲阿后，曾在江都（今江苏扬州）居住过一段时间。当时张纮也正因为母守孝居住在此。孙策登门向张纮请教，道出了自己的志向，即想去袁术那里要回父亲当年的旧部，然后去丹阳投奔舅父吴景，集聚兵马，为父报仇，最终的目的，是为朝廷做一个藩臣。

孙策问张纮觉得怎么样，张纮听了神秘一笑，说："你还是另请高明吧。"孙策再三恳求，甚至动情地流下泪来。张纮终于被感动，娓娓道出他的想法。他说："当年周王室衰微，才有齐桓公、晋文公先后称霸，如果周王室强盛，那么诸侯就只能安分如常了。现在您继承了父亲的遗志，又如此骁勇，就应当先下丹阳，再平吴会，进而横扫荆州、扬州，然后凭借长江天险，诛灭奸臣，匡扶汉室，这功业绝不亚于桓、文二公，怎么能只满足于做一个藩臣呢？"[1]

张纮这一番对策对于孙策的意义，绝不亚于诸葛亮给刘备的"隆中对"，我们不妨称之为"张纮路线"。张纮向孙策提出了三个关键性建议：一是天下大乱，可以举兵；二是目标荆扬，据险长江；三是不做藩臣，要当号令天下的霸主。

其中第二点，是对于孙坚生前的战略路线的极大扭转。孙坚虽然生于江东，但似乎并不满足于江东封侯，一直想在中原称雄。张纮却明确为孙策指出，孙策的发展方向在南方，他要远离纷乱的中原，在广阔的扬州与荆州打下一片地盘。

长江下游曾经崛起过皇皇吴越文明，但随着秦汉两朝定都黄河流域的长安、洛阳，帝国体制之下的各方资源高度集中于京畿辐射之下的中原地带。故而直至东汉，南方诸郡县无论政治地位还是经济文化水平，与中原

---

[1] 纮见策忠壮内发，辞令慷慨，感其志言，乃答曰："昔周道陵迟，齐、晋并兴；王室已宁，诸侯贡职。今君绍先侯之轨，有骁武之名，若投丹杨，收兵吴会，则荆、扬可一，仇敌可报。据长江，奋威德，诛除群秽，匡辅汉室，功业侔于桓、文，岂徒外藩而已哉？方今世乱多难，若功成事立，当与同好俱南济也。"——《三国志·孙策传》

的差距都十分大。仅看东汉一朝的三公九卿、朝中重臣，就多出自南阳、汝南、弘农、颍川等中原大郡，江东人士占据的比例很小。江东诸郡的疆域十分广袤，但城池却只有零星几座，分布十分稀疏。举例来看，豫章郡几乎是如今整个江西省的范围，会稽郡则是福建省加上大半个浙江省，此二郡远远超过了中原大州兖州的疆域，而兖州统八十县，豫章与会稽分别仅统二十一县与十四县。这说明江东之地开发程度很低，行政资源集中在少数城市中，大量土地与人口未被纳入帝国的有效统御。

自秦王嬴政扫六合至汉末四百年间，从未有长期割据江淮而能成事者。无论是汉初的英布，还是景帝年间的吴楚七国，江淮一带起事者均不能摆脱被中央剿灭的命运。新莽末期群雄割据，长江下游一带居然无人认领，不被任何一家势力所看好，成为被遗忘的角落。

然而到了东汉末年，于江东称霸的条件已经渐趋成熟。根据东汉顺帝永和五年（140）的人口统计，位于长江以南的诸郡人口，丹阳郡63万；会稽郡48万；吴郡70万，比之中原亦是大郡；豫章郡人口更以166万高居全国前茅，远超河南尹、颍川郡。随着中原灾荒不断与战乱频仍，大量士族与民众南渡避难，将先进的生产方式和文化、教育体系带到江东，吴郡、会稽郡的本土世家豪族也开始壮大。何况，孙氏本就出自江东，孙坚封侯在兹，打回老家去，倒也合乎情理。

渡江南下，也是孙氏摆脱依附、建立独立势力的唯一出路。当时袁术虎踞淮泗，志在与袁绍、曹操争中原。陶谦统御徐州，且对孙策十分忌惮。二者基本封死了孙策北上的出路。而江东郡守各自为政，尚未存在强大而统一的军政势力，这为孙策提供了逐一击破的条件。

相较于同时期的诸侯势力，孙策还有一个重要的依靠对象，即母舅一族。

孙策之母吴夫人出自吴郡吴县，后徙钱唐（今浙江杭州市）。吴夫人的弟弟吴景是孙坚早期南征北战的得力助手，官拜骑都尉。孙坚部曲被袁术兼并后，吴景却得到袁术重用，被派去丹阳郡，驱逐了亲袁曹派的太守周昕，任丹阳太守，同时孙策的堂兄孙贲任丹阳都尉。二人在孙坚旧部中拥有掌兵掌郡之权，这为孙策举兵提供了最初的根据地和人手。

兴平元年（194），结束守孝三年的孙策去寿春拜会袁术，请求要回孙坚旧部为父复仇，但狡猾的袁术没有答应，却将其打发到吴景、孙贲那里，令其自行招募军士。丹阳以出精兵闻名，但孙策募兵并不顺利，才得数百人就遭到泾县地方武装首领祖郎袭击，兵士损失殆尽。孙策再度找袁术求助，袁术才勉强将孙坚旧部千余人交还孙策统领。但此时，孙策尚在袁术麾下，未能寻得独立发展的合适时机。

按理说，孙坚生前被袁术诓骗、利用，又因为袁术打仗而死，袁术可算间接杀害孙坚的凶手。而对于孙策来说，想要重振孙氏就无法绕开袁术。他需要压抑住自己的私怨，违心讨好袁术，才能获得袁术的信任，寻觅良机。而袁术对待孙策的态度也是复杂的，一方面十分赏识和喜欢，赞叹道："如果我有像孙郎这样的儿子，死也无憾了。"[1]但另一方面，狡黠的袁术就像当初对待孙坚一样，对孙策亦不能推心置腹、委以信任。袁术曾许诺让孙策领九江太守，却食言将此职位封给了爱将陈纪，后来派孙策攻打庐江陆康，亦许他太守之职，却再度反悔，将庐江给了刘勋。孙策对袁术失望透顶。然而有孙坚的教训在先，加之孙策早已被张纮点醒，袁术想要故技重施长期控制孙策已不可能。

刘繇的主动出击成为孙策的机遇。刘繇，字正礼，兴平元年被朝廷派到扬州担任刺史，替代被袁术所杀的陈温。刘繇是汉室宗亲，齐悼惠王刘肥之后，太尉刘宠之侄。当时汉室衰微，朝廷希望提拔宗室中有才能的人去各地担任牧守来挽回局面，于是有刘焉统益州、刘虞统幽州、刘表统荆州以及刘繇统扬州。刘繇的兄长是曾参与讨董联军的兖州刺史刘岱。刘岱在政治上是站在袁绍一边的，袁绍甚至一度将自己的家眷安置在刘岱那

---

[1] 术常叹曰："使术有子如孙郎，死复何恨！"——《三国志·孙策传》

里，因此刘繇与袁术存在天然的对立，其出任扬州刺史显然是为了制衡袁术。但当时包括州治寿春在内的江北地区已被袁术占据，刘繇只能南济大江迁治所于曲阿。

对于吴景、孙贲来说，就面临着一个两难：他们听令于袁术，在丹阳的官职也是袁术表授的，然而丹阳郡属扬州，法理上他们又该受州刺史刘繇节制。一开始，吴景与孙贲还想将刘繇争取到他们一方，以图日后协助孙氏脱离袁术。所以刘繇南渡时，吴景、孙贲不惜冒着背叛袁术的罪名，主动迎接刘繇，并将其护送至曲阿就任。但刘繇却是一个不甘平庸的刺史，他在曲阿站稳脚跟后，就开始剔除长江南岸的袁术势力，与吴景、孙贲翻脸为敌，将他们驱逐至江北的历阳（今安徽和县），并派于糜、樊能、张英等屯驻江津、当利等长江渡口，以拒袁术南犯。袁术也不是好惹的，也钦点了故吏惠衢为扬州刺史，令吴景、孙贲多次攻击刘繇军，双方相持不下。这一僵持局面，倒是给了孙策脱离袁术的借口。孙策以协助吴景消灭刘繇、在江东为袁术募兵三万为由，从袁术那里要了官职、兵马、钱粮，踏上了平定江东之路。

以袁术狡猾多疑的性格，为何会一反常态，如此大气地给钱给人，将孙策放虎归山？后代小说家们为使之更加合情合理，便虚构了《三国演义》中孙策以传国玉玺为质的情节。但事实上，真实的传国玉玺是否被孙坚在洛阳寻获并带走尚有争议。袁术应允孙策南下，大环境是其战略重心并不在江东，彼时袁术正与刘备、曹操、吕布等势力围绕徐州龙争虎斗，相比之下刘繇只是癣疥之疾，不如顺水推舟卖个人情给孙策。同时，袁术严重低估了孙策的能力。他自傲地认为，刘繇占据曲阿，王朗占据会稽，江东山头林立，以孙策薄弱的兵马和尚浅的戎马经验，必不足以独立平定，到头来还得求助于他。

孙家的三种敌人

孙策从寿春出发时,兵士不过千余人,战马数十匹,等到了历阳,好友周瑜应书信之邀提兵而来,加上各路响应的人马,很快就有五六千人之众。孙策的时间并不多,他要趁着袁术深陷徐州战场、沉浸于称帝美梦的时机,迅速抢占江东。

孙策南征,面对的敌人有三类:一是朝廷委派的州郡牧守,二是散布于江南诸郡的宗帅、大帅,三是江东的世家大族。

汉末扬州有六郡,庐江、九江两郡在长江以北且被袁术占据,因此江东的丹阳、吴、会稽、豫章四郡是孙策平南的主要目标。丹阳郡为刘繇势力所控制。起初,刘繇接了扬州刺史这个差事后,不仅很快在江东站稳脚跟,还获得了南渡的陶谦旧部支援,原下邳相笮融、彭城相薛礼都奉他为盟主,品评天下人物的"月旦评"主持人许劭亦投到他帐下,同乡猛将太史慈也南下相助。无疑,刘繇是孙策攻克江东过程中的最大对手。孙策自历阳渡江,先在牛渚(今安徽马鞍山)击破张英等,接着进围秣陵(今江苏南京)。笮融、薛礼据守,孙策于是采取迂回策略,辗转攻下海陵(今江苏泰州)、湖熟(今南京市江宁区)、江乘(今南京市栖霞区)等地,最终将刘繇围于曲阿。刘繇毕竟掌州时间不长,其内部并不团结,比如笮融就杀了薛礼并吞并了其部曲,后来还与刘繇相攻;太史慈也未能为刘繇所重用。因此,刘繇在江东仅仅支撑两年即告失败,最终客死豫章。

拔掉刘繇这个硬钉子之后,其余郡守便都不值一提。吴郡、会稽、豫章相继也被攻取。

此外,在建安四年(199),孙策还以诱敌之策,袭击了袁术所署的庐江太守刘勋,不仅将疆域开拓到长江以北,而且还缴获了袁术的家眷、财宝、余部,其中就包括后来嫁给孙权当妾的袁术的女儿。此战捎带的成果是孙策与周瑜迎娶了当地大户桥公二女,即众所周知的大乔、小乔,结成连襟。至此,江东主要城市基本为孙策所平定。

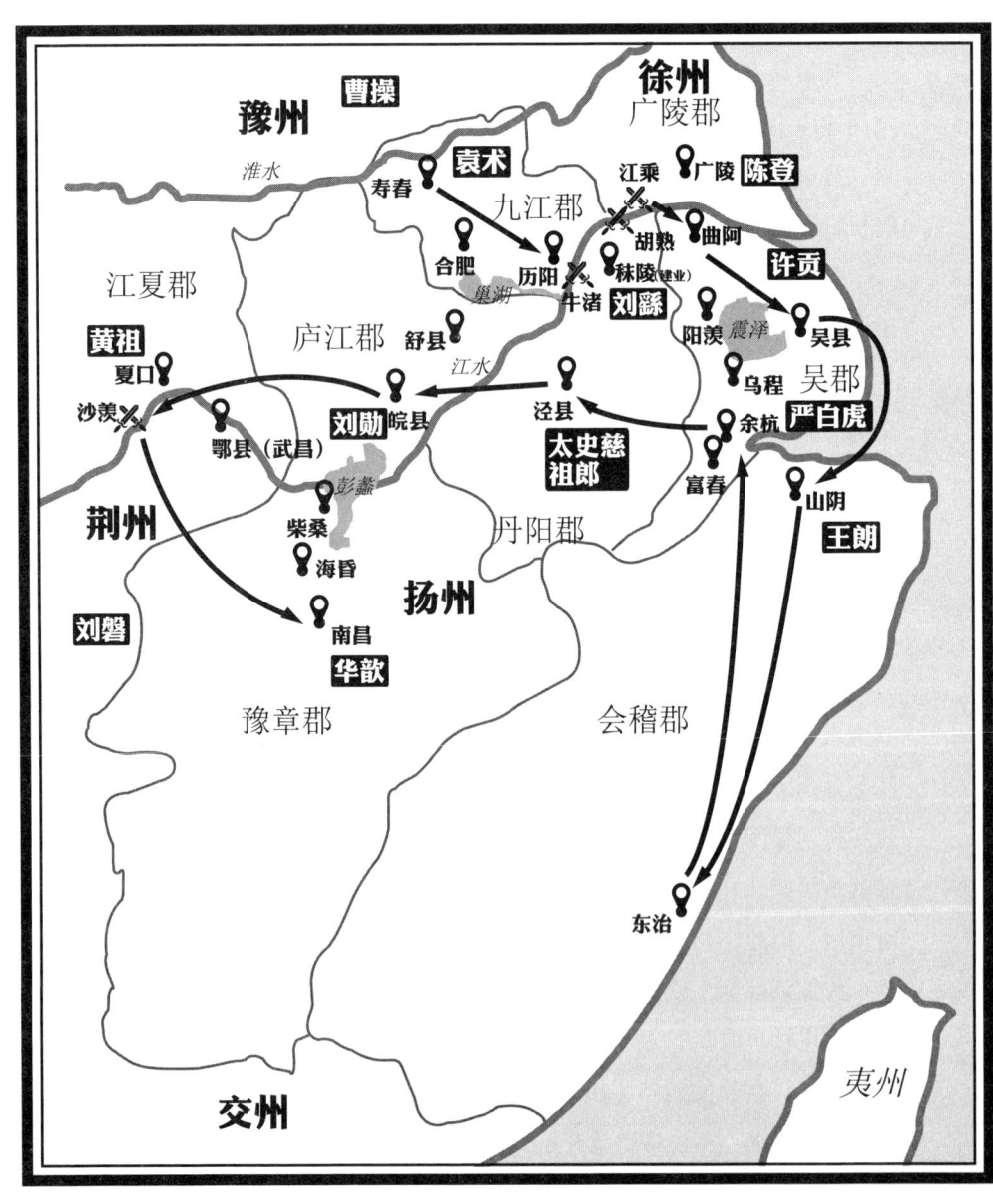

孙策攻略江东示意图

如果说攻打州郡牧守是占领核心城邑,那么依然有广阔的乡野未归附。这就要说到孙策面对的第二类敌人——散布江东的宗帅、大帅。他们可被视为高级版的山贼,是以宗族作为纽带组建起来的地方武装力量。江东土地广袤且多深山密林、河流湖泊,多有政府管辖辐射不到的地区,大量地方处于宗族自治状态,一旦乱世到来,宗帅、大帅们就应运而生。起初孙策并没有针对这些宗帅们。袁术僭号称帝后,孙策一度暂缓对江东的征伐,应诏北上讨伐袁术。但当走到钱唐时却得到消息,驻军海西(今江苏灌南)的陈瑀派人刻了三十多个胡萝卜章子送给丹阳、宣城、泾、陵阳、始安、黟、歙等县的宗帅们,阴谋趁孙策走后一起发动袭击,攻取诸郡。孙策回头就收拾了陈瑀,并且开始对付与自己为敌的宗帅们。

江东的宗帅不像荆州的宗帅那般愚蠢,被蒯越诱杀了首领就能悉数收编。江东的宗帅个个树大根深、据险自守,需要逐一以武力平定。其中势力比较强的,如盘踞在吴郡的严白虎,连吴郡太守许贡被打败了都要去投奔他。但在孙策的猛攻下,严白虎势力很快被消灭。孙策对这些宗帅也剿抚并用。那位曾经差点消灭孙策的祖郎,孙策将其俘虏后,便尽释前嫌,还授予门下贼曹之职——让山贼管抓贼,也是一大发明。

尽管孙策在短短几年间以武力实现了对江东的征服,但上述两类敌人远未臣服且都留下了隐患。

比如《三国志》记叙孙策去世时江东的局势,就称"深险之地犹未尽从",即在江东广阔的深山险要之处,依然星罗棋布地盘踞着众多武装割据势力,成为孙氏政权的肘腋之疾,他们在史书上被统称为山越。对山越的镇压和讨伐成了后来数十年间孙吴政权对内的主要军事行为,几乎所有孙氏麾下将领都参与过讨伐山越的战事。也有学者认为,正是因为对域内的山越的征伐消耗了大量军力和精力,才使得吴国在北伐上不如蜀汉那么积极。

又比如被迫投降孙策的会稽郡守王朗、豫章郡守华歆,实际上并不服孙策的统治,他们后来都以各种方式北返,投入曹操阵营,名列曹魏开国的"三公"之位。另一位不服孙策的许贡，也与曹操暗中往来。他秘密给朝廷上表，建议召孙策进京做官，以免养痈为患。很不幸，这封信被孙策截获，于是，许贡被绞死。

此事却为孙氏家族的命运埋下了伏笔。许贡生前养的三个门客对故主情义很深，决心替他报仇。有一次孙策出外打猎，遇上三个可疑的人。孙策问："你们是哪个部队的？"三人答："韩当将军部下。"孙策摇摇头："韩将军部下我都认识，其中没有你们。"三人看到身份泄露，就立即向孙策发起攻击。孙策平日里仗着自己武勇，并不带随从。猝不及防之间，他被射中面颊而死，年仅二十六岁。孙坚与孙策，这对极其相像的父子，在死亡上也奇迹般地契合，令人惊诧。

孙家的命运几番起伏，历史也一再被改写。孙策的弟弟孙权接过了父兄的创业大旗，继承了父兄未竟的志向。惊人的巧合是，此时的他亦是十八岁。

兄弟有别

对于孙策的暴死，之前并非没有预兆。远在许都的曹操首席智囊郭嘉就曾神预言，说："孙策这个人啊，仗着自己武勇，日常出行不注意安保工作，即便有百万大军，也相当于独行中原，如果刺客兴起，一个人就能弄死他，我看他必死于匹夫之手。"[1]可以说郭嘉是料事如神了。

郭嘉说此话的背景，是建安五年（200），盛传孙策平定江东后，将要渡江北上，奇袭许都。当时曹操与袁绍正相持于官渡，后方比较空虚，如果孙策成功袭取许都，挟持天子，历史恐怕会被改写。孙策死后，曹操得益最多，因此也有许多人猜测，郭嘉才是刺杀孙策的真正幕后主使。

---

[1] 嘉料之曰："策新并江东，所诛皆英豪雄杰，能得人死力者也。然策轻而无备，虽有百万之众，无异于独行中原也。若刺客伏起，一人之敌耳。以吾观之，必死于匹夫之手。"——《三国志·郭嘉传》

然而平心而论，孙策北伐，可能性有多大？可行性又有多少呢？

首先，无数事实证明，孙策的确有北上中原的雄心。在"张纮路线"里，终极目标就是匡扶汉室，实现桓、文之霸业。简单来说，就是挟天子以令诸侯，这和曹操是不谋而合的，也是汉末乱世诸多豪杰的共同心愿。既然志在扶汉，自然要在平定江东后，北向中原。

此时，六年过去了，江北的形势已经发生了很大的变化，曾经兵强马壮的袁术、陶谦、吕布等势力已经被一一消灭，曹操迎天子都许，尽取青、徐、兖、豫之地，孙策此时北上，不得不面临这位强大的对手。

孙策与曹操的关系，经历了从蜜月到反目的变化。早在孙策南下之初，双方无利益冲突，孙策亟须获得朝廷的认可，曹操也需要孙策牵制他们共同的敌人袁术，因此双方实现了暂时结盟。建安元年（196），刚平定吴会的孙策就开始向朝廷进贡，以向曹操示好。次年夏，孙策与自立为帝的袁术决裂，朝廷立即派来使者议郎王誧，册封孙策为骑都尉，袭孙坚爵位乌程侯，领会稽太守，并诏命孙策联同吕布、陈瑀共讨袁术。这等于官方认可了孙策对江东的统治。孙策对此并不满足，跟使者讨价还价，认为以骑都尉领郡太守职位有点太低，希望得到将军名号。王誧显然是得到了曹操的授权，对孙策的狮子大张口照单全收，当场代行天子命加封孙策为明汉将军。到了第三年，孙策便将进贡的礼物翻了一番。曹操更表孙策为讨逆将军，加封吴侯。此时曹操正忙于征讨袁术和吕布，孙策也还未完成对豫章、庐江等郡的征伐，为了进一步巩固双边关系，曹孙两家还进行了政治联姻。曹操将侄女嫁给孙策之弟孙匡，孙策则将堂兄孙贲之女嫁给曹操之子曹彰。曹操还提出征召孙策两个弟弟孙权、孙翊来许都做官，孙策当然知道这是要送人质，所以没有答应。

从建安四年（199）开始，孙策与曹操的关系急转直下，摩擦时有发生，其要害就在于曹操阻塞了孙策北上的两条必经要道：淮南与广陵。

自袁术覆亡之后，曹操控制下的朝廷立即派严象为扬州刺史，接管淮南，填补权力真空。这位严象是荀彧为曹操举荐的，名望不错，还曾经作为举荐人推举孙权为茂才，可见亦是曹操对孙策怀柔政策的执行者。孙策对曹操插手淮南显然不满意。建安五年（200），孙策指使他任命的庐江太守李术将严象杀害，为其北上制造条件。广陵方面，孙策则选择直接动武，两次发兵围攻匡琦城，但由于曹操所任命广陵太守陈登指挥得当，孙策两次都败退。淮南那边，曹操又及时派遣能力更为出众的刘馥接任扬州刺史。刘馥将刺史治所移至淮南重镇合肥，安抚百姓，高筑堡垒，构成后来东吴屡次北伐皆不能攻克的合肥防御工事。

可见，曹操即便当时身处与袁绍作战的官渡前线，对孙策也早有防范。从孙策的战斗力来看，即便他不为刺客所杀，想在建安五年突破广陵、淮南防线奇袭许都挟持汉帝，成功率也几近为零。

孙策死亡时，孙氏政权正处在关键的节点之上：黄祖杀父之仇尚未报，山越势力遍布江东，江北流寓之士与孙氏君臣关系还不巩固，江东大族处于观望甚至抵制状态，北伐计划又受阻。落在十八岁孙权肩上的是一个沉甸甸的担子，稍有不慎就可能将之前的努力付之东流。因此孙策临终，对张昭说了一句意味深长的遗言："若仲谋不任事者，君便自取之。正复不克捷，缓步西归，亦无所虑。"意思是说，如果孙权不能成事，就让张昭接管政权，即便最终无法在江东立稳脚跟，也请他尽量保护孙氏家族，将他们带回当初起家的淮泗之地。

可见，孙策临终时对当时的内外形势及孙权的个人能力非常悲观。他甚至做了最坏的打算，将家族的命运交付给一个外臣。

对于"缓步西归"，也有人解读为一旦争霸失败，可以选择投降曹操。若如此解释，我们便能够理解后来赤壁之战前张昭为何成为主降派：毕竟双方力量悬殊，若让孙氏家族在这场战争中覆灭，则有负于孙策的嘱托。

实际上，对于孙权的接位，当时孙氏政权内部是有争议的。比如《典略》提到孙权的三弟孙翊在性格上更像孙策，孙策临终，张昭等人曾建议将军权托付给孙翊，但孙策力排众议，还是认定了孙权。（万幸没有让孙翊接班，这三弟也是个短命鬼，四年之后就被部将杀害。）《典略》还记载了当时孙氏宗室成员、孙权的堂兄弟孙辅认为孙权没有能力保住江东，私底下与曹操进行通信，后来被察觉而遭到幽禁。《典略》是魏国人撰写的史书，不可避免地对东吴进行了一些贬损，故不能全信。比如当时孙翊更为年幼，张昭等人废长而立幼于理不合。不过这能够从侧面反映出当时江东内部对孙权掌政的隐约担忧。

孙氏政权对孙权的担忧，主要在于孙权和孙策相比，实在迥异。孙坚长期在外征战，孙策为孙家纲纪门户，实际上担当了长兄如父的角色，性格上要早熟。而孙权比孙策小八岁，一直在孙策的庇护下成长，虽然曾随孙策从征刘勋、黄祖，但远不及孙策骁勇善战，也尚未有机会展示在战略与谋略上的才能。故而在一个有武人传统、依靠征伐崛起的家族内，孙权难以让人信服。

知弟莫若兄，孙策临终已将两人的差别看透，他说："率领江东之众与敌人决战于阵前，争夺天下的霸权，你不如我，但举贤任能，各尽所用，保卫江东的基业，我却不如弟弟你啊。"[1] 正所谓人之将死，其言也善，孙策提到了一个关键的问题，也是决定未来孙氏政权能否在江东稳固并发展的核心问题，那就是用人。

孙氏政权的人才构成历史大致可划分为三个阶段，各有其特点。孙坚时期，主要依靠孙氏宗亲和各地投奔而来的武勇之人。比如孙坚于长沙起兵时，其幼弟孙静召集了乡曲及宗室五六百人前来支援，而孙坚身殁后，其余部亦由小舅子吴景和侄子孙贲所率领。由于孙坚部曲转战多地，其属下成员籍贯相当混杂，既有来自幽州苦寒之地的程普（右北平土垠人）、韩当（辽西令支人），也有来自荆南深险之地的黄盖（零陵人），既少智谋之士的辅弼，又乏世家大族的背景，这决定了孙坚带领的是一支只会打

---

[1] 呼权佩以印绶，谓曰："举江东之众，决机于两阵之间，与天下争衡，卿不如我；举贤任能，各尽其心，以保江东，我不如卿。"——《三国志·孙策传》

仗、全无战略思维的队伍，被袁术忽悠和利用也自在情理之中。

孙策时期，由于孙策本人并未跟随父亲征战，而是长期携家居住于淮泗地区，这为他结交世家大族与儒学名士创造了条件。比如张纮、周瑜、吕范，他们或为孙策指点迷津，规划创业方向，或为孙策提供私家部曲，为其奔走。孙策平定江东所依赖的人才，文臣方面有张昭（彭城人）、张纮（广陵人）、秦松（广陵人）、陈端（广陵人）、胡综（汝南固始人）等，武将有周瑜（庐江舒县人）、吕范（汝南细阳人）、蒋钦（九江寿春人）、周泰（九江下蔡人）、陈武（庐江松滋人）等，多出自淮泗诸郡。他们或有家族、同乡、师友等社会关系网，或有广泛的地域影响力和号召力，通过互相举荐，大大丰富了孙氏政权的人才构成。

淮泗士人的加入，除了缘于孙策的个人魅力，也有当时大环境的影响。中原战乱，迫使北方士人多避难南土，而毗邻的统治者如袁术、陶谦、吕布之辈，皆不是成事之主，所以孙策成为最好的选择。史载陶谦曾想举荐张昭为茂才，张昭不肯，气得陶谦一度将他抓了起来。张纮也曾被坐领徐州的吕布看中，举茂才，但张纮怎么可能瞧得上吕布，回信婉拒。孙策平定丹阳后让周瑜回寿春向袁术复命，袁术有意提拔周瑜当将军，但周瑜看出袁术必将一事无成，最终还是回到了孙策阵营。

到了孙权接班之时，江东诸郡虽大体平定，但政权内部的主体依然是江北的淮泗人士，江南吴郡、会稽郡的世家大族对孙氏政权仍持观望乃至抗拒的态度。孙权要想坐稳东南半壁江山，就要处理好与江东的世家大族——第三种敌人——之间的关系。

与江东世族握手

此前孙策并不太注重与江东大族交好，甚至与其结下了不少梁子。比如庐江太守陆康，是吴中四大家族中陆氏的族长，因拒绝给袁术借粮，遭到袁术派遣的孙策围攻，不仅死于守城，陆氏宗族百余人也因此折损近半。再比如会稽周氏三兄弟，他们由于背后有袁绍、曹操支持，长期与孙氏为敌：周喁曾与孙坚争豫州，周昂曾袭击孙坚于阳城，周昕则在会稽引兵抵抗孙策的入侵，兵败身死。虽然周氏三兄弟反抗的对象实际上是袁术，但由于孙氏父子长期依附袁术，孙策自然成为会稽周氏的眼中钉。

孙策渡江之初，打的仍是袁术的旗号，小有胜绩即派人向袁术汇报。而无论袁术还是孙策，均没有朝廷册封的扬州刺史或江东诸郡郡守之职。因此孙策对于江东诸郡来说，实际上是非法入侵者，本土大族虽无军事实力与之对抗，但也不能片刻间即接纳他为主公。

非但如此，孙策还承袭了孙坚的暴脾气和嗜杀性格，尤其是对待有一定声望和舆论基础的名士，一旦对方表现出不合作乃至讥讽的态度，其处置的方式便是简单粗暴的杀无赦。当时隐居余姚的名士高岱，博览群书，尤善《左传》，孙策请他来讲授《左传》，但高岱一问三不知。孙策觉得高岱瞧不起自己，便将他关了起来。听闻此事，众多士人儒生前来静坐请愿，孙策登楼一看，广场上满满当当都是人，才知道高岱的声望原来这么好，更坚定了杀之的决心。

与此事相似的还有孙策对道士于吉的杀害。于吉只不过是个带有宗教色彩的医疗工作者，并没有反对孙策的言论，只因信众太多，而让孙策觉得个人威信大为黯淡。因而孙策甚至不顾母亲吴夫人求情，执意将其斩杀。《搜神记》载孙策杀了于吉后遭遇灵异事件，旧疮迸裂而死，此说被《三国演义》沿用，故为读者所熟知。此事虽荒诞不经，但从中亦可看出，孙氏在以军事征服江东后，与本地民众的关系十分紧张，故而孙策对在声望上超过自己的舆论领袖十分忌惮，即便无害于他，亦要除之而后快。

孙权接位之初，对待江东世族依然以打压为主。如曾担任吴郡太守的盛宪，在江东素有高名，孙策在世时就甚为忌惮，远在许都的孔融曾建议曹操征调盛宪来中央以解救他，但诏命未到，盛宪已死于孙权之手。另有盛宪的姻亲之家"吴兴沈氏"的神童沈友，也因为言语中有讥讽之意，为孙权所杀。但一味地诛杀只能增加不必要的怨恨，这一点吴夫人反而看得更为明白，她利用自己的身份在孙策面前救下不少名士。随着孙氏对江东从征伐转向治理，孙权与江东大族的关系出现缓和的契机。

孙权对江东大族态度的转变，可能最先缘于孙策旧部对他的不服从，这使他需要从江东大族中提拔更多的"自己人"。孙策刚去世时，孙氏政权内部一度出现过对孙权的信任危机，除了前述宗室成员孙辅暗中与曹操通信外，另一位宗室成员、孙静长子孙暠甚至趁机自立，从屯兵之地乌程出发，欲袭取会稽。幸得虞翻固守规劝，孙暠才罢兵。孙暠的结局史书并未提及，但从他的子孙依旧在东吴任职来看，此事并没有被追究，而是不了了之。

然而，随后发生的庐江太守李术叛变，就要严重得多了。庐江是孙氏政权在江北的重要据点，孙策让李术担任庐江太守可谓信任有加。但李术不肯听命于新主孙权，并且招纳了众多叛离孙权的人士，这对孙权的统治地位是极大的挑战。孙权的处置方式也很果断，一方面致书曹操，将此前严象之死推到李术头上，封死了李术求援之路，紧接着举兵围攻李术于皖城（今安徽潜山）。此战统兵将领多是孙权亲族，如族兄孙河、姑表兄弟徐琨。皖城之战十分惨烈，城内断粮后妇女甚至搓泥巴来果腹。城破后，孙权为了泄愤，不仅枭首李术，还对皖城实行大屠城，直接导致这座城被彻底废弃。孙权不得不迁三万余人渡江，放弃江北。

从江北的退出实际上标志着孙权放弃了孙策北出淮泗、奇袭许都的策略，而将主要精力放在平定江东"深险之地"及攻打黄祖为父报仇之上。孙氏政权战略的转变，和周瑜给孙权介绍的一位新朋友有密切关联，他就是鲁肃。

鲁肃对此前孙策所秉持的"张纮路线"进行了大刀阔斧的改造，一开始就否定了匡扶汉室、建桓文之业的总目标。他认为汉室已不可复兴，曹操也不可能很快被除掉，孙权应该趁北方大乱之时，剿灭黄祖，攻伐刘表，将长江以南的全境收为己有，然后建号称帝以图天下。这就是广为后人称道的"两分天下"之计。[1]要知道，袁术僭号称帝，引起天下公愤终至败亡也才过去了几年，袁绍、曹操、刘表等诸侯都需要打着匡扶汉室这个"政治正确"的旗号。鲁肃却大胆提出和袁术相似的称帝设想，这让孙权连连摇头，张昭更是斥之为年少轻狂、不可任用。

不过孙权虽然嘴上不允诺，内心却是欢喜的，实际上他已经着手按照鲁肃的路线来实施。只因江夏黄祖的顽强抵抗延缓了孙权西进荆州的速度，而曹操平定河北之迅速又是孙权始料未及的，因而在建安十三年（208）孙权终于攻破黄祖时，曹操大军的突然南下打断了"鲁肃路线"的实施。后来周瑜袭取巴蜀的计划又因其暴毙而不了了之，"两分天下"最终让位给了"三足鼎立"。

然而"鲁肃路线"对孙权的影响仍是巨大的。后来孙权称帝时，鲁肃早已过世，但孙权没有忘记他，仍对公卿说："当年鲁肃就提到建号称帝的目标，他可真是明白天下大势的人啊！"[2]

也就在孙权调整战略方向，着手实施"鲁肃路线"之时，孙氏政权开始逐步向江东大族抛出了橄榄枝。"吴中四姓"的代表人物顾雍、陆逊、张允、朱桓等陆续接受聘任，或为郡丞，或为都尉，或为县长，进入孙氏政权基层工作，并逐级升迁。孙策出身戎马，性情乖戾，嫉妒心强，而孙权少年时有胡综、朱然等为他伴读，广泛阅读《诗》《书》《礼记》《左传》《国语》，执政后又研读三史和诸家兵书，养成勤学好问、宽以待人的脾性。对于江东大族来说，孙权无疑是一个比孙策更好打交道的统治者。

随着孙氏政权在江东地位的稳固，其内部基本呈现出孙氏宗族、淮泗流寓人士、江东大族共治的局面。到了三足鼎立之后，早年随孙策南渡的

---

[1] 肃对曰："昔高帝区区欲尊事义帝而不获者，以项羽为害也。今之曹操，犹昔项羽，将军何由得为桓文乎？肃窃料之，汉室不可复兴，曹操不可卒除。为将军计，惟有鼎足江东，以观天下之衅。规模如此，亦自无嫌。何者？北方诚多务也。因其多务，剿除黄祖，进伐刘表，竟长江所极，据而有之，然后建号帝王以图天下，此高帝之业也。"——《三国志·鲁肃传》
[2] 权称尊号，临坛，顾谓公卿曰："昔鲁子敬尝道此，可谓明于事势矣。"——《三国志·鲁肃传》

淮泗人士接连凋零，江东大族开始全面接替核心岗位：顾雍因性情宽厚，接替去世的北来人士孙邵，成为吴国第二任丞相，任职长达十九年；陆逊接替暴毙的淮泗派将领吕蒙统领军队，在夷陵击败刘备大军，挽狂澜于既倒；朱桓接替淮泗派将领周泰担任濡须督，并连续击破魏国两任大司马曹仁、曹休，一度成为东吴的核心将领。孙氏还与江东大族开展积极的政治联姻；孙策一女嫁给陆逊，一女嫁给顾雍之子顾邵；孙权之子孙霸娶了曾经的敌人刘繇的孙女，孙权一女孙鲁育嫁给了朱桓从弟朱据——他们的女儿又嫁给了孙权之子、吴国第三任皇帝孙休。孙权另一女孙鲁班，则在丈夫周循（周瑜之子）死后，改嫁给江东新兴豪门、钱唐全氏的全琮。

孙权对江东大族的吸纳与任用，是其为了保全江东基业的顺势而为，其中也有制造江东大族与淮泗士人相抗衡进而加强其个人权力的考虑，他表现出仁厚、惜才、宽容、雅量等性情，只是在一个特定时期的脸谱。在孙权晚年吴国内部接连发生的暨艳案、吕壹校事案、南鲁党争等事件中，他的真正面目才会暴露出来。

"借荆州"背后的周瑜和鲁肃之争

魏蜀吴三国的建国之路，皆是先以武人为班底起兵拓土，而后吸纳文儒世家以教化四方，遂成帝业。这其中，孙家又最为特殊。曹刘二家均是一代打天下，后代做守业之君，孙氏则因为孙坚、孙策的意外早逝，打天下阶段即历经多年周折。曹刘创业的特点是，其政权的路线和方针较为连贯，领导者的个人威望逐渐增强，整个创业团队的核心凝聚力很高。而像孙氏这样由父子三人接力完成创业，每一次接棒时，实际都是一次领导者权威衰减的时刻，下一任的接棒者皆需耗费大量心力重塑权威，同时还要处理与辅弼之臣之间微妙而复杂的关系。

孙策凭借他转斗千里、尽有江东的煌煌武功，个人权威得以迅速强化，他对江东豪族的屠戮与镇压也暂时起到了杀鸡儆猴、稳固政权的效果。但对于孙权来说，其功勋远不能与其兄相比，"坐领"江东并非易事，他需要一个漫长的时期来收回属于他的"权"。

依照孙策的遗命，中护军周瑜与长史张昭"共掌众事"，一个是孙策的连襟兼结拜兄弟，一个是被孙策比作"仲父"的创业导师；一个统御军事，一个总管内政。他们对于孙氏政权的忠心毋庸置疑，也正因为如此，孙权接班后最初的岁月，不仅要活在已逝的父兄阴影之下，还不得不听从张昭、周瑜的管教，这让他虽作为主公却毫无威严可言。

孙策刚去世时，孙权悲痛不能理事，张昭教训他："怎么能像匹夫一样哭哭啼啼的？"[1]并立即扶他上马，陈兵出阵以立威望。孙权喜欢打猎，经常骑马射虎，这种危险游戏让张昭勃然变色。大约是孙坚孙策的前车之鉴让张昭心有余悸，他又教训孙权："你这么做值吗？你是个君主，应该驾驭天下英雄和贤才，而不是跟野兽比勇猛，万一出了事，不会被天下笑话吗？"[2]孙权被训得乖乖的，只能唯唯认错。不过没过几天，孙权就给自己设计了一个专用的射虎车，车上挖了个小孔，坐在里面继续射虎，有老虎扑到车前，他还用手击打它们以取乐。这是孙权玩心太盛吗？显然不是。他虽然在张昭面前言听计从，但心底里的叛逆和不满已经在暗自生长了。

如果说前述李术、孙辅的背叛尚不足以动摇孙权的地位，那么建安十三年（208）的曹操南下对孙权则是一次生死攸关的考验。这一年本应是孙权的丰收之年，在周瑜的统率下，宿敌黄祖终被击破，杀父之仇得报，此一功足以塞此前质疑孙权接班之人之口。孰料曹操的来临让局势一下子变得颇为微妙。原本，曹操的目标并非江东，只是为了消灭刘备和刘

---

[1] 策长史张昭谓权曰："孝廉，此宁哭时邪？且周公立法而伯禽不师，非欲违父，时不得行也。况今奸宄竞逐，豺狼满道，乃欲哀亲戚，顾礼制，是犹开门而揖盗，未可以为仁也。"——《三国志·孙权传》
[2] 昭变色而前曰："将军何有当尔？夫为人君者，谓能驾御英雄，驱使群贤，岂谓驰逐于原野，校勇于猛兽者乎？如有一旦之患，奈天下笑何？"——《三国志·张昭传》

表，谁料旌麾南指，刘琮束手，荆襄之民望风归顺。出乎意料的顺利让曹操野心膨胀，尚未稳固荆州之地，就打起了江东的主意。荆州不战而降的消息强烈刺激了孙氏政权的文武群臣。而江东的情形与荆州极其相似，都是幼主践位、朝臣掌权，无论南渡的淮泗流寓士人，还是世居江东的世家大族，都对孙权能否抵抗曹操满腹狐疑。因而当曹操一封战书寄至，主降者占了绝大多数，甚至首席谋士张昭都主张"迎之"。

然而孙权毕竟不同于刘琮，时年二十七岁的他已有了超乎同龄人的雄才伟略和不屈于人下的意志。周瑜和鲁肃在这个攸关孙氏政权命运的关键时刻，及时地站在了主战的一边，力排众议，道出了孙权的心声。故而赤壁一战后，曹操北返，失去兼并江东的最佳机会。世人只道此战救活了几近覆灭的刘备，却不知此战让孙权在江东的统治地位从此再也无法撼动。而此前令孙权如芒刺在背的张昭因投降之论威望大损，从统摄文武的首席大臣逐渐靠边站。孙氏政权开始进入周瑜时代。

周瑜是和孙策并肩打天下的好伙伴，他对孙权的忠诚基本来自对孙策忠诚的承袭。这也带来一个问题，就是周瑜会用孙策作为模范来要求孙权，包括期冀他继承孙策那种带有扩张性的战略野心以及对中原的觊觎。赤壁之战后，周瑜迅速攻下了江陵、夷陵等地，控扼长江中游，为孙氏政权打开了荆州的大门。周瑜实际上是"鲁肃路线"的忠实执行者，按照周瑜的军事方略，下一步就是溯江而上，进取刘璋的蜀地，进而吞并汉中张鲁，与关中马超等部联合，然后从襄阳北上出兵，以图击败曹操、统一全国。

这是一条极其富有野心也极为可行的计划，而且这一方案已经得到了孙权的批准。如果不是在出兵之前，周瑜途经巴丘（今湖南岳阳）时突然病逝，后来历史如何演变还未可知；甚至有可能，中国将提前进入南北朝时期。但是周瑜去世后，此计划即告搁浅。随后，孙权将所据南郡之地悉数借与刘备，将西进蜀地的机会拱手让与刘备，孙权的战略重心则转向濡须、合肥前线，攻略淮南之地。

吊诡的是，放弃西进，对"鲁肃路线"做出全盘否定的，恰恰是它的提出者鲁肃本人。

鲁肃与周瑜不同，他不是孙策留下来的扶持孙权的老部下，孙权对他有着更深的好感。鲁肃一到来即向孙权提出"划江而治""半壁称帝"这样激进的观念，而孙权正需要提拔鲁肃这样的"自己人"，以制衡张昭、周瑜等旧臣。鲁肃为孙权做的第一件事就是出使荆州，实现与刘备的联盟，为赤壁破曹奠定政治基础。因此鲁肃班师后，受到了孙权持鞍下马相迎的超高规格礼遇。鲁肃没有周瑜那样的军功来立威，坚持联刘抗曹的外交方略是他在孙权身边获得信任的基石，这也让他成为"联刘方针"坚定的捍卫者。

赤壁之战后，荆州局势已经发生了新的变化，周瑜占据南郡，而刘备驻军公安，并趁乱拿下了荆州南部四郡。孙刘领地犬牙交错，双方亟须重新分配利益。彼时，正是孙刘的蜜月期，刘备与孙权互表对方为州牧，孙权甚至"进妹固好"，将妹妹嫁给刘备以增进双边关系。坚固的孙刘联盟让曹操一时不敢虎窥江南。此时刘备来到孙权的驻地京城（后改名京口，即今江苏镇江）拜访，提出"借荆州"（实际上是借南郡）的请求。盟友与荆州，东吴似乎只能选其一。

在此问题上，周瑜与鲁肃产生了较大的分歧。周瑜始终对刘备留有戒心，认为刘备终非久居人下之人，建议孙权将刘备留在吴地，多赐美女宝物以娱其心志，然后再离间关羽、张飞，一一击破，大事可定。孙策生前最宠信的吕范也持同样论调。但鲁肃极力主张借出南郡，他的理由："现在我们刚得到荆州，但曹操的余威犹在，这时候应该利用刘备对当地多加安抚。给曹操多树立一个敌人，就是为自己多培育一个党羽，这是上上之策啊！"[1]

尽管政见不合，病笃之际的周瑜依然推荐了鲁肃替代自己。但他在信

---

[1] 吕范劝留备，肃曰："不可。将军虽神武命世，然曹公威力实重，初临荆州，恩信未洽，宜以借备，使抚安之。多操之敌，而自为树党，计之上也。"——《汉晋春秋》

中也再三提醒孙权："刘备寄寓，有似养虎，天下之事，未知终始。"可此时的孙权急于削弱孙策旧臣的话语权，对鲁肃可谓言听计从，而周瑜、吕范的进谏如耳旁风。随着周瑜的去世，孙氏政权进入鲁肃时代。鲁肃领兵后，由江陵回屯陆口（今湖北嘉鱼陆溪镇），将南郡作为大礼"借"给了刘备。

周瑜的去世标志着东吴战略转为向西线收缩、北线进攻。次年，孙权依照张纮的遗愿，迁都至秣陵，更名为建业，此即南京为国都之始。为了保卫建业，孙权在建业城西秦淮水入江处修筑石头城，又于巢湖以南修濡须坞，以防来自上游的侵逼。后来吴国虽两次短暂迁都武昌（今湖北鄂州，非今湖北武汉武昌区），但建业始终是吴国的政治中心。

大帝的名字叫权

然而事实证明，周瑜对刘备的担忧是正确的，刘备毫无诚信可言。鲁肃误判了形势，本欲以邻为壑，却养痈为患。

起初周瑜、甘宁提议攻取蜀地时，孙权咨询刘备，刘备假惺惺地以同为汉室宗亲之名，替刘璋向孙权祈求宽恕，言辞恳切，甚至说："您若不原谅刘璋，我就披头散发归隐山林去！"[1]演得着实感人。结果趁着孙权与曹操相峙于合肥之际，刘备自己却袭取了刘璋的蜀地。孙权向刘备索要荆州，刘备却回称取了凉州再还荆州。当时孙权久攻合肥不能胜，正在气头上，听此更是大为光火，大骂刘备："这大骗子竟然敢耍我！"于是合肥也不打了，建安二十年（215），孙权使吕蒙攻取长沙、零陵、桂阳三郡，刘备则让关羽入益阳。刘备和孙权本人均坐镇前线，大战一触即发。眼见自己的路线即将破产，鲁肃单刀赴会，约见关羽讨要说法，指责刘备忘恩负义，关羽无以为答。这段情节到了《三国演义》中，已经被小

---

[1] "汝欲取蜀，吾当被发入山，不失信于天下也。"——《三国志·先主传》裴注《献帝春秋》

说家改成关羽单刀赴会、鲁肃理屈词穷，完全颠倒黑白。

这场荆州之争最终因为曹操进占汉中、刘备唯恐巴蜀有失因而提出和解，两家各退一步，划湘江为界中分荆州。此事让鲁肃在孙权面前颜面尽失，不久病逝。后来孙权与陆逊论及鲁肃时，评价他首倡称帝和力主抗曹为两大功绩，但借地给刘备是其一大失策。可见对于此事，孙权始终耿耿于怀。

接替鲁肃的吕蒙，是孙权从行伍中提拔出来的武人，更是建安二十年荆州之争的直接指挥者。他又对鲁肃时代的对外政策进行了大调整，主张既然对方无情，那我方也无义，干脆武力夺回荆州，再图西进。由于刘备此前的反复激怒了孙权，因而吕蒙的主张得到了孙权和多数江东臣僚的支持，孙权甚至不惜与多年宿敌曹操媾和。于是在建安二十四年（219），吕蒙白衣渡江，袭取江陵、公安，在临沮生擒关羽并将其斩杀，孙权自此与刘备结下血海深仇。然而吕蒙也于当年病发去世，将难题再度抛给了孙权。

再度破裂的孙刘联盟让东吴面临空前的危机。刘备称帝后兴兵东进，以为关羽报仇为名，实则欲重夺荆州。孙权在接连受挫的情况下，起用军事经验尚浅、出身于江东世家的陆逊为帅，夷陵一战击败刘备。此一战，孙刘双方均是输家，却给予了曹丕坐观虎斗的机会。冷静下来的孙刘双方及时意识到这个问题，于是互派使者，重修旧好，三国鼎立的局面才最终稳定下来。

至此，孙权已经坐领江东二十余年。从上述分析不难看出，孙吴政权的战略方针可谓忽左忽右、摇摆不定，每一任军政统帅都试图推翻前任的战略构想，提出并执行自己的主张。而在张昭、周瑜、鲁肃、吕蒙、陆逊走马灯似的更替背后，孙权个人的政治志趣和抱负始终晦暗不明。他任用每一任重臣，似乎都并不是因为对其政见有多么认同，而是看重可以借助对方来抑制前一任重臣的威信和权势，使权力最终收拢在自己手中。

孙权有的是耐心，寿命也长。他活到七十一岁，远远超过自己的父亲、兄长和弟弟们，超过了周瑜、鲁肃、吕蒙、陆逊，甚至让太子孙登都死在了他的前面。这种"超长待机"的君主有足够的时间去隐匿自己的心思，磨砺自己的性情，慢慢琢磨权术这个游戏。相比沙场之上攻城略地，他似乎更热衷于朝堂之上这种没有硝烟的战争，借助臣僚们的政见不合与派系争衡，让自己一步步从少年即位、老臣辅政的阴影中走出来，成为独揽大权于一身、精通驭臣之术的开国大帝。唯其如此，出身寒微的富春孙氏才能在危机四伏的东南半壁扎下根来，在群雄争霸的汉末乱世占得一席之地。也正因为如此，孙权执掌的江东政权缺少孙策时期的那股"转斗千里"的进取精神，在错过了多次良机之后，不得不接受三分天下有其一的现实。无论鲁肃的"两分天下"，还是张纮的"匡扶汉室"，都成为镜中花、水中月。

无论如何，在曹丕与刘备称帝后的第八年，孙权终于如当年鲁肃所言，身登九五之尊。孙权称帝，实际上名不正言不顺。曹丕虽然是篡位，但毕竟走了一套禅让的程序，以正统自居。刘备假借汉献帝已死的谣言，以刘氏帝胄的身份承嗣汉统，也能自圆其说。可是孙家称帝有何依据？于是只好假托神异之象：当年夏四月，夏口（今湖北武汉汉口区）、武昌都有人声称见到黄龙、凤凰这样的神兽，孙权于是在武昌建号称帝，是为吴大帝，改元黄龙。祭天诏书中说，汉室气数已尽，已绝祀于天，天命降在孙权头上，不得不受。

此时的孙权已经四十八岁，划江而治的安稳和个人的衰老都限制了他进一步谋求霸业的心志。称帝之后的孙权政绩平平，除了继续平定内部山越之外，对外曾在吴嘉禾二年（233）、三年（234）发动了两次对合肥的攻略，但都为满宠所筑合肥新城所阻，无功而返。他还曾取道海路，与割据辽东的公孙渊取得联系，意图合击魏国，但随后公孙渊背盟斩杀吴使，计划随之破灭。

随着孙权逐渐年迈，历代皇家出现的乱象也在东吴如套路般——呈现，比如朋党之争、酷吏当政、后宫争斗、诸子夺嫡，甚至出现了中国历史上极其罕见的政治异象——公主乱政。

公主的名字叫虎

在人们眼中，公主代表着美丽娇羞、优雅高贵、锦衣玉食，集万千宠爱于一身。

然而孙权不这么想，他希望他的公主成为一只"虎"。

孙权对虎有一种特别的执念。从小他就总被人拿来跟他的兄长"江东之虎"孙策相比，内心阴影难以抹去。于是他开始热衷于上山打虎，以磨砺自己，培养不输于孙策的勇气。这是一项危险的游戏，也是一项容易让人赌气的运动，老臣张昭愈是劝诫，孙权愈是兴致盎然。建安二十三年（218）十月，孙权乘马在庱亭（今江苏丹阳东）射虎。老虎凶猛，将孙权胯下骏马抓伤，一下子将孙权掀翻在地。紧要关头，孙权抽出随身双戟投向老虎，将其逼退，侍卫冲上来用戈击之，才将其捕获。

彼时已经三十七岁的孙权，早已摆脱童稚，成为稳坐江东之君，却依然对射虎贪恋不已。对外与曹操、刘备争霸，对内与朝臣、世族争衡，与虎搏命是孙权力量的源泉。他将虎之名赐予了两个女儿：孙鲁班，字大虎；孙鲁育，字小虎。

孙权一生女人众多，列于《嫔妃传》中的有六位。第一位是出生于会稽山阴的谢夫人。她的父亲曾当过尚书郎、徐县令，官职虽不高，但估计也是会稽一方望族。当时孙氏刚刚平定江东，怀柔吴会大族是政治任务，于是孙权母亲吴夫人做主为他娶了谢氏。孙权起初对谢夫人甚是宠幸，但随着徐夫人的到来，谢夫人失宠，她又不肯排位低于徐夫人，于是郁郁而终，没有留下子嗣。

徐夫人，籍出孙氏同县富春。徐氏家族是孙氏家族创业早期的亲密伙伴，并两度联姻。此前，孙坚将妹妹嫁与徐真，两人生子徐琨，即徐夫人之父，因此徐夫人实际上是孙权的外甥女。

说来孙权的这位姑妈不愧是孙坚之妹，可谓女中豪杰。孙策起兵之初，徐琨随行征战，其母亦在军中。当时孙策在横江和当利渡口击败刘繇军，但因为船少，不敢渡江。孙姑妈着急了，连忙对徐琨说："还磨蹭啥啊，等敌人集合了水军再来打我们就糟了，没船就捆竹筏子啊！"[1] 徐琨转告孙策，孙策猛然醒悟，照着她的法子办，大军果然快速突破长江防线，徐琨因有功被表为丹阳太守。但很快，徐琨因为手握重兵，引起了孙策的猜忌。孙策收缴了徐琨的兵权，让更为信任的舅舅吴景代之。徐琨虽然受到一段时间打压，但在孙权上台后，这位表兄兼岳父被起用。讨伐叛臣李术有功后，徐琨受封广德侯，迁平虏将军，可惜在随后征黄祖的战争中阵亡，让徐夫人早早失去了娘家的外援。

徐夫人嫁给孙权属二婚，她前夫是吴郡世族领袖陆康之孙陆尚，早逝。这亦成为陆家与孙家千丝万缕联系的一环。徐夫人也没有为孙权生子，但担负起养育孙权长子孙登的重任。孙登的生母卑贱，以至于连姓氏都没有留下。孙登自小在徐夫人膝下长大，若亲生母子一般。但徐夫人生性善妒，让孙权十分不悦，夫妻关系开始变得冷淡。

这时候，突然出现一个容貌美丽且性不善妒的夫人，一下子就抓住了孙权的心。她就是步夫人，名练师，临淮淮阴人。她与后来成为吴国第四任丞相的步骘是同族，亦是从淮泗一带渡江南下的流寓人士。若说前两位夫人都有母亲包办婚姻的痕迹，那么步夫人的出现则标志着孙权在婚姻上取得了自主权。这就埋下了"徐步立后之争"的隐患。

孙权称帝后，立孙登为太子。俗话说母以子贵，徐夫人为太子养母，依礼法当为皇后，于是群臣多次进言劝立。但孙权偏爱步夫人，有意立她为后。在立后问题上，君臣相持不下，一拖就是十几年，直到步夫人去世，群臣才让步，同意追授她为皇后。步夫人也没有为孙权生子，而是生了孙鲁班、孙鲁育两位公主。

---

[1] 琨母时在军中，谓琨曰："恐州家多发水军来逆人，则不利矣，如何可驻邪？宜伐芦苇以为洿，佐船渡军。"——《三国志·吴书·妃嫔传》

吴国十余年不立皇后，看似是孙权的家事，实际上，后宫联系着朝堂，妃嫔位次亦关乎政治。尽管养母宠衰，但孙登始终深得孙权喜爱。孙权为孙登娶了周瑜的女儿为太子妃，选取诸葛恪、张休、顾谭、陈表四位开国功勋子弟作为孙登的宾友，陪伴他读书射箭，又有名士谢景、范慎、刁玄、羊衜等为太子的宾客，因此东宫一时以"多士"而闻名。孙权称帝后迁都建业，将武昌作为陪都留给孙登管理，并以上大将军陆逊、尚书是仪等辅佐他，直到四年后孙登之弟孙虑去世才将其召回。

孙登毫无疑问是一位理想的太子，他性情宽厚仁爱。有一次他出游遭遇飞弹袭击，随从抓到了一位手持弹弓的嫌疑人。但孙登没有立即处置他，而是找来弹丸和他的比对，发现并不一致，从而避免了一场冤案。还有一次他的手下有人偷盗被捕，他只是叫来责罚了一番便遣回家了，还让随从不要张扬此事，以免让当事者难堪。吴嘉禾三年（234）孙权进攻合肥时，孙登受命作为后方主管。当时庄稼歉收、盗贼蜂起，孙登严守律例，应对危机卓有成效。他多次为孙权举荐人才，并弹劾专权的校事吕壹，在朝臣心中有极高的好评。更可贵的是孙登与兄弟关系和睦，看到孙权喜爱弟弟孙和，他就以兄长之礼对待孙和，甚至表达出让位给孙和的想法。

孙权对孙登的培育倾注了很大的心力。如此看来，孙登若能够顺利即位，极可能是个明君，当不输于魏明帝曹叡。然而，吴赤乌四年（241），孙登病逝，年仅三十三岁。白发人送黑发人，最令人叹惋。孙权大为悲伤，每次提及孙登都泪流满面。

人死不能复生，太子位空悬，诸子又没有嫡庶之分，只好按照年齿顺序来定。次子孙虑先于孙登去世，于是轮到了三子孙和。孙和的母亲王夫人出身于琅琊王氏，进宫较晚，但深得孙权宠幸，待遇仅次于步夫人。孙和因之也得到了孙权的喜爱，他从小就跟随中书令阚泽学习，礼贤下士，为人所称道。孙和在孙登去世后的次年被立为太子，孙权同样为他配备了豪华的教育团队，以阚泽为太傅，以薛综为少傅，以蔡颖、张纯、封俌、严维等人为侍从。孙和的妃子张氏是张承的女儿、诸葛恪的外甥女,此前为太子孙登辅弼的诸葛氏、张氏、顾氏、陆氏等世家大族自然又纷纷站在孙和身后,结成新的太子党。

然而此时,事情正在起变化。孙和继承了孙登的太子之位和几乎所有的政治班底,却没能继承他在父亲那里获得的独宠。在更立太子的同时,孙权还立了四子孙霸为鲁王,却不让他赴封地,而是留在都城建业。已入暮年的孙权将此前对孙登的爱平分给了两个儿子,犯下了为政者之大忌。太子与鲁王各自招募宾客、罗织党羽,朝臣也站为两队,互相攻讦毁损,是为"二宫构争"。由于孙和住在南宫,这起震荡吴国政坛的党争又被称为"南鲁党争"。

孙霸原本没有资格与孙和争衡,他的生母谢姬,并未列于《嫔妃传》中,可见出身与位份均较低。孙霸的妻子是刘繇之子刘基的女儿。刘基作为孙氏旧敌后人被留在政权内任职,官至光禄勋,分掌尚书事,虽然颇受孙权重用,但与孙和那边的两大舅族、吴中大姓相比,显然不是一个量级的。真正为孙霸这边增添分量,并在南鲁党争中搅动风云的,不是别人,正是公主孙鲁班。

挑动儿子斗儿子

孙鲁班、孙鲁育姐妹的婚姻都有些坎坷。孙鲁班初嫁周瑜之子周循。作为大帅哥周郎和大美人小乔的儿子,周循自然仪表不凡,有父亲的风采,但他却也继承了周瑜的短命,年纪轻轻就让孙鲁班守了寡。后来孙权将孙鲁班嫁给屡立战功的卫将军全琮。孙鲁育则先嫁"吴中四姓"之一朱氏子弟、左将军朱据,后嫁车骑将军刘纂。东吴不为公主封邑,因此东吴的公主不能像魏国那样叫什么金乡公主、清河公主,只能在公主之前冠夫姓。本文以下也依照当时的称谓方式,将孙鲁班称为全公主、孙鲁育称为朱公主。

起初，全公主是无论如何也没有干预政事的机会的。自西汉有吕氏之乱、东汉有外戚干政以来，三国各家帝王都很注意对后族权力的限制。整个三国时期，没有出现一位手握重权的太后、皇后，何况被皇权当作政治联姻工具的公主呢。

然而全公主注定要走上与一般的公主不同的道路。她的母亲步练师是孙权最宠爱的女人，若她是男儿，孙登死后又哪里轮得上孙和与孙霸？南鲁党争，孙和与孙霸争斗正酣，全公主看着很不爽，也想掺和一脚。

当年的"徐步立后之争"想必给孙鲁班幼小的内心留下了深深的伤痛。她的母亲步练师虽然一生受宠，但死后才被追封为皇后，这使她对太子党和那帮严守礼法的元老大臣们产生了先天的厌恶。恰在此时，宫中又传出了孙权有意立孙和之母王夫人为皇后的消息，而全公主本来就跟王夫人有矛盾，因此全公主携其夫家钱唐全氏，果断地与鲁王孙霸结成了同盟。这让太子与鲁王的力量对比一下子出现了微妙的变化。

罗列一下南鲁党争两派的支持者，就可以明显看出，经过孙权治下三十余年人事更迭与权力洗牌，东吴政坛格局出现了新的嬗变。追随孙策南下的老一辈淮泗流寓人士已经逐渐凋零，后继乏人，而曾经对孙氏政权持观望态度的江东世家大族已逐步融入孙氏政权之中，基于籍贯而对立的政治派系已不复存在。无论太子还是鲁王的队伍里，都是既有淮泗人士，也有江东人士，取而代之的是恪守儒家纲常的老世族与新兴贵族之间的矛盾。

支持太子孙和的主要有陆逊、顾谭、顾承、张休、诸葛恪、吾粲、滕胤、施绩等人。他们多为创建江东政权的功勋之后，或与孙和结为姻亲，或互为姻亲，且深受儒家礼教影响，讲求嫡庶之分，主张既然太子已立就应责无旁贷地辅佐之。

但也许因为这些大世族们太过于抱团，而且在此前"徐步立后之争"中惹孙权不快，因此当孙权表现出对鲁王孙霸的偏爱时，另一批人跳出来站在了孙霸的背后。他们中有全琮、吕岱、杨竺、孙弘、吴安（吴景之孙)、孙奇(孙辅之孙)等,但核心成员是以全琮为代表的钱唐全氏。

全琮是土生土长的江东人士,其父全柔曾在汉灵帝时出任尚书郎右丞,后来返乡为官。孙策打来时,全柔带兵投靠,得到孙氏政权的信赖。在江东,全氏可谓富豪之家,经常拿出钱粮接济灾民和自江北来的流寓之士,博得了很好的名望。但全氏家族与同在吴郡的顾、陆、朱、张等豪门大族还有不小的差距。好在全琮格外争气,在孙权帐下屡立战功,一路升迁。尤其是吴黄武七年(228)的石亭之战,全琮与朱桓在陆逊的率领下合围魏国大司马曹休,取得大胜,他们也成为当时吴国军界冉冉升起的两颗新星。没过多久,孙权就将女儿孙鲁班嫁给了全琮。当上驸马的全琮在吴赤乌九年(246)也坐到了吴国大司马的位子。

全琮将钱唐全氏提升到名门望族的地位,然而强势如虎的全公主却逐渐成了全家的精神领袖。正是全公主,在南鲁党争中将全氏一族拉下了水,也为全氏随后如过山车一般的跌宕命运埋下伏笔。

太子与鲁王之间的夺嫡之争,从吴赤乌五年(242)持续到赤乌十三年(250),两派彼此抹黑、构陷、拆台、告状,而全公主为党争添油加薪,唯恐天下不乱。有一次孙权卧病在床,命太子孙和代替他去宗庙祭祀。孙和祭祀完后,因为宗庙距离太子妃叔父张休家很近,就顺便去串了个门。这一行为被全公主的眼线发现了,全公主便在孙权面前告了一状,说太子不好好祭祀,却到舅氏家中,不知道谋划什么事情,还添油加醋说孙权生病的时候,王夫人面有喜色。孙权本来就易怒,再加上生病期间缺乏理性,便将王夫人斥责了一顿。这王夫人居然因此抑郁而终,孙和也因此被冷落了一段时间。

在全公主带领下,钱唐全氏的子弟也披挂上阵,于是一件旧事被拎了出来,那就是芍陂论功事件。吴赤乌四年(241),吴军在芍陂击退魏将王凌,参战者有全琮叔侄和顾雍之孙顾承、张昭之子张休。事后论功行赏,负责评定功绩的典军陈恂认为阻击敌军的功劳大、击退敌军的功劳小，因此评定顾承为奋威将军、张休为扬武将军，而全琮的两个侄儿全端、全绪仅为偏将军。这就让全氏家族对张顾两家记恨在心。而此前全琮之子全寄也与顾谭不合，旧怨加新仇，就在南鲁党争之时总爆发。全琮父子指责张休、顾承与典军陈恂私下串通，在军功评定上做手脚。孙权此时已利令智昏，对全公主和全氏言听计从，最终顾谭、顾承、张休被流放交州，张休后来亦被孙弘所谮杀，太子党受到极大削弱。

全公主对太子党的攻击是出于私怨，她实际上并非真心支持孙霸。随着两派斗争愈演愈烈，全公主很快就嗅到了苗头，原来父皇是在利用南鲁党争挑动朝臣互相残杀，等到双方杀红了眼，他就要出手了。而孙和与孙霸这两个儿子，他都不想立。孙权此时最疼爱的，是他最小的儿子孙亮。

孙亮的母亲潘夫人出身卑贱，原本因父罪充入宫中做纺织女工，被孙权看中后纳为妃。这位潘夫人也不是个善茬，生了儿子以后就在后宫不可一世，欺凌其他嫔妃，虐待下人，甚至还妄想当吕后。最终宫女不堪虐待把她勒死了。

不过对孙亮来说，薄弱的背景倒使他成为投资的好对象。看透了父亲险恶心思的全公主，及时地从南鲁党争之中抽身出来，将政治前途押宝在这个年仅十来岁的弟弟身上。在全公主的操作下，全尚的女儿嫁给孙亮为妃，全公主更是多次进宫在孙权面前称赞这位幼弟，让孙权龙颜大悦。

吴赤乌十三年（250），孙权终于对南鲁党争出手，废太子孙和为南阳王，将鲁王孙霸赐死，孙亮成为新的继承人。党争八年，太子这边连死带伤的有陆逊、陆胤、顾谭、顾承、张休、吾粲、朱据；鲁王这边也折了杨竺、全寄、吴安、孙奇、诸葛绰。这是一场双输的政争，唯一的胜者竟然是全公主。

孙权临终，考虑到孙亮幼小，留下了五名顾命大臣：太傅诸葛恪、中书令孙弘、太常滕胤、将军吕据、侍中孙峻。这其中既有当年的太子党成员，也有当年的鲁王党成员，还有宗室子弟。这种安排本来是出于平衡各政治派系的考虑，但孙权刚闭眼，诸葛恪便诛杀了残害众多吴国将领的孙弘，独揽朝纲。而滕胤与诸葛恪是儿女亲家，吕据与滕胤又是连襟。全公主费尽心力扶上皇位的小弟弟，眼见又被大臣们挟持走了。此时全琮已死，夫家钱唐全氏看来是不能依靠了，于是她把目光投向了宗室子弟孙峻。

成于宗室，毁于宗室

比较刘曹孙三家的宗室：刘备孤微起家，无兄弟子侄可倚仗，靠着汉室宗亲的名头收买人心；曹操宗室最强，曹氏、夏侯氏名将如云、名士众多；孙氏图霸江东，与汉室渊源最弱，因此也最仰仗宗室。

枝繁叶茂的孙氏族人，曾经是维系孙氏军事实力的关键力量，也是孙策平定江东的可靠战友。孙坚有胞兄孙羌、胞弟孙静，孙氏宗室基本来自这两脉。孙羌早亡，其子孙贲在孙坚死后委身袁术，保留了孙家部曲，为此后孙策东进提供了家底；孙贲之弟孙辅由孙贲抚养长大，亦参与孙策平三吴、擒祖郎。孙静在孙坚初起义军时便集合乡里宗室子弟五六百人前往助阵，后又献策平定会稽王朗。孙静功成后及时隐退，其三子孙瑜、孙皎、孙奂皆为东吴将领，屡有战功。

孙策平定江东之初，所占诸郡除吴会以外，皆交由宗室子弟管辖，如孙贲为豫章太守，孙辅为庐陵太守，孙翊、孙瑜先后为丹阳太守，孙河为庐江太守。他们在辖区可以任命官吏，他们的部曲则可世代继承。如孙瑜死后，弟弟孙皎、孙奂相继承袭其军权，孙奂死后又将军权传给其子孙承、孙壹，直至因吴国内乱孙壹携部曲千余口过江投魏，这支五代主将承袭的部曲从未受吴国中央控制。虽然宗室中出现过如孙辅、孙暠这样的离心离德者，但在孙权于江东立足未稳，外有强敌环伺，内有山越未宁及江东大族尚未诚心归附之时，宗室仍是他必须依靠的力量。

然而随着吕蒙、甘宁、丁奉等东吴名将崛起，宗室将领的好日子不再。吕蒙袭击南郡的时候，孙权曾打算让孙皎与吕蒙共同领军，分别担任左、右都督。但吕蒙上书孙权说:"您要是觉得征虏将军(孙皎)可以,就干脆让他去;您要觉得我可以,那就全部交给我一人。当年周瑜和程普一起担任都督,两人不睦,差点坏了大事,这是要引以为戒的啊!"[1]孙权这时才知道,宗室将领在军中占据过高的地位早已引起不满,吕蒙的抱怨实际上代表了多数将领的意见。孙权此时正值用人之际,于是任命吕蒙为大都督,而让孙皎作为辅助。

此后在对魏蜀的作战中,孙氏宗室中依然屡有猛将活跃于前线,孙河三子孙桓,二十五岁拜安东中郎将,与陆逊共拒刘备于夷陵。刘备兵败后,孙桓一路截击要道,追得刘备翻山越险、狼狈逃脱。六十三岁的昭烈皇帝气急败坏地说:"当年我去京城见孙权的时候,孙桓还是个小娃儿,没想到今天差点把我逼到绝路!"[2]孙河之侄孙韶,在孙河死后统领其部,在对付另一位皇帝曹丕的战事中,他派遣将领高寿等人率领五百敢死之士从小路偷袭,虽没有擒得敌首,但夺取了曹丕的车盖,把曹丕吓得不轻。孙韶长期驻扎在广陵前线,青、徐、汝、沛等地百姓来归附者很多。孙权问及敌方军营布局、人马多少,乃至敌将姓名,孙韶都对答如流。

到了孙权晚年,孙氏宗族的昔日名将大多凋零,唯有孙峻备受孙权信任,在孙权晚年被升为武卫都尉,任侍中,为皇帝御前亲近之人,受托为顾命之臣。孙峻是孙静曾孙、孙暠之孙、孙恭第三子,虽然比幼主孙亮年龄大得多,但辈分上却小孙亮一辈。在辅政五臣中,孙峻的地位和名望远不能与诸葛恪、滕胤等相比,偏偏他又是一个权力欲望极强的人,渴望结交一个能让自己更接近权力核心的人。而此时的全公主已丧两任丈夫,两人眉目相对,便勾搭成奸。

全公主与孙峻合流后,很快确立了共同的敌人,即太傅诸葛恪。对孙

---

[1] 蒙说权曰:"若至尊以征虏能,宜用之;以蒙能,宜用蒙。昔周瑜、程普为左右部督,共攻江陵,虽事决于瑜,普自恃久将,且俱是督,遂共不睦,几败国事,此目前之戒也。"——《三国志·孙皎传》
[2] 备逾山越险,仅乃得免,忿恚叹曰:"吾昔初至京城,桓尚小儿,而今迫孤乃至此也!"——《三国志·孙桓传》

峻来说，诸葛恪是挡在他前面的绊脚石，必除之而后快。对全公主来说，诸葛恪是废太子孙和的旧党，当时甚至有传言称诸葛恪仍有立孙和之意，这是孙鲁班所不能容忍的。恰在孙亮即位次年，诸葛恪北伐合肥新城失败，引发众怒。孙峻借此机会欺骗孙亮，说诸葛恪要叛变，设下酒宴袭杀了他，并诛其三族。此事使已被废的太子孙和、张妃也被逼自杀。

诛杀诸葛恪后，孙峻升为丞相、大将军，独揽朝纲，小皇帝孙亮的全妃被立为皇后。钱唐全氏作为外戚，一门五侯，其中皇后之父全尚接替滕胤为太常、卫将军，进封永平侯，录尚书事。全家因此成为东吴建国以来最盛的外戚。情夫和夫家垄断东吴朝政，对全公主孙鲁班来说可谓双保险，这个以虎为名的公主，终于在翻云覆雨之间，于权力之上获得了巨大的满足感。

全公主的残忍，不仅在于她对与自己有隙的异母兄弟孙和冷酷无情，还在于即便面对自己的同胞妹妹，她也能忍心下手。朱公主孙鲁育的丈夫朱据，在南鲁党争中是太子死党。为了劝阻孙权废太子，朱据甚至以泥涂首并将自己绑起来，跪在宫外为孙和求情。孙权十分震怒，将其杖责外放。后来朱据被鲁王党中书令孙弘诬陷致死。太子是全公主的死敌，而朱公主不肯跟姐姐一起参与潜害太子的计划，姐妹俩裂痕愈来愈深。吴五凤二年（255），孙峻的专权引起另一批孙氏宗室成员的反感，以孙皎之子孙仪为首的一批人密谋杀孙峻。事情败露，株连了数十人。全公主借机诬陷朱公主也是同谋，将其冤杀。可怜一胞之姐妹，性情迥异且相逼至此。

朱公主的冤死让东吴朝堂暗潮涌动，酝酿着更大的危机。不久孙峻即病逝，政治衣钵被传递给了其堂弟孙綝，全公主一下子失去了靠山。孙綝在残暴程度上比孙峻又升了好几级，而且他对堂兄的老情人全公主也没什么好感。此时小皇帝孙亮已经长大，有了亲政的想法且早就对专权的孙綝看不顺眼，于是开始追究朱公主被冤死的旧事，希望以此扳动孙峻、孙綝的根基。全公主被问及此事，吓得不轻，把锅甩给了朱公主前夫朱据的两个儿子——虎林督朱熊、外部督朱损。孙亮下诏将二人诛杀。此二人是孙綝的亲信，其中朱损更是孙峻的妹夫，小皇帝这招在于敲山震虎，削弱孙綝的力量。

朱熊、朱损被诛为吴国带来了一连串的政治影响，首先是小皇帝对全公主的调查导致钱唐全氏内部分裂。全琮长子全绪（非全公主所生，已死）的两个儿子全祎、全仪察觉到全公主地位不保，于是在当年十一月携部曲数十家渡江出奔魏国。而当时，吴国正在出兵寿春以支援诸葛诞，将领中就有全家的全端、全怿（全公主生子）等，魏国谋士钟会于是借用全祎、全仪之名伪造信函进行劝降，导致全怿等五名全氏将领一起出城降魏，让吴国和诸葛诞损失惨重，赫赫一时的钱唐全氏也就此衰败。

机关算尽的全公主最终落得个竹篮打水一场空。儿孙均叛国而去，年岁已高的全公主的结局也随之而来。次年，孙亮与全公主、太常全尚、将军刘丞密谋除掉孙綝，不料事机泄露，孙綝带兵包围皇宫，杀刘丞，废孙亮，改立琅琊王孙休。习惯了作威作福的全公主，终于在政治上栽了跟头，虎落平阳，被流放豫章，此后史书上再无其踪迹。全尚被流放零陵，途中被杀。整个钱唐全氏几乎被斩尽杀绝，唯有孙亮的全皇后，美貌且贤惠，跟随孙亮被罢黜到侯官（今福建福州），直到吴国灭亡后才回到钱唐老家，一直活到晋永宁年间，是全氏一族中为数不多得以善终之人。

孙綝行废立后，好日子不长，很快就被新立的皇帝孙休联合老将丁奉所杀。一连串血腥的宫廷内斗看似结束了，但经历了这场反复的折腾，吴国也是日薄西山、气息奄奄，不仅再也无力北伐，连盟友蜀国被司马昭灭掉时，都没有能力去救援。失去巴蜀就等于把长江上游交给了敌人，长江天堑的屏障作用已失，东吴的丧钟已经敲响了。

最后的杀戮

吴国第三任皇帝吴景帝孙休，为孙权的王夫人所生。孙休的兄弟们在吴国多年的内斗中死的死、废的废，所剩无几，他当皇帝纯属侥幸。

孙休在位七年没有什么作为，值得说的亮点，一是他的皇后是朱据与朱公主之女，因此按辈分是娶了外甥女——当然这事他爸孙权也干过，不新鲜。

另一件则甚为有趣。孙休有一个怪癖，喜欢生造文字。在古代，凡是与皇家撞名的人名、地名都要改掉，这叫作避讳，比如新都郡的休阳县就避孙休讳改为海阳县（今安徽休宁）。孙休本着方便老百姓的初衷，脑洞大开，居然给自己的四个儿子生造了八个字，作为他们的名和表字。快来认识一下这八个终极生僻字：

太子孙𩅦（wān），字𩃙（qì）

次子孙𩃿（gōng），字𩇨（xián）

三子孙壾（mǎng），字𣊟（wēn）

四子孙𡚒（bāo），字𤕱（yōng）

有没有一种看到"火星文"的感觉？没有注音是不是一个都读不出来？这么生僻的字的确不需要避讳，但生造的字又需要老百姓重新学习，这不是加重负担吗？为《三国志》作注的裴松之也是实在看不下去了，毫不客气地批评孙休："造无况之字，制不典之音，违明诰于前修，垂嗤骇于后代，不亦异乎！"

孙休死后，本该大儿子即位，但当时蜀汉刚亡，交州又有叛乱，国家正处于动荡时刻，东吴群臣商议的结果是，希望能有一位年纪比较大的君主来稳定局势。于是不少人因同情心而指向了当年南鲁党争中的废太子孙和。孙和虽然早已死于孙峻之手，但尚有四个儿子，由其次妃何姬在极其艰难的困境中抚养长大。其中长子孙皓，为何姬所生，孙权在世的时候就很喜欢他，为他取名"彭祖"。孙皓当时被封为乌程侯，而乌程侯恰恰是当年孙坚从汉室获得的第一个爵位。左典军万彧曾经做过乌程县令，在朝堂上大力鼓吹孙皓才识明断，有当年孙策的风采。于是众臣商议，迎二十三岁的孙皓入建业称帝。

孙皓初登帝位时还能体恤百姓、赈济灾民，像个明君，但很快他的真面目就暴露了出来。孙皓在才能上有没有孙策的遗风看不出来,但在性情上却继承了孙坚、孙策、孙权残忍嗜杀的一面。扶他上皇位的大臣濮阳兴、张布、万彧深感失望,却都遭到孙皓的诛杀。孙皓还对可能威胁到自己地位的宗室子弟大开杀戒。如民间有人议论皇位应当还给孙策一系,孙皓就杀害了孙策之孙孙奉。他还流放了孙霸二子,诛杀了孙权第五子孙奋及其五子,杀了异母弟孙谦、孙俊,对孙休的朱皇后和两个年龄较大的儿子也都没放过。孙皓统治期间,东吴将领人人惧怕,忐忑不安,有不少甚至直接叛逃,如孙匡之孙孙秀携眷投晋,孙韶之子孙楷携眷投晋,步骘之子步阐举城投晋。东吴政权已经人心涣散,全仗陆逊之子、大司马陆抗镇守,才使得晋军一时不敢南侵。

吴天纪三年(279),经过多年准备的晋军分六路南下,大举伐吴。晋军势如破竹,吴丞相张悌、将军沈莹战死,吴军全线崩溃。次年三月,王濬楼船临建业城下,孙皓肉袒面缚出降。计孙氏政权,从孙权武昌称帝起至此五十二年,从孙策渡江东征至此八十六年,从孙坚起兵讨黄巾军至此九十七年,终于落下沉沉大幕。晋都洛阳,群臣朝贺,唯有孙秀称病,面向南方痛哭流涕:"当年孙讨逆(孙策)仅以校尉的身份创建基业,现今孙皓居然就这么把大好江南丢弃了,宗庙山陵都化为了废墟。悠悠苍天啊,这是为什么啊?"[1]

孙皓虽为亡国之君,但毕竟有些骨气。晋武帝司马炎召见他,说:"朕准备了这个座位等你已经有很久了。"孙皓则怼道:"我在南方也准备了座位在等陛下呢。"晋武帝宠臣贾充讥讽孙皓:"听说你在南方经常挖人眼睛,剥人面皮,这是怎样的刑法啊?"孙皓也机智地怼了回去:"为臣子却弑君者以及奸诈不忠之人,就要用这种刑法对付他。"贾充听后沉默不语。

孙皓降晋后被封为归命侯。司马炎对孙氏还是不错的,那一年的司马

---

[1] 秀称疾不与,南向流涕曰:"昔讨逆弱冠以一校尉创业,今后主举江南而弃之,宗庙山陵,于此为墟。悠悠苍天,此何人哉?"——《三国志·孙匡传》裴注《晋纪》

炎一定沉浸在三分天下归晋的狂喜之中不能自拔。只是他无论如何也不会想到，仅仅三十多年后，司马家的大好河山就被塞北胡人的马蹄所践踏，反倒孙氏经营近百年的江南，成为衣冠南渡的避风港、延续晋室国祚之地。

十九

张文、朱武、顾厚、陆忠——吴中四姓

陆氏家族

籍贯：吴郡吴县（今江苏苏州）

代表人物：陆绩、陆逊、陆抗

顾氏家族

籍贯：吴郡吴县（今江苏苏州）

代表人物：顾雍、顾谭

张氏家族

籍贯：吴郡吴县（今江苏苏州）

代表人物：张温、张俨

朱氏家族

籍贯：吴郡吴县（今江苏苏州）

代表人物：朱桓、朱据

朱氏家族

籍贯：丹阳故鄣（今浙江安吉）

代表人物：朱治、朱然、施绩

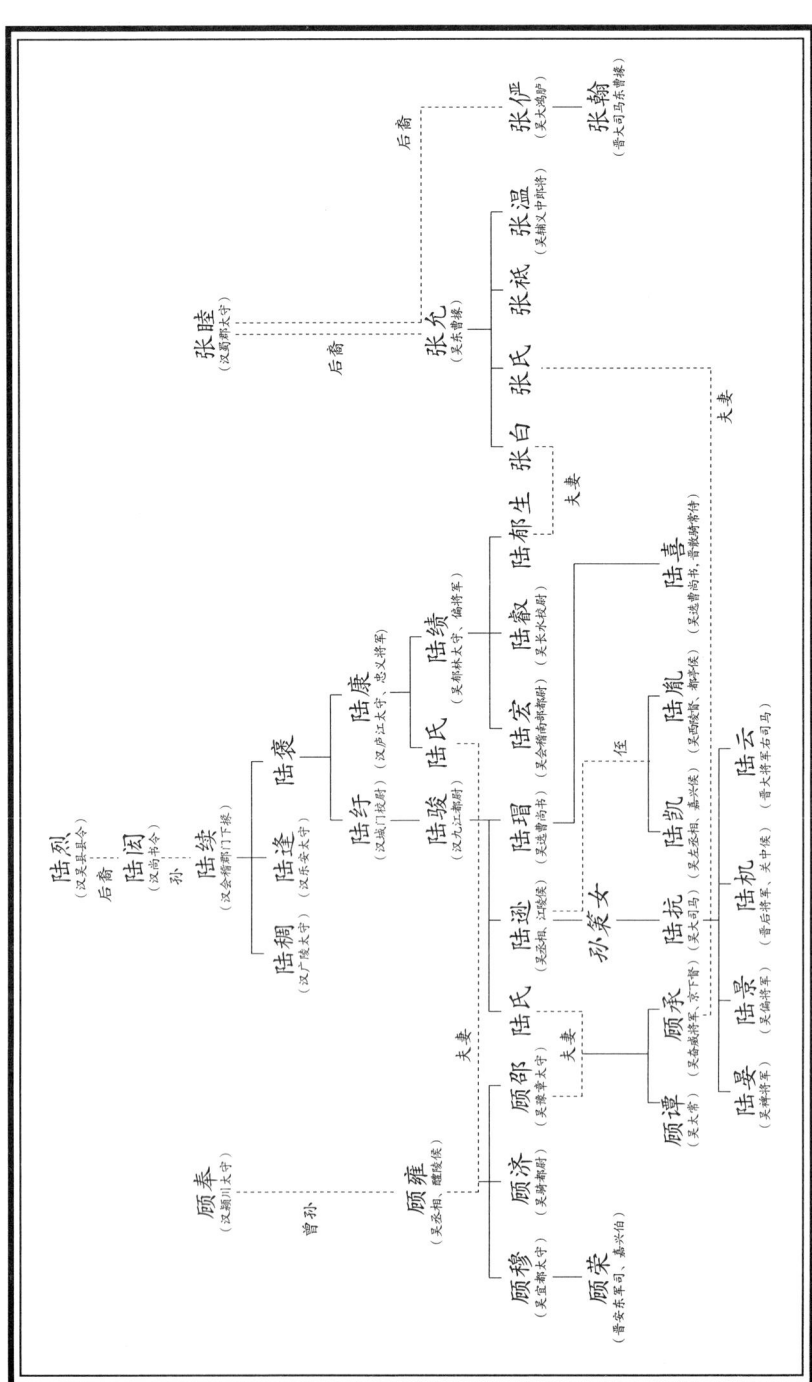

吴郡顾、陆、张等家族世系表

汉末，庐江郡舒城，目所能及的远方，尘烟大起，蹄声隆隆，一支虎狼之师正向这座江淮之间的重镇扑来。

守卫这座城池的是一位年过七旬、苍髯白发的老者，名唤陆康。他是汉室册封的庐江太守，也是为数不多的忠于行将就木的汉帝国的忠贞之士。当时的天下已经乱套了，各地州牧郡守割据地盘，互相攻伐，早就不把皇帝当回事了。汉献帝就像玩偶一般在权臣手上被传来传去，连自己都保不住。可陆康却不忘初心，始终记得自己的官职是朝廷册封的，不管路途多么艰难险阻，他都循例为朝廷推举孝廉、贡奉税赋。皇帝很感动，可他除了加封陆康为忠义将军，表其节义，也做不了什么。

然而以区区庐江一郡，想在乱世中持节守忠、安境保民，必不可得。盘踞在寿春的袁术早就盯上了肥腴的庐江，差人向陆康借兵借粮。在陆康心中，袁术无疑是汉室叛逆，岂能听从他的调遣？盛怒之下，袁术派兵向舒城攻来。

陆康看来就要尽忠报国了！陆康感慨，对于他这样一个老者而言，此生已再无遗憾。然而，陆康还是陆氏家族的族长，身担一族人的安危以及这个吴中大族的兴衰荣辱。他可以为大汉殉葬，可陆家不能在此战绝嗣。

陆康将族中年纪尚幼小者挑了出来，在大军围城之前，将他们放出城去逃难，为陆氏家族保留血脉。因为幼子陆绩当时才六七岁，不能主事，于是陆康选了一名叫陆议的侄孙为陆家"纲纪门户"。于是这支陆家的小分队，由舒城出发，辗转渡江，最终回到了老家吴郡吴县，免于一场灾祸。

多年以后，陆议和陆绩得知，他们走后不久，袁术的大军就将舒城围得如铁桶一般。陆康坚守舒城达两年之久，城池最终陷落，陆康油尽灯枯，月余之后便病逝了。留在庐江的陆氏家族百余人的下场极为惨烈，近半数都死于战乱与其后的饥馑,身为"吴中四姓"之首的陆氏家族受到毁灭性的打击。

陆议记下了那个领兵包围陆康的将军——孙策。他不会想到,他与孙策家族在未来会再次相遇,并且羁绊终身。与此同时,他还肩负着在大乱之世中重新振兴陆氏家族的使命。

他做到了。在历史上,他有另一个更响亮的名字,叫作陆逊。

何以陆忠

上有天堂,下有苏杭。苏州,春秋时为吴国都城,遂以吴为名。秦汉设吴县,为会稽郡的治所。当时的会稽郡极其广大,包括现在江苏南部、上海、浙江和福建,因此吴县可以说是当时整个华东地区的政治经济中心。东汉顺帝时,分会稽北部置吴郡,吴县的地位进一步提升,吴县的世家大族们也逐渐浮出帝国政坛的水面。

吴县有四大家族最负盛名,即顾、陆、朱、张,史称"吴中四姓"。四大家族的兴盛均起于汉末三国,对应吴国的四位名臣,分别是顾雍、陆逊、朱桓、张温。刘义庆在《世说新语》中援引民间品评,为"吴中四姓"各加了一个修饰字——张文、朱武、陆忠、顾厚,其中陆家占了一个"忠"字;陆家世代相承的家风,也恰如其分地诠释了这个"忠"字。

陆姓,据说出自上古"五帝"之一颛顼的玄孙陆终。西汉初年,陆烈担任吴县县令,深受吴人爱戴,死后其子孙遂定居吴县,为吴郡陆氏之始,世代为吴之大族。虽是大族,但当时的吴地远离中原,属于偏远蛮荒之地,大族的影响力仅限于本地,尚无法跻身权力中枢、庙堂之上。直到东汉光武帝时期,陆闳在建武年间当了尚书令,成为陆家第一位到中央做大官的人。陆闳之孙陆续,天赋异禀,博闻强识。当时郡里遭饥荒,陆续被太守尹兴派去都亭给灾民施粥赈灾。陆续每见一位灾民就询问他的名字,等到尹兴叫他回去汇报赈灾情况,陆续将六百多个灾民的名字一一道出,毫无差错,堪称"最强大脑"。

这陆续虽然聪明,却命不好,摊上了一个倒霉事。当时汉明帝的异母弟楚王刘英因谋反被废,官府从楚王结交的名录上发现了尹兴的名字,于是不仅抓走了尹兴,还将包括陆续在内的五百多名下属官吏都押到洛阳审问。那时候的审问不会文明执法,就是简单粗暴的刑讯逼供,不少人挨不过大刑,五百多人死了一大半。只有陆续等三人虽被打得皮开肉绽,但不仅挺住了,而且也没有招供。

陆续坐牢,老母着急,一路从老家赶到洛阳,又不得探监,只能托守卫送饭进去。陆续在牢里被打得半死,始终面色不改,但见到守卫送来的食物,却大为悲戚。办案员问他为什么哭,他说:"因为母亲来了,我却不能相见。"办案员大惊:"也没说是你母亲送的饭呀,你是咋知道的?"陆续就说,母亲切肉总是切成方块,切葱总是一寸为一截,所以一看就知道这道菜是母亲亲手做的。办案员报告给汉明帝,皇帝被感动,于是将尹兴及其属下一众人都赦免,打回原籍,令其终生不能做官。陆续虽然保住了命,却因为这样一场冤案断送了政治生涯,无为终老。

陆续有三子,长子陆稠当过广陵太守,次子陆逢当过乐安太守,三子陆褒比较清高,不屑于做官。陆康正是陆褒的儿子,而陆褒另一子陆纡则为陆逊祖父。在这样的家族前辈浸染之下,陆康为汉帝国尽忠守节,也就在情理之中了。

庐江之难后,返回吴县老家的陆逊、陆绩也没过几天太平日子,战火很快从江北烧至江南。不是冤家不聚头,举兵渡江南下的,正是当年兵围陆康的"江东之虎"孙策。孙策凭借武力,几年间便尽有江东之地。对江东大族、豪强而言,孙策与侵略者无异,他们一开始并不接纳他为主公。有兵的如严白虎、周昕等直接抵抗,没兵的也大多持观望态度。孙策对他们也是恩威并施,有的需要杀鸡儆猴,有的则需要拉拢;陆氏家族就属于后者。

孙策到了吴县，搞了一次茶话会，在座的除了孙策帐下的谋士张昭、张纮、秦松外，还有仅十来岁的陆绩。他由于年龄最小，坐在末席。

陆绩，字公纪。陆康老来得子，于垂暮之年有了陆绩，十分珍爱。陆绩事母至孝，此前陆康与袁术关系还没闹僵时，曾带六岁的陆绩去袁术那里做客。席间，小陆绩看到盘中橘子鲜美，便揣在衣袖里几个。临别行礼，橘子从袖中滚出，陆绩被袁术嘲笑。陆绩回答，因为母亲喜欢吃橘子，想带回去给母亲尝尝。尴尬的局面被瞬间化解，陆绩的孝心于是也传播开来。"二十四孝"中的三国故事不少，"陆郎怀橘"就是其中之一。

对于陆绩来说，此次出席这样一场茶话会，又是另外一种尴尬。其父陆康因孙策围攻而死，全族罹难皆因其故。如今孙策又耀武扬威地打到吴县老家，在他面前宣示武功，他肯定看着不爽。于是当孙策与众人高谈阔论天下未定、该如何武力征伐时，陆绩在末席突然大声发话，宛若泼去了一桶冷水。

陆绩说："当年春秋时管仲辅佐齐桓公称霸，大合诸侯却不用兵车。孔夫子也说过：'远人不服，则修文德以来之。'现在你们讨论了半天，却不用仁义道德去怀柔，反而一味崇尚武力，我这个小孩子都觉得不可取啊！"[1]

这番言论虽然有腐儒之嫌，但从一个十来岁的小孩子嘴里说出来，还是让张昭等重臣颇为惊奇。谁都知道孙策的江东是用拳头打出来的，这时候拿出齐桓公与孔夫子的例子，不就是讽刺孙策不修道德，其势力是不义之师吗？

以孙策充满戾气的性情，当时应该已经暴怒了。不过史书中没有记载孙策的反应和陆绩是否被惩罚。也许，孙策看在他童言无忌，抑或对陆家毕竟心中有愧，考虑到冤家宜解不宜结，便一笑了之了。

---

[1] 绩年少末坐，遥大声言曰："昔管夷吾相齐桓公，九合诸侯，一匡天下，不用兵车。孔子曰：'远人不服，则修文德以来之。'今论者不务道德怀取之术，而惟尚武，绩虽童蒙，窃所未安也。"——《三国志·陆绩传》

当然还有一种可能，那就是孙策也认为陆家这小子说得在理：此时正是孙氏政权由打天下向治天下转型的时期。江东之地如何保全、如何经营，显然不能再用武人思维，而需多用仁德教化。孙氏家族是吴中寒门，恩威不重，想要长期在吴地坐得稳，还得借助本地大族的威望，那首先便要笼络"吴中四姓"。办法只有一个：将他们吸纳进江东政权的体制之内，为孙策所用。孙策应该是想到了这一点。但历史没有给他留足够的时间，随着孙策的英年早逝，与"吴中四姓"打交道的任务落在了孙权的身上，而这也将成为贯穿他一生的必修课。

顾雍：酒席上的无趣之人

建安五年（200），孙权接管江东，当时东吴宗室成员和孙策旧部中多有对他不服者。为了稳固自己的统治，孙权急需从吴中本地提拔一批忠于自己的人士，孙氏与江东世族之前的宿怨开始冰消，"吴中四姓"开始步入东吴官场。

陆氏家族的陆绩被孙权征为奏曹掾，管理奏章。陆逊被孙权任命为东西曹令史，从事文秘工作，后来又被派往海昌县（今浙江海宁）基层锻炼。张氏家族的张允（与刘表部将张允同名）因为轻财重贤，名望颇高，被孙权聘为东曹掾，掌人事。朱氏家族的朱桓也从余姚县长这一基层位置开始干起，妥善处理了当地瘟疫流行和粮价上涨等民生问题，政绩卓著。

"吴中四姓"之中，资历最深、名望最大的要数顾氏家族的顾雍。顾雍的曾祖父顾奉曾任颍川太守。顾雍有个大牌师傅，那就是从北方而来客居吴地的名儒蔡邕。顾雍自幼跟从他学习书法和弹琴，"专一清静，敏而易教"，深得蔡邕喜爱。顾雍名中的"雍"，就是蔡邕以己名为他取的（"雍"与"邕"同音，在古代常混用）；顾雍表字"元叹"，也寓意蔡邕对他的赞叹。

顾雍早在孙策南渡前就在扬州做县长。孙权是朝廷册封的会稽太守，但当时孙氏政权的政治中心在吴郡，孙权长期不在会稽，于是任命内政业务熟练的顾雍为会稽郡丞，代理太守之职，管辖江东最大的郡。顾雍在会稽剿灭贼寇，保一方安宁。到了孙权为吴王后，顾雍接连升迁至大理、奉常，领尚书令，封阳遂乡侯，成为东吴行政首脑。

吴郡顾氏占一个"厚"字，意指顾氏家族成员为人老实厚道，以德服人。这一点在顾雍身上表现得尤为突出。深受名儒大家传经授道的顾雍，为人低调，兢兢业业，不事张扬。他低调到封侯拜相后，连老家族人都不知道，后来消息传来老家族人都惊讶不已。

"吴中四姓"中为何顾雍最先受到孙权的青睐？除了资历深，还因为顾雍为人宽厚雅量，脾气好，可以和同僚和衷共济，对主公可以委婉劝导。张昭总是当面批评孙权，直言指责孙权的过失，让他很是不快。而顾雍却不同。孙权有政事不明之处，常派中书郎（皇帝贴身秘书）去顾雍处咨询。顾雍并不当面表明自己的立场，但凡他觉得孙权的意见可以施行，就热情地与中书郎讨论，并设下酒席款待。如果顾雍不赞成孙权的意见，则会沉默不语，也不摆酒席，中书郎便明白他的意思，回去报告孙权。连秘书的面子都给足，用现在的话来说就是政治情商很高，顾雍难怪会得到孙权的厚待。

汉末三国的名流雅士们都以饮酒为趣，但顾雍是个例外。他不好饮酒，沉默寡言，但自有一种不怒而威的神采。孙权起初对他的性情很欣赏，说"顾君不言，言必有中"，意思是顾雍平常不说话，但一旦说话就切中道理。不过很快孙权发现顾雍也有不好的地方，就是这个人也太无趣了。孙权喜欢大宴群臣，顾雍坐在那里不苟言笑，又不喝酒，搞得周围人喝酒也不敢尽兴，颇为扫兴。孙权于是又无奈地说："顾公在座，使人不乐。"

虽然对上级和同僚态度温和，但顾雍的家教十分森严。他的孙子顾谭担任选曹尚书，很受孙权重用。有一次孙权大摆筵席，顾家祖孙三代都在场。那天孙权心情很好，喝得很欢。顾谭也喝大了，在宴席上跳起舞来，十分失态。顾雍憋着怒火，第二天就把孙子叫来狠狠训了一顿。他说："做臣子的就应当谦恭谨慎。汉高祖的名臣萧何和光武帝的名将吴汉功勋够大了吧，在皇上面前还不是毕恭毕敬的。你这小子，对国家有什么功劳可言？不过就是凭借顾氏家族门楣被皇上宠信，这就让你狂得舞个不停啦？即便是酒后言行，也能从中看出你恃恩忘敬、不够谦虚。这样下去你会害了咱们顾家的！"[1]

当时的顾谭好歹也是主管全国人事工作的组织部部长了，有头有脸的人，在家却乖乖地被爷爷训斥，之后还被罚面壁思过一个时辰。谦逊、低调，是顾雍的处世之道，也是他教给子孙的理念，并逐渐化作顾氏家族的家风，而这一切都是为了在复杂的政治环境中保全顾氏家族。

孙权掌事之初，始终在做一件事，就是提拔自己的亲信班底以制衡孙策留下来的老臣宿将，比如在军政上提拔鲁肃、吕蒙以制衡周瑜，以致东吴在对外战略上反复不定；在内政上则以顾雍制衡张昭。张昭是孙策的托孤老臣，但在孙权这里，顾雍说的话的分量要重得多。有一次孙权向臣子咨询政事得失，张昭提出现行的法令太细、刑罚太重，应当调整。孙权不表态，转过头来要听顾雍的意见。顾雍表态他与张昭的意见相同，孙权才同意解决此事。

吴国立国后，大家都以为论名望、论资历应当是张昭当丞相，结果第一任丞相却封了名不见经传的孙邵。没几年孙邵死了，大家又以为总该轮到张昭了，结果孙权却钦点了顾雍。为了向众臣解释，孙权才吐露了自己的真实想法。他认为，做丞相就是要处理一系列烦琐的人事，而张昭性格刚烈，容易与人闹矛盾，反而会坏事，让他当丞相对他并没有好处。言下之意是，宽仁长厚的顾雍才是更适合做丞相的人选。此话着实不假，东吴

---

[1] 明日，召谭，诃责之曰："君王以含垢为德，臣下以恭谨为节。昔萧何、吴汉并有大功，何每见高帝，似不能言；汉奉光武，亦信恪勤。汝之于国，宁有汗马之劳，可书之事邪？但阶门户之资，遂见宠任耳，何有舞不复知止？虽为酒后，亦由恃恩忘敬，谦虚不足。损吾家者必尔也。"——《三国志·顾雍传》

建国依靠众人拾柴，因而国内大族强盛、派系林立、矛盾重重，而丞相正是一个代表皇帝协调各方利益的角色。

顾雍这个吴国丞相，一当就是十九年。这期间，吴国内部大体安宁，派系之间尚能和睦相处、同心共事。吴赤乌六年（243），顾雍病逝，随之而来的南鲁党争就将东吴拖入撕裂与内耗的深渊之中。

另类的陆绩：科技迷与预言家

"吴中四姓"世代交好，互为姻亲。顾雍娶陆康之女，其子顾邵与舅舅陆绩年龄相仿，两人少时便在吴郡因有才华而齐名，而陆逊的名气还要排在他们后面。然而，随着顾氏家族成为孙权稳固基业的依靠，陆氏家族的正牌传人陆绩却被冷遇。

陆绩平素里结交的朋友，要么是狂直之徒如虞翻，要么是恃才傲物如庞统。所谓物以类聚，人以群分，陆绩的性格也十分耿直，偏偏他从事的奏曹掾一职就是要天天与朝臣打交道，于是免不了要得罪人。孙权也很不喜欢陆绩，便将其外放，担任郁林太守，并加偏将军，给兵两千人，内政军务一把抓。

郁林是哪里？其前身是秦始皇在岭南设立的南海、象、桂林三郡中的桂林郡，辖地大致是现在广西壮族自治区中西部一带，治所在布山（今广西贵港）。当时此地不仅偏远穷困、民风不化，且与蜀国的牂柯郡接壤。让从来没有掌过军事的陆绩到这个边陲之郡为官，孙权的居心还真是叵测：他到底是想用艰苦环境历练一下陆绩？还是对当年陆康的事情耿耿于怀，怕陆氏终究不能忠于孙家王朝？我们也只能凭空猜测了。

陆绩虽然领了一郡军政，但他腿上有疾，是个跛子，无法领兵作战，加上他从小就是个书虫，对打仗并不感兴趣。他钟爱的书籍也并非当时文人们常读的孔孟老庄，而是天文、历法、算术，市面上有的此类书籍都被他读了个遍。沉迷于科学中的陆绩丝毫不在乎孙权对他的冷落，在郁林郡的漫漫时光中，一头扎进了科学专著的写作中。他完成了对《浑天图》的绘制，注释了《易经》和《太玄经》。探索自然的神奇和宇宙的奥妙，让陆绩飘然于俗世间的争权夺利之外。

据说有一天，陆绩抵达了一层神秘的境界，拥有了可以预知未来的神奇技能。然而他悲哀地预知到，他自己的寿命将尽，于是提起笔来为自己写下了悼词："有汉志士吴郡陆绩，幼敦《诗》《书》，长玩《礼》《易》，受命南征，遘疾逼厄，遭命不永，呜呼悲隔！"

悼词很简洁，就是他自己一生的简要回顾。值得我们注意的是开头一句，陆绩对自己的称谓是"有汉志士"。他终于在临终将自己真实的心迹说出来了——陆绩和父亲一样，始终是大汉的忠臣志士，为汉守郡，为汉尽忠；至于孙策、孙权，陆绩根本没有从心底接纳他们为主公。

陆绩死时才三十二岁，时为建安二十四年（219），正是魏蜀吴三家打得最为火热之时，早已名存实亡的汉王朝也只剩下最后一口气了。陆绩可能是最后一批以汉臣自居的人，孤臣走了，一个时代也结束了。当后世的人们看着"二十四孝图"中那个抱着橘子的孩童时，只知其孝，又有谁知其忠呢？

陆绩临死时，还留下了一条预言："从今天往后算，六十年之后，天下将车同轨、书同文，只可惜我不能亲见了。"目睹家园疮痍、生灵涂炭、国家分裂的陆绩，最后的遗言竟是预言一个大一统时代的到来。

就在陆绩去世的同一年秋天，突然传出驻军陆口的东吴大将吕蒙抱病请辞的消息，代替他掌军的人选一经公布，朝野皆惊——陆逊。这是谁啊？因为他此前实在太没有名气了，大家都面面相觑。消息传到关羽的营帐中，更是引来一片笑声。关羽把一封陆逊写给他的书信给众将士传阅，抚髯冷笑道："东吴看来是没人了，吕蒙不行了，上来了一个软蛋，看来这天下合当是由我大哥来取啊。"

这是武圣关羽一生最得意的时期，这一年他擒于禁，斩庞德，威震华夏，吓得曹操差点要迁都。东吴换帅的消息又使他认为再无后顾之忧。志得意满的关羽根本没有意识到，自己已经落入了那个无名之辈的陷阱中，属于陆逊的时代，要开启了。

陆逊：谦逊帅才，力挽狂澜

关羽在荆州的覆亡，是汉末三国历史中一个关键的转折点。这不仅仅是关羽一个人的事情，也让此前高歌猛进的蜀汉政权一下子跌入谷底，让三国之间的关系发生了戏剧性的变化，并深刻影响了曹操、刘备、张飞、诸葛亮、曹丕、孙权、吕蒙、陆逊等一众三国英豪的人生走向。如果要给三国大事件排一个榜单，关羽失荆州绝对能排进前三。

在这起爆炸性事件中，关键的转折点是孙权在关羽背后捅了一刀，这一刀就有陆逊的份儿。

孙权袭取荆州，并非一时兴起，而是经过长期的谋划。

早在孙刘联盟的"蜜月期"，荆州的归属权问题就为孙刘两家的关系埋下了隐患。建安二十年（215）爆发了孙刘两家争南三郡事件。这起事件虽然最终以两家划湘水为界握手言和而告终，但双方信任已失。在孙权内部则表现为鲁肃失宠，主张对刘备强硬的吕蒙崭露头角，并在鲁肃死后取代其执掌东吴军权。

吕蒙乃一介武夫，是孙权从行伍中一手提拔起来的。孙权曾专门写信指导他如何读书，把他培养成为一名文武兼备的帅才。吕蒙也不负期待，"士别三日，当刮目相看"，成长速度令人称奇。在与刘备争南三郡的战斗中，吕蒙引军两万为主力，使长沙、桂阳两郡望风而降，又用诈诱降了零陵太守郝普。这样的战绩无疑刺激了吕蒙收回荆州的野心。等到他掌军之后，虽然表面还维持与刘备的同盟关系，私下里则完全推翻了鲁肃的政策，为武力夺取荆州紧锣密鼓地准备起来。

关羽对吕蒙并非没有防范，他北上围曹仁于樊城，依然留有足够的兵力驻守江陵、防御东吴。对孙权来说，要想让关羽放松对东吴的警惕，增兵北上，唯一的办法就是造出吕蒙被撤职的假象。

此计一个巴掌拍不响，有撤就要有换。吕蒙称病，自陆口回建业述职，路过芜湖时，与时年三十六岁的陆逊进行了一次交谈。陆逊当面就对吕蒙说："关羽如今骄傲自大，而您现在又病休，关羽定无防备，这是袭击他的好机会。"他劝吕蒙与孙权好好谋划此事。吕蒙听了这番话估计惊讶得下巴都快掉下来了，因为他与孙权谋图关羽乃是军事机密，居然被陆逊两三句话说破了。他连忙敷衍道："关羽现在威震华夏，我们怎么打得过他。"

等到了建业，吕蒙就立即向孙权推荐陆逊代替自己。理由有两条：一是陆逊当时名声较低，让他统军更能麻痹关羽；二是陆逊确实有将略之才，未来可以与关羽一决雌雄。

陆逊在史书上有两个名，初名议，后名逊。姓名对于一个人来说极其重要，无缘无故不会改名。史书中没有记载陆逊是在何种情况下改名的，但我们依然能够找到一些端倪。《三国志》《吴书》中统一为陆逊，而《魏书》《蜀书》的记载中仍称陆议。陈寿写史的素材来源于本国史料。可见，在陆逊声名远播时，用的是陆议这个名字，而他改名比较晚，新名没有传播到魏蜀两国，所以只有吴国史书改了过来。何为逊？谦虚，谨慎，不骄，不躁，这看起来更像顾氏家族的家风。"逊"这个字，悄然透露着一种陆氏对孙吴政权虔诚地臣服。在孙权稳坐江东之后，陆氏家族的两大才子陆逊与陆绩走上了截然相反的两条路。

前面已经说过，陆逊早年的名声远远不如他的小叔父陆绩。但陆逊在基层工作时政绩很突出，当时他任海昌屯田都尉，为东吴解决最为紧迫的粮食问题。当地连年遭灾，陆逊开仓济民，劝课农桑，得到百姓好评。这期间他还发挥军事才能，剿灭了危害当地多年的会稽山贼潘临和鄱阳贼帅尤突，招降兵勇两千余人。

陆逊在内政与军事上展现出的才干很快就得到了孙权的注意，孙权同样看重陆氏家族的背景。陆绩被外放后，孙权需要在陆氏家族中物色一个新的人选——笼络了"吴中四姓"之首陆家，才能让江东世家大族们真正为孙权效力。孙权笼络陆逊的大礼，就是将孙策的女儿嫁给他，让他成为孙氏家族的女婿。

这可以说是相当讽刺了。孙策是当年兵围庐江的始作俑者，与陆氏家族可谓有着灭族之仇，作为陆氏家族"纲纪门户"者的陆逊却娶了孙策的女儿；同时，陆逊的表兄弟顾邵娶了孙策另一女。顾陆两大家族带头与孙氏结亲，标志着江东大族与孙氏政权捐弃前嫌，认可孙氏家族对江东的统治。陆氏之忠，也从忠于汉室移作忠于孙氏政权。

江东世族大多修文从儒，按照常规的路子，陆逊的仕途应该和顾雍、顾邵父子一样，从县令到郡守，一步步坐到公卿之位。但陆逊志不在内政，却对行军破敌有着浓厚兴趣。当时江东战将不少，既有孙坚遗臣程普、黄盖、韩当之辈，亦有孙策遗臣蒋钦、周泰、陈武之徒，还有孙权上位后新提拔的甘宁、凌统等，但缺乏像周瑜那样文武兼备的军事统领，这正是陆逊的目标。当时东吴政权内部最大的肘腋之患是山越武装，陆逊向孙权提出"腹心未平，难以图远"，提议出兵剿灭山越，一来稳固后方，二来充实兵源。孙权随即拜陆逊为帐下右部督，平定山越。

相当一部分反抗孙权的山越大帅，实际上是接受了曹操的招抚，在孙权后方使绊子，比如丹阳大帅费栈。陆逊去讨伐他时，兵少将寡，与党羽众多的费栈硬拼绝不是办法。于是陆逊用疑兵之策，在山谷之间多布旌旗和鼓角，军队深夜潜入，突然从四面八方擂鼓呐喊。夜色之中敌人看不清有多少兵马，只觉得漫山遍野都是陆逊的大军，士气大落，很快就溃散而逃。陆逊趁势将吴、丹阳、会稽三郡的山越进行整编，强者为兵，羸者入户，为东吴增添了万余军力。

当时会稽太守淳于式向孙权打小报告，批评陆逊强征民力，有扰民之嫌。陆逊去建业向孙权汇报工作时，却夸淳于式是个好官。孙权疑惑了，问他:"你不知道淳于式告你状吗?"陆逊笑着说:"太守的职责是保境安民,他指责我,有他的立场和考虑。如果我报复他来混淆圣听,那这风气可就不对了。"孙权听了以后很满意,夸赞他年纪轻轻,却有长者一般的宽宏气量,对他更为看重了。

因此在建安二十四年(219),陆逊固然对外仍是籍籍无名之辈,但在东吴内部的长期磨炼已经让他积累了丰富的军政经验,他也早已进入了孙权的后备人才名单中。因此当吕蒙推荐陆逊后,孙权就立即拜陆逊为偏将军、右部督,代掌吕蒙之军。

陆逊也知道,吕蒙推荐自己的用意在于麻痹关羽,于是在驻军陆口后就给关羽送去一封书信,信中态度极其谦卑恭敬,将关羽的战绩夸耀了一番,又自我贬损是"书生疏迟,忝所不堪"。总之,捧得关羽心花怒放,使其完全放松了对东吴的警惕。看到关羽中计,孙权突然出兵,以吕蒙、陆逊为前部,袭击并占领了关羽的大本营南郡、公安,其中陆逊领宜都太守。宜都是荆州与巴蜀接壤的地区,周围尚有不少蜀汉军势,内部又有亲蜀汉的大姓武装,环境极其复杂。陆逊到任后将其一一击破,收降纳叛,前后斩获招纳达数万人,在极短的时间内稳定了这块新附之地。

荆州之变,引起一系列连锁效应——北方曹丕代汉;西面刘备称帝,然后大兴复仇之师扑向荆州;东吴这边吕蒙突然病逝,而老一辈将领则已先后凋零,一时出现国中无将的局面。这场东吴的危机,也恰恰成为陆逊崭露头角的机遇。实际上,吕蒙临终向孙权推荐的接班人并非陆逊,而是昭武将军朱然。朱然是老军头朱治的养子,又是孙权幼年的陪读发小,在袭击荆州的军事行动中与潘璋一道在临沮生擒关羽,功勋在陆逊之上。但当刘备大军压境之际,孙权同时给予了陆逊和朱然两人假节的权力,就像当年赤壁之战时周瑜与程普分任左右督。此招是孙权惯用的制衡之术,本不新鲜,但实际上,陆逊的权力显然更大。他任大都督,朱然、潘璋、宋谦、韩当、徐盛、鲜于丹、孙桓等将领都在他的节制之下。著名的夷陵之战由此拉开帷幕。

夷陵之战被称为三国三大战役之一,但其规模与官渡、赤壁不能等量齐观。当时刘备引蜀军不过五万,陆逊带领的荆州军也大抵是这个数。面对北方大敌曹魏的威胁,蜀吴双方均不敢投入血本,双方行动时都很谨慎,就像两个老练的棋手博弈,落子稳健,不求险招,只等待对方慌乱出错,才蓄势反扑。

刘备大军从巫峡、建平进入夷陵地界后,立下数十个据点,按兵不动,一面用金银诱使武陵蛮夷出兵协助,一面以吴班为先锋在平地立营,诱使吴军来攻。陆逊并没有中刘备的圈套。陆逊时年四十岁,既没有刘备的英雄暮气,也不像一些年轻将领那般急功冒进,正如孙权对他的评价一样,他的心性沉稳,如长者一般耐得住性子。双方僵持数月后,陆逊终于等来了战机。

由巴蜀东向荆州,于水流而言是顺江而下,如果战舰齐备、水军精良,在战略上显然要占据极大的优势。后来晋灭吴之战就是由王濬走水路,率先抵达建业迫降孙皓。但刘备称帝后三个月即起兵伐吴,兴兵仓促,战略准备严重不足,加上巴蜀之兵长于陆战,不习水战,这使得刘备明明有上游优势,却放弃了水路,而让大军于夷陵弃舟登陆。又值酷暑时节,刘备将军队屯驻在密林深处以作休整,这就犯了兵家大忌。当时连远在洛阳的魏文帝曹丕听了密报,都判断出这是一步昏招,预言刘备必败。

陆逊抓住时机,以火攻之,遂得火烧连营之功。刘备逃入白帝城,其将冯习、张南、傅肜、程畿及蛮王沙摩柯等皆阵亡,蜀军军资船械全部陷落,阵亡战士的尸骸塞满了江面。此战让三国中本来就最弱的蜀汉遭到沉重打击,刘备叹息道:"我竟然被陆逊折辱,这难道是天意吗!"[1]刘备于次年含恨离世。诸葛亮花了五年励精图治才让蜀汉回过气来。

而陆逊凭此战一战成名,受封辅国将军,领荆州牧、江陵侯,当仁不

---

[1] 备大惭恚,曰:"吾乃为逊所折辱,岂非天邪!"——《三国志·陆逊传》

让地成为继周瑜、鲁肃、吕蒙之后的新一任东吴军事领袖,这成为东吴军权由淮泗人士转入江东世族的标志。此后直至吴亡,陆氏家族执掌吴国军权达五十年之久。在陈寿《三国志》中,臣子常以多人合传形式出现,唯有《蜀书》的诸葛亮与《吴书》的陆逊享受单独列传的"特权"。

在陆逊手上,陆氏家族彻底翻身。命运就是如此吊诡,曾经差点被孙策灭掉的陆氏家族,在二十多年后,竟然成为保卫孙家江山的国之柱石。

朱桓:癫狂将军

夷陵之战后,吴国又因送质子之事与魏国翻脸。魏文帝曹丕随即发动三路伐吴之战。起初,吴国连吃败仗,西路诸葛瑾败于曹真、夏侯尚,差点失去了江陵重镇。东路吕范遭遇大风翻船,折数千人,被曹休败于洞口。陆逊传记中未记载他参与此战,他很可能仍驻守夷陵提防刘备卷土而来。三路伐吴之战,吴军唯有在中路取得了胜利,其指挥者正是军界崛起的新秀,"吴中四姓"朱氏家族的代表人物朱桓。

吴国有两个朱家,这里先要加以区分。一是来自丹阳郡故鄣的朱治家族。朱治是孙坚时期就跟随孙家征战的老将,也是孙权为孝廉的举荐人,深受孙权敬重。朱治自孙策入江东后就担任江东首邑吴郡太守,任职长达三十一年,任内大力提拔吴中子弟进入吴国政府机关任职,对"吴中四姓"在吴国的繁荣起了重要作用。其子朱纪亦娶孙策之女。但朱治子辈中最出众的是外甥朱然。朱然原姓施,被朱治收为养子后改姓朱。朱然长期为吴国镇守江陵,总督西线防御,最后位居左大司马。朱然之子朱绩,改回施姓。施绩历经孙权、孙亮、孙休、孙皓四朝,是吴国后期荆州方面的军事总督,与丁奉并列,为左大司马。

另一个是朱桓所在的吴郡朱氏,与顾、陆、张等家族不同,朱家在吴国名声显赫的几乎全是武将。

朱桓与陆逊一样,亦是通过平定域内丹阳、鄱阳等地的山贼而建立功勋，显现军事才能，被提拔为裨将军、新城亭侯，代替周泰为濡须督。濡须是孙权与曹操多次争夺的战略要地，自然也是曹丕南征的首要目标。魏国中路军主将是军界资历最深的大司马曹仁及其子曹泰，而吴国仅以一个裨将军对垒，明显就是量级不对称。况且在一开始，朱桓还中了曹仁的调虎离山之计。朱桓将主力派去援救羡溪，但当他得知曹仁的真正意图是濡须，再想追回援军已经来不及了。当时朱桓的手上只有区区五千人。

但朱桓到底是吴国少壮派的代表，见这势头却一点都不怵，发表演讲振奋军心。他说："两军交战，胜负取决于将军的智勇，而不在兵多兵少。曹仁没什么本事，其军队远道而来又人困马乏，我们倚靠着山岭与大江的屏障以逸待劳，就算曹丕亲自来都不是事儿，何况曹仁呢。"[1]于是采取诱敌之策，吸引曹泰来攻，将曹泰烧营击退。同时分遣军队迎击偷袭中洲的魏军，斩杀常雕，生擒王双，魏军死者千余。被一个无名小将击败，这让曹仁愤恨不已，回去不久便去世了。曹泰后来在魏国也没有什么建树，估计也因此败而被弃用。曹丕三路伐吴最终因瘟疫收兵，无功而返。

此后，朱桓与全琮成为吴国军界的两颗新星，经常共同参与军事行动。吴黄武七年（228）的石亭之战，朱桓与全琮为左右督，各领三万人在陆逊的指挥下大败魏国又一任大司马曹休，同样让曹休还军后饮恨而逝。朱桓可以称得上"大司马克星"了。

按理来说，出身于江东世家的朱桓理应以保全江东为己任，对北伐魏国兴趣不大。但朱桓却是个理想主义者，对北上建功充满了激情。石亭之战中，他提议由他亲率一军，于险要的夹石、挂车要道设伏，切断曹休的归路，可以一战生擒曹休。进而他又提出更为大胆的设想：趁魏国防线脆

---

[1] 桓喻之曰："凡两军交对，胜负在将，不在众寡。诸君闻曹仁用兵行师，孰与桓邪？兵法所以称客倍而主人半者，谓俱在平原，无城池之守，又谓士众勇怯齐等故耳。今人既非智勇，加其士卒甚怯，又千里步涉，人马罢困，桓与诸军，共据高城，南临大江，北背山陵，以逸待劳，为主制客，此百战百胜之势也。虽曹丕自来，尚不足忧，况仁等邪！"——《三国志·朱桓传》

弱长驱北上，进取寿春，占有淮南，进而向魏国心脏地带许昌和洛阳进军。要知道，此前别说寿春了，东吴屡次北出，连合肥都不曾逾越，这个直捣黄龙的方案显然有些狂。向来谨慎稳重的陆逊立即就在孙权面前制止了这个方案，朱桓备感失落。

吴嘉禾六年（237），已身为前将军的朱桓又获得了一次北出的机会。魏国庐江主簿吕习投吴，并愿为吴军做内应。朱桓与全琮引大军北上与其接头，但还没抵达，事情便泄露了，吴军只能撤回，朱桓负责断后。魏军追击时，看见朱桓的旌旗，都不敢出击，可见对他的威名十分忌惮。

然而就在这次军事行动中，朱桓与全琮发生了矛盾。朱桓自有一种傲气，脾气不好，性格乖戾，不愿意被别人管。史书上说："桓性护前，耻为人下，每临敌交战，节度不得自由，辄嗔恚愤激。"当时全琮为卫将军，位在朱桓之上，便指挥朱桓去搞突袭以弥补此次的失利。估计朱桓也是因为出师不利而憋着气，一下子就暴怒了，与全琮争论。全琮也怕了他，把黑锅甩给了监军胡综，说这是胡综的主意。

胡综是孙权自小的陪读，皇上的亲信，被派到军营里自然是代表皇上监视他俩的，这可惹不起。但朱桓正在气头上，就派人去传胡综。有个随从给胡综通风报信，说朱桓正在气头上，胡综立马开溜了。朱桓知道后，盛怒之下，把这随从杀了。一位军佐上前规劝，也被朱桓一剑刺死。这事就闹大了。

杀人事件让朱桓的名声一落千丈，此后朱桓佯装发狂，意图逃脱责罚，孙权也看在他有功的份上，不予追究。东晋史家孙盛对朱桓不能管控他自己情绪的行为进行了严厉的抨击，认为他身为将军，作威作福，于国于家害处极大。他甚至批评道："桓之贼忍，殆虎狼也，人君且犹不可，况将相乎。"

一代名将朱桓的军事生涯就因为这起事件而断送了。孙权让其子朱异接替了他的军职，令他回建业看病。无论他是装病还是真的受到了刺激，总之在孙权眼里，他已经是个病人了。《吴录》中记录了一则有趣的故事。朱桓在与孙权告别时，突然提出想捋一捋孙权的胡须。孙权无奈答应了。朱桓真的伸手摸了摸，然后开心地说："臣今天真的摸到了虎须啊！"惹得孙权大笑不止。朱桓就是这样一个任性的人，有时暴怒起来像一头狮子，有时恭顺起来像个孩子。只是这样真性情的人，实在不适合在波诡云谲、刀光剑影的东吴政坛上生存。

朱桓是幸运的，他提早淡出军界，没有目睹吴国政治内斗的血腥和黑暗。在他死后，朱氏家族诸人皆被卷入吴国内讧中，不得善终。

张温与暨艳案：改革的代价

"天有头乎？"

"有头。"

"头在何方？"

"在西方。《诗》云：'乃眷西顾。'以此推之，头在西方也。"

"天有耳乎？"

"天处高而听卑。《诗》云：'鹤鸣九皋，声闻于天。'无耳何能听？"

"天有足乎？"

"有足。《诗》云：'天步艰难。'无足何能步？"

"天有姓乎？"

"岂得无姓！"

"何姓？"

"姓刘。"

"何以知之？"

"天子姓刘，以故知之。"

读过《三国演义》的人都会记得这段"难张温秦宓逞天辩"。西蜀学士秦宓与吴国使臣张温以"天"为题，打了一场精彩的嘴仗。虽然辩论的结果是秦宓让张温理屈词穷，但在史书上，张温此行却不辱使命。当时蜀吴两国刚经历了荆州之变和夷陵之战，新仇加旧恨，可谓裂痕重重，在如此环境下修补双边关系，其困难可想而知。

张温时年三十二岁，是孙权钦点出使蜀国的特命全权使者。孙权很怕诸葛亮不能体谅他当初向曹丕的妥协，所以让张温务必申明吴国与蜀国重结盟好、并力伐魏的诚意。张温也确实不辱使命，在蜀国朝堂上不卑不亢，顺利实现盟约，展现出一个优秀外交官的风采，蜀国上下对他也十分敬重。

令人意外的是，这竟然成了张温在三国政治舞台上唯一的亮相，这场外交出使给他埋下了祸根。

汉末三国，有两个叫张温的人。一位是汉灵帝、献帝期间担任过司空、太尉的张温，就是孙坚劝他杀董卓的那位，结果他最后为董卓所杀。本篇所说的张温，是"吴中四姓"中张氏家族成员，东曹掾张允之子。张温和其他吴中才子一样，从小就天赋异禀、容貌俊朗。孙权听了他的名声后很好奇，曾问朝臣张温可以与谁相比。大司农刘基认为可以与全琮相比，但立即遭到太常顾雍的反对。顾雍说："刘基啊，你不了解张温这个人，他在当今可是无人可比的呀！"当时张允已逝，孙权就感叹："如果真是这样，张允就如同没有死啊。"[1]

顾雍对张温虽有过誉之嫌，但大抵也没有说错。张温后来见到孙权，谈吐风雅，对答如流。孙权对他礼遇有加。张温同时也得到了老臣们的赞赏。张昭素来刚直傲慢，但就服张温，一次朝会后他出门便用温暖的大手握住张温，恳切地嘱托道："老夫把心意都托付给你了，你要明白。"[2] 至于是什么心意，史书上没有点明，笔者猜测可能是尽心辅佐主公、保大吴江山之类的吧。

---

[1] 权闻之，以问公卿曰："温当今与谁为比？"大司农刘基曰："可与全琮为辈。"太常顾雍曰："基未详其为人也。温当今无辈。"权曰："如是，张允不死也。"——《三国志·张温传》

[2] 罢出，张昭执其手曰："老夫托意，君宜明之。"——《三国志·张温传》

张温此后顺利升迁，接连担任议郎、选曹尚书、太子太傅，度过了一段受信任的日子。然而，张温出使蜀国后，孙权对他的态度悄然发生了改变。当时诸葛亮治蜀卓有成效，张温目睹也甚是钦佩，于是在归国后不可避免地在清议中称赞起蜀国的美政。这话传入孙权的耳中，让他非常不爽。孙权对名士一直以来都是既任用又提防：凡不能为己所用的，如沈友、盛宪，则杀之，凡不能为己所驭的，如虞翻、陆绩，则逐之；唯有顾雍、陆逊、诸葛瑾这种忠心耿耿且善于揣摩上意者才能委以重用。张温称赞蜀国，已让孙权不喜，加上他名声大盛，拥趸众多，让孙权担忧将来可能无法驾驭，于是孙权就动了罢黜张温的念头。

恰在那一年，即吴黄武三年（224），吴都武昌爆发了暨艳案，这成为孙权整倒张温的由头。

暨艳是当时吴国的选曹尚书，主管人才选拔。暨艳是一个实干派，上任后就对吴国人事制度展开了一番大刀阔斧的改革。当时吴国承袭汉制，设五官、左、右三署，各以中郎将统之，下设郎官若干。三署郎官均为察举、征召而来的世家子弟，常在皇帝左右，拥有晋升更高级别职位的捷径，因此三署被视为东吴后备干部的摇篮。但暨艳发现三署郎官良莠不齐，混进了许多纨绔子弟，于是对这些官员全部重新考核，不合格的就降级，贪污腐败的更是直接降为军吏发配到军营。这样一番整顿，能够保留原职的连十分之一都不到。

暨艳的人事制度改革触犯了权贵的利益，弹劾和构陷他的奏章如雪片般飞到了孙权面前。暨艳改革用力过猛，也是孙权无法容忍的——"说十分之九的郎官都不称职，这等于说我这个皇帝太糊涂。"于是孙权将暨艳及其助手选曹郎徐彪定罪下狱。两人绝望万分，在狱中自杀。

暨艳案直接牵连了张温——暨艳是张温提拔上来的，平素里张温与暨艳、徐彪走得很近，常有书信往来。张温还曾和暨艳一起弹劾过丞相孙邵，逼得孙邵向孙权请辞。但孙权没有答应，这显然已经透露出对张温的不满。种种积怨叠加在一起，促使孙权在收拾了暨艳后，下诏将张温罢黜，打回原籍。在这份对张温的处理意见中，孙权难以抑制怒气，罗列了张温的三条罪状：一是和暨艳互为表里，党同伐异；二是在领兵时不服从号令，贻误战机；三是违规提拔自己的亲信，以私废公。最后孙权在诏令中说："张温，你包藏奸邪之心，可谓无所不为，我不忍心让你暴尸于市朝，回本郡做小吏吧。张温啊，你没被处死就谢天谢地吧。"[1]

孙权对张温处置如此之重，同为"吴中四姓"的顾雍、陆逊都不敢为他说话。唯有将军骆统觉得张温实在冤屈，上表为他求情解释，但孙权根本不听。张温出使蜀国时，曾与诸葛亮有交往。听到张温落马的消息，诸葛亮也很吃惊，不知道是何缘故。思考几日后，诸葛亮才领悟，叹息张温这个人"清浊太明，善恶太分"。

正所谓旁观者清，诸葛亮看局势还是比较透彻的。孙权作为主公，一生都致力于对不同派系的朝臣进行制衡，最终将权力拢归他手中。他不能忍受像暨艳、张温这样善恶分明的人来整顿吏治，破坏了政治平衡局面。他最见不得的就是这样的刺儿头，而偏爱的是顾雍、诸葛瑾、陆逊这样忠厚、老实、谦逊的臣子。但当朝堂上再也没有铮铮赤子之时，吴国的官场也就一天天地死气沉沉下去了。

张温被贬回本郡六年后，便在孤寂中病逝。他的罢黜牵连了整个家族。张温之弟张祗、张白都有才名，也都遭到免职流放。

由于张温一案让张氏家族遭到重创，故而张氏在吴国一朝终不及陆氏、顾氏位高名重。张温之后，张氏家族最有名的是张俨。他以博闻多识拜大鸿胪，孙皓年间作为使者出使魏国，吊唁司马昭。出使期间，面对贾充、荀勖、裴秀等魏臣的傲慢无礼，张俨能够不卑不亢，不辱君命，并与羊祜、何祯结为好友。

---

[1] 揆其奸心，无所不为。不忍暴于市朝，今斥还本郡，以给厮吏。呜呼温也，免罪为幸！——《三国志·张温传》

大族的绞杀：从吕壹事件到南鲁党争

随着孙权称帝建号，"吴中四姓"开始占据吴国军政高层。

顾氏家族的顾雍，在吴黄武元年（222）升任太常、尚书令，后来又接替淮泗人士孙邵担任吴国第二任丞相，位极人臣。其子顾邵为豫章太守、顾穆为宜都太守、顾济为骑都尉，其孙顾谭为选曹尚书、顾承为昭义中郎将，可谓一门荣达。陆氏家族的陆绩虽遭远谪，但随着陆逊以夷陵之战立不世之功，陆氏家族在吴国的显贵也紧随其后。吴黄龙元年（229）孙权称帝，为嘉奖陆逊，专门为他创立了"上大将军"这个官职，位在三公之上。是年孙权由武昌迁都建业，留太子孙登镇守武昌，并由陆逊辅佐。张氏家族的张温和朱氏家族的朱桓、朱据也分别在文职和武职上有所增进，或名声显赫，或战功昭彰。

然而孙权是一个表面宽厚、实则狡诈的君主。他在与江东世族联姻、任用他们的同时，也在时刻提防着他们的权力过大。当江东世家子弟遍布军政两界时，孙权对他们的打压便不可避免。

发生在吴黄武三年（224）的暨艳案和吴嘉禾六年（237）的朱桓杀人事件，是孙权释放的对江东大族动手的信号。文臣体系中的张温和武将体系中的朱桓相继被罢黜，张、朱两家遭到重创，一蹶不振。此两起事件，虽然与张温和朱桓或耿直或乖戾的性格有关，但从其背后都能看出孙权刻意打压江东大族的用意。

如果你以为低调老实的顾雍不会被孙权猜忌，那么你就小看孙权了。随后发生的吕壹事件中，孙权继续瞄准了"吴中四姓"，首当其冲的就是丞相顾雍。

吕壹是孙权培养出来的心腹爪牙，任中书典校郎。这个官职是孙权从曹魏的校事制度抄袭而来的产物，实际上就是直属于皇帝的特务。曹操初设校事之职，就是为了在群臣之中广布耳目，检举揭发他们的不轨言行，其中有名的校事如卢洪、赵达，其手段狠毒让人闻风丧胆，于是就有这样的谚语："不畏曹公，但畏卢洪。卢洪尚可，赵达杀我。"孙权有样学样，提拔了吕壹作为整人利器。吕壹所任的中书典校郎，名义上的职责只是检查官府文书，但孙权却授予他监视所有官员的特权。吕壹上任后便对朝臣进行秘密监视，发现一点小问题，就上纲上线，小案办成大案，还常常罗织罪名，挟私报复。吕壹的手段也极其残忍，被他咬住的官员，几乎都要受到酷刑折磨，生不如死。顿时吴国上下噤若寒蝉，一片恐怖。

顾雍平素沉默寡言，为人低调，几乎没什么辫子可抓。但即便这样，顾雍也遭到了吕壹的弹劾，一度被停职反省。孙权的女婿、朱桓的堂弟左将军朱据，也被吕壹盯上。当时朱据的部队出现了贪污军饷的事件，实际上是下人所为，吕壹想嫁祸到朱据头上，便用酷刑拷打朱据的财务官，唆使他诬告朱据。财务官没有出卖良心，被活活打死，朱据可怜他，将其厚葬。吕壹便抓住这件事，诬告朱据和财务官串通一气。无论朱据如何辩解，孙权也不听，堂堂驸马爷也睡了一阵监狱草席子。

吕壹做得实在太过火，引发了朝中各派系的激烈反对。"吴中四姓"同气连枝，目睹顾、朱两家遭殃，远在武昌驻守的陆逊忧心忡忡，与太常潘濬谈及此事时甚至伤心地流下泪来，可见其对孙权和吴国政治风气的失望。潘濬则比较激进，甚至在大宴群臣时带着刀，准备手刃吕壹，吓得吕壹托病不赴。骠骑将军步骘上书，直言吕壹专权导致天怒人怨，太子孙登也数次向孙权上谏。

在朝臣的施压下，孙权于吴赤乌元年（238）做出妥协，将吕壹送交廷尉，下狱并处死，并派中书郎袁礼向朝臣表达歉意，引咎自责，以平息众怒。孙权将吕壹案的审问交由顾雍来处理。顾雍虽遭吕壹诬陷，但并未挟私报复，按照法律程序和颜悦色地对他进行审问。尚书郎怀叙在旁边骂了吕壹几句，顾雍制止他说："国家有法律来惩治他，何必要这么做。"[1]

---

[1] 时尚书郎怀叙面詈辱壹，雍责叙曰："官有正法，何至于此！"——《三国志·顾雍传》

然而吕壹专权事件仅仅是个开始，真正的灾难还在后面。吴赤乌五年（242），孙权立孙和为太子、孙霸为鲁王，长达九年的南鲁党争拉开了帷幕。由于孙权曾指派陆逊为故太子孙登的导师，顾谭又为孙登陪读，随着孙登的旧部全部站到新太子孙和一边，顾陆两家即便再与世无争，也不得不被卷入这场政治内斗的旋涡之中。

这期间先后发生了两件事。

一是密谈泄露事件。当时太子与鲁王争得很凶，孙权屏退左右，密召大臣杨竺询问孙霸的才能。杨竺属于鲁王党，自然将孙霸大赞了一通，建议孙权改立孙霸为太子，孙权当时也表露了改立的心思。但巧就巧在，当时宫中有一个亲孙和的下人，藏在床底下，把这番话全都偷听到了，于是连忙向孙和通报。孙和一听父皇有废太子的打算，当然着了慌，想来想去，只有陆逊资历最深，能够劝父皇打消这个念头。

当时顾雍已死，陆逊任吴国第三任丞相，但仍留在武昌驻守，不进京就任，实则是个挂名丞相，没有衔领百官的实权。好在远离建业，也未陷入党争。兹事体大，孙和不敢写信，又不方便亲自前去武昌，刚好当时陆逊族子、选曹郎陆胤离京赴武昌，孙和便微服到他车上，嘱托他传话给陆逊。

陆逊得到消息后当然也很焦急，于是立即上书孙权，言辞恳切地陈述太子为正统，鲁王为藩王，不宜有所偏废。这样的奏章他写了好几封，甚至还提出希望亲自来建业，当面向孙权申明嫡庶之分。陆逊长年在外驻守，与孙权的关系已经大为疏离，加上陆逊对当时建业城内敏感的政治气氛缺乏了解，因此他的上奏不仅没有起到规劝的效果，反而惹得孙权龙颜大怒。多疑的孙权第一反应就是大惊："远在武昌的陆逊怎么会知道我在密室里谈论的话题？"一查此事，当时只有陆胤去了武昌，便将陆胤抓捕审讯。陆胤又说是杨竺泄密，将杨竺也拖下水。孙权盛怒之下，将杨竺屈打成招，并处死，陆胤也被打得半死。孙权派使者去武昌申饬陆逊，当时的陆逊已经六十三岁，此时他才发觉吴国的政治环境已经如此糟糕，在悲愤和失望中大病一场，含恨离世。

陆逊去世时，家无余财，次子陆抗携灵归葬老家吴县，而后前往建业谢恩。因为杨竺死前诬告了陆逊二十多条罪状，孙权对陆逊怒气未消，拿这二十多条质问陆抗。陆抗则逐一对答，证实这都是莫须有的罪名，才化解了孙权对陆逊的误会。陆逊为孙吴政权服务数十年，劳苦功高，死后孙权无怜惜之情，反而问罪，可谓恩情全无，令人寒心。

另一件是芍陂论功事件，在《坐断东南战未休》一章中已有叙述。顾氏家族亦成为南鲁党争的牺牲品，顾承、顾谭皆遭废黜，被流放交州。

南鲁党争最终以孙和被废黜、孙霸被赐死两败俱伤的结局而落幕。陆氏、顾氏两大家族终究没能逃脱被绞杀的命运，重伤的家族，将随同他们重伤的国家一道，坠入历史的深渊。

陆抗与陆凯：吴国最后的柱石

孙权死后，吴国内部先后经历了孙峻诛诸葛恪、孙綝废孙亮、孙休诛孙綝等血腥事件，内耗让吴国日薄西山。饱受摧残的"吴中四姓"亦陷入沉寂。而与此同时，北方的司马氏家族却加紧步伐实现霸业，平淮南、灭西蜀、代曹魏，一个崛起的巨人晋国矗立在吴国的面前。内忧外患之下，守卫吴国的重担，依然落在了陆氏家族的肩上。

受《三国演义》叙事节奏的影响，许多人都会误以为三国归晋是一个一气呵成的过程，蜀汉亡后没多久吴国也灭亡了。实际上，在蜀汉亡国后，东吴与晋南北对峙长达十六年。东吴后期军事上主要依赖陆抗，内政上则有陆凯持重。

陆抗自二十岁承袭父亲陆逊的爵位和部曲。南鲁党争之后，孙权已油尽灯枯。正所谓人之将死，其言也善，回望自己的一生，孙权才发现最对不住的就是陆逊。他把陆抗叫到床前，充满悔恨地说："我以前误信小人逸言，跟你父亲之间有许多误会，现在感觉很对不住。以前质问你的那些记录，我都让人烧掉了，不要让外人看到。"尽管后悔，孙权也还是狡猾的，烧掉他当初对陆家种种恶意的记录，怕后人看到后说他是个昏君。

东吴皇室与大族、大族与大族之间错综复杂的联姻，在陆抗的身上实现了奇妙的交会：他是吴郡陆氏家族的传人；因为母亲是孙策之女，他又是孙策的外孙，东吴皇族的亲戚；他的妻子是张承之女、诸葛恪的外甥女、废太子孙和妻张妃的姐妹，这就使他与张昭、诸葛瑾所带领的两大淮泗家族也成了亲族。同时，陆抗与孙和是连襟。孙皓登基后也对他有着天然的亲近，并将自己的嫡妹，也就是张妃所生的女儿嫁给陆抗之子陆景，让孙陆两家再度联姻。陆抗在孙皓一朝的持重，也就成了自然之事。

但陆抗绝非靠裙带关系或父亲的功勋上位，吴国后期缺乏良将，而陆抗在军事上的功绩可圈可点。起初陆抗任武昌督，后与柴桑督诸葛恪互换防区，陆抗的城池齐整如新，而诸葛恪的城池多有毁损，这让自命不凡的诸葛恪大为惭愧。吴太元二年（252），诸葛诞于寿春反司马昭，孙綝提兵北上救援，当时陆抗亦在军中，并于寿春击败魏军。吴永安二年（259），陆抗升任镇军将军，驻守吴国西大门西陵，这里就是他父亲当年一战成名的夷陵。西陵城经陆抗治理，成为坚固的防御碉堡。等到大司马施绩去世后，陆抗就接手了吴国荆州方面的军事指挥权。

但是没想到，陆抗辛苦修筑的西陵城，却于吴凤凰元年（272）由步阐献予晋国。西陵之战成为陆抗在任内打得最漂亮的一场仗。当时晋国三路来援，车骑将军羊祜率军向江陵赶来，荆州刺史杨肇救西陵，巴东监军徐胤率水军至建平，吴军面临被反包围的境地，形势非常危急，当时甚至有人提出放弃西陵。陆抗坚持夺回西陵的战略构想，他通过决堤放水延缓了羊祜的进军速度，利用赢得的宝贵时间，集中兵力击败杨肇，迫使晋国援军撤退，最终收复西陵城，斩步阐。陆抗在父亲当年战斗过的地方再建奇功，这可能是吴国最后一场真正意义上的胜仗。

西陵之战让晋国不敢再小觑吴国的军事实力，为吴国延长了好几年的国祚。当时羊祜与陆抗在荆州边境对峙,双方以君子之礼相待,度过了一段令人称颂的和谐时光。和谐到什么程度?羊祜要求军士越境割了对方的麦子要用绢来偿还;在边境打猎,若猎物先被对方射中,也要将猎物归还。陆抗生病,羊祜会贴心地送药过去。左右将领害怕药中有诈,陆抗大笑道:"羊祜岂是那种下毒的小人?"毫不怀疑地仰头服下。终陆抗一生,晋军不敢南侵吴国。

与陆抗同时期的陆氏家族名臣还有陆抗的族兄陆凯。陆凯亦是由军功起家,在陆抗之前曾短暂都督荆州军事,后来被调回中央,任左丞相。孙皓为政暴戾,濮阳兴、张布、万彧等重臣即便身登宰辅之位,也为孙皓所杀。陆凯在孙皓身边直谏忠言,尽人臣之本分,多次规劝孙皓,教导他体恤子民。孙皓很烦他,几次想要治他罪,但想到陆氏家族是名门望族,陆抗又是守边大将,也不能把他怎么样。

有一次,孙皓问陆凯:"你们陆氏家族有多少人在朝廷为官?"

陆凯回答:"前后加起来,两个丞相,五个侯爵,将军十多人。"

孙皓感叹:"真是兴盛!"

陆凯却摇摇头说:"君贤臣忠,这样的国家才兴盛;父慈子孝,这样的家族才兴盛。现在政治颓败,民生凋敝,国家处于灭亡的边缘,我们陆家又怎么能称得上兴盛呢?"[1]

陆凯作为臣子,在皇上面前应该不太可能说"我大吴国要亡"这样丧气的话,但这则趣闻至少能够说明,陆凯面对这样一个残忍好杀的皇帝和一个日薄西山国家,依然在尽自己的本分。

陈寿在《三国志》中记录了一段存疑的传说。吴宝鼎元年(266)十二月,陆凯曾经与大司马丁奉、御史大夫丁固密谋,趁孙皓祭拜太庙的时候将其废黜,改立孙休之子为帝。只因为当时担任护卫的左将军留平不

---

[1] 孙皓问丞相陆凯曰:"卿一宗在朝有人几?"陆曰:"二相,五侯,将军十余人。"皓曰:"盛哉!"陆曰:"君贤臣忠,国之盛也;父慈子孝,家之盛也。今政荒民弊,覆亡是惧,臣何敢言盛!"——《世说新语》

愿相从起事，计划最终搁浅。为了考证这条传说的真伪，陈寿从荆州、扬州等地搜罗了陆凯当年直言劝谏孙皓的二十条陈词，又询问了不少吴地人士，可都没有寻到陆凯谋划废立的实证，于是只能在史书上留下一个问号。

笔者个人倾向于相信确有此事。废立君王毕竟是叛逆之事，怎么可能留下文字证据，又怎么可能人人知晓？笔者还认为陈寿本人也倾向于相信，否则他不会将这段记录记于史册。吴宝鼎元年九月，孙皓做了一件违逆群臣的大事，就是听信了风水大仙的话，认为建业宫不吉利，任性地迁都武昌，以至于武昌的一切供给要由下游逆长江而上提供，加重了百姓的负担。陆凯为此特意上奏章劝谏，但不被采纳。迁都还引发了当年十月永安山贼施但劫持孙皓弟弟孙谦的事件，叛军一度攻至建业。如此轻动国本，触动了陆凯、丁奉等老臣的底线，这或许就是他们密谋废立的理由。但当年十二月，孙皓又还都建业，似在向朝臣妥协，废立之谋随之作罢也就合情合理了。

然而孙皓对陆氏家族还是有所忌惮的。吴凤凰二年（273）陆抗病逝，孙皓让陆抗的五个儿子陆晏、陆景、陆玄、陆机、陆云分领陆抗之兵，拆散陆抗部曲，分割其家族军权。他又对陆凯秋后算账——当时陆凯已逝，他便将陆凯一家流放到偏远的建安郡（今福建省）。

随着陆凯、陆抗、施绩等国之柱石相继亡故，吴国丧钟也随之敲响。吴天纪三年（279），晋六路大军展开灭吴之战，陆晏、陆景在战事中阵亡，陆氏家族为东吴贡献了最后的忠臣死节。

附：东吴世家

张氏家族

籍贯：彭城（今江苏徐州）

代表人物：张昭、张承、张休

    孙策从附庸袁术的将领，成长为独立的割据势力，其间，张昭、张纮这"二张"发挥了至关重要的作用。张纮首倡"渡江南下"的战略方针，又建议孙权迁都秣陵，开南京建都之先河。但张纮身后子孙名气不大，未能在江东形成显赫家族。张昭家族则是南渡的淮泗世族中首屈一指的名门。

    张昭从孙策渡江开始就作为首席辅臣，当时孙策"文武之事，一以委昭"，将他视为齐桓公的管仲，这说明张昭在孙氏政权肇建之时，不仅是文职官员，还掌管军事。赤壁之战结束的当年十二月，孙权趁曹操新败，率军围合肥，就曾派张昭率偏师攻打当涂。但在此之后，张昭再无掌军记录，孙权将江东军权专委于周瑜。

    与《三国演义》描写不同的是，历史上，孙策临终时周瑜并不在身旁，张昭是他当面托付后事的唯一重臣。孙策一句"若仲谋不任事者，君便自取之"，给予了张昭无可比拟的信任，也让张昭诚惶诚恐，用十二分的忠诚来辅佐新主子孙权。

    在孙权年少时，张昭如父如师的严苛形象给他造成了极大的阴影。孙权酷爱射虎，张昭直言劝谏；孙权酷爱设宴饮酒，张昭又直言相劝。孙权对张昭的不满一直积郁在胸，只是碍于他是元老大臣，不便发作。

后来君臣两人因为结盟公孙渊的事情意见不合，大吵了一架，孙权盛怒之下用土把张昭家门堵住，张昭也赌气地用土把里面堵起来。不久公孙渊背信斩杀吴使，证明张昭的判断是对的。孙权想要与张昭讲和，张昭又不给面子，气得孙权放火烧张昭家，张昭也不为所动。僵持了很久，张昭才在儿子的劝说下与孙权和解。因为张昭难以驾驭，羽翼丰满后的孙权更为信赖顾雍、诸葛瑾、胡综等人，对张昭敬而远之。

张昭虽为群臣之首，但始终未被授予丞相之职，而以辅吴将军的身份终老。但张昭在东吴政坛深厚的资历和威望，让其一门与有荣焉。张昭两子皆掌军为将。长子张承，娶诸葛瑾之女，任濡须督，曾参与抵御曹丕三路南征之战，与孙韶一同指挥东路军。次子张休，与诸葛恪、顾谭、陈表同为太子孙登之友，是太子党的核心成员。后来张承的女儿又成为新太子孙和之妃，这就让张氏家族完全被绑在太子一边。

因此在南鲁党争中，张氏家族成为鲁王党首要攻击的对象。张休因芍陂论功之事遭全琮父子构陷，被发配交州，途中为孙弘所害。数年后诸葛恪倒台，张承之子张震又因为是诸葛恪的外甥，遭牵连杀害。张氏家族几乎从东吴政坛消失。直到东晋初年，张昭曾孙张闿才被司马睿起用，官至金紫光禄大夫，封宜阳伯。

虞氏家族

籍贯：会稽余姚（今浙江余姚）

代表人物：虞翻、虞汜

吴、会稽两郡是江东世家的集中之地，吴郡先有"吴中四姓"，后有钱唐全氏，皆服膺孙氏政权。会稽亦有周、盛、虞、魏四大家族，但相比之下，会稽郡对孙氏的抵抗较为激烈。

会稽周氏三兄弟周昕、周喁、周昂,屡与孙坚、孙策为敌。在孙策击破刘繇后,周昕仍联合会稽太守王朗共拒孙策,因此当时孙策否定了吴景等人先打击吴郡豪族严白虎的战略方针,下令渡浙江(钱塘江),先取会稽,盖因会稽大姓是其真正敌手。

孙氏建政之初,诛戮吴、会英豪,会稽大族也在打压之列。孔融欲救而不得的盛宪就是会稽名士,为孙权所杀。后来曹操与孙权为敌,让大文豪陈琳撰写了一篇《檄吴将校部曲文》,意在拉拢江东的世家大族和部曲将校叛孙投诚,文中即表达了对周、盛两大会稽豪门被屠戮的怜悯,同时对虞、魏两家族尽显笼络之意,赞扬"魏叔英秀出高峙,著名海内;虞文绣砥砺清节,耽学好古",又说"闻魏周荣、虞仲翔各绍堂构,能负析薪"。

文中提到的虞文绣、虞仲翔即虞歆、虞翻父子——虞歆曾任日南太守。虞翻被王朗征辟为功曹,在被孙策击败后一直陪伴王朗南逃到东侯官(今福建福州),后来因为老母在堂而北归会稽,得到了孙策的礼遇。虞翻于是成为会稽大族中最早进入孙氏政权的成员,得以保护家族。

孙策对虞翻一反常态地敬重,可能是看在虞氏为会稽首望,意图通过虞翻来缓和与会稽大族的矛盾。但在江东政局稳定之后,孙氏对虞翻终未重用。而且虞翻性情直率,经常口出狂言,并屡屡在孙权面前犯忌。一次孙权与张昭聊有关神仙的话题,虞翻却指着张昭说:"你们都是死人,有什么资格谈论神仙,这世上哪有神仙?"[1]引得孙权极为恼怒。还有一次在酒席上,孙权起身行酒时,虞翻装作喝醉瘫在地上,孙权行完酒,虞翻却跟没事人一样重新坐起。这太不给老板面子了。孙权当时也是喝得醉醺醺了,提起宝剑就要杀虞翻,还好被大司农刘基劝阻了。

如此不讨人喜欢,难怪虞翻被两度谪贬,最后被放逐到交州。虞翻是研究《易经》的大家,据说他曾经通过占卜,预测出关羽的死期,被孙权

---

[1] 权与张昭论及神仙,翻指昭曰:"彼皆死人,而语神仙,世岂有仙人邪!"——《三国志·虞翻传》

惊叹为东方朔一般的预言家。所以虞翻在交州也没闲着，开班授课，学生常常有几百人，大开岭南学风，同时为《老子》《论语》《国语》作注。等孙权终于想起远在岭南的虞翻时，他已经去世，享年七十岁。

虞翻有十一个儿子，皆被孙权从交州接回，相继在吴国任职。其中第四子虞汜最为有名，在孙皓年间作为监军参与南征扶严，从晋国手中夺回交州，拜交州刺史、冠军将军，于家乡余姚封侯。虞翻第五子虞忠，任宜都太守。晋灭吴之战中，虞忠和陆抗之子陆晏、陆景一道战亡。

与陆氏家族一样，虞氏家族既有殉国者，也有顺应潮流进入晋国效力者。虞忠之子虞潭入晋后屡立战功，参与平定陈敏、杜弢等叛乱，被晋元帝司马睿提拔为右卫将军、宗正卿。虞潭晚年任吴郡内史期间，在青龙港筑"沪渎垒"，以防海盗袭击，这成为上海地区最早的军事防御设施。虞翻第六子虞耸，入晋官至河间相。虞翻第八子虞昺，入晋官至济阴太守。此后延至南朝，及至隋唐，会稽虞氏世代有名臣见于史册，绵延不衰。

值得一提的是，身为绍兴人的鲁迅先生很有家乡情结。他从日本留学归国后到新文化运动之间，曾经参与过绍兴地方古籍佚文的校辑工作，整理了谢承《会稽先贤传》、虞预《会稽典录》等古籍，对汉、魏、晋会稽望族名人进行了详细梳理。

步氏家族

籍贯：临淮淮阴（今江苏淮阴西北）

代表人物：步骘、步阐

据《吴书》记载，春秋时晋国有一大夫名扬，他的采邑在步邑，后代遂以步为姓。秦汉之际有步姓将军被封在淮阴，步骘是他的后人。

东吴政权中的淮泗流寓人士大致有两种：一种是在江北即投孙策麾

下,与孙氏偕同渡江而来;一种是先前自行从淮泗南渡避难,待孙氏占据江东后才为孙氏所征辟。步骘属于后者。

当时步骘以种瓜为业。当地有一个地头蛇养了一帮混混,到处欺负人,收保护费,步骘于是拉上好友卫旌一起去拜山头。到了地头蛇家门口,地头蛇理都不理他俩。卫旌等得不耐烦,想要回去。步骘拉住他说:"来都来了,再忍忍,这样走了只会更招惹对方。"后来地头蛇醒了,在屋里吃美味佳肴,却让人拿小碗盛着残羹剩饭让他俩在门外吃。卫旌觉得自己受到了羞辱。可步骘却十分能忍,他说:"我们本来就低贱,主人以低贱之礼对待我们,有什么好说的。"[1]

步骘这样的脾性被评价为"性宽雅沉深,能降志辱身",在当时是一种美德。也正因为有过这样的屈辱,因此孙策大军的到来,对吴、会大族是一场灾难,对步骘这样寄人篱下之人则是一种解脱。

步骘自孙权时代开始进入东吴政权,先做文秘,再做太守,紧接着就被委派了一项重要使命,即征服交州。交州险远,且由士燮家族统治多年,早已脱离中央形成了自治。步骘受命交州刺史、征南中郎将,领弓箭手千余人南下,降服"交州王"士燮,斩杀苍梧太守吴巨。至此,吴国向南拓地千里,步骘当为首功。平定交州后,步骘将州治迁回番禺,并对城池进行重建扩大,这座城于是有了个别名"步骘城"。这就是今广州市的前身。

到了延康元年(220),孙权让吕岱接替步骘,调步骘北上增援荆州。步骘当初带领的千余弓箭手已经扩充为"交州义士万人",他率军北上长沙,正遇上刘备东征军侵入荆州,荆州南部武陵蛮夷也蠢蠢欲动。步骘驻军益阳,分兵征讨,保证了夷陵之战时南方诸郡的稳定。孙权称帝后,拜步骘为骠骑将军,让他接替调任武昌的陆逊镇守西陵。他任职长达二十年之久,成为防御西境的最高军政长官。

---

[1] 骘曰:"吾等贫贱,是以主人以贫贱遇之,固其宜也,当何所耻?"——《三国志·步骘传》

步骘的步步高升，一方面得益于他的淮泗出身，一方面也得益于同族美女步练师嫁给孙权为妃。步练师甚为得宠，差点被立为皇后，步骘也算是半个外戚。步骘在东吴威望很高，太子孙登养母徐夫人与步夫人争位，他本应与步骘有矛盾，但孙登仰慕步骘的品行，专程寄信来向步骘虚心请教用人之策。步骘也诚意满满地回信，列出当时在江东任职的十一位杰出人才，建议孙登重用他们。

吴赤乌九年（246），步骘接替去世的陆逊，担任吴国第四任丞相。孙权挑选丞相的标准是一贯的，即优雅矜持、听话不胡闹，步骘显然符合这个条件。步骘当丞相时正是南鲁党争闹得最凶的时候。全公主是鲁王孙霸的支持者，步骘又是全公主的娘家人，所以被视为鲁王党人。但他还没有被卷进党争，就在次年病逝了。其子步协嗣父爵，承袭其部曲，加封抚军将军。

刘禅于成都出降后，巴东地区百城一时无主，吴主孙休趁火打劫，派步协出兵抢占，但遭遇蜀汉故将罗宪固守永安，晋室又及时派援军前来，这场不光彩的偷袭以失败告终。这是步协留下来的唯一战绩。步协死后，其弟步阐继任西陵督。西陵这座城，由陆氏与步氏两大家族交替经营。步阐据城后见吴国大势已去，于是举城降晋，并送步协二子步玑、步璿入晋为质以寻求救兵。但陆抗及时赶到，逐走援军，攻破城池，斩杀步阐。煌煌步氏家族由此泯灭，唯有步璿在晋国延续了步家的香火。

韩氏家族

籍贯：辽西令支（今河北迁安）

代表人物：韩当、韩综

吴国在军事管理上实行世袭兵制，这与同时期的魏国、蜀国有很大不同。

孙策起家之初，所率领的不过是从袁术那里要回的孙坚旧部千余人。其后孙策自历阳渡江，对江东展开征服，兵员逐渐增加。他们或是响应孙策起兵的大户族人，或是此前散落于各地的私家武装。为了对这些人的支援给予回报，也为了鼓励他们继续与自己并肩作战，孙策授予这些将领相对独立的军事特权，由将领们长期统率一部兵马，是为部曲；将领死后，其部曲可传给兄弟或儿子，是为世袭兵制。江东平定后，深险之地又有星罗棋布的山越武装为患，在孙权的支持和鼓励下，江东的将领们十分热衷于讨伐山越，在战事中所收编的山越精锐兵员常有数千甚至上万，从而让东吴形成了许多家族部曲。比如吴郡余杭凌氏家族的凌操，随孙策转战江东，在征黄祖之役中阵亡。其子凌统领其众，参与大小战事，成为孙权时期的重要将领。

东吴重要的家族部曲，还有蒋钦家族、周泰家族、陈武家族、贺齐家族、留赞家族、吕岱家族、丁奉家族等。特别值得一提的是韩当家族，一是因为他们的地域来源比较特殊，二是由于韩当家族后来出现了严重的叛逃事件。

韩当是江东政权中少见的幽燕之地出身者，其家乡辽西令支，已接近长城之境。辽西出身的将领在当时多为公孙瓒、袁绍等势力所用，韩当却不走寻常路，南下加入孙坚的阵营，随同其四处征战。幽州人弓马娴熟的特点让韩当在以南方人为主的孙营中分外突出。其后他历孙策、孙权两代，参与了平定江东、赤壁之战、夷陵之战等东吴重大战事，封石城侯，迁昭武将军，领冠军太守，后又加都督之号。他统领的"解烦兵"，是东吴绝对的主力。

但在韩当死后，"解烦兵"没能为孙权解烦，反倒让他真的烦心起来。接替韩当爵位与部曲的是个不肖子韩综。当时孙权出征云阳，本来想调韩综部曲来助战，考虑到韩当刚去世，韩综还在守孝丁忧期间，便让他镇守武昌，不用上前线。然而韩综却是个花花公子，与多名女性长期保持不正当关系,孙权看在他爸的份上没有追究,但韩综自己却心虚了,有了叛变北逃的念头。

若说韩综一人跑了,对东吴的伤害还没那么大。坏就坏在韩综带了族人和部曲一起叛变投魏,在当时影响极为恶劣。韩综怕大家不跟着他走,用了一个狠毒的计策:起先有意纵容他的手下劫掠百姓,等到酿下祸事,便吓唬他们说孙权一定会按军法严惩,想要逃避惩罚只有投奔魏国。接着他强行把家族里的姑嫂姐妹嫁给部下将校,又把他玩弄过的美女分发给亲近随从,于是带着数千人的部曲投奔魏国,被魏国封为将军、广阳侯。这还不算,叛国之后,韩综还经常入侵吴国,杀害吴人,让孙权气得咬牙切齿。

韩综在十六年后得到了报应。东兴之战中,韩综作为魏国先锋出战,被吴军所杀。诸葛恪砍下韩综的头,带回吴国祭献太庙,以告慰孙权在天之灵。

周氏家族

籍贯:庐江舒县(今安徽舒城)

代表人物:周瑜、周胤

江东美周郎作为赤壁之战的总指挥,兼具高颜值、高情商和高音乐素养的军事大家,可谓妇孺皆知。《三国志》中称他"性度恢廓,大率为得人",和《三国演义》中被丑化的那个心胸狭隘的大都督判若两人。

但与韩当一样,周瑜第二代也出了问题,致使其家族很快走向衰败。

周瑜家族是名副其实的世家大族,其高祖父周荣在章帝、和帝时为尚书令,其曾祖父周兴为尚书郎,其从祖父周景与从父周忠皆为太尉;周景还是李膺、陈蕃、荀绲、杜密等名臣的提拔者。他的父亲周异为洛阳令。

孙策起兵时，周瑜的叔父周尚为袁术所置丹阳太守，周氏家族在名义上还听命于袁术。因此当孙策击破刘繇后，周尚、周瑜叔侄一度还返回寿春，向袁术汇报工作。当时袁术有意让周瑜当将军。但周瑜看出袁术终不能成大事，向袁术请了居巢县长的职位，趁机回到了孙策身边。

世代汉臣的周瑜家族，在乱世中的生存之道，是要么独立为军阀，要么投靠一方。周瑜将赌注压在孙策身上，两人分别娶庐江桥公二女，结为连襟，并肩作战打下江东基业。孙策英年早逝之后，周瑜继续辅佐孙权，先后取得了江夏之战、赤壁之战、南郡之战的辉煌战绩，并着手策划攻取巴蜀的战略，但未能实施便病卒，巴蜀之地最终归刘备所有。

因为周瑜声威远播，曹操、刘备也对其忌惮有加。刘备就曾经私下对孙权说周瑜"恐不久为人臣"，意图离间二人。曹操在给孙权的信函中也抹黑周瑜，说赤壁之战是他烧船自退，周瑜博得的不过是个虚名。这些或多或少都会影响孙权对周瑜的态度。

不过，周瑜去世时，孙权还是为失去一位王佐之才而痛哭流涕。孙权称帝时，也对公卿说过这样的话："没有周公瑾，就没有我今天的帝位。"[1]这或许是真心话，但也只是孙权的一面。孙权是如何对待周瑜的后代的呢？

周孙两家重重联姻。周瑜之女嫁给孙权太子孙登。长子周循娶孙权之女孙鲁班，可惜早逝。次子周胤也娶了孙氏宗室女子，起初被授兵千人，屯公安，封都乡侯，俨然是吴国一颗升起的将星。但是周胤却突然被降罪，被剥夺了一切军权，贬为庶民，流放庐陵郡。对此，周瑜生前好友诸葛瑾、步骘大感不解，向孙权上书，希望他看在当年周瑜功勋卓著的面子上，恢复周胤的兵权和爵位，让周胤戴罪立功。但孙权的态度很坚决，他是这样描述周胤的罪名的："而胤恃此，酗淫自恣，前后告喻，曾无悛改。"其实周胤不过是酗酒好色、不听规劝，并没有犯什么不可饶恕的错

---

[1] 后权称尊号，谓公卿曰："孤非周公瑾，不帝矣。"——《三国志·周瑜传》裴注《江表传》

误，但孙权拒不起用。后来连朱然、全琮都加入进来为周胤说话，孙权才勉强答应。可周胤却很快病死了。

周瑜一嗣灭绝，周氏家族的希望落在了周瑜侄子周峻一支。周峻凭借周瑜的功劳当上了偏将军，领兵千人。周峻去世后，全琮表周峻之子周护为将。别看全琮这人在南鲁党争中吃相不雅，却多次为周瑜家族说话，对待老婆前夫家族的人可谓尽心尽力了。但这次女婿全琮说话也不管用。孙权的理由：周护平常行事爱冒险，用他怕他惹祸上身，还是不用为好。言毕，孙权生怕别人认为他有意针对周瑜家族，于是说了一句："孤念公瑾，岂有已乎？"言下之意是自己做的这些都是为了周瑜好。这可以说是非常欲盖弥彰了。在孙权的刻意打压下，周瑜家族终究没能在吴国成为显赫家族。

二十
江东之豪，莫强周沈

周氏家族

籍贯：义兴阳羡（今江苏宜兴）

代表人物：周鲂、周处

沈氏家族

籍贯：吴兴永安（今浙江湖州德清县）

代表人物：沈友、沈莹

地图上的太湖，宛若挂在长江下游的一滴泪，看遍江南多少兴衰往事。在太湖的南畔和西畔，坐落着两座与水为邻的城市——湖州、宜兴。如今这两座城市分别盛产湖笔与紫砂壶，可谓文脉久远。而在魏晋之时，两家豪门大族——义兴周氏[1]、吴兴沈氏则是这两座城市最响亮的标签。魏晋之际，一句话流传甚广："江东之豪，莫强周沈。"

关于周、沈两家，一切还要从汉末三国讲起。

周氏：石亭谍战风云

魏太和二年（228），镇守寿春的魏国大司马曹休收到一封来自江南

---

[1] 西晋末年，周处长子周玘担任了江东世族的领袖，平定三场叛乱，立下大功。晋朝给予周玘一个特别的封赏，即在周氏老家阳羡之上新置义兴郡，以表彰他"兴义军"的功绩，从此就有了义兴周氏之称。义兴在隋朝被废郡改县，在宋朝避太宗赵光义讳，方有今日之名——宜兴。

的信。寄信人与他非亲非故，信中文字却洋洋洒洒、一气呵成，让曹休看得热血沸腾。这封信总结起来就是一句话："我要投降，我来带路。"

那一年，蜀汉丞相诸葛亮首次北伐，遭遇街亭之败，三郡皆失。魏国形势一片大好，年轻有为的魏帝曹叡便有了借机南侵东吴的念头，这个任务自然落在了扬州军政总司令曹休的头上。

曹休是被曹操称作"吾家千里驹"的善战之将，是当时魏国两大宗室柱石之一，长期主持扬州军务又让他对吴国十分熟悉。他知道屯聚在江南深山密林之中的山越宗贼一直是东吴的肘腋之患，也是魏国可以利用的对象，便派出了大量间谍去煽动他们起兵造反，并将他们培养成未来魏军南下时的引路人。

位于鄱阳湖以东的鄱阳郡，便是山越宗贼频繁作乱的地区。此前担任鄱阳太守的王靖，因为镇压叛乱不力，受到了上峰的严厉谴责。王靖竭力辩解但于事无补，便筹划着叛国投魏，但事情败露，全家上下都被斩杀，可见此地的官有多难当。

王靖之后，来了个不怕死的——吴郡阳羡人周鲂。周鲂早年就是靠镇压宗贼起家的。当时钱唐宗帅彭式聚兵为寇，朝廷以周鲂为钱唐侯相，旬日之间，就斩下了彭式的首级，剿灭了叛军。到了吴黄武年间，鄱阳附近的宗帅彭绮作乱，周鲂调任鄱阳太守，与胡综并力讨伐，活捉了彭绮，将其送到武昌给孙权献功，周鲂被加封为昭义校尉。通过拷问彭绮，武昌方面知道了曹休的计略，于是决定将计就计，让周鲂去怀柔那些曾与魏国有过勾连的山越宗帅，利用他们诱骗曹休上钩。

这个计策虽好，但周鲂却提出了不同意见。他认为这些山越宗帅反复无常，不可信赖，今天被他们打趴下了，愿意帮他们做诱饵，谁知道明天会不会将机密泄露给曹休。周鲂于是提议，他亲自充当诱饵。

于是就有了周鲂给曹休的这封信。周鲂在信中先将曹休与魏国吹捧了一番，说自己是如何如何仰慕大魏，早就希望归顺，然后又倾诉了自己的苦楚，说自己在鄱阳太守任上因剿匪不力而受到谴责，想到前任王靖的下场,惶惶不可终日,为了保命只能选择投魏。随后又向曹休透露了吴国几路军队动向的秘密军情,表示吴主正在大规模调兵与诸葛亮北伐相呼应,反倒国都武昌兵力空虚,建议曹休趁此时机取道皖城渡江南下,届时他将与周边百姓和山越宗帅及时接应,这是大好良机,不容错过!为了能进一步迷惑曹休,周鲂还在信中狮子大开口,向曹休索要将军、侯爵、校尉的印玺数百枚及旗帜仪仗,去拉拢那些山越首领,接应南下大军。

曹休接到信后,起初还有所疑虑,派人调查周鲂的底细。此时在鄱阳郡,从武昌派来的郎官不断对周鲂问话,说周鲂涉嫌严重违纪,周鲂为了自证清白,到办公楼前割下自己的头发。在古人看来,身体发肤受之父母,割发如同割头。探子如实回报,看来周鲂果然是受到政治迫害没法待了,曹休这才深信不疑。《三国演义》将这段情节改为周鲂当着曹休的面断发以自证,从而有了第九十六回"周鲂断发赚曹休"。实际上周鲂与曹休没有见面。

此一战是自曹丕伐吴之后魏吴之间最大的战役。曹休亲率步骑十万之众由皖城南下接应周鲂,魏国另派贾逵、满宠领兵取东关,司马懿领兵攻江陵,以为两翼。东吴方面,孙权亲自担任总指挥,进驻皖口前线,以陆逊为主将,以全琮、朱桓等为辅,于石亭设伏,大败曹休,斩获敌军万人。若非贾逵及时派兵救援,山险路窄的石亭差点成为曹休的葬身之地。此战之后,曹休惭恨不已,痈发于背,不久去世,让东吴少了一大劲敌。孙权在庆功宴上赞赏周鲂:"您以断发彰显了道义,才促成了此次大战的胜利,您的功名应当流传青史啊!"[1]于是加封周鲂为裨将军、关内侯。

周鲂的儿子周处,从小喜爱打架斗殴,为害乡里,为乡亲们所厌恶。有一天周处看到一个老大爷怏怏不快,就问他有啥烦心事。老大爷就说,乡里有"三害":一是南山猛虎,二是桥下蛟龙,三就是周处。如果能把

---

[1] 权大会诸将欢宴,酒酣,谓鲂曰:"君下发载义,成孤大事,君之功名,当书之竹帛。"——《三国志·周鲂传》

三害都除了，那就是乡里的大喜事。

周处听了很不是滋味，决定去除"三害"。他英勇异常，进山射杀了猛虎，然后又与蛟龙恶斗了三天三夜。乡民都以为他和蛟龙同归于尽了，正在互相庆贺，周处却回来了，他才知道原来自己这么招人讨厌。他决定洗心革面，重新做人，便去吴郡寻找当时的名士——陆抗之子陆机、陆云。陆云当时只有十六岁，少年英才，而周处已经是四十多岁的大叔了。但周处放低身段，诚心请教，说："你看我一把年纪了，一事无成，还有救吗？"陆云说："古人都称赞能够朝闻夕改的人，现在您的前途远大着呢，只要胸怀大志，一定可以建功立业。"[1]周处变得勤勉好学，终成一代名将。

周处在吴国出仕时已经是孙皓晚期，他先后出任东观左丞、无难督，亲历吴国的灭亡。随后他被晋朝征召入洛阳，一直做到御史中丞。御史中丞司监察之职，而晋朝皇亲国戚又多，所以周处没少得罪人。于是西北氐族人齐万年叛乱时，那些厌恶周处的大臣们纷纷表示，周处是吴国将门之后，他去打仗最合适了。同为由吴仕晋的孙秀知道此行艰难，很可能有去无回，劝周处以赡养老母的名义推辞。但周处正言道："自古忠孝不能两全，我已经做了忠君之臣，就不再是父母之子了，就是死了也不怕。"[2]于是率部出征。果然，他曾经得罪过的梁王司马肜（司马懿第八子）、夏侯骏（夏侯威长子）做了他的顶头上司，存心报复，让他孤军深入，不发援兵。周处明知危难，念了一首诗："去去世事已，策马观西戎。藜藿甘粱黍，期之克令终。"之后冲进敌阵，最终力战而亡。身为一个吴人，周处满以为效忠晋朝能够为家族带来荣耀，可是却为王公贵戚们所算计，最终客死他乡。

---

[1] 见云，具以情告，曰："欲自修而年已蹉跎，恐将无及。"云曰："古人贵朝闻夕改，君前途尚可，且患志之不立，何忧名之不彰！"——《晋书·周处传》

[2] 处曰："忠孝之道，安得两全！既辞亲事君，父母复安得而子乎？今日是我死所也。"——《晋书·周处传》

沈氏：中国最早的台湾通

沈氏出于吴郡乌程县。乌程县与东吴孙氏有着深厚的渊源，孙氏创业之祖孙坚为汉朝南征北战，赢得的第一个爵位就是乌程侯，而吴国末代皇帝孙皓也是由乌程侯走上帝位的。为了感念此地，孙皓取"吴国兴盛"之意，在乌程县之上增设吴兴郡，吴郡沈氏随之成为吴兴沈氏。隋朝以吴兴在太湖之滨，更其名为湖州。

吴兴沈氏的发轫可追溯到东汉初建的光武帝时期。沈戎，字威卿，先后担任光禄勋、九江从事、济阳太守，因为成功劝降叛将尹良而立下大功。光武帝想要封沈戎当海昏县侯，他却坚辞不受，带着家人徙居乌程县，奠定了吴兴沈氏的基础。他的两个儿子沈浒和沈景，开创了吴兴沈氏的两大支脉。

汉末，吴兴沈氏有神童沈友。沈友年仅十一岁时，名士华歆路过，看见他骨骼清奇，便邀他上车聊天，结果沈友搬出了一套圣人之道，把华歆批判了一番。华歆不仅不恼，还大呼惊奇，说："桓、灵以来出了太多少年才俊了，但还没有一位能比得上沈郎啊！"[1]长大后的沈友才兼文武，当时的人评价他："以笔之妙、舌之妙、刀之妙，三者皆过绝于人。"起初，孙权聘沈友为官，咨询他王霸之略和时局，对他十分恭敬。沈友也向孙权提出了兼并荆州的策略，获得孙权的采纳。但到了建安九年（204），有人诬告沈友谋反。孙权传他问话，沈友正色道："现在天子在许都，心里没有天子的人，难道不就是反贼吗？"[2]这句话有两层含义：一是表达沈友虽然在孙权这里做官，但仍然心向汉室；二是讽刺孙权上台后放弃了孙策奇袭许都的战略，影射真正的反贼是孙权。这无疑让孙权心头一紧，他觉得这样的人终究不会为他所用，索性将沈友处死。当时

---

[1] 歆惭曰："自桓、灵以来，虽多英彦，未有幼童若此者。"——《三国志·孙权传》裴注《吴录》
[2] 友知不得脱，乃曰："主上在许，有无君之心者，可谓非反乎？"——《三国志·孙权传》裴注《吴录》

沈友年仅二十九岁。

到了晋灭吴之战时,东吴已经人才凋零,丞相张悌率军渡江搦战,战阵之中,亦有一位沈氏族人,就是丹阳太守沈莹。

沈莹当时率领的是三国时战斗力最强的步兵之一——丹阳兵,他们来自丹阳郡。此地山岭险峻,当地人身强体壮、好武习战,曹操与孙策起家时都曾依赖骁勇的丹阳兵。沈莹率领的五千名精兵头裹青巾,又称青巾兵。大战之前,沈莹曾建议张悌保存实力,在战略要地牛渚设防拒敌,但张悌执意要渡江迎击。青巾兵三次冲击敌营,不能取胜,退军时反而引起了混乱。晋军借此时机发起总攻,吴军大败,沈莹与青巾兵都在这场战争中壮烈殉国,不久吴国便也灭亡了。

但沈莹在历史上的贡献不只是为吴国殉难。在此之前,他曾担任过临海郡太守。临海郡是吴太平二年(257)从会稽郡析出的,辖今浙江台州、温州、丽水一带。沈莹主政这里时,撰写了一本地方志《临海水土异物志》,记载当时临海郡海域的物产、地理、海运、风土人情等。原书虽然早已不存,但书中的记录被《隋书》《旧唐书》《新唐书》等正史广为摘录,其主要内容得以流传至今。

生于三国时期的沈莹根本不会想到,他在《临海水土异物志》中记录了临海郡东南两千里外的一个名为夷州的偏僻岛屿,这对于一千七百多年后的中国人有着特别的意义——那里,就是台湾。吴黄龙二年(230)正月,孙权派卫温、诸葛直率领甲士万人乘船出海,抵达夷州。而沈莹很可能参与了此次远征并踏上了夷州土地,或者对远征归来的将士及俘获的土著进行了采访,掌握了当时夷州的自然地理与人文风貌,这些都在《临海水土异物志》中得到体现。

书中记述夷州的地形:"土地无霜,草木不死,四面是山,众山夷所居。"还描述当时的夷州人,男的剃光头穿耳洞,女的不穿耳洞;夷州土地肥沃,既生五谷,又产鱼肉;当时夷州民风还比较原始,一家人都睡在一张大床上;夷州虽然产铜铁,但当地人还不会铸铜炼铁,都是用鹿角作为战斗的武器，或者磨青石做箭镞。沈莹甚至还记载了当地的美食，那就是取生鱼肉放到瓦罐里面，用盐卤之，一个月后拿出来吃，人们将其当作最上等的佳肴。这就是最早的台湾小吃吧！

东晋时，吴兴沈氏在沈充手上迎来辉煌。沈充，字士居，入大将军王敦幕府做参军。沈充看出了王敦的不臣之心，于是在背后煽风点火，成为王敦叛乱的共谋者。王敦攻入建康，滥杀忠良，引得天怒人怨。而沈充则凭此使吴兴沈氏壮大，并与王敦一起制造了义兴周氏的灭门冤案。

沈充当时有多横呢？举个例子吧，他可以在老家吴兴郡私铸钱币，相当于在他自己家里放着印钞机。沈充铸的钱在制式上为汉五铢钱的延续，史称"沈充五铢""沈郎五铢"或"沈郎钱"。因为他铸的钱又轻又薄，如柳絮一般，故而常见于唐人诗句中。李商隐《江东》一诗云："今日春光太漂荡，谢家轻絮沈郎钱。""沈充五铢"流通时间不长，应用范围也不过是吴兴郡一带，因此传世数量不多，如今在古币收藏界是稀罕之物。

好景不长，王敦死后其众迅速败亡，沈充亦被部将所杀。他的头颅被砍下来，并与王敦等其他叛将的头颅一起挂在建康城南朱雀桁上示众。其子沈劲背负着家族屈辱长大，主动请缨为国建功，北上镇守刚夺回的旧都洛阳。朝廷没拨给他一兵一卒，沈劲自己募兵千余人前往洛阳助阵，最终被前燕大将慕容恪包围。慕容恪破城后杀了沈劲，但不久就后悔不迭："之前平定广固，我没能救助辟闾蔚，现在打下洛阳，又杀了沈劲，实在是有愧于四海啊！"[1]沈劲忠义殉国，名列《晋书·忠义传》，让吴兴沈氏一洗前耻，重新受到人们尊敬，跻身江南大族之列。

---

[1] 前平广固，不能济辟闾，今定洛阳而杀沈劲，实有愧于四海。——《晋书·沈劲传》

二十一

岭南的土霸王

士氏家族

籍贯：苍梧广信（今广西梧州）

代表人物：士燮、士徽

汉末三国，群雄割据，位于岭南的交州常常被人们忽略，盖因它既非三国相争的战略要地，又是荒蛮落后的化外之地。但正因为如此，在战火席卷全中国之时，交州反而成了一片较为安定的地区。这就不得不提及统治交州长达四十年的士燮家族。而士燮，也是三国时代唯一在中国和越南的史书中都有传记的人，越南史书甚至奉他为"士王"。

交州的前身是秦始皇统一天下后于岭南设置的南海、桂林、象三郡，此为中原王朝在岭南设郡之始。秦汉之际，秦将赵佗割据岭南，自称南越王，传五帝计九十三年。汉武帝平南越后，重置九郡，后设交趾刺史部。交趾刺史部于东汉逐渐演变成交州。交州的领域很大，囊括现在的广东、广西全境和福建与湖南的南部一小部分以及今越南社会主义共和国的中北部。

士燮的先祖本是鲁国汶阳（今山东宁阳东北）人。王莽之乱中，士氏家族迁居苍梧广信避难，传六世至士赐。汉桓帝时士赐担任日南郡太守。日南郡是现在越南中部一带，已经是汉帝国的最南境，因为位于北回归线以南，会出现日影朝南的情景，故名日南。此地距离中原遥远，朝廷常安排熟悉当地风土人情的南方人士管理，虞翻的父亲虞歆就曾任此职。

士燮为士赐之子，少年时曾游学京师，师从颍川刘子奇，治学专攻《左氏春秋》，补尚书郎，后任巫县令。随着中平年间黄巾起义爆发，士燮看到了乱世到来的先兆，于是他调任交趾太守，远离是非之地，回到了他熟悉的交州。他的弟弟士壹，当时在京师任司徒掾，受到两任司徒丁宫、黄琬的提拔和器重。但随着董卓摄政，士壹因黄琬之故而被打压，于是也弃官逃回了交州。这样，士燮很快在身边培植起了自己的家族势力。

不久，交州刺史朱符因为横征暴敛，为当地民众所杀，交州一时无主。士燮趁此机会，将自己的诸弟安插在交州各个大郡——二弟士壹领合浦太守，三弟士䵋领九真太守，四弟士武领南海太守，他们利用家族势力向整个交州渗透。

朝廷派张津接任交州刺史，但没过多久张津为部下所杀。交州的乱象让荆州牧刘表窥见了良机，他擅自任命赖恭担任交州刺史、吴巨担任苍梧太守，意图染指交州。当时的朝廷自顾不暇，已经无法再派官南下，于是令使臣持节，拜士燮为绥南中郎将，总督交州七郡，领交趾太守如故，以官方的形式认可了士燮对交州的割据。

士燮及时阻止了刘表的南侵，维持了交州在乱世中的平定。士燮对交州的统治，在史书上展现出截然不同的两面。一方面，他宽以待人，谦逊下士，因此不少北方名士都闻其名声而来到交州避难，如许靖、刘巴、薛综、程秉、袁徽。其中，袁徽在给荀彧的书信中盛赞士燮，说他学识渊博又善于为政，在大乱之世保全一郡，使其二十多年没有战事，人民安居乐业，难民受其恩惠，将他比作新莽末年经营河西的窦融。此外，当时战乱四起，道路不畅，士燮仍按照礼制坚持向朝廷进贡税赋，也让朝廷十分感动，遂拜他为安远将军，封龙度亭侯。但另一方面，士燮在交州完全以土霸王的身份自居，史载他"偏在万里，尊威无上"，每次出门，都有极其奢华的仪仗队伍，钟磬齐鸣，车马满道，数十名胡人在车辆两侧焚香，他的妻妾乘坐豪车，子弟各自带领骑士护卫。士燮的威名让交州的诸蛮族都纷纷归附，远远超过了当年的南越王赵佗。

交州地区形势图

虽然交州二十余年保持无事，但整个东汉的局势已经大变，曹操南下受阻北还，孙权稳固江东，并进占南郡，刘备夺取荆南四郡，三足鼎立雏形已现。士燮与曹操所控制的朝廷越离越远，他必须面对新崛起的近邻孙权。建安十五年（210），赖恭和吴巨打了起来，孙权借机以步骘为交州刺史。步骘统领武射吏千余人进入交州地界，斩杀吴巨，这同时也是向士燮炫耀武力。士燮自知军力不济，遂向孙权臣服，并派儿子士廞赴吴做人质。孙权知道士燮在交州素有威望，便表其为左将军，拜其诸子为中郎将，士燮家族得以继续统治交州。

成为孙权的附庸后，士燮保全了家族的地位，从此勤勤恳恳地为东吴办事。比如当孙权与刘备为敌时，士燮就凭借交州与益州南部接壤的便利，诱导南中豪强雍闿等起兵叛蜀，制造动乱，给刘备后院烧了一把火。他还经常派使者向孙权朝贡，给孙权送上珍珠、琉璃、翡翠、玳瑁、犀角、象牙等交州特产的宝贝以及香蕉、椰子、龙眼等交州特产的水果，从不间断。孙权被哄得非常开心，封士燮为卫将军、龙编侯，封士壹为偏将军、都乡侯。

吴黄武五年（226），士燮病逝，结束了在交州四十余年的统治，终年九十岁。士燮一死，孙权便着手解决交州长期独立的问题，他在交州合浦郡以北分置广州，以吕岱为广州刺史，以戴良为交州刺史，又派陈时为交趾太守，分多路接管士氏家族的权力。此举引发了士燮之子士徽的不满。士徽自领交趾太守，发动宗亲组织军队试图抗拒。当时士燮有一位旧部，也是交趾的大族代表，即桓邻，他磕头苦谏，劝士徽向东吴投降，结果被士徽怒而棒杀。这下可好，桓氏家族举兵攻打士徽，交州内部先乱了起来，等到双方打得两败俱伤，吕岱、戴良才带兵南下摘桃子。

吕岱曾经与士壹的儿子士匡有交往，于是任命士匡为师友从事，去士徽那里劝降，并承诺只要士徽认罪，可以保证他的安全。士徽自知不敌，与兄弟士祗、士干等六人脱去上衣出城投降。吕岱赶忙让他们穿上衣服，让他们别这么客气，接着迎他们入帐，好酒好菜款待着。正当士徽兄弟以为得到了赦免时，吕岱突然起身，展开诏书宣读，历数士徽罪过，将士徽兄弟推出去斩首。士氏家族其余成员士壹、士䵋、士匡、士廞等虽然没有参与士徽叛乱，但也被免为庶人。不久，士壹、士䵋也因为触犯法律而被杀。士燮一生左右逢源，悠游终世，但他儿子这一代却一着不慎，满盘皆输，葬送了整个家族，实在是悲剧。

参考文献

陈寿.三国志.裴松之，注.北京：中华书局，2014.

卢弼.三国志集解.上海：上海古籍出版社，2009.

范晔.后汉书.李贤，等注.北京：中华书局，2014.

房玄龄，等撰.晋书.北京：中华书局，2014.

司马迁.史记.北京：中华书局，2014.

班固.汉书.北京：中华书局，2014.

司马光.资治通鉴.北京：中华书局，2009.

常璩.华阳国志译注.汪启明，赵静，译注.成都：四川大学出版社，2007.

习凿齿.襄阳耆旧记校注.舒焚，张林川，校点.武汉：荆楚书社，1986.

刘义庆.世说新语.北京：中华书局，2014.

刘敬叔.异苑.范宁，校点.北京：中华书局，1996.

沈莹.临海水土异物志辑校.张崇根，校点.北京：农业出版社，1981.

严可均，辑.全三国文.北京：商务印书馆，1999.

钱仪吉.三国会要.上海：上海古籍出版社，2006.

洪饴孙.三国职官表.上海：商务印书馆，1937.

梁允麟.三国地理志.广州：广东人民出版社，2004.

陶元珍.三国吴兵考.燕京学报，1933.

谭其骧，主编.中国历史地图集.北京：中国地图出版社，1982.

吴士连，等著.大越史记全书.孙晓，主编.重庆：西南师范大学出版社，北京：人民出版社，2015.

田余庆.秦汉魏晋史探微.北京：中华书局，2011.

唐长孺.魏晋南北朝史论丛.北京：商务印书馆,2010.

杨联升.东汉的豪族.北京：商务印书馆，2011.

仇鹿鸣.魏晋之际的政治权力与家族网络.上海：上海古籍出版社，2015.

田余庆.东晋门阀政治.北京：北京大学出版社，2012.

伊佩霞.早期中华帝国的贵族家庭：博陵崔氏个案研究.范兆飞,译.上海：上海古籍出版社,2015.

于涛.三国前传：汉末群雄天子梦.北京：中华书局,2006.

辣笔小球.三国谜案.南昌：二十一世纪出版社集团，2016.

大生.悬崖边的名士.广州：世界图书出版广东有限公司，2016.

罗吉甫.图说历史：三国.罗伯英潘,绘图.台北：游目族文化事业有限公司,2015.

藤井胜彦.三国志战役事典：魏蜀吴最著名的74场战役.苏竑嶂,译.台北：奇幻基地出版，2013.

叶长青.皇甫谧的家世.彭阳史地文集（第二辑）.北京：方志出版社，2015.

邱中民.三国名将毌丘俭及闻喜邱氏后裔.中华丘氏网，2011.

后　记

　　我出生并成长于古都西安，此地有汉风唐韵，文脉悠远，每一片叶子上似乎都沾染着历史的尘埃。一座城有它自己的性格与温度，并潜移默化地感染着这座城里的人们。在西安，谈文化、品历史、论艺术，从来不是一件奢侈的事情。一方水土养一方人，往往在离开故乡之后才能越发清晰地感受到。

　　我的父母都是画家、美术学院的老师。因为职业原因，他们在家中收藏了许多历史故事题材的连环画，我们称之为"小人书"。其中，关于《三国演义》的连环画就有三套。几乎不用识太多的字，栩栩如生的人物形象就将我引入了精彩纷呈的三国故事里。兴之所至，我将那些三国人物摹画下来，并因此获得了我人生中第一个国际少儿书画大赛奖状。

　　上小学后，正值电视剧《三国演义》开播。那个夏天我和父亲躺在客厅的凉席地铺上，一边吃瓜一边追剧，这成为我童年最美好的记忆。有一次电视上播完长坂坡之战，我迷恋赵子龙的风采，将家中老人晨练的宝剑佩带在身上，披了条浴巾就冲下楼去。邻居对我古怪的造型感到诧异："你在干吗？"我则用充满自信的语气朗声答道："我是赵云！"这成了家人和邻居至今还时常挂在嘴边的段子。

　　我们这一代人的青春期正赶上电脑游戏的蓬勃兴起，游戏在当时被视为"洪水猛兽"，于我而言则是对三国兴趣的又一次点燃。在各类三国游戏中穿梭，我仿佛穿越回三国时代，无论征战天下的成就感，还是改写历史的探索欲，都成为高考重压之下最大的乐趣。

感谢连环画、影视剧、电脑游戏这些娱乐产品的陪伴，它们以充满趣味的方式，带我走入三国世界的大门，让我从未觉得历史是一件枯燥的事情，也从未觉得两千多年前的三国时代已经遥不可及。写这本书，最初也是因玩一个叫《姜维传》的游戏。游戏里许多蜀汉人物都声称"为了我的家族"云云，这让我在重新翻看史书时，特别关注家族在三国历史中发挥的巨大作用。

毕竟，娱乐只是认识历史的初级阶段，包括对普及三国历史功不可没的通俗小说《三国演义》，在让三国故事与三国人物深入人心的同时，也引起了世人对三国的诸多误解与偏见。这本该是读《三国志》《后汉书》这样的正史可以纠正的，奈何今人多已不读史，生涩的文言文成为人们进一步了解三国史的障碍。想要为匆忙而缺乏耐心的现代人解读这样一个遥远的时代，需要借助一个熟悉的场景，那就是家族。

国与家，历来是牢不可分的：家是国的缩影，国由千万家构成。三国争衡的时代，同时也是百"家"争鸣的时代，即便当时的政治、经济、社会风貌与当今已经千差万别，但当一个历史人物以家族的名义、代表家族的利益出场，他的言语与行为就更能为我们所理解。譬如当下社会热议的家风文化。在三国的家族故事中，时常可见家训警句，如诸葛亮的"非淡泊无以明志，非宁静无以致远"，刘备的"勿以恶小而为之，勿以善小而不为"，至今仍是箴言。

这本书前后写作时间将近一年，更像是我重读三国的心得笔记。写作让我重新翻阅典籍，从之前忽略的字句之间寻找到人物与人物、家族与家族之间的关联。写作也让我重新踏上追寻三国遗迹的旅程，在龙门古镇孙权故里、在古邺城铜雀台废墟、在成都武侯祠、在合肥逍遥津，我感受到三国与今人之间奇妙的情感联系。我的本职工作是新闻采访，读史写史是业余爱好，但偶尔也会觉得，新闻在某种程度上也是一种历史书写：今天的新闻，就是明天的历史，许多当下我们察觉不到的新闻背后的秘密，在经过岁月的沉淀后，才能浮现出来。

《列族的纷争：三国豪门世家的政治博弈》是我的第一本书，承蒙北京汉唐阳光文化发展有限公司尚红科总经理的青睐得以出版；汉唐阳光与山西人民出版社的诸位编辑在策划、审阅、编辑、校勘等方面做出了大量精心细致的工作，在此表示诚挚感谢。在书稿的写作和出版过程中，我的父母、妻子、领导和许多朋友给予了我巨大的支持、帮助与鼓励，令我感念于心。我建了名为"三国饭圈"的微信群和"三国月旦评"的微信公众平台，在那里和众多共同爱好三国历史的朋友们交流观点，收获新知。在此也向这些与我志趣相投的同仁们致谢。

限于我的水平，书中难免会有错误、不当之处，恳请读者和专家学者批评指正。

成长
2017 年 12 月 25 日